Augustin Barruel

Vollständige Sammlung der Schriften

Welche seit der Eröffnung der Reichstände Frankreichs in Rücksicht auf den Klerus,

und dessen bürgerliche Verfassung erschienen sind

Augustin Barruel

Vollständige Sammlung der Schriften
Welche seit der Eröffnung der Reichstände Frankreichs in Rücksicht auf den Klerus, und dessen bürgerliche Verfassung erschienen sind

ISBN/EAN: 9783743477001

Hergestellt in Europa, USA, Kanada, Australien, Japan

Cover: Foto ©ninafisch / pixelio.de

Weitere Bücher finden Sie auf **www.hansebooks.com**

Vollständige Sammlung

der

Schriften,

welche

seit der Eröffnung der Reichsstände

Frankreichs

in

Rücksicht auf den Klerus, und dessen

bürgerliche Verfassung

erschienen sind.

Von

Abt Barruel,

Verfasser des geistlichen Journals.

───────

Neunter Band.

◄────►

Aus dem Französischen übersetzet von einem
Barfüßer-Karmeliter bayrischer Provinz.
Mit Genehmigung der Obern.

Stift Kempten,
gedruckt und verlegt in der hochfürstlichen Buchhandlung.
1 7 9 7.

Rede des Herrn Bischofs von Klermont, von der Rednerbühne in der Nationalversammlung den 26. November vorgetragen:

Ueber den Bericht der Ausschüsse in Rücksicht auf die Vollziehung der Dekrete der bürgerlichen Verfassung des Klerus.

Meine Herren!

Da ich das Wort verlange, werde ich mich nicht herablassen, auf die Vorwürfe und Sarkasmen zu antworten, die sich der Wortführer des Untersuchungsausschusses gegen den Klerus erlaubet hat; ich will die Vernunftschlüsse, die er vorgetragen, und die sich mit der gesunden Vernunft nicht vertragen, nicht bestreiten; ich werde kein Wort über das Schicksal verlieren, das man in Begriff steht den Geistlichen zu bereiten, noch will ich von den Klagen über das Dekret, mit dem man uns bedrohet, etwas melden.

Von der Gnade Gottes wider alle Prüfungen gestärket, hoffen wir, daß man niemals in unserm Betragen etwas anders aufspüren kann, als die Geduld und gänzliche Ergebenheit mit einer unerschütterlichen Standhaftigkeit. Diese Tugenden, mit derer Beyspiele wir vorleuchten müssen, sind die Früchte des Glaubens, den wir zu verkündigen berufen sind, den wir zu vertheidigen die Pflicht haben, und dessen Eindrücken wir folgen müssen.

Die

Die weit wichtigern Vortheile, meine Herren! verschlingen alles andere, und machen es vergessen. Wir beseitigen hier auch alles, was zeitlich ist; weder unser Charakter, noch unsere Gesinnungen wollen sich mit diesem abgeben, weil es um einen weit wesentlichern Gegenstand der Kirche; um ihre Hierarchie, um ihre Gerichtsbarkeit und um ihre Disziplin zu thun ist.

Wir lassen uns auch weder von einem Schwärmgeiste, noch von der Empörungssucht dahin reissen; sondern von dem Eifer allein, unsere Pflichten zu erfüllen, und unserm Gewissen zu entsprechen, beseelet, haben wir einerseits die geheiligte Hinterlage, wo die Grundsätze, an die wir uns halten müssen, verwahret sind, andererseits die Verfassung des Klerus, wieder aufgreifen müssen.

In dieser Verfassung, die ihr die bürgerliche nennet, und die deßwegen nur bürgerliche und politische Gegenstände behandeln sollte, haben wir eine gesetzgebende Gewalt über geistliche Gegenstände nicht verkennen können. Die Gerichtsbarkeit ertheilen, sie nehmen, sie ausdehnen, oder beschränken, ihre Ausübung anordnen, ihre Handlungen bestimmen, dieß ist, was sie sich erlaubet; aber eben dieses ist es, was die heiligen Bücher, die so ehrwürdige als ununterbrochene Uebergabe, die eine Kette ausmachet, deren erstes Glied sich an den Eckstein, auf den die Kirche gebauet ist, anschließt, uns sagen, daß sie nicht dazu berechtiget sey; dieß ist es, was wir niemals für verträglich mit den Grundsätzen der katholischen Kirche ansehen können.

Ihr habt diese Kirche, meine Herren! in Ehren, und ihr machet euch groß, ihre Kinder zu seyn: wir wollen es gerne glauben, daß Mehrere unter euch von dem Eifer für sie sich dahin haben stim-

stimmen laſſen, die meiſten Artikel der Verfaſſung, die euch vorgelegt worden ſind, anzunehmen, weil ſie dafür hielten, daß der Glanz ihrer
urſprünglichen Schönheit dadurch wieder hergeſtellet werde. Allein wir müſſen es euch ſagen,
weil die Wahrheit in unſerm Munde nicht gebunden bleiben kann, und weil es eure Ehre
von uns fordert, daß wir es vor euch mit aller
Freyheit kund machen: der Sohn Gottes hat
ſein Werk nicht unvollkommen gelaſſen, als er ſeine
Kirche geſtiftet hat; er ſelbſt hat die Verfaſſung
gegeben, und ſeinen Apoſteln die Gewalt, ſie zu
regieren hinterlaſſen, die ſie auch auf ihre Nachfolger fortpflanzen ſollten; folglich die Gewalt,
Geſetze vorzuſchreiben; die Amtsverrichtungen der
verſchiedenen Klaſſen der Kirchendiener anzuordnen; jedem den Wirkungskreis anzuweiſen, auſſer welchem er ſeine Gerichtsbarkeit auszuüben
nicht berechtiget wäre; durch die Weihe ſich zu
verewigen, die kanoniſche Ordnung zu beſtimmen, und die mancherley Stellen des Heiligthumes zu erſetzen.

Geſtatte man uns, daß wir eine Synode
veranſtalten, und alsdann werden wir, in Vereinigung mit dem Nachfolger des heiligen Petrus
mit den reinſten Abſichten, die uns nur immer
beſeelen können, alle Mittel aufſuchen, die Vortheile der Nation mit dem Beſten der Religion,
die wir alle für das koſtbarſte Wohl der Nation
anſehen ſollen, auszuſöhnen. Möchte man doch
wenigſtens warten, wie wir es ſchon öfters be-
gehrt haben, daß ſich das Oberhaupt der Kirche, an das ſich der König gewandt hat, erkläre!

Meine Herren! nichts kann euch, gleichwie
der Nation und der ganzen Welt, beſſer bewei-
ſen, daß wir von Grundſätzen ausgehen, die
unſerm

unserm Charakter Ehre machen, und daß unser
Entschluß, der unerschütterlich seyn soll, weil er
sich auf die heiligsten Pflichten gründet, dahin
stimme, vielmehr alles aufzuopfern, und uns
allem Elende lieber Preis zu geben, als unseren
Grundsätzen treulos zu werden, und unser Gewissen zu verrathen. Dadurch werden wir unseren Verleumdern, den gelehrten sowohl als un-
gelehrten, den schwachen wie den mächtigen das
schönste Beyspiel geben, mit dem uns die Kirche
allen vorzuleuchten befohlen hat, wenn es um
die Vortheile Gottes zu thun ist. Steht uns
aber nur das Leiden bevor, so werden wir es
uns zur Ehre rechnen, für seinen Handel zu
leiden: wir werden uns erfreuen, daß wir seinem
göttlichen Sohne gleichförmiger werden: wir
werden uns den Schlüssen seiner Vorsicht unterwerfen: unser Mangel und Elend soll unser
Antheil seyn, und die Welt soll wissen, daß über
unsere Herzen die Liebe zu den zeitlichen Gütern
nie geherrschet habe.

Uebrigens, meine Herren! wiederholen wir
es ganz gerne: in allem, was das politische belangt, werden wir stets mit dem Beyspiele der
Unterwürfigkeit vorleuchten; wir werden nicht
unterlassen, wie wir es schon öfters hier feyerlich
betheuert haben, durch unser Betragen unsre
Treue gegen das Gesetz, gegen die Nation und
den König an den Tag zu legen; unser Amt
wird allzeit der Sorge geweihet seyn, wie es
seyn soll, den Frieden, die Ordnung und den
Gehorsam gegen das rechtmäßige Ansehen, dessen
stärkste Stütze die Religion ist, aufrecht zu erhalten, und unsere Herzen werden ohne Unterlaß
die wärmsten Wünsche für das allgemeine Beste
zu dem Himmel abschicken.

Ich

Ich bitte, die Versammlung wolle befehlen, daß dasjenige, was ich gesagt habe, meinem Verbalprozeß eingetragen werde.

Der Eid

den der Herr Bischof von Klermont vorgelegt hat.

Wir haben allzeit unser Bestreben und unser Augenmerk nur darauf gerichtet, unsre Achtung der weltlichen Macht zu erzeigen, und mit dankerfüllten Herzen den Schutz anzupreisen, den die Kirche von Anbeginne der Monarchie an bisher von ihr erhalten hat; wir haben es anerkannt, und wir werden es stets anerkennen, daß wir ihr die Vortheile, die wir in der bürgerlichen Ordnung genossen, zu danken haben; wir hatten aber zugleich gesagt, und wir unterlassen niemals es zu wiederholen, daß wir in dem geistlichen Fache unsre Gewalt von dieser Macht weder empfangen haben, noch empfangen können; daß unsre Gerichtsbarkeit nur von Jesu Christo auf uns herquillt; daß nur die Kirche berechtiget ist, sie uns zu ertheilen, oder zu nehmen; wir sehen es als einen Artikel der katholischen Lehre an, daß das geistliche Ansehen alles einsetzen, anordnen, und bestimmen muß, was die Gerichtsbarkeit, die Hierarchie und die Kirchendißiplin betrift. Diese Lehre, die wir der heiligen Schrift und der Uebergabe abgeborget haben, sind wir, als Religionsdiener, zu bekennen, und zu vertheidigen

gen schuldig; wir müssen sie lehren, und in ihrer
Reinigkeit auf unsere Nachkommen fortpflanzen.
Wir haben allzeit als eine durch alle kanonischen
Gesetze bestätigte Wahrheit behauptet, daß unsere
Amtsverrichtungen auf einen Theil des Bezirkes,
über den wir die Sendung erhalten haben, der-
massen beschränket sind, daß, wenn wir es wagen sollten, sie ohne das Ansehen der Kirche ausser demselben auszuüben, alle Handlung der Weihe ge-
setzwidrig, jene der Gerichtsbarkeit aber ungültig
seyn würden. Mit welch einer Angst, Unruhe
und Betrübniß würden wir die Gewissen beklem-
men, wenn wir uns von einer strafbaren Nachsicht dahin reissen liessen, und aus eignem Ansehen und Triebe eine Gewalt, welche die Kirche
beschränket hat, ausdehnen wollten!

Der höchste Gesetzgeber hat uns gesagt, daß
sein Reich nicht von dieser Welt sey, woraus
man jene Folge gezogen hat, die wir zugeben,
und welche die gallikanische Kirche anzuerkennen
sich allzeit bestrebet hat; nämlich, daß die Kirche
nicht berechtiget sey, über die weltliche Regierungen ein Ansehen in Rücksicht auf das Zeitliche
auszuüben: aber es läßt sich auch eine andere
eben so unmittelbare und natürliche Folge herleiten, nämlich daß die weltliche Macht keine gesetzgebende Kraft über dieses, seiner Natur nach
geistliches Reich ausüben könne: „in allem andern, sagt der grosse Bossuet, Polit. Sacr. I. 7.
ar. 5. schreibt die königliche Gewalt Gesetze vor,
und behauptet den Vorrang; in den kirchlichen
Geschäften aber dienet, und unterstützet sie nur:
famulante, ut decet, potestate nostra: dieß sind
die Worte eines Kapitulars. Nicht nur in Glaubenssachen, sondern auch in der Kirchendisziplin
gehöret die Entscheidung der Kirche; dem Fürsten
aber

aber der Schutz, die Vertheidigung der Kanonen und der Kirchenregeln zu."

Merket wohl, meine Herren! daß dieses geistliche Reich, weil es das Werk des Sohnes Gottes ist, als es von ihm gestiftet worden ist, auch
eine Verfassung von ihm erhalten hat, welche
in ihren Grundsätzen von aller menschlichen Macht
unabhängig ist; eine Verfassung, deren erste
Grundsätze der Veränderung, welche die Jahrhunderte in den menschlichen Erfindungen verursachen, nicht unterworfen sind. Dieses Reich
hat keine andere Gränzen, als den ganzen Erd-
boden; es muß Kraft allgemeiner Gesetze, die
sich auf alle Lande, auf alle Gemeinden und auf
alle Völker anwenden lassen, regieret werden;
und würde es nicht in eben so viele Theile zerrissen werden, als es verschiedene Staaten auf
Erden giebt, wenn jede bürgerliche Regierung
berechtiget wäre, ihm eine besondere Verfassung
aufzudringen? Die Einigkeit ist nicht allein in
Glaubenssachen, sondern auch in den allgemeinen Grundsätzen der Disziplin schlechterdings
nöthig; ohne sie könnte dieses Reich nicht bestehen.

Dieses Reich muß ein Oberhaupt haben, und
der Glaube lehret uns, daß es Jesus Christus,
und zwar bis an das Ende der Welt seyn werde;
er lehret uns, daß Jesus Christus, als er zu
seinem Vater aufstieg, in der Person des heiligen
Petrus und seiner Nachfolger ein sichtbares
Haupt, als seinen Repräsentanten und Statthalter, hinterlassen habe; ein Oberhaupt, dem
er jenen Primat der Ehre und der Gerichtsbarkeit eingeräumet hat, den kein Katholik verkennen kann.

Allein dieser Primat muß nothwendig seine
Amtsgeschäfte haben; die Verfassung aber des
Klerus beschränket ihn auf ein Schreiben, das
der

der neugewählte Bischof zum Zeichen der Gemeinschaft ausfertigen soll: auf alle übrige hat
das Oberhaupt der Kirche keinen Einfluß. Sollte
ein Boßuet unrecht daran gewesen seyn, da er
aufgerufen *de unit. eccles.* „Wie groß ist die römische Kirche, da sie alle Kirchen unterstützet;
da sie, wie ein alter Pabst sagt, die Bürde von
allen denen, die leiden, trägt; da sie die Einigkeit hält, den Glauben bekräftiget, die Sünden
bindet, und löset, den Himmel öffnet, und
schließt! Wie groß ist sie, ich sage es noch einmal, wenn sie von der Macht des heiligen Petrus, aller Apostel, aller Kirchenversammlungen
voll, ihre heilsamen Satzungen mit eben so vielem Nachdrucke, als Bescheidenheit ausführet!
Wie groß ist ihre Macht, da sie dieselbe hauptsächlich darinn bestehen läßt, daß alle Geschöpfe
sich dem Ansehen der Kirchensatzungen unterwerfen, ohne jemals jene außer Acht zu lassen,
welche der Grund der Kirchenzucht sind. Welche
Blindheit, da christliche Königreiche geglaubet
haben, sich zu befreyen, wenn sie das Joch von
Rom, wie sie sagten, und das sie ein fremdes
Joch nannten, abschüttelten, als wenn die Kirche
aufgehöret hätte, allgemein zu seyn, oder als
wenn die allgemeine Verbindung, welche aus so
vielen Königreichen nur ein einziges Reich Jesu
Christi machet, Christen fremd werden könnte.“

In den vor diesen Richterstuhl gebrachten
Händeln geht das Ansehen nicht willkührlich zu
Werke. „Der Gebrauch der apostolischen Gewalt
muß sich nach den, von dem Geiste Gottes abgefaßten, und durch die allgemeine Ehrerbietung
der ganzen Welt eingeweihten Kanonen richten.“
Declar. Cleri gall.

Sage man uns nicht, daß wir die Hilfe eines
fremden Herrn angerufen, da wir uns an den
heili-

heiligen Stuhl gewandt haben: das Oberhaupt
der allgemeinen Kirche ist in dieser Hinsicht kei-
neswegs fremd, gleichwie es doch ein weltlicher
Herr auſſer den Gränzen seines Staates allenthalben ist.

Wenn es uns erlaubet wäre, meine Herren!
davor Gott sey, für euere Grundsätze diejenigen
anzusehen, die wir von dieser Rednerbühne vortragen gehört haben, wie viele Ursache hätten
wir nicht, über das Schicksal der Religion zu
seufzen? Ihr habt erkläret, daß alle Gewalt
von der Nation ausgebe; daraus hat man geschlossen, daß die Macht der in öffentlichem
Amte stehenden Geistlichen die nämliche Quelle
habe. Wenn dem also wäre, würden wir nur
eine menschliche Religion mehr haben; eine Religion mehr haben; eine Religion, die sich nach
den Umständen, nach der Politik schmieget.

Nein, meine Herren! wir werden uns niemals bereden, daß die Repräsentanten der Nation
ähnliche Begriffe aufgreifen, und eine bürgerliche Obergewalt, die von der Kirche zu allen
Zeiten verworfen, und verdammet worden ist,
in das Heiligthum eindrängen können.

Um auf den Eid zu kommen, welcher der
Hauptstoff ist, warum ich diese Rednerbühne be-
stiegen habe, muß ich euch, meine Herren! wiederholen, was ich schon bey einer andern Gelegenheit zu sagen die Ehre gehabt habe; daß er
einer von jenen Gegenständen sey, über welchen
die Religion keine Zweydeutigkeit zuläßt. Wir
werden niemals vergessen, daß eine von unseren
Hauptpflichten diese sey, daß wir uns als Bürger
betragen, und mit dem Beyspiele der Unterwürfigkeit gegen das bürgerliche Ansehen vorleuchten;
allein wenn uns die Menschen Sachen vorschreiben, die mit den Grundsätzen unsrer Religion im
Wider-

Widerspruche stehen, müssen wir ihnen mit Standhaftigkeit sagen, daß man mehr Gott als den
Menschen gehorchen müsse.

Bey den Gegenständen der Disziplin, die abgeändert werden können, sind die kanonischen Formen unumgänglich nothwendig. Indessen verkennet, und vergißt sie eure Verfassung; ohne
Mitwirkung des geistlichen Ansehens ordnet sie
die Rechte des Pabstes, der Metropoliten, der
Bischöfe und Pfarrer in der Ausübung ihrer Amtsverrichtungen an; sie wirft die Mächte unter einander; sie giebt, nimmt, erweitert, und beschränket die Gerichtsbarkeit, sie bestimmet die Bedingnisse und Eigenschaften, die in denjenigen erfordert werden, die Seelenhirten werden wollen;
sie bestimmt, und schreibet das Glaubensbekenntniß vor, das sie ablegen sollen; sie hegt eine
allen Jahrhunderten unbekannte Wahlsform vor;
sie ändert die durch göttliche Sendung errichtete
Ordnung ab.

Ich muß es euch sagen, meine Herren! dieß
war die Grundregel zu allen Zeiten, daß die
Kirche ohne die Kirche keine Verfassung haben
könne. Eine weise Willfährigkeit wird sie zweifelsohne dahinstimmen, in demjenigen mitzuwirken, was den wesentlichen Grundsätzen, oder dem
geistlichen Wohl der Gläubigen nicht entgegen
steht, und was das Verlangen der bürgerlichen
Macht begnügen kann; man muß aber allzeit die
Entscheidung und Mitwirkung ihres Ansehens erwarten.

Diese sind die wichtigen Grundsätze, die wir
euch vorgelegt, und erkläret haben; sie sind unseren Gewissen eingegraben; an diese halten sich
die Hirten des Königreiches. Weil wir unsrer
Pflicht entsprechen, werden wir gezwungen seyn,
uns vielmehr der Strenge euerer Dekrete Preis

zu

zu geben, als diese Grundsätze verrathen; sie
werden uns niemals erlauben, meine Herren!
uns für losgezählte von unsrer Sendung anzusehen, so lange die Stimme der Kirche sich nicht
wird haben hören lassen: diejenigen, die sich in
unsere Stellen, in unsere Amtsverrichtungen
eindrängten, würden ohne Gewalt seyn; sie
würden die Religion der Völker täuschen, und
uns würde nichts anders übrigen, als das Schicksal der Gläubigen, denen wir unsere ganze Zuneigung geschenket haben, zu beweinen; aber
wir könnten wenigstens uns selbst antworten,
daß wir alles aufgeopfert haben, unser Gewissen
und unsre Liebe gegen sie allein ausgenommen.

Erlaubet mir, daß ich zum Schluße noch
bemerke, daß die Verfassung, die ihr für die
Geistlichkeit verordnet habt, nach eueren Absichten
nur eine bürgerliche Verfassung sey; daß ihr derselben diesen Titel gegeben habt; daß ihre Urheber öfters von dieser Rednerbühne wiederholet
haben, daß eure Absicht nie war, über geistliche
Gegenstände einen Spruch zu thun. Wenn ihr
demnach glaubet, daß in dieser Verfassung nichts
von dem Geistlichen, und was von der Kirche
wesentlich abhängt, enthalten sey, so solltet ihr
allen Vorbehalt, und alle Ausnahme, die wir zu
machen uns verpflichtet glauben, als unbedeu-
tend ansehen. Wenn aber im Gegentheile in der
Verfassung wahrhaft geistliche Gegenstände be-
griffen sind, so stimmen wir mit eueren Grundsätzen überein: ihr sollet sie billigen, und die
vollständige Vollstreckung euerer Gesetze in dem
Eide anerkennen, wodurch wir sowohl unsre Unterwürfigkeit gegen alles, was das Politische belangt, als unsern Eifer, es handzuhaben, an
den Tag legen.

Ihr

Ihr habt es gesagt, meine Herren! und ihr habt es feyerlich kund gemacht, daß die Versammlung weder einige Gewalt über die Gewissen habe, noch haben könne. Ach! welche Gewalt könnte fürchterlicher seyn, als jene, welche die Religionsdiener, Hirten und Bürger, auf den Scheidweg führte, entweder das Gesetz Gottes, oder das Geboth des Staates zu übertreten! Wir haben eure Gerechtigkeit gewarnet, und unser Gewissen legt euch den Eid vor, den allein zu schwören uns erlaubet ist.

Ich schwöre, über die Gläubigen, derer Anleitung mir von der Kirche anvertrauet ist, oder wird anvertrauet werden, mit Sorge zu wachen; der Nation, dem Gesetze und dem Könige getreu zu seyn, und die von der Nationalversammlung beschlossene und von dem Könige angenommene Verfassung aus allen meinen Kräften in allem handzuhaben, was die politische Ordnung angeht; ich nehme aber ausdrücklich die Gegenstände aus, die von dem geistlichen Ansehen wesentlich abhangen.

Franz, Bischof von Klermont.
L. Bischof von Uzes.

Brief des Herrn Bischofes von Uzes, von dem eine Abschrift in der Versammlung abgelesen, und als aufrührerisch belangt worden ist.

Paris den 5. Jenner 1791.

Der gestrige Tag wird in den Jahrbüchern des französischen Klerus berühmt seyn; es ist der erste, wo einiger Trost meine Seele durchströmet hat. Wenn wir um der Ehre willen gekämpfet hätten, könnten wir sagen, daß uns nichts mehr zu verlangen übriget; allein ein weit höheres Interesse war unserm Muthe vorbehalten. Ich bin zwar nicht ohne Hoffnung, daß dieser Tag die Religion in Frankreich rette; aber daß er sie verherrlichet hat, von dem bin ich überzeuget. Die unselige Stunde war angebrochen; man hatte sich entschlossen, uns aufzufordern, den Eid zu schwören. Wir äusserten die gelassenste Standhaftigkeit. Der Bischof von Agen wurde zum ersten aufgerufen: er brachte mit einem einfachen, freyen und rührenden Edelmuthe drey Ausdrücke vor, die starke Wirkung thaten. Nach ihm hat man den Herrn Fournesse, einen Pfarrer aus seinem Kirchensprengel aufgefordert; auch er ertheilte eine Antwort, die den Verdorbenen Furcht, den schwachen Seelen aber Scham einjaget. „Ihr wollet, sagte er, uns zu der Disziplin der ersten Jahrhunderte der Kirche zurück führen: gut, meine Herren! ich will mit einfältigem Herzen, wie es sich auf jene Zeiten schicket, sagen, daß ich es mir zur Ehre rechne, dem Beyspiele, das mein Bischof gegeben hat, zu folgen, und

und in seine Fußstapfen einzutreten, gleichwie ein heiliger Lorenz dem Xystus bis zum Martertode gefolget ist." Alsdann hat sich der Schrecken unserer Feinde bemächtiget; alles wurde in Verwirrung gebracht; sie wußten nicht mehr, was sie anfangen sollten; sie nehmen ihre Zuflucht zu einem einfältigen und lächerlichen Betruge, indem sie vorgeben, daß die Absicht der Versammlung nie gewesen sey, das Geistliche zu berühren; wir fordern, daß diese Erklärung den Dekreten eingetragen werde, und die Treulosigkeit zieht sich durch die Verweigerung die Masque ab. Der Auflauf und die Unentschlossenheit dieser Herren verlängern die Sitzung, und kein Geistlicher äussert einige Zaghaftigkeit, oder Unruhe. Alsdann verlassen sie die Form, einzelne Personen aufzurufen, die ihnen die Peine, des Triumphes der Wahrheit Zeugen zu seyn, verlängert haben würde. Sie haben eine allgemeine Aufforderung an diejenigen verordnet, die den Eid noch nicht geschworen hatten. Man machte sie, und Niemand stellte sich; endlich hat sie unsre unerschütterliche Standhaftigkeit mit ihrem größten Unwillen gezwungen, wider uns den Schluß zu fassen, und wir sind stolz auf unsre ruhmvolle Armuth davon gegangen.

Zwey oder dreyhundert Straßenräuber, die man bey derley Vorfällen zu besolden pflegt, umzingelten den Saal, und machten das Geschrey, an die Laterne, ertönen: wir lachten mit Verachtung darüber, und fragten, ob dieses Geschrey einen Nachdruck hätte; weder unter dem um den Saal herum versammelten guten Volke, noch in Paris nahm man eine Bewegung wider uns gewahr, und die öffentliche Hochachtung begleitete uns in unsere Behausungen. Der König wird gebethen, andere an unsere Stellen zu ernennen; es

es läßt sich ganz artig beobachten, daß dieses
Dekret, das die Spaltung in Frankreich aufkeimen machen würde, wenn es in Vollziehung gieng,
unter dem Vorsitze eines Sohnes von einem Juden, und auf den Vortrag eines Protestanten
abgefaßt worden ist. Ich kann nicht alle Umstände, ob sie gleich wichtig wären, ansetzen, die
Zeit mangelt mir; ich will nur das wesentliche
beybringen: wir haben den ersten Angriff auf
eine Art ausgehalten, die mit der Pflicht, welche
wir zu erfüllen haben, übereinstimmet; wir werden auch eben so standhaft alle Prüfungen, bis
auf die letzte, wenn man so weit vorrücken soll,
aushalten. Uns kann weder Furcht noch Verwirrung erschüttern, oder beunruhigen; wir lassen sie denjenigen über, die ihr Gewissen nicht
hören, und den Grundsätzen nicht folgen; wir
beweinen die 98 von unseren Mitbrüdern, die
sich haben täuschen lassen: es ist zweifelsohne
viel von 268. die wir an der Zahl sind; aber
die Mehrheit ist für uns. Der Bischof von ***
ist allein. Wir zählen den Bischof von Lydda
ihnen nicht bey, der den Vorbehalt gemacht,
welchen man gelten ließ, weil er auf der linken
Seite sitzet. Ihr könnet meinen Brief vorzeigen:
ich bin nicht schüchtern, wenn ich schreibe, weil
die Wahrheit meine Gefährtinn ist, und weil sie
nothwendig in Rücksicht auf diese berüchtigte
Sitzung bekannt werden muß.

N. S. Eben vernehme ich, daß 12 oder 15
Geistliche von der Versammlung ihren Eid wie-
derrufen haben, und man versichert, daß diesem
Beyspiele mehrere noch folgen werden.

Hirtenbrief des Herrn Kardinals von Rochefoukauld, Erzbischofes von Rouen, an die Geistlichkeit und an die Gläubigen seines Kirchensprengels.

Dominikus ꝛc. unsern Gruß und Segen im Namen unsers Herrn Jesus Christus.

Da wir bedrohet worden sind, liebste Brüder! von unseren Amtsverrichtungen verstoßen zu werden, die wir unter euch seit so vielen Jahren mit einem Eifer ausüben, den täglich der tröstende Anblick euers Wachsthumes in der Frömmigkeit mehr beseelte, haben wir euch unsere Wiedererklärungen, die sowohl unsere Pflichten als unsere Rechte forderten, bekannt gemacht. Vergebens hatten wir uns geschmeichelt, eine Unternehmung in ihrem Keime zu ersticken, die den meiner Sorge anvertrauten Kirchensprengel in Verwirrung setzen, und mir mit der lebhaftesten Bitterkeit die übrigen Tage vergallen wird, die ich euch allein gerne widmen möchte, um euch auf den Wegen des Heils zu leiten. Die billigen Vorstellungen der Kirchenregeln, die Berufung auf ihre Gesetze, auf ihre Grundsätze, durch die sie bisher stets regieret worden ist, sind zugleich fruchtlos und ohne Antwort geblieben; und die Kirche von Rouen, deren Ursprung mit jenem der Monarchie verflochten ist; jene Kirche, die von

so vielen Heiligen gestiftet, durch so viele Tugenden verherrlichet worden ist; diese Kirche wird
durch das beweinenswürdigste Schicksal bestimmet seyn, dem ganzen Königreiche das Signal
zu einer Spaltung zu geben, die es in ihren
Abgrund zu verschlingen drohet.

Da wir dieser unseligen Epoche vorbehalten
sind, fühlen wir, l. B. ganz lebhaft die größte
der Gefahren, die euch umgeben würden, wenn
die Stimme euers Hirten, der sich auf einen Augenblick von euch entfernet, euern Glauben von
einem jeden Winde der Lehre der ihn zu erschüttern suchet, ohne Rath und ohne Führer herum-
treiben ließ. Indem so viele irrige und neue
Maximen verbreitet; so viele Grundsätze, die bisher der Gegenstand unsrer Ehrfurcht waren, verkennet; da so viele erdichtete Beschuldigungen
und Erklärungen von der Leidenschaft ausgehecket, von der Mißgunst aufgesammelt, und
verbreitet, und von dem Haße und Eigennuße
vergiftet werden, so könnte der Glaube der Einfältigen überraschet, jener der mehr aufgeklärten Gläubigen mehr verdunkelt werden; ihr Eifer könnte sich ermüden, oder in Untersuchung
der Wahrheit sich verirren. — Diesen so vielen
um euch herum gelegten, oder unter euern Füssen verborgenen Fallstricken werden wir, von der
Liebe Jesu Christi gedränget (*Charitas Christi
urget nos*) die Wahrheit und euere Pflichten entgegen setzen, und euch gleichsam bey der Hand
in den Abwegen einer Frage führen, deren Folgen die Kirche in Trauer setzen, und dem Haße
ihrer Feinde nur gar zu sehr dienen: wir werden euch die unselige Gewißheit der Spaltung
entwickeln, und euch die Wege zeigen, wodurch
man sie einführen will, indem man sie vor eueren
Augen verhüllet; endlich werden wir euch die

Ver-

Verhaltungsregeln geben, die uns unsre Liebe
gegen euch einflößt, und die eure Treue von uns
fordert; und dieß sind jene in der Ausübung dieser lästigen Pflicht so mächtige Beweggründe,
welche, wenn wir unsre Absicht erzielen, uns mit
nicht geringem Troste überschütten werden.

Es sind große Abänderungen in der französi-
sischen Kirche vorgegangen. In dem Zeitpunkte,
wo sie noch den gänzlichen Verfall der Einrichtungen beseufzen mußte, welche seit so vielen
Jahrhunderten ihre Ehre und ihren Glanz ausmachten, und die unter den Völkern alle Hilfsmittel der Religion und Liebe beförderten, da sie
aus ihrer Mitte die Erfüllung der evangelischen
Räthe durch die Unterdrückung der Gelübde,
denen eine vernünftige Verbesserung ihren ersten
Eifer und ihren ursprünglichen Nutzen wieder
hätte herstellen können, verbannen sah, hat eine
neue Verfassung ihren Schmerz vollends auf den
höchsten Grad gebracht, indem sie ihre innerliche
Regierung untergraben, und alle ihre Gesetze
und Regeln unter einander geworfen hat, derer
Unabänderlichkeit die weltliche Macht selbst anerkannt hatte, da sie ihr den Genuß von innen,
und den Schutz von außen zugesichert hat. Vergebens suchte man die auf das Ansehen der Kirche
gewagten Eingriffe mit dem täuschenden Schmink
einer, auf pur bürgerliche Wirkungen beschränkten Verfassung zu übergleissen. Denn die Natur, den Sinn und die Anwendung der Gesetze
muß man in ihren Wirkungen, und in dem Umfange, den man ihnen einräumet, aufsuchen;
und die gemeinsten Regeln der Vernunft und
Klugheit verbiethen schon, sich bey ihrer Prüfung mit der Hilfe der Wörter zu begnügen,
derer Dunkelheit oder Doppelsinn allzeit auf wi-
drigt

drige Auslegungen, und nur gar zu oft auf ver-
borgene Absichten verleiten. –

Vergebens hat man mit einer verabredeten
Verstellung vorgegeben, daß diese Verfassung
nichts anders beabsichtige, als die Wiederherstellung der alten Regeln, und der blühendsten Tage
der ersten Kirche. Ach! von diesen beseligenden
Zeiten haben wir nichts gefunden, als die Verfolgungen, und wir haben die Gelehrigkeit der
Gläubigen, die sich den Gesetzen der Kirche un-
terwarfen, und zugleich die Freyheit zu betrau-
ren, die sie bey ihrer Errichtung genoß. Denn,
damit ihr euch nicht verirret, l. B., so wisset,
daß es diese stete Unabhängigkeit der Kirche sey,
die ihren Grund und ihre Wesenheit ausmachet;
sie ist es, die unseren Amtsverrichtungen einen
sonderbaren Charakter bestimmet, und vorbehält,
der nicht zuläßt, daß sie sich mit den Funktionen
einer pur weltlichen Ordnung vermengen, und
der sie desto mehr über diese erhebt, je erhabener
das Ziel ist, zu dem sie die Menschen hinfüh-
ren. Sich in allen Jahrhunderten verewigen;
sich auf alle Nationen verbreiten; sich unter allen
Mächten, trotz alles ihres Wiederstrebens festsetzen; sie, trotz ihres Widerstandes, an sich ziehen; dieß war der Zweck, den Jesus Christus
beabsichtigte, da er seine Kirche gestiftet hat.
Und hätte dieser so erhabene Zweck sich mit dem
Anscheine der Unterwürfigkeit und Abhängigkeit
ausgleichen können? Als Jesus Christus seine
Gewalt auf die Kirche verlegt, hat er sie nicht
umgemodelt: da er ihr befohlen, sich zu verewigen, und sich zu verbreiten, hat er ihr alle Gewalt zugetheilet, welche eine Gesellschaft zu ihrer
Erhaltung nöthig hat; und wenn schon die Gesellschaft der Kirche nicht den nämlichen Zweck
mit den menschlichen Gesellschaften hat, so hat
sie

sie dennoch, gleichwie jene, die Gewalt, ihre
Gesetze zu bestimmen, und derer Vollziehung zu
beeifern, welches der Grund von jeder Gesellschaft ist.

Weiset demnach weit von euch, liebe Brüder!
jene verleumderische Klagen, die sich wider die
Unabhängigkeit der Kirche erheben; die sie als
einen Grundsatz, der die Eintracht des Staates vernichtet, gerne vorstellen; die sich bestreben, zu zeigen, daß sie der Thätigkeit der weltlichen Macht ohne Unterlaß Einhalt thut, und
sie verwirret: lernet die Kennzeichen dieser heilsamen Unabhängigkeit besser zu unterscheiden;
denn sie ist es, die euch die Lehre des Glaubens
unsers göttlichen Heilandes aufbehalten, und
auf euch übertragen hat: lernet, sie zu lieben,
weil sie stets über jene kostbare Hinterlage wachet,
wo ihr euern Unterricht und eure Hoffnungen
schöpfen werdet: lernet endlich, sie in Ehren zu
halten, weil sie der Grundpfeiler euers Zutrauens in der Lehre, die man euch beybringet, und
in den Kirchendienern ist, die ihr anhöret.

In der That, welches Zutrauen könntet ihr
auf Leute setzen, die in ihren Handlungen einem
fremden Einfluße unterworfen sind; diesem Werkzeuge der Absichten, derer Zweck man ihnen zu
verbergen besorget ist; diesem Spiele der Leidenschaften, die sie nicht mehr zurück halten könnten. Was würde euch ohne diese heilige Unabhängigkeit von der Lehre Jesu Christi und dem
Unterricht der Apostel noch übrigen? Wie würden sie auf euch fortgepflanzet worden seyn, mitten unter den Verfolgungen der Tyrannen, unter den Verordnungen der Kaiser, unter den
Fallstricken der Ketzerey, unter den Uneinigkeiten
der Spaltung, unter den Reizen der Leidenschaften, unter der Unbeständigkeit und unter den Ver-
ände-

änderungen alles desjenigen, was von den Menschen abhängt? Ihr sehet demnach, liebe Brüder! wie viel daran gelegen sey, daß diese kostbare Unabhängigkeit von allem Eingriffe vorbewahret werde; ihr sehet die Eintracht ein, die
zwischen ihr und der weltlichen Macht herrschen
soll, und wie beyde auf verschiedene Gegenstände
und durch verschiedene Mittel wirken sollen, ohne
von dem Ziele, zu dem sie gegenseitig bestimmet
sind, sich zu entfernen. Diese klaren Grundsätze
wollen wir euch in unserm Unterrichte vorlegen,
und wir hoffen, daß sie wichtig genug sind, um
eure Aufmerksamkeit zu verdienen.

Unter den Abänderungen, welche die bürgerliche Verfassung des Klerus vorschreibet, sind
mehrere enthalten, welche die Mitwirkung des
geistlichen Ansehens forderten. Die Stimme der
Hirten, so weit sie ertönen konnte, hat sich auf
sie berufen und ihre unentbehrliche Nothwendigkeit bewiesen; und ihr Eifer hat sich nicht vor-
zuwerfen, einige Vorstellung, welche die wichtigen Vortheile nöthig machen konnte, unterlassen
zu haben. Sie haben sich bestrebet, zu bewirken, daß man das Ansehen, welches die Ordnung
der Dinge, über welche die Abänderungen sollten
ausgeübet werden, errichtet hat, aufforderte,
und sie haben zwey, durch die Gesetze der Kirche
und des Staates stets angedeutete Wege einge-
schlagen. Denn in dem Geistlichen und Bürgerlichen muß man sich auf die gegenwärtigen Gesetze berufen, und so lange sie nicht aufgehoben
werden, verdienen sie unsern Gehorsam und unsre
Ehrerbietung. O wie wäre zu wünschen, daß
ein Satz, der mit den ächten Grundregeln so
genau übereinstimmet, aufgegriffen würde, und
daß man nicht aus vorgewandtem Nutzen des
Staates der Kirche so tiefe Wunden geschlagen
hätte.

hätte. Eine klare und kurze Erklärung sollte
alle Menschen aufklären, indem man sie auch
denjenigen faßlich gemacht hatte, die am minde-
sten bekannt waren; allein dieses neue Licht hat
man verscheuet, und, als eine feyerliche Erklärung der Anhängigkeit und der Vereinigung der
gallikanischen Kirche mit dem römischen Sitze
kund machte, daß sie die Entscheidung dieses von
der ganzen Kirche in Ehren gehaltenen Sitzes
erwartete, hat man ihr wohl Zeit gelassen, die
Wirkung eines Schrittes zu erwarten, der allein
ihre Hoffnung gründete? Von diesem Zeitpunkte
an sind Schriften verbreitet worden, die in Fin-
sternissen und Nebel eine Frage einhüllten, die
zu bezweifeln noch Niemand auf den Gedanken
gekommen war. Von diesem Zeitpunkte an hat
man die bis auf diesen Tag angenommenen Grundsätze verkennet, und die Urkunde der Kirche entweder verstümmelt, oder verfälschet, um sie mit
diesen Waffen zu bestreiten: man hat die Abänderungen von erheblichster Wichtigkeit nur für
äusserliche und bürgerliche Handlungen ausge-
rufen: die neue Eintheilung der Kirchensprengel
hat man nur unter ihren materialischen und fühl-
baren Verbindlichkeiten vorgeleget, als welche
die schicklichsten waren, unter die Sinne zu fallen, und auf die Einbildungskraft des Pöbels
zu wirken. Von diesem Zeitpunkte an hat man
unsre Widersetzlichkeit mit den häßlichsten Farben
geschildert, und der Gott der Wahrheit, der unsere und euere Herzen durchforschet, kennet die
Reinigkeit der Grundsätze, die uns hierinn geleitet haben. Man muß demnach, um sie in das
helle Licht zu stellen, die Dunkelheit zerstreuen,
mit der sie den Irrthum, was immer die Ursache
davon seyn mag, umhüllet hat; man muß den
falschen Lehrern mit der heiligen Schrift sagen:
wer

wer bist du, der du deine Sprüche mit un-
verständigen Reden verwirrest, *quis es tu,
involvens sententias sermonibus imperitis?*

Der Gegenstand der kirchlichen Gerichtsbarkeit ist nicht der Bezirk, über den sie sich erstrecket, und der ihr zu den äusserlichen Gränzen
dienet. Mithin betrügen euch diejenigen, die
sich geflissentlich bestreben, ihn als den Gegenstand unsers Widerstandes euch vorzustellen, da
sie die Rechte, auf welche die Kirche als einen
ganz verschiedenen und abgesonderten Gegenstand
Anspruch machet, in einen pur materialischen
Stoff, der niemals der Gegenstand einer geistlichen Gerichtsbarkeit seyn kann, umzumodeln
suchen. Aus dieser Umschmelzung der Gegenstände,
die so viele nicht wahr genommen haben, kömmt
der falsche Begriff her: die Kirche, deren Ansehen von dem weltlichen ganz unterschieden ist,
will kein Recht über einigen Bezirk ausüben:
der erhabene Titel ihres Berufes bestimmet sie
ganz und gar zur Heiligung der Seelen, und
mit dieser edeln Gabe ist sie vergnügt; mithin ist
es die Sorge der Seelen allein, welche die Kirche
einem Bischofe anvertrauet, da sie ihn zum
Haupte eines Kirchensprengels einsetzet; mithin
neue Hirten bey neuen Kirchen anstellen, ihre
Gränzen ausdehnen, oder beschränken ist nichts
anders, als den Bischöfen die Sorge der Seelen,
die ihnen die Kirche anvertrauet hatte, entziehen,
sie auf neue Hirten verlegen, und die Ordnung,
welche die Kirche errichtet hat, unter und über
sich kehren. Allein wie läßt sich begreifen, daß
diese Seelsorge zum zweytenmal und auf eine
andere Art, als das erstemal könne anvertrauet
werden? Wie soll man glauben, daß die weltliche Macht berechtiget sey, allein ein Amt mitzutheilen, das aus seiner Natur ausser ihrem

Wir-

Wirkungskreise liegt, und wie kann man heut zu
Tage diejenigen für rechtmäßig gesandte anerkennen, die wir vor kurzer Zeit nur als Leute ohne
Gewalt ansahen, weil ihnen die Kirche keine
Sendung ertheilet hatte, *quomodo prædicabunt,*
nisi mittantur? Vergebens wird man uns sagen,
daß diese Gegenstände, weil sie mit den Glaubenslehren keine Verbindung haben, nur eine
äusserliche, und folgsam zeitliche Disziplin betreffen; daß die Gränzen der Kirchensprengel fast
allenthalben nach jenen, oder gemäß jenen abgestecket sind, welche die bürgerliche Regierung
bereits festgesetzet hat; daß das Gesetz, welches
heut zu Tage diese Eintheilung unternimmt, nur
die Ausübung eines Rechtes sey, das sie allzeit
genossen hatte, und daß die neue Wahlform die
Gebräuche der ersten Kirche samt ihren Tugenden unter uns wieder herstelle. Hütet euch,
liebe Brüder! vor diesen Blendwerken, damit
ihr nicht die ersten Grundsätze unsers Glaubens
aus eueren Augen verlieret. Weil Jesus Christus seine Kirche für Menschen gestiftet, seine
Sakramente zu ihrer Heiligung eingesetzet, und
der Kirche aufgetragen hat, sie ihnen auszuspenden, mußte er, um sich nach ihrer Natur
zu richten, sich auch äusserlicher und fühlbarer
Zeichen bedienen, und ihre eignen Sinne gleichsam zu Kanälen der Gnade machen. Allein neben
diesen sichtbaren Sinnbildern entdecken wir auch
die geistlichen Mittel, und den geistlichen Zweck,
zu dem sie bestimmet sind, und über derer freyen
Gebrauch die Kirche noch ihre Unabhängigkeit
behauptet. Als der Glaube sich in verschiedenen
Landen verbreitete, wurde die politische Provinz-
eintheilung, ohne verabredeten Anschlag, der
kirchlichen Eintheilung zur Regel: was der bürgerlichen Regierung zum besten und zur Bequem-
lich-

lichkeit gedeihete, verschaffte auch der kirchlichen
Regierung die nämlichen Vortheile, und die
Errichtung des Sitzes der beyden Mächte an
einem Orte erleichterte dem Volke alle Gattungen der Hilfe. Dieses allein war die Ursache,
daß die Eintheilung der politischen und kirchlichen Regierung fast vollkommen übereinstimmten.
Die Denkmäler der Geschichte und der Kirche
haben uns keinen Beweis von ihrer gegenseiti-
gen Abhängigkeit aufbehalten, und ihre Unabhängigkeit läßt sich nicht bezweifeln, indem man
sieht, daß mehrere Kirchensprengel von diesem
Königreiche ihre Gerichtsbarkeit auf einen fremden Bezirk ausdehnen, gleichwie auch fremde
Diözesen ihre Gerichtsbarkeit über einen Theil
von unserm Bezirke ruhig ausüben.

Wir merken fühlbar, wie ihr, lieben Brüder!
wie alles, was euch die blühendsten Tage der
Kirche zurück führen kann, eure Begierde rege
machen, und euern Eifer anfachen soll; aber
habt Acht, daß ihr euch nicht täuschen lasset,
und etwa glaubet, die Gebräuche der ersten Kirche
in den neuartigen Wahlformen aufzufinden.
Wenn das Volk zu der Wahl des Oberhirten
einer Kirche zugelassen wurde, geschah es nicht,
um durch seine Stimme thätig mitzuwirken;
sondern nur um ihre günstigen oder widrigen
Zeugnisse von der Lehre und dem Verdienste derjenigen, die vorgeschlagen wurden, aufzusam-
meln: die Wahl war ausschließend das Werk
der Geistlichkeit, und die Kirche, welche diese
Form eingeführet, und nachmals wieder eingestellet hatte, sollte wenigstens mitwirken, um das
wieder herzustellen, was ein desto unvollkomm-
ners Bild davon ist, je gewißer man weis, daß
der Zutritt zu jenen Wahlen niemals den Feinden der Kirche verstattet war, von derer Händen
sie

sie doch heut zu Tage ihre Oberhirten empfangen kann.

Nachdem ich euch, liebe Brüder! die Grundsätze vorgetragen habe, welche, weil sie die allgemeine Gesetze der Kirche enthalten, sich auf alle Kirchensprengel des Königreiches erstrecken, muß mir Niemand verdenken, wenn ich euch bitte, eure Aufmerksamkeit auf die besondere Lage der Kirche von Rouen zu wenden. Wir werden euch von eueren Bedürfnissen, von eueren Sorgen, von den Hilfsmitteln unterhalten, die ihr von uns zu erwarten berechtiget seyd: ich muß euch die Gefahren entdecken, die Fallstricke zeigen, die euch umzingeln, und euch die ganze Seele euers Hirten vor Augen legen.

Es sind nur zwey Wege, welche die Gesetze der Kirche und des Staates zugestehen, bey dem Leben eines Titulars die Erledigung seines Sitzes zu eröffnen; nämlich die freywillige Amtsniederlegung, und die kanonische Entsetzung. Die erste setzet eine Bewilligung, die zweyte die Dazwischenkunft des Gesetzes und eines Urtheiles voraus. Was die erste belangt, so ist euch mein Herz der Zeuge, daß sie mir nie in den Sinn gekommen ist; daß der Tod allein die Bande, die mich mit euch verbinden, zerreissen kann; so viele Jahre, die ich unter euch gelebt, haben mich gelehret, ihren Werth zu schätzen: ich kann in dem Zeitpunkte des Streites meinen Posten nicht verlassen, mich eueren Gefahren entziehen, und in der Ruhestätte die Ruhe geniessen, die sich von euch entfernt. Das Gerücht von meiner freywilligen Abdankung hat demnach keinen Grund.

Was die kanonische Verfügung betrift, so läßt sich nicht die mindeste Spur in dem, was sich ereignet hat, auffinden. Man mag sie voraus

aus sehen, so lange man will; man kann sie aber
nicht bewirken, oder ihre Aechtheit beweisen.
Indessen ist schon ein neuer Hirt aufgelegt, die
Kanzel zu besteigen, von der meine Stimme so
viele Jahre lang mitten unter euch ertönet ist.
Meine Wiedererklärungen haben ihm den Zutritt
zu versparen vergebens gesucht, und die Spaltung wird die Zerstörung dieser unlängst so blühenden Kirche vollends bewirken. Auf ihren
Trümmern ragen neue Diözesen empor; andere
Theile der Kirchensprengel werden von ihren rechtmäßigen Hirten getrennet, und in ihrem Schooße
vereiniget: ein Bischof, den die Kirche verkennet, wird zum Haupte dieser fremden, aber nun
vereinigten Theile aufgestellet, und das geistliche
Ansehen, das sie allein geltend machen kann,
wird gänzlich ausgeschlossen. In der That,
liebe Brüder! haben euch nicht die ersten Grundsätze des Glaubens gelehret, das geistliche Ansehen anzuerkennen, welches euere Hirten haben,
und das von der Kirche ausgeht, die es von
Jesu Christo erhalten hat, *posuit eos regere Ecclesiam Dei?* Wenn es aber nur von der Kirche ausgeht, so kann es auch nur nach ihren Regeln ausgeübet, nur in ihre Hände übergeben, und nur durch
ihre Mitwirkung übertragen werden; und so lange
die Kirche alles dieses nicht thut, bleibt das Ansehen in den Händen, denen sie dessen Hinterlage
anvertrauet hat, und keine Gewalt kann den
geringsten Theil davon entreissen: mithin besteht
das ganze Ansehen von den Theilen der Diözesen, die zu dem Kirchensprengel von Rouen sind
geschlagen worden, und wird immer bestehen:
die Verbindlichkeiten, welche die Gläubigen von
diesen Kantonen mit ihren Hirten verbanden,
werden ihnen stets ankleben; denn die Kirche,
welche diese Bande geschlossen, hat sie nicht ge-
tren

trennet; Ein einziger Kirchensprengel, den man
auf den Trümmern der andern errichtet, wird
ein Ungeheuer von mehrern andern geistlichen
Ansehen, bilden, die an Rechten einander ganz
gleich sind, und die Ordnung, welche bey jeder
Regierung jedem die Gränzen seines Ansehens
bestimmet, wird gänzlich zerstöret werden.

In dieser Lage der Sachen, so betrübt auch
das Gemälde seyn mag, das wir euch vor die
Augen legen, gleichwie unsre erste Pflicht ist,
euch die Wahrheit zu sagen, und euch zu unterrichten, werden wir euch dennoch, bevor wir
euch belehren, durch welche Mittel man die Spaltung unter uns gestreuet hat, zeigen, aus welchen Eigenschaften ihr sie erkennen sollet.

Die Kirche hat ein auffallendes Kennzeichen,
welches sie von den Sekten, die sie aus ihrem
Schooße auswirft, unterscheidet; nämlich daß sie
ihre Lehre und ihr Amt von den Aposteln her-
leite. Durch jene bekennet sie sich zu der Lehre,
welche die Apostel verkündiget haben; Kraft des
andern schließt sie durch eine ununterbrochene
Fortpflanzung das Amt, das sie ausübet, an
jenes an, das eben diese Apostel erfüllet, und
von Jesu Christo selbst empfangen hatten. *Per-
curre*, sagt ein heiliger Augustin, *Ecclesias apo-
stolicas, apud quas ipsæ adhuc cathedræ Apo-
stolorum præsunt, apud quas authenticæ eorum
litteræ recitantur, sonantes vocem & repræsen-
tantes faciem uniuscujusque.* Diese immer fortgepflanzte Erbfolge der rechtmäßigen Hirten giebt
der Kirche das fühlbarste Kennzeichen, daß sie
sichtbar sey, welches sie von jeder andern Gesellschaft unterscheidet. Daher haben die Väter der
Kirche die Beweise des Brandmals, das sie den
Schismatikern ihrer Zeiten aufdrückten, allzeit
auf den Mangel dieser ansehnlichen Reihe der
ehr-

ehrwürdigen, von den Aposteln gesandten Hirten
gegründet. Allein wie läßt sich diese kostbare
Verbrüderung in denjenigen anerkennen, welche
die Sitze einnehmen wollen, zu derer Errichtung
die Kirche, welche Christum und dessen Apostel
vorstellet, nicht mitgewirket hat? Werden sie nicht
eine neue Erbfolge anfangen, von der sich kein
Ring an jene Kette anschließt, welche die katholischen Sitze mit jenen der Apostel verflechtet?
Wird man ihnen nicht allzeit die Epoche zeigen
können, wo sie ihren Anfang genommen haben,
nemini ju cedens a se ipso ortus est? Sie werden
die Einigkeit der Kirche trennen, da sie den ächten Hirten die geistliche Gerichtsbarkeit entreissen, welche ihnen die rechtmäßige Gewalt über
den Theil der Heerde, auf die sie Anspruch machen, anvertrauet hat: man wird sie aber ihnen
nicht abtreten, und man konnte es auch ohne
Mitwirkung des Ansehens, von dem sie ausgegangen ist, nicht thun. Dieses Ansehen selbst
wird wider sie streiten, und die Kirche wird nicht
nachlassen, ihnen zuzurufen, daß sie sich aus
ihrem Schooße, den sie zernagen, fortpacken
sollen; wenn sie sich zu ihren Vorstellungen und
Thränen taub zeigen, so ist es geschehen, die
Spaltung der Kirche Frankreichs ist, leider!
vollendet.

Da wir also zu euch sprechen, liebe Brüder!
haben wir uns die Gefahren nicht verhehlet,
welche mit dem Eifer vergesellschaftet sind, der
es der Wahrheit nicht erlaubet, daß sie auf den
Lippen euers Bischofes gebunden bleibe: euere
eignen Gefahren machen uns der unsrigen vergessen; denn jene sind von einer solchen Natur,
die wir euch allein entwickeln können. Der Anfang der Spaltung, die uns alles fürcherlich
machet, ist in der Natur der Frage, die dazu
Anlaß

Anlaß giebt, verborgen. Weil sie durch ihre Verbindlichkeiten mit der Verfassung der innerlichen Regierung der Kirche verknüpfet, und den wenigsten der Gläubigen faßlich ist, derer Glaube sich auf eine angewohnte Gelehrigkeit und auf ein gänzliches und nothwendiges Zutrauen gegen ihre Hirten gründet, so hatte man eben deßwegen Ursache, sich zu schmeicheln, daß die Abänderungen, die man zu wagen Willens war, von den Meisten nicht wahrgenommen würden, welche, weil die ihnen mehr bekannten Glaubenslehren unberührt blieben, an dieser Untersuchung keinen Antheil nahmen.

Die gottlose Rotte sah die zuverläßigen Wiedererklärungen der Hirten vor, welche die Pflicht aufhaben, die Heerde zu warnen: sie bediente sich des Kunstgriffes, sie zu vergleissen, und zu vergiften; und, indem sie unsern eignen Verlust zum Verbrechen anrechnete, hatte sie kein Bedenken, die Beweggründe unsrer Widersetzlichkeit in dem niederträchtigen Eigennutze aufzuspüren, und uns zu beschuldigen, daß wir unter dem geheiligten Namen der Religion nur unsern Schmerzen, und menschliche Hoffnungen verhüllen. Die Verführung der einen, und die Unachtsamkeit der andern liessen hoffen, daß eine Abänderung, welche die Hilfsmittel, die der Mensch von der Religion erwartet, eben so bereit und leicht machte, unfühlbar werden; daß die Zeit, die Verwirrung, das Ansehen und die Gewohnheit euch mit ihr verträulich machen, und man also, ohne eure Frömmigkeit mit dem Bilde der Spaltung erschrecket zu haben, seine Absicht sich die Regeln der Kirche zu unterwerfen, durchsetzen würde. Ohne daß man es auch gewagt hätte, den Namen der Spaltung auszusprechen, hat man alle Folgen, die sie begleiten,

ten, unbeugſam aufgegriffen, und ohne den
Grundſatz anzugeben, den man gleichfalls bey
der unſeligen Trennung mit der Kirche in England in Ausübung gebracht hatte, hat man auch uns
in das nämliche Unglück dahin geſtürzet. Man hat
auch die geiſtliche Obergewalt den Händen der Kirche entriſſen: ſie iſt es nicht mehr, welche den Lehr-
ſtuhl der Wahrheit öffnet; welche ihren Dienern
die Hirten beſtimmet, die ihnen die heilige Gerichtsbarkeit übertragen ſollen: die Strenge der
Gerechtigkeit bedrohet allenthalben diejenigen,
welche die, mit einer ganz geiſtlichen Gerichtsbarkeit vereinigten Amtsverrichtungen ausüben
wollen: Friedensdiener können alle Augenblicke
für Störer der öffentlichen Ruhe erkläret werden. Hättet ihr, liebe Brüder! jemals geglaubet, daß uns eine ſolche Beſchuldigung vorbehalten ſeyn könnte? Haben wir euch, denen wir
ſo viele Jahre unſern Rath und Unterricht ge-
ſchenket, den Ungehorſam gegen die Geſetze, den
Aufſtand wider das rechtmäßige Anſehen, die
Verwirrung des Vaterlandes, oder eurer Mitbürger gelehret? Es iſt nur gar zuwahr, daß
die franzöſiſche Kirche in Zukunft von ihrer Unabhängigkeit herabgewürdiget nur dienen muß,
daß ſie ihre Vereinigung mit dem apoſtoliſchen
Stuhle, die ſie ſeit ihrem Urſprunge mit ihren alten
Freyheiten zu verbinden gewußt hatte, beweinen
kann; aber dieſe Trennung der Einigkeit mit dem
Oberhaupte der Kirche iſt eben der Stoff der
Freude für diejenigen, welche die Urheber davon
ſind. Weil ſie dieſelbe als ein läſtiges und häß-
liches Joch anſehen, ſo haben ſie die franzöſiſche
Kirche dieſer Stütze zu berauben geſucht, welche
von auſſen die Freyheiten vertheidigte, die man
aber in Zukunft von innen unter das Joch ſchmie-
get, das man ihr aufbürden will; denn das Bey-

IX. Theil.　　　　C　　　　ſpiel

spiel der gegenwärtigen Abänderungen wird alle
Neuerungen, die man sich wird erlauben wollen,
berechtigen. Wieder wenn der Anblick der Uebel,
welche diese Uneinigkeit wird aufkeimen machen,
die Ursache derselben hat verhüllen können; wenn
das Gemälde, das wir euch davon stets vorgelegt haben, in alle Seelen die Furcht, mit der
unser Herz durchströmet wird, hat verbreiten können, so hat man in eben diesen Unheilen Gründe
aufgesuchet, die Stimme unsers Gewissens zu ersticken, indem man uns alle Uebel, die unser
Vaterland drücken werden, zur Rechnung gelegt,
und uns bedrohet hat, uns von allen Unordnungen
verantwortlich zu machen, welche der Verlust der
Religion nach sich ziehen kann.

Indessen, liebe Brüder! wer sind die Urheber dieser Unordnungen? Wer sind die Anstifter
der Spaltung, in die das Königreich sich zu
verwickeln beginnt? Sind es die Bischöfe, welche
die heiligen Amtsverrichtungen nur ausüben wollen, nachdem sie die rechtmäßige Gewalt empfangen haben; oder diejenigen, welche die ganze
Kirchenhierarchie unter einander werfen, und
nicht warten wollen, bis die Kirche die Abänderungen berechtiget habe; die nicht einmal die
Wirkung des Schrittes erwarten wollen, den eine
aufgeklärte Frömmigkeit dem Könige eingerathen
hatte, und die sich bestreben, uns durch Eidschwüre
anheischig zu machen, die unser Gewissen verdamet?
Da wir also zwischen der Furcht dieser größten
Unheile und dem Preise, den man uns aufwirft,
um sie durch das Opfer unserer vornehmsten
Pflichten abzuwenden, zwischen der beunruhigen-
den Aussicht der Spaltung und der Schande
des Abfalles schweben, so würden wir euer Zutrauen nicht verdienen, wenn wir bey unsrer Wahl
hätten schüchtern zaudern können. Nachdem
wir

wir alle Wege der Liebe, der Aussöhnung und
des Friedens erschöpfet hatten, haben wir uns
allem Unglücke Preis geben müssen, um die
Hinterlage zu erhalten, die uns die Kirche anvertrauet hatte, und die wir nur in ihre Hände
zurück geben sollten. Diese Hinterlage haben wir
ganz empfangen, und wir müssen sie auch ganz
zurück geben: wir können es euch nicht durch
das Opfer eines von ihren Theilen aufbehalten;
ein ähnliches Opfer war nicht in unsrer Gewalt,
und die Macht, welche unter dem Vorwande,
sie zu vertheidigen, dieselbe beherrschen will, die
zwischen ihren Glaubenslehren und Regeln eine
Auswahl zu treffen sucht, würde den unseligsten
Gebrauch von diesem Schutze machen; eine offenbare Verfolgung wäre weit erwünschlicher; und
die Vortheile, welche die Religion ohne Unterlaß dem Staate verschaffet, vergelten überflüßig
den Schutz, den er ihr vergünstiget, und den
Nachdruck, mit dem er sie unterstützet.

O daß indessen euer Glaube, liebe Brüder!
sich bey dem Anblicke so vieler Uebel nicht erschüttern lasse; es giebt noch salbungsvolle Gründe, die euer Zutrauen aufleben machen können.
Troß alles Tobens des Ungewitters kann das
Schifflein der gallikanischen Kirche eine Freystätte in der Standhaftigkeit der Oberhirten,
die wider die Wuth der Fluthen ringen, und
in der großmüthigen Unterwürfigkeit ihrer Mitarbeiter finden, die alles verlassen haben, um
Jesu Christo zu folgen. Ihre vereinigten Kräfte,
und ihren unerschütterlichen Muth werden bald
das Gutachten des Oberhauptes der Kirche,
und die Genehmhaltung aller Bischöfe der ganzen katholischen Welt unterstützen; jener Lehrer
und Richter in dem Glauben, welche der heilige
Geist selbst gesetzet hat, die Kirche zu regieren.

C 2   Ver-

Welchen Nachdruck soll diese allgemeine Verei
einigung der ausgezeichenſten Zeugniße für die
Chriſten haben; und wer ſollte alsdann uns in
dem Bekenntniſſe unſers Glaubens erſchüttern
können? *Nos vero tantam habentes impoſitam
nubem teſtium — teneamus indeclinabilem fidei
noſtræ confeſſionem.*

Es iſt auch ein groſſer und überflüßiger Troſt,
daß wir wiſſen, mit welch einer Herzhaftigkeit
und welch einer heiligen Uneigennützigkeit alle
unſere Mitarbeiter, die ehrwürdigen Pfarrer
und ihre würdigſten Vikaren, die Auffeher der
Seminarien und die Lehrer in den Schulen wett
eifern, ihr Glück und ihre Titel, die ſie nicht
beybehalten könnten, ohne Gott zu beleidigen,
zu den Füſſen Jeſu Chriſti zu legen. O ihr alle, die
ihr die um Chriſti willen erduldete Schmach für die
größten Reichthümer haltet, *divitias exiſtimatis
improperium Chriſti,* eure Belohnung wird nicht
aufgeſchoben werden, *non tardabit merces veſtra.*
Gott iſt gerecht; er wird weder dasjenige, was
ihr für ihn werdet gethan haben, noch die Liebe
vergeſſen, die ihr gegen ihn werdet gezeiget
haben. Es wird ein Tag kommen, an dem eure
Herzen eine Empfindung einer unſterblichen Freude
durchſtrömen; an dem auf die Verdemüthigung
die Ehre folgen wird, weil ihr die Frucht der
Opfer für euern Glauben aufſammeln werdet;
und an dem, in Erwartung daß der Hirt und
die Schafe ſich wieder vereinigen, und die Güte
Gottes den Uebeln ſeiner Kirche und der Blind
heit der Völker ein Ziel ſetzen wird, eure täg
liche Beſchäftigung keine andere ſeyn wird, als
dieſes Ziel durch euer, mit Geiſt und Herz be
gleitetes Gebeth zu beſchleunigen: *erit hoc legi-
timum, ut oretis pro Iſrael, & pro cunctis
peccatis eorum.*

Nutzen

Was uns belangt liebe Brüder! die wir allzeit aufgelegt gewesen sind, für euern allgemeinen
Nutzen alles zu thun, und zu opfern, würden
wir durch eine freywillige Abtretung den Uebeln,
die euch bedrohen, vorgebeuget haben, wenn unsre Entfernung, um sie zu beseitigen, genüglich
wäre. Da wir stets mit den Gesinnungen, die
den grossen Weltapostel beseelten, als er sich selbst
wünschte von Christo für seine Brüder im Banne
zu seyn, durchdrungen werden, würden wir
mit Freuden uns schlachten, und fordern, daß
man uns in das Meer werfe, wie den Jonas,
um den Sturm zu legen, der die Kirche so
grausam beunruhiget. Eingedenk, daß ein anderer in Mitte unter euch das Gute, nach dem
sich unser Herz stets gesöhnet hat, stiftete, würden wir uns mit einer Trennung trösten, die
für euch so nützlich wäre; wir würden unsere
Augen ohne Unterlaß auf eure Kirche richten,
und in unsrer Ruhstätte mit den Kindern Israels sagen: wir saßen dort, und weinten, da
wir an Sion dachten. Allein diese entscheidende Prüfung unsrer Liebe gegen euch (lasset
euch liebe Brüder! nicht davon täuschen) würde
die Wirkung nicht haben, die ihr hoffet. Das
Band, das mich mit euch verknüpfet, ist nicht
unser Werk; sondern das Werk Jesu Christi.
Als ihr von uns abgesöndert waret, hieng es
nicht von uns ab, uns mit euch zu vereinigen:
und heut zu Tage steht es nicht mehr in unsrer
Gewalt, uns von euch zu trennen. Wenn dieses
Band getrennet werden soll, so ist die Kirche
allein, diese Bewahrerinn der geheiligten Rechte
und Gewalt Jesu Christi, es zu trennen berechtiget: es wird auch unabhängig von euerm Willen geschlossen bleiben, und so lange sie den
Ausspruch nicht thut, werdet ihr meine Schafe,
und

und ich euer Hirt seyn. Wir werden euer Hirt
bleiben, um das Blendwerk des Amtes, das man
unter euch ausüben wird, die Richtigkeit der
Handlungen, die davon ausgehen werden, und
das Leere und Fruchtlose der Funktionen euch
vor Augen legen, welche die Kirche weder mit
ihrem Ansehen begleitet, noch mit ihrer Begnehmigung wird versiegelt haben. Unsre Stimme
wird täglich über denjenigen Furcht verbreiten,
der es wagen würde, sich meinen Sitz, von
dem ihn die Kirche verstoßt, anzumaßen; sie
wird ihm stets zurufen, zu warten, bis ihm der
Zutritt durch kanonische Wege eröffnet werde.
Könnte er wohl auf einem so vermessenen Unternehmen beharren, und sich der Gefahr aussetzen,
die Unruhe in alle Gewissen, die von der Gültigkeit seiner Gewalt nicht versichert sind, und
die Spaltung in alle Familien einzudrängen,
indem die für ihre Sicherheit und für ihren
Stand weßlichsten Handlungen eine zuverläßige
Vollmacht fordern? Sollte er endlich jene Hände,
die sich zu dem Himmel, nur um den Segen
herabzuziehen, erhoben, zwingen, sich mit den
Bannstrahlen zu bewaffnen, welche die Kirche,
für die verstockten Herzen, die ihren Gesetzen und
ihrem Ansehen trotzen, aufbewahret?

Indessen, liebe Brüder! wenn so billige, so
dringende Vorstellungen nicht sollten angehöret
werden; wenn sie die Gesinnungen, welche die
Religion fordert, nicht sollten aufleben machen,
so würde die offenbare Uebertretung der Gesetze
der Kirche nicht ungestraft hingehen: die Pflicht,
die wir aufhaben, sie zu beobachten, und aufrecht zu erhalten, würde es uns zu einem Gesetze machen, trotz aller Betrachtungen und Drohungen der menschlichen Mächte alle Mittel anzuwenden, die sie den Händen ihrer Diener übergeben

geben hat. Bereit, die läſtige Bahne der Prüfungen, die uns vorbehalten ſeyn würden, einzutreten werden wir mit dem heiligen Paulus
in dem Augenblicke ſeiner Abreiſe, um ſein Opfer
zu vollenden, ſagen: wir ſind Bande und Trüb-
ſeligkeit vorbereitet; ich aber fürchte keines
dieſer Dinge, und achte auch mein zeitliches
Leben nicht höher als mich ſelbſt: wenn ich
nur meinen Lauf und das Predigamt, das
ich von dem Herrn Jeſu empfangen habe,
das Evangelium der Gnade Gottes zu bezeugen, vollbringen kann.

Hirtenbrief des Herrn Erzbiſchofes von Paris an die Geiſtlichkeit und Gläubigen
ſeines Kirchenſprengels.

Ich Anton, Leo ꝛc. ꝛc.

Ihr habet ſchon aus dem Schreiben, das wir
wegen des Hirtenunterrichtes des Herrn Biſchofes
von Boulogne an euch ergehen laſſen, und aus
den Betrachtungen, mit denen wir es begleitet
hatten, auf unſere Verfügungen in Rückſicht
auf den Eid ſchlieſſen können, den man von uns
und allen Kirchendienern fordert. Allein ein
Gegenſtand, der in ſich und in ſeinen Folgen
von einer ſo erheblichen Wichtigkeit iſt, erfordert auch von uns, daß wir euch unſere Ent-
ſchlüſſe auf eine deutlichere Art offenbaren, und
euch die Beweggründe davon vorlegen.

Wir haben voriges Jahr den Bürgereid geſchworen, und wir ſind alle bereit, ihn, wie er
damals war, zu erneuern. Allein ſeit dieſer Zeit
hat

hat die Verſammlung mehrere Dekrete abgefaßt,
wo die Religion beeinträchtiget wird, und vorzüglich alle diejenigen, aus denen die bürgerliche
Verfaſſung des Klerus beſteht. Nun, liebe Brüder! iſt es uns augenfällig, daß mehrere von
dieſen Dekreten die Rechte der Kirche verletzen,
ſich auf ihre geiſtliche Gerichtsbarkeit einen Eingriff erlauben, und ſelbſt, wenigſtens neben zu,
den Glauben benachtheiligen. Es iſt uns demnach
ſchlechterdings unmöglich, den Eid zu ſchwören,
den man von uns fordert, ohne die Gegenſtände,
die von dem geiſtlichen Anſehen abhängen, deutlich
auszunehmen, und die Nationalverſammlung ſelbſt
würde uns ihre Hochachtung verweigern, wenn
wir aus feiger Gefälligkeit einen Eid leiſteten,
den unſer Gewiſſen verwirft.

Es läßt zweifelsohne ſehr betrübt für uns,
liebe Brüder! daß wir allen Verordnungen unſerer Geſetzgeber nicht gehorſamen können. Allein
urtheilet ſelbſt, ob man mehr den Menſchen,
als Gott gehorchen ſoll? Act. IV, 19. Ach!
wie traurig iſt unſre Lage! Und wie hat es doch
geſchehen können, daß in dem chriſtlichſten Königreiche alle Religionsdiener auf den Scheideweg
des Abfalles und der Verfolgung haben geſtellet
werden können? War es dann nicht möglich,
dieſer unſeligen Wahl auszuweichen? Konnte
man nicht alles ausgleichen? Wie! konnte man
Frankreich dem groſſen Geſchäfte einer neuen
Staatsſchöpfung nicht unterwerfen, ohne die
Kirche zu verwüſten? Mußte man, um das Volk
frey und glücklich zu machen, die Furcht und
Verzweiflung über alle chriſtliche Seelen verbreiten, die Spaltung und alles Unglück, das ſie
begleitet, zur Hilfe nehmen, und den vollſtän-
digen Zerfall der Religion vorbereiten?

Nein,

Nein, es ist kein eitler Schrecken, liebe Brüder! Nein es ist nicht möglich, daß die katholische Religion bey einer Nation bestehe, wo
das bürgerliche Ansehen sich das Recht zueignet,
die Bisthümer und Pfarrspiele nach Willkühr zu
errichten, zu unterdrücken, und zu vereinigen;
dem Volke die Hirten, die ihm die Kirche gegeben hat, zu entreissen, und andere, die weder
ihre Bewilligung noch ihre Sendung haben, aufzudringen; die Wahlart der Hirten allein zu bestimmen; die Bande zerreissen, welche die Kirchen
mit der Hauptkirche zu Rom verflechten; mit
jenem Mittelpunkte der katholischen Einigkeit
und dem Sitze des Statthalters Jesu Christi, der
ihm zum sichtbaren Oberhaupte der Kirche, und zum
allgemeinen Hirten der Gläubigen und der Hirten
aufgestellet hat; die geistliche Gerichtsbarkeit,
die ihre Wesenheit von dem göttlichen Rechte
herleitet, umzumodeln, zu beschränken, mitzutheilen, und sie den untergeordneten Dienern zu
unterwerfen; ohne Mitwirkung der geistlichen
Gewalt die Körper zu unterdrücken, welche von
der Kirche bestimmet waren, die heiligen Offi-
zien ununterbrochen zu feyern, und während einer
jeden Vakanz die bischöfliche Gerichtsbarkeit auszuüben. Wie kann man uns begreiflich machen,
und überzeugen, daß alle diese verschiedene Gegenstände zu dem geistlichen Fache nicht gehören, und daß sie unter dem Wirkungskreise der
weltlichen Macht stehen? Wenn sie aber unstrei-
tig der geistlichen Macht zugehören, so hatte
das weltliche Ansehen das Recht nicht, die Gesetze der Kirche abzustellen, um die seinigen aufzudringen, und noch weniger von den Religionsdienern zu fordern, daß sie sich durch einen Eid
anheischig machen, diese neue Gesetze in Vollziehung zu bringen. Und welch traurige Folgen
würde

würde diese Lehre haben, welche die Mächte der
Erde berechtigte, die Gewissen also zu beherrschen, und sie durch Eidschwüre über Gegenstände, welche die Religion beeinträchtigen, zu
fesseln? Ach! straks würde die Disziplin, der
Gottesdienst, die Moral, die Glaubenslehre und
die ganze Religion umgemodelt, das ist, die
katholische Religion vernichtet seyn.

Die Kirche, liebe Brüder! dieses vollkommenste Werk Gottes, ist eine Gesellschaft, deren
Stifter und Haupt Jesus Christus ist; er selbst
hat den Grund zu ihrer Verfassung und zu ihrer
Regierung gelegt, und keine Macht auf Erden
ist berechtiget, ihn zu erschüttern. Da sie bestimmet ist, sich allmählich über den ganzen Erd-
boden zu verbreiten, und alle Jahrhunderte zu
durchkreuzen, so ist keine Regierungsform, mit
der sie nicht Bündniß machen kann; und wehe
dem Volke, dessen Gesetze sich mit ihr nicht vertragen könnten. Sie lehret die vollkommenste
Unterwürfigkeit gegen die Mächte der Erde; sie
machet eine gewissensverfängliche Pflicht daraus,
die keine Ausnahme duldet, und ihre Diener
sollen mit dem Beyspiele dem Volke vorleuchten;
sie richtet ihre Disziplin nach den politischen Systemen der verschiedenen Nationen ein; aber jede
Abänderung in dieser Disziplin kann nur mit
und durch sie bewirket werden. Sie ist es,
welcher Jesus Christus, der wahrhafte Lehrer
der Völker, das wahrhafte Licht, welches
alle Menschen, die in die Welt kommen,
erleuchtet, die geheiligte Hinterlage jener erhabenen Tugenden, die er selbst in dem Schooße
seines Vaters geschöpft hatte, jener himmlischen
Lehre, jener so reinen als schönen Moral, welche
alle Tugenden befiehlt, anvertraut hat. Kraft
des Gebethes der Kirche, Kraft ihrer Sakramente

mente wird der Schatz der Gnaden eröffnet, welche die Menschen heiligen, und zu dem Himmel führen. Jesus Christus ist es, der Hirten aufgestellet hat, um die Lehre zu verewigen, das Opfer des neuen Bundes darzubringen, die heiligen Dinge auszuspenden, und die Völker auf den Wegen des Heils zu leiten. Sie diese wunderbare Gesellschaft besteht aus allen denjenigen, die, in welchem Welttheile sie immer seyn mögen, sich zu ihrer Lehre bekennen, an seinen Sakramenten Theil nehmen, und unter der Anleitung und unter dem Gehorsame ihrer rechtmäßigen Hirten leben. Nur in ihrem Schooße werden die Heiligen gebildet; sie allein empfängt von Jesu Christo, ihrem Haupte, die Gnade und das Leben: derjenige, der zu der Kirche nicht gehöret, gehöret auch Jesu Christo, ihrem Bräutigame, durch den allein wir selig werden können; nicht an, er gehöret unter die Klasse der Heiden und offenbaren Sünder. Man gehöret nicht zu der Kirche, wenn man ihren Glauben verwirft; wenn man an ihren Sakramenten nicht Theil nimmt; wenn man die Hirten verkennet, die sie aufgestellet hat; und wenn man sich ihrer Regierung entzieht.

Sollten wohl jene eingedrungene und abgetrennte Hirten, die von der weltlichen Macht allein zur Regierung der Kirchensprengel und Pfarren berufen worden sind, wider das Gutachten und wider die Gesetze der Kirche rechtmäßig seyn? Von wem sollten jene Leute die es mit gottesräuberischer Vermessenheit wagen, die Hirten, welchen die Kirche die Anleitung ihrer Kinder anvertrauet hat, von ihren Sitzen zu vertreiben, um sich selbst einzudrängen, ihre Sendung und ihre Gewalt haben? Wodurch und wie sollten sie sich an jene Kette anschließen, die

bis

bis zu 'den Aposteln vorrücket, und die jenes Kennzeichen des apostolischen Ursprunges bildet, welches nur der katholischen Kirche zukömmt, und welches die Väter mit so grossem Zutrauen als glücklichem Erfolge den Ketzern und Sekti-rern entgegen gesetzet hatten, um sie zu bestrei-ten, und schamroth zu machen? Derley Hirten würden nicht zur Thüre in den Schafstall eingehen; sie würden nur Diebe und Mieth-linge seyn; Jo. X, 1, 8, 12. Die Jurisdik-tionshandlungen, die sie ausübeten, würden nutz-los und ungültig seyn; das Laster würde alle ihre Verrichtungen vergiften, und sie würden mitten unter dem Volke nur ein Amt des Todes erfüllen.

Wir wissen nicht, liebe Brüder! welchen Entschluß man fassen wird, nachdem wir uns zu weigern verbunden sind, den Eid, den man uns abfordert, ohne einigen Vorbehalt, zu schwö-ren; aber wie er immer ausfallen mag, werden wir stets euere ächten Bischöfe verbleiben, bis daß die Kirche die Hinterlage, die sie uns an-vertrauet hat, aus unseren Händen zurück nehme, oder bis wir selbst sie freywillig zurück geben.

Wenn die Stelle, die wir in der Kirche inne haben, eine zeitliche Würde wäre, würden wir, ungeachtet der Liebe gegen euch, von der wir durchdrungen sind, zum Besten des Friedens dar-auf Verzicht thun, und ein Amt niederlegen, das uns von der weltlichen Macht anvertrauet worden wäre; allein die Sache verhält sich mit den Religionsdienern nicht, wie mit den bür-gerlichen Beamten. Die Hirten schliessen mit ihren Heerden ein Bündniß, das nur mit Be-willigung der Obern in der Hierarchie getrennet werden kann; und zur Zeit, wo die Religion Gefahr läuft, können diejenigen, die sonderbar

die

die Pflicht aufhaben, sie zu vertheidigen, nicht abdanken. Wann die Heerde bedrohet wird, den reissenden Wölfen Preis gegeben zu werden, kann sie der Hirt nicht verlassen. Endlich, liebe Brüder! wenn uns unser Gewissen verbiethet, den Eid, den man uns vorleget, zu schwören; so ist es auch das Gewissen, das uns nicht erlaubet, unsern Sitz zu verlassen; die Treue, die wir Gott schuldig sind, ist es, das Interesse euerer Seelen, die Liebe, mit der wir euch umhalsen, ist es, die uns befiehlt, auf dem Posten zu beharren, den uns die göttliche Vorsicht angewiesen hat. Und in der That, welch anderer Beweggrund, welch andere Absicht könnte uns auf einem so gefährlichen Posten aufhalten? Nein, liebe Brüder! schon ehe man unserm Sitze die äusserlichen Vortheile, welche eitle Menschen verblenden konnten, geraubet hat, hatten wir unsere Würde allzeit für eine erschreckliche Bürde angesehen; und Gott ist unser Zeuge, daß, als wir eingewilliget, sie uns aufzubürden, es mit vollkommenster Resignation geschah; aber heut zu Tage, wenn wir nur unsre Ruhe zu Rathe zogen, mit welch einer Freude würden wir eine bequeme Ruhestätte suchen, um dort in der Stille die Unheile der Religion und des Vaterlandes zu beweinen, und ohne Unterlaß unsere wärmsten Wünsche für die Rückkehr des Friedens, der Tugend und des Glückes Gott aufzuopfern!

Sollten wir es uns verhehlen können, oder merket ihr es nicht selbst fühlbar, liebe Brüder! wie vielen Beschwernisse, wie vieler Mühe, Bitterkeit und Sorge die Hirten in Zukunft bey der Ausübung ihres Amtes entgegen sehen müssen? Wir wollen nicht alles umständlich vor die Hand nehmen: aber, liebe Brüder! werfet einen Augenblick euere Augen auf den betrübten Zustand

Un-

unserer Kirchen, und sehet, ob es ein betrübteres und zugleich erschrecklicheres Gemälde geben kann. Alle Laster, die ausschweifenste und frechste Gottlosigkeit, die vernunftlosesten Aergernisse, die scheußlichsten Gottesräube haben sich allenthalben verbreitet; die Tempel sind gesperret, die Altäre schändlich entheiliget, die nützlichsten Stiftungen vernichtet, die Freystätte der Unschuld und Frömmigkeit verbannet; die Pfarren sind ohne Hirten; die tugendsamsten, heiligsten und aufgeklärtesten Priester, die lieber die Armuth, und den Tod selbst wählen, als die Religion und ihr Gewissen verrathen, werden beunglimpfet, beschimpfet, bedrohet, verfolget, und ihrer Heerde entrissen; die, zur Erziehung der jungen Geistlichkeit bestimmten Häuser sind verlassen, das Heiligthum abtrünnigen Priestern und Miethlingen Preis gegeben, und die erste Kirche des Königreiches von Dienern überfallen, die ohne Gewalt und Sendung kein Bedenken tragen, sich über eine Heerde, die ihnen nie durch ein rechtmäßiges Ansehen anvertrauet worden ist, als Hirten aufzuwerfen, und etwa auch die bischöfliche Gerichtsbarkeit sich anzumaßen: sehet, liebe Brüder! dieß ist die Lage unserer Kirchen. Sagen wir etwa zu viel? oder mangeln diesem traurigen Bilde nicht noch Züge, die es weit erschrecklicher machen würden? Und dieß ist der Acker des Hausvaters, den wir bauen müssen: er ist von einem der grausamsten Stürme, die jemals über die französische Kirche ausbrachen, zerstöret, und nur mit Hecken und Dornen bedecket; und er soll Früchte der Gerechtigkeit und des Heiles bringen.

Indessen, liebe Brüder! lassen wir den Muth nicht sinken; wir verlassen euch nicht; wir werden fortfahren, euch unsere Sorgen zu schenken,

euch

euch unsere Arbeiten und Wachen zu widmen;
wir setzen unser gänzliches Vertrauen auf Gott,
und wir schmeicheln uns mit der getrösten Hoffnung, daß er uns die Einsichten, den Eifer und
alle Hilfsmittel wird angedeihen lassen, die wir
in diesen so mißlichen Umständen so nöthig haben.
Aber wenn uns die Religion die Pflicht aufleget,
euch nicht zu verlassen, so erlaubet sie euch auch
nicht, euch von uns zu trennen; und ihr könntet, liebe Brüder! ohne Verbrechen und ohne Gefahr, euch zu verirren, keinen andern Bischof
anerkennen, und euch der Anleitung eines Fremd-
lings und eines Miethlings anvertrauen.

Hütet euch demnach, liebe Brüder! die Bande, die euch mit der Kirche Jesu Christi vereinigen, jemals zu zerreissen; haltet euch allzeit
standhaft an diese Mutterkirche; es ist für euch
kein Heil zu hoffen, ausgenommen in ihrem
Schooße. Alles, was sich in der Arche nicht befunden hat, ist von dem Gewässer der Sündfluth
verschlungen worden. Erkennet keine andere Hirten, als welche sie euch gegeben hat; denn von
ihr haben auch die Pfarrer ihre Sendung vermittelst euers Bischofes empfangen.

Glaubet nicht, liebe Brüder! daß wir die
Absichten haben, dem Unternehmen der Nationalversammlung entgegen zu arbeiten. Ach! daß
euer Wohl und die Wohlfart des Königreiches
die Frucht ihrer Arbeiten seyn können! Nein,
wir beabsichtigen nichts anders, als unsere Pflichten zu erfüllen, und unserm Gewissen zu entsprechen; wir zwecken auf nichts anders ab, als
die Rechte der Kirche zu vertheidigen, deren Diener
wir sind, und die Religion, die ihr von eueren
Vätern ererbet habt, so viel es uns möglich ist,
für euch beyzubehalten, jene heilige Religion,
welche seit fünfzehn Jahrhunderten mit so grossem

sem Ruhme in Frankreich bestanden hat. Auf
diese Religion ist die französische Monarchie gegründet; mit ihr und durch sie hat dieses Reich
sich allmählich zu jenen Stuffen der Macht und
Ehre erschwungen, der es zum schönsten Königs
reiche auf Erden machet; mit ihr und durch sie
würde man seinen Zerfall wieder gut gemacht,
und es eine neue Stärke und einen neuen Glanz
errungen haben. Ach! liebe Brüder! diese heilige Religion wird sich vor euch verbergen. Wartet noch eine Zeit, und die göttliche Fackel des
Glaubens wird ihr Licht über euch nicht mehr
verbreiten, und ihr werdet in jenen Stand der
Blindheit und des Irrthumes fallen, in den nun
die Nationen versenket sind, welche die Spaltung
von der Kirche getrennet hat, und der Himmel
wird für immer den zukünftigen Geschlechtern
verschlossen seyn. Ach! wie marternd sind diese
Gedanken! Und wer wird meinen Augen Wasser
genug geben, um so grosse Unheile zu beweinen?

Kommet, liebe Brüder! diesem unseligen
Unglücke bevor! Seyd Bürger, seyd Patrioten;
aber seyd auch Christen, seyd Katholiken. Wir
beschwören euch nm der Liebe willen gegen eure
Freyheit. Wollet ihr sie beybehalten; wollet ihr,
daß, sie euer Wohl, die Ehre euers Vaterlandes ausmache? Haltet eure Religion in Ehren;
liebet sie; seyd gelehrig zu ihren Grundsätzen,
und folget ihren Gebothen; denn dieß ist eine
unläugbare Wahrheit, welche die weisesten und
aufgeklärtesten Gesetzgeber anerkannt, und gelehrt
haben. Die Freyheit kann bey einem Volke,
das weder Sitten noch Moral hat, nicht ein-
wurzeln, und jene süße Früchte bringen, die das
Glück des Menschen ausmachen: nun giebt es
weder Sitten, noch Moral, wo keine Religion
ist. Ohne diesen Grund giebt es keine kernichte

Tu-

Tugend; ohne Religion ist kein Unterschied zwischen dem Laster und der Tugend; sie sind nichts anders, als willkührliche Erfindungen: ohne Religion wissen die Leidenschaften nichts mehr von einem Zaume; ein Mensch, der sich selbst überläßt, lebt nur für sich. Mit welcher Geschwindigkeit artet aber alsdann die Freyheit in eine zügellose Ausschweifung ab? Die Religion allein ist es, die stets jene unsichtbare Bande hält, und zurück zieht, welche allzeit und in allen Umständen den Menschen in der Pflicht erhalten, wann ihn die Leidenschaften zu Handlungen, die dem Besten der Gesellschaft zuwider sind, verleiten. Die Religion ist dem Menschen nothwendig; sie ist dem Wohl der Gesetze nothwendig; eine Gesellschaft ohne Religion würde eine abentheuerliche Verbrüderung seyn. Aber es giebt nur eine einzige wahre Religion; ihr habt das unschätzbare Glück sie zu kennen, und zu besitzen: behaltet sie; und welch andere könnte man ihr unterschieben, die euch überzeugen, euch rühren, und auf euer Herz wirken könnte? Schliesset euch demnach untrennbar an die Religion eurer Väter an, und richtet eure Lebensart nach ihrer Vorschrift und Lehre ein. Alsdann werdet ihr wahre Bürger seyn. Ihr werdet frey seyn; aber ihr werdet euch eurer Freyheit auf eine Art bedienen, die mit den Gesetzen übereinstimmet, und eure Freyheit wird euer Glück und die Wohlfart euers Vaterlandes befördern. Allein wisset, liebe Brüder! welches Glück ihr immer hienieden hoffen könnet; daß es dennoch zuverläßig sey, daß diese Erde ein Thal der Thränen für alle Menschen ist; daß alle weiseste Gesetze, die einsichtvollste Politik, die wachsamste Regierung, daß alles Bestreben, daß endlich nichts wider die vielen Uebeln uns bürgen kann, welche die

traurige Menschheit von allen Seiten bestreiten,
Aber ein wahrer Christ suchet ein bessers
Vaterland. Heb. XI, 16. Uud dieses himmli-
sche Vaterland, wo sich alle Gläubigen, die Jesu
Christo nachahmen, und alle ächte Kinder seiner
Kirche versammeln, ist der Schooß Gottes selbst,
die ewige und unerschöpfliche Quelle der Ehre
und der Glückseligkeit.

Gemäß den, in gegenwärtigem Briefe enthaltenen Grundsätzen erklären wir:

1. Daß wir bereit sind, den von der Nationalversammlung vorgeschriebenen Eid zu schwören,
mit der ausdrücklichen Ausnahme der Gegenstände, die wesentlich von dem geistlichen Ansehen abhängen; und daß die Religion, das Gewissen und die Ehre uns nicht erlauben, ihn
ohne Vorbehalt zu schwören.

2. Daß wir jede Zergliederung unsers Kirchensprengels, die man ohne Mitwirkung des
kirchlichen Ansehens wagen wollte, für nichtig
und unwirksam im Religionsfache ansehen; und
daß wir folgsam jeden, der es sich erlauben
sollte, die Gerichtsbarkeit und die bischöflichen
Amtsverrichtungen ohne unsre ausdrückliche Erlaubniß in den von unsrer Diozes also abgeris-
senen Theilen auszuüben, für einen Eingedrungenen und Schismatiker halten würden, dessen
Handlungen ungültig und unerlaubet sind in
allem, wo die Gerichtsbarkeit erfordert wird.

3. Daß wir im Falle, daß man einen Metropoliten von Paris unter dem Vorwande unserer Weigerung, den Eid zu schwören, ernennen sollte, diese Ernennung als nichtig und unfähig ansehen würden, eine Wirkung im Religionsfache zu haben, und daß derjenige, der
Kraft dieser Ernennung es wagen wollte, die
bi-

bischöflichen Funktionen in unserm Kirchensprengel auszuüben, von uns als ein Eingedrungener und Schismatiker würde angesehen werden, dessen Jurisdiktionshandlungen alle unerlaubet und ungültig wären.

4. Daß wir imgleichen als einen Schismatiker jeden Priester ansehen, der unter dem Titel eines Vikars des Metropoliten von Paris, oder unter was immer für einem Titel, und ohne von uns den Auftrag und die Sendung empfangen zu haben, es wagen wollte, die bischöfliche Gerichtsbarkeit in der Stadt Paris und dem ganzen Umfange unsrer Diözes auszuüben, und daß alle Handlungen, die er sich in der Eigenschaft eines Vikars des Metropoliten von Paris erlauben würde, nichtig und null wären.

5. Daß die rechtmäßig eingesetzten Pfarrer nur nach den kanonischen Formen entsetzet werden können; folgsam daß alle Entsetzungen dieser Pfarrer, die ohne kanonische Form und unter dem Vorwande, daß sie den vorgeschriebenen Eid nicht geschworen haben, geschehen sind, oder geschehen würden, nichtig und ohne Wirkung im Religionsfache sind, und seyn würden; daß diese, auf ernannte Art entsetzte Pfarrer allein stets die wahren Hirten ihrer Pfarrkinder sind; und daß die Priester, die in ihre Stellen als Pfarrer eingedrungen wären, und einige Jurisdiktionshandlung ausübten, nur Schismatiker sind, und ihre Verrichtungen unerlaubt und ungültig seyn würden.

6. Daß wir für nichtig und ohne Wirkung im Religionsfache die Vereinigungen und Unterdrückungen, vorzüglich der Pfarrkirchen in der Stadt Paris, und in dem ganzen Umfange unsrer Diözes ansehen, die von einem andern An-

sehen,

ſeben, als von unſerm, verordnet werden; daß
folgſam die Pfarrer der ernannten Pfarren all=
zeit die wahren Hirten von ihrer Heerde blei=
ben, und daß die Amtsverrichtungen, die an=
dere Prieſter ausüben, ohne nach den Geſetzen
der Kirche dazu berechtiget zu ſeyn, unerlaubt
und ungültig ſind, und daß dieſe Prieſter als
eingedrungene Miethlinge und Schismatiker an=
zuſehen ſind, die den von den Kanonen wider
ſie gefällten Strafen unterworfen ſind.

Gegenwärtiger Brief ſoll an die Erzprieſter
von St. Maria Magdalena und St. Severia,
an alle Domherren und Landfiskalen Pfarrer und
Vorſteher der Gemeinden ſowohl weltlichen als
geiſtlichen unſrer Diözes vertheilet werden, da=
mit alle Gläubigen unſere Geſinnungen und Ver=
fügungen erkennen mögen.

Chambery den 7. Hornung 1791.

Anton, Erzbiſchof von Paris.

Hirtenbrief des Herrn Erzbischofes von Embrun an die Geistlichkeit seiner Diözes.

Ich komme zu euch, meine liebe Mitarbeiter! im Namen Jesu Christi, um euch die Fallstricke, die euch allenthalben umzingeln, zu entdecken. Der heilige Geist hat die Bischöfe gesetzet, die Kirche Gottes zu regieren. Wir sind die Schildwache Israels; wir müssen unsere Augen stets auf das Heiligthum geheftet haben, um von diesem fürchterlichen Orte alles zu beseitigen, was dasselbe verunreinigen könnte. Diener des lebendigen Gottes bey diesen Zeiten des Unglückes und der Gottlosigkeit müssen wir unsre Stimme in Mitte eines Volkes ertönen lassen, das sich verirret hat, und das wir aufklären sollen.

Lasset uns dem Propheten Jehu nachahmen, als er den Verfall der heiligen Stadt vorsagte. Lasset uns jenes traurige und klägliche Geschrey wiederholen, das die verstocktesten Herzen mit Furcht und Schrecken durchströmte.

Wehe Jerusalem, wehe seinem Tempel; aber setzen wir bey, wehe den Nationen, die sich erkühnen, sich wider das Gesetz Gottes zu sträuben; wehe den Dienern Jesu Christi, die es wagen sollten, den Gräuel der Verwüstung in dem heiligen Orte aufzurichten!

Ja, meine liebe Mitarbeiter! es ist keine Zeit mehr, es sich zu verhehlen. Ein fressendes Feuer verschlinget die Erde; die Feinde des Glaubens haben sich wider den Herrn und seinen Christus verschworen. Es erhebt sich unter uns eine

eine Macht, die den vorgängigen Jahrhunderten unbekannt war, und welche die zukünftigen Jahrhunderte anstaunen werden. Sie scheint alle Mächte nur in dieser Hinsicht in sich aufgesammelt zu haben, um die Macht Gottes selbst zu vernichten, welcher der Urheber und Grund alles Ansehens ist. Das Meer in seinem Zorne hält das in den Sand geschriebene Gesetz Gottes in Ehren, und ungläubige Christen erdreisten sich, die Gränzen durchzubrechen, die Jesus Christus selbst gesetzet hat, gleich als wenn diese ewige Grundpfeiler in der Gewalt der Menschen stünden.

Man will euch zwingen, diese Verordnungen der Konzilien, diese Aussprüche der Uebergabe, die uns zum Muster und Leitfaden dienen sollen, zu verkennen.

Die Kirche allein ist berechtiget, die Gerichtsbarkeit, die sie von Gott allein empfangen hat, mitzutheilen, oder zu nehmen, auszudehnen, oder zu beschränken. Sie verbiethet den Bischöfen, eine Amtsverrichtung in einem fremden Kirchensprengel, ohne ihre Sendung, oder ohne Bewilligung des rechtmäßigen Hirten, der ihn regieret, auszuüben. *) Sie belegt diejenigen mit dem Fluche, die sich erkühnen würden, ihre Gesetze zu verletzen, oder zu verachten; und man will, daß ihr unter einem Eide eine neue Verfassung annehmet, die Grundsätze enthält, welche ihren Entscheidungen geradezu widersprechen! Man fordert im Angesichte des Volkes, welches ihr auf den Fußsteigen der Gerechtigkeit führen sollet; im Angesichte des Heiligthumes, wo die englischen Geister mit heiligem Schauder die unaussprechliche Erhabenheit desjenigen anbethen, der da ist; und vor dem alles, was ist, für nichts

*) Conc. Trid. de ref. c. 5. de ord. can. 7.

zu achten ist; in dem Sitze der Wahrheit, in dem Tempel des Herrn fordert man, daß ihr Dekrete kanonisieret, die dem Himmel und der Erde zum Aergernisse sind, und welche von Gott und dem Menschen verworfen werden. Es gewinnt das Ansehen, als wenn man nichts anders beabsichtige, als daß ihr euch dem Altare nähern sollet, um der fürchterlichen Majestät Gottes, die dort thronet, desto näher zu spotten!

Nein, meine Brüder! ihr werdet einen Eid nicht schwören, der in seinem Grunde eben so gottlos, als traurig in seinen Wirkungen seyn würde. Eure Religion und euere Tugenden versichern uns. Allein wenn einige unter euch zu finden seyn sollten, die aus Unwissenheit oder aus Schwachheit der Anfechtung unterlegen sind, so ermahnen, und bitten wir sie, im Namen Jesu Christi, der sie auf Kosten alles seines Blutes erkauft hat, im Namen der Kirche, dieser zarten Mutter, die sie in die Zahl ihrer Kinder nicht deßwegen aufgenommen hatte, damit sie ihren Schooß zernagten; wir beschwören sie, im Namen ihres ewigen Heiles, ihren Irrthum zu erkennen, und das Aergerniß wieder gut zu machen. Sie dürfen nicht fürchten, daß sie ihr Gewissen dadurch beunruhigen, man wird nicht meineidig, wenn der Eid ein Laster ist: man giebt Gott die Ehre wieder zurück, wenn man den Mißbrauch bereuet, den man von seinem heiligen Namen gemacht hat, um die Beleidigung zu vergrößern.

Dieses Volk, das man zu guten hält, das aber von seinem Irrthume wieder zurückkommen wird, ach! mit welchem Auge würde es einen treulosen Religionsdiener ansehen, der es in seinen Fall gezogen hätte; der, weit entfernt,

es

es mit dem Engel des Tobias in das Haus des
himmlischen Vaters zu führen, daffelbe vielmehr
auf die Wege des Verderbens verführet hätte?
Das Volk ehret ihn, heut zu Tage, als seinen
rechtmäßigen Hirten; es würde ihn aber stracks
als einen reissenden Wolf ansehen, den ihm Gott
in seinem Zorne geschicket hätte.

Allein man bedrohet euch, liebe Brüder!
man sagt, wenn ihr Gott mehr als den Menschen gehorchet, so werdet ihr euerer Besoldung
beraubet werden, die einen Theil des Erbes der
Kirche und der Armen ausmachet, das man euch
entrissen hat. Ach! meine liebe Mitarbeiter!
was würde es euch nützen, wenn ihr die ganze
Welt gewinnen, an eurer Seele aber Schaden
leiden solltet? Kleingläubige! fürchtet ihr, daß
derjenige, der die Vögel unter dem Himmel
ernähret, seine Diener verlaffe, wenn sie um
seiner Ehre willen verfolget werden? Die Apostel erfreuten sich, für das Gesetz Jesu Christi
zu leiden: erröthet ihr etwa, ihrem Beyspiele
nachzuahmen? Und wenn diese vergängliche
Trübsal, dieses augenblickliche Elend nichts anders bezweckte, als das Werk eurer Heiligung,
und eurer Seligkeit zu beschleunigen, sollet ihr
euch nicht aufrichtig darnach sehnen?

Ach, meine Brüder! ihr seyd bisher mein
Trost und meine Ehre gewesen; verbreitet nicht
Unruhe und Gram auf die Seele eines Hirten,
der gerne sein Leben für seine Heerde aufopfern
wollte. O daß ich allein den Gefahren, die uns
bedrohen, muthig entgegen gehen könne! ich
würde den Kelch der Bitterkeit, den man uns
zubereitet, bis auf die Hefen austrinken, wenn ich
ihn dadurch weit von euch abwenden könnte. Aber
faffet Muth; bewaffnet euch mit der Stärke;
die Kraft des Allerhöchsten wird euern Eifer begleiten,

gleiten, und die Feinde euers Heils werden wie
der Schatten, der verschwindet, zerstäubt werden. Wenn wir die Schädelstätte durchwandern
müssen, um zu der Freude und zu der Herrlichkeit zu gelangen, so wird unser Triumph nur
desto verdienstlicher seyn, weil wir für den Namen Jesu Christi gelitten haben.

Lasset uns nach dem Beyspiele der ersten
Gläubigen, unsere Gebethe vereinigen, und wie
sie, von unseren Tugenden gestärkt, mit einer
heiligen Unerschrockenheit allem trotzen, was sich
dem Gesetze Gottes widersetzet: o daß wir von
keiner andern Furcht, als jener, ihm zu mißfallen, erschüttert werden!

P. L. Erzbischof von Embrun.

Hirtenbrief des Herrn Erzbischofes von Auch.

Ludwig, Apollinaris de Latour Dupin-Mon-
tauban 2c.

Vielleicht habt ihr, liebste Brüder! schon
lange einen salbungsvollen Unterricht von mir
erwartet? Vielleicht werfet ihr mir mein Stillschweigen vor? Ich will es nicht wagen, es zu
rechtfertigen. Meine Gesinnungen waren euch
bewußt; es konnte euch nicht unbekannt seyn,
welche Hindernisse ihrer Bekanntmachung entgegen arbeiteten. Wenn mein Stillschweigen,
o mein Gott! vor deinen Augen strafbar ist, so
ver-

verzeih es mir; und wenn es heut dein Wille ist,
daß ich meiner Pflicht entspreche und rede, so
laß meinen Worten deine Kraft angedeihen!

Sollte es Gott heut zu Tage zulassen, daß
seine Diener der Ungnade der Mächte der Erde
ausgesetzet sind, um sie der unbescheidenen Willfährigkeit wegen, mit der sie ihnen so lange geschmeichelt hatten, zu strafen? Ich weis es
nicht: wir wollen die Tiefen seiner Urtheile nicht
durchforschen; wir wollen die Prüfung, der wir
Preis gegeben sind, aushalten: und so schwer
es auch unserm Herzen fällt, daß wir unseren
Freunden, unseren Brüdern, unseren Kindern
in dem Glauben widerstehen sollen, wollen wir
dennoch uns ihnen entgegensetzen, so lange
ihre Absicht mit der Lehre der Kirche, unsrer
allgemeinen Mutter, nicht übereinstimmet. Dieß
muß ich euch, oder vielmehr ihnen erklären, da
ich mich zu euch wende.

Ihr wisset es: außer der Kirche ist kein Heil
zu finden. Die Kirche ist eine Versammlung der
Gläubigen, die getauft sind, die sich zu der
Lehre Jesu Christi bekennen, und an dessen Sakramenten Theil nehmen, unter dem Gehorsame
der rechtmäßigen Hirten und des sichtbaren Oberhauptes des Pabstes und Statthalters Jesu
Christi. Die rechtmäßigen Hirten sind jene,
die eine gültige Weihe und eine rechtmäßige Sendung empfangen haben.

Eine Sendung, damit sie rechtmäßig sey,
muß von einem ordentlichen Ansehen ausgehen.
Hier stehen geistliche Gegenstände, eine geistliche Gerichtsbarkeit, die auf die Gewissen wirket, in Frage. Eine solche Gerichtsbarkeit kann
nur einem geistlichen Ansehen zugehören; die
Deutlichkeit sagt es mir, und der Glaube lehret
es

es mich. Aber wem gehöret in der Kirche dieses geistliche Ansehen zu? Nicht dem ganzen Körper der Gläubigen; denn dieß ist ein Irrthum, der ausdrücklich verdammet ist. Nicht den Fürsten, oder Magistraten; denn auch diese Irrlehre ist, gleich jener, verdammet. Dieses geistliche Ansehen ist in den Händen des Pabstes, und sie gehöret ihm und dem lehrenden Körper zu, der aus den Bischöfen besteht, derer Haupt und Hirt der Pabst ist. Mithin können der Pabst und die Bischöfe allein eine geistliche Sendung ertheilen; das ist, den Gläubigen rechtmäßige Hirten aufstellen. Mein Reich ist nicht von dieser Welt, hat Jesus Christus gesagt: die Fürsten und die Völker können keine Gewalt darüber ausüben. Jesus Christus konnte ihnen dieses Ansehen anvertrauen; er hat es aber nicht gewollt: er hat es denjenigen zugetheilet, zu denen er gesagt hat: „mir ist alle Gewalt im Himmel und auf Erden gegeben worden; darum gehet hin, lehret alle Völker, und taufet sie. ꝛc. Lehret sie alles beobachten, was ich euch befohlen habe; und sehet, ich bin allzeit bey euch bis an das Ende der Welt: wie mich mein Vater gesandt hat, so sende ich euch: was ihr auf Erden löset, wird auch im Himmel gelöset seyn, und was ihr auf Erden bindet, wird auch im Himmel gebunden seyn.“ Diejenigen, zu denen er dieses geredet hat, waren die Apostel, derer Nachfolger die Bischöfe sind: sie sind in der Kirche, und sie allein haben das geistliche Ansehen. Dieses Ansehen geht in Ausübung entweder durch die allgemeine Konzilien, oder durch die Päbste, durch diese Nachfolger der Apostelfürsten, oder verhältnißmäßig durch die National- und Provinzialkonzilien, durch die Primaten und Metropoliten, in dem

Um-

Umfange ihres Bezirkes, und durch die Bischöfe
in ihren Diözesen.

Mithin wird aus allen Mächten, von welcher Natur sie immer seyn mögen die geistliche
Gewalt mit einem weitern oder engern Wirkungskreise mitgetheilet. Die Bischöfe haben die Fülle
des Priesterthumes; die Priester üben unter ihrem
Ansehen große und wichtige Funktionen aus,
und ob sie schon mit einem göttlichen Charakter
begleitet sind, so üben sie doch nicht alle aus. Also hat
Jesus Christus, der Stifter der Kirche gewollt:
er hat eine heilige Hierarchie eingesetzet, die aus
Bischöfen, Priestern und unterordneten Dienern
besteht. Die Hierarchie bedeutet eine Unterordnung und Vorrang, wodurch die geistlichen Dinge
regieret werden. Es mußte in der Kirche eine
Ordnung seyn: das Recht, Gesetze zu machen,
um diese Ordnung aufrecht zu erhalten, mußte
jenem höchsten und unabhängigen Ansehen ausschließend zugehören, das der heilige Geist gesetzet hat, die Kirche zu regieren. Alle diese
Wahrheiten sind Glaubenslehren, und die ihnen
entgegen gesetzten Irrthümer benachtheiligen den
Glauben ebensowohl, wie andere Ketzereyen.

Aus diesem läßt sich die Folge herleiten, daß
ein Priester zu einem Hirten in einer Pfarre nur
von demjenigen könne angestellet werden, der der
wahre Bischof davon ist; daß der Bischof seiner-
seits die Einsetzung, oder Sendung, oder Gerichtsbarkeit nur von der Kirche, deren Ansehen
in dieser Hinsicht von dem Pabste ausgeübet
wird, empfangen kann. Vormals war es den
Metropoliten, und Provinzialkonzilien, denen es
die Kirche ausdrücklich bewilligte, anvertrauet;
heut zu Tage haben sie diese Gewalt nicht mehr;
damit sie dieselbe hätten, müßte die Kirche sie
ihnen wieder einräumen; denn diese Gewalt gehöret

höret der Kirche zu, die allein damit anzuordnen berechtiget ist. So lange die Kirche sie ihnen nicht zurück giebt, wird man von ihnen weder billig, noch schlußgemäß, noch nützlich fordern, daß sie dieselbe in Ausübung bringen. Es würde nicht billig seyn, weil man nicht dazu berechtiget wäre, und weil man eine Uebertretung befehlen würde. Es würde nicht schlußgemäß seyn, weil sich der wirkliche Unterschied zweyer Mächte, der weltlichen und geistlichen, nicht verneinen läßt. Es würde endlich nicht nützlich seyn, weil man es vergebens forderte, und vergebens darein willigte; die Wirkungen würden nichtig seyn, denn was man nicht hat, kann man auch nicht geben.

Es wäre demnach eine falsche Folgerung und eine nutzlose Ungerechtigkeit,

1. Wenn man forderte, daß die gegenwärtigen Metropoliten durch Einsetzung der Bischöfe ein Recht ausüben sollen, das sie nicht besitzen, so lange die Kirche es ihnen nicht vergünstiget.

2. Wenn man behaupten wollte, daß die willkührliche Handlung eines weltlichen Fürsten 53. Bischöfen, die unterdrückten Erzbischöfe nicht beygerechnet, die Gerichtsbarkeit nehmen könne, die sie nicht von ihm, sondern von der Kirche haben; eine geistliche Gerichtsbarkeit, die unter seiner Gewalt nicht steht, und ausser dem Wirkungskreise seiner Herrschaft liegt.

3. Wenn man den andern Bischöfen befehlen sollte, daß sie über jene Kirchensprengel, denen ihre rechtmäßige Hirten mit Gewalt entrissen worden sind, eine Gerichtsbarkeit ausüben, welche die Kirche in ihnen nicht anerkennet, und welche ihre Grundsätze, Gebräuche und Regeln auszuüben verbiethen. Ich frage euch, liebe Brüder! wenn einige Bischöfe die Schwachheit hätten,

ten, in dasjenige, was man von ihnen fordert, einzuwilligen, würden sie nicht in die Bannstrafe des Kirchenrathes von Trient verfallen, der ausdrücklich den verdammet, der sagt, „daß diejenigen rechtmäßige Ausspender des göttlichen Wortes und der Sakramente sind, welche die Sendung von der geistlichen Gewalt nicht empfangen haben. "

4. Wenn man, Kraft des bürgerlichen Ansehens allein, ohne Mitwirkung der Kirche die kirchlichen Provinzen für unterdrücket ansehen sollte, die sie allein hat errichten können, wirklich errichtet hat, und handzuhaben verlanget, doch dergestalten, daß sie Abänderungen, welche die Zeiten und Umstände fordern können, zu begnehmigen berechtiget sey, wenn sie einigen Vortheil für die Gläubigen dabey gewahr wird.

5. Wenn man die Ausübung und den Gebrauch einer Gerichtsbarkeit anordnen wollte, die man nicht mitgetheilet hat, und die man als göttlich anzuerkennen gezwungen ist, Kraft deren man die von dem heiligen Geiste gesetzten Bischöfe, um die Kirche Gottes zu regieren, einem Senat unterwirft, dessen Mehrheit der Stimmen ihm die Gesetze vorschreiben, und unter seinem Namen die Kirche verwalten wird.

6. Wenn man die Gerichtsbarkeit, welche die Kirche bey erledigten bischöflichen Sitzen den Kapiteln der Kathedralkirchen anvertrauet hatte, auf einen Vikar verlegt, den die Kirche nicht aufgestellet hat.

Ist dieses nicht, liebe Brüder! ein Theil der Folgen, die aus der neuen Verfassung des Klerus fliessen? Lasset uns sie in Sätze bringen, um ihren Werth desto klarer einzusehen. Die Sätze aber, die ihre Grundpfeiler oder nothwendige Folgen ausmachen, sind diese.

1. Satz.

1. Satz. Die weltliche Macht ist berechtiget, Metropoliten aufzustellen, und ihnen, gleichwie jenen, die sie nicht unterdrücket, die Gewalt mitzutheilen, Bischöfe einzusetzen.

2. Die nämliche Macht kann mit der Gerichtsbarkeit der Bischöfe nach Willkühr anordnen, sie den einen nehmen, den andern geben, und die kanonische Sendung hängt von ihr ab, wenigstens was ihre Ausdehnung und Verlegung belangt.

3. Sie kann ihr Ansehen, das sie vermöge göttlichen Rechtes haben, und ihre wesentlichen Rechte auf diejenigen verlegen, die ihnen aus göttlichem Rechte untergeordnet sind. Sie kann ihnen verbiethen, Verfügungen zu treffen, wenn die Mehrheit der Stimmen ihres Senats nicht für sie sieben; und wenn sie es ihnen erlaubet, allein Verordnungen abzuschliessen, so hat sie das Recht zu erklären, daß diese nur Vorsehungsweise gelten.

4. Sie kann auch, und zwar Kraft ihres Ansehens allein, bey erledigten Sitzen der Kathedralkirchen, einen nothwendigen Erben der bischöflichen Gerichtsbarkeit einsetzen.

5. Sie kann endlich die Kirchendißiplin in wichtigen Gegenständen abändern, ihre Regierung unter einander werfen, und die Weise vorschreiben, nach welcher die Stellen sollen besetzet werden. Dieses Ansehen im geistlichen Fache, giebt sie vor, von dem Volke zu haben, gemäß dem Grundsatze: alles Ansehen, das man ausüben kann, geht von dem Volke aus.

Dieses, liebe Brüder! ist von einem einzigen Gegenstand die Masse der Irrthümer, welche, wie wir gesagt haben, entweder die natürliche Folge der Dekrete, oder die Grundsätze sind, die sie voraus setzen. Die Lehre aber von diesen

Sätzen

Sätzen ist von der Kirche verworfen, und verdammet worden.

Eben so wichtige Irrthümer werden wir auch entdecken, wenn wir das untersuchen, was die göttliche Gerichtsbarkeit des Oberhauptes der Kirche betrift. Vergebens haben die Väter und Konzilien den Nachfolger des heiligen Petrus das Haupt der Kirche, die Säule der Wahrheit, den Hirt der Hirten genannt; vergebens haben sie die römische Kirche als die Mutter und Frau aller andern, als das vornehmste Fürstenthum, als die Mutterkirche, welche die Leitung aller andern in Händen hat, als das Haupt des Bischofthumes, woher der Strahl der Regierung kömmt, als den vornehmsten Stuhl, den einigen Stuhl, in welchem alle die Einigkeit erhalten, so hoch angepriesen. Vergebens hat Jesus Christus gesagt: du bist Petrus, und auf diesen Felsen werde ich meine Kirche bauen, und die Porten der Hölle werden sie nicht überwältigen: Simon, ich habe für dich gebethen, daß dein Glaube nicht abnehme; und wann du dich einmal wirst bekehret haben, so stärke deine Brüder. Weide meine Lämmer, weide meine Schafe. Alles, was du auf Erden binden wirst " Vergebens giebt die immer fortgepflanzte Uebung aller Jahrhunderte das Zeugniß von der Ausübung, und dem stets anerkannten Gebrauche des Ansehens des heiligen Stuhles. In Zukunft wird sich alle Gemeinschaft, die zwischen dem Haupte und den Gliedern obwalten soll, und alle nothwendige Verbindlichkeit der Schafe mit dem Oberhirten Kraft der neuen Gesetze auf einen Brief beschränken, den man an ihn zum Zeichen der Gemeinschaft schreibet. Es wird keine Vorsicht genommen, um sich zu versichern,

daß

daß diese unbedeutende Anzeige eines gemeinschaft-
lichen Glaubens beobachtet werde.

Findet ihr da, liebe Brüder! die geistliche
Obergewalt des Pabstes über unsere Kirchen auf?
Und wie wird er die französische Kirche regieren
können, wie er aus göttlichem Rechte die Pflicht
aufhat, wenn alle Verbindlichkeit unterbrochen,
und aller Rekurs zu seinem Ansehen verbothen
ist? Wie werden wir die Einigkeit mit der Kirche
unterhalten, wenn wir an dem Pabste nur einen
Primat der Ehre anerkennen? Es ist eine Glaubenswahrheit, daß es nicht nur ein Primat der
Ehre und Oberaufsicht, sondern auch der Gerichtsbarkeit sey. Um diese kostbare Einigkeit
zu erhalten, werden wir in einem christlichen
Königreiche verbunden seyn, unsere Gemeinschaft-
schreiben heimlich an den heiligen Stuhl zu
schicken, und unsere Briefe an den Pabst, wie
in den ersten Zeiten, durch unsere Kleriker und
Diakonen zu überbringen.

Wollet ihr, liebe Brüder! daß ich, um das
Mangelhafte in dieser Ordnung der Dinge besser
einzusehen, die Folge davon vor Augen lege? —
Sie ist diese. Alle Rechte des Pabstes über unsere Kirchen bestehen darinn, daß der neue Bischof ihm schriftlich die Versicherung gebe, daß
er die Glaubenseinigkeit mit der Kirche, und
die Gemeinschaft mit seinem Stuhle zu unterhalten entschlossen sey. Ich frage euch, liebe
Brüder! sehet ihr da die Lehre des Katechismus,
die Grundsätze des Glaubens, zu dem wir uns
bekennen, und das erhabene Ansehen, das den
Stuhl des heiligen Petrus auszeichnet? Ist jener
Satz nicht ketzerisch; ist er nicht von der Kirche
verdammet worden?

Wir wollen uns über diesen Stoff nicht län-

IX. Theil.   E   ger

get mehr aufhalten, so wichtig er auch ist. Es
übrigen noch andere Gegenstände.

Vergebens hat der Kirchenrath, dem wir,
weil er allgemein ist, die nämliche Unterwürfigkeit schuldig sind, mit der wir die vier Evangelien aufnehmen, erkläret, „daß die Lossprechung
ungültig sey, die ein Priester ertheilet, der keine
ordentliche oder delegirte Gewalt hat.“ Vergebens hat er verordnet, „daß, obschon die Priester in ihrer Weihe die Gewalt loszusprechen empfangen haben, doch keiner die Beichten hören
könne, wenn er nicht eine Pfarre hat, oder die
Begnehmigung von dem Bischofe dazu erhält.“
Trid. less. 14. c. 7. & less. 23. c. 15 Die bürgerliche Verfassung räumet den Pfarrern das
Recht ein, ihre Vikaren aus den geweihten, oder
in die Diozes aufgenommenen Priestern zu wählen. Ihr sehet da einen deutlichen Widerspruch
zwischen dieser Verordnung und dem Ausspruche
des Konzillums. Dieses erklärte, daß zu einer
gültigen Lossprechung eine ordentliche oder
delegirte Gerichtsbarkeit nöthig sey; es sagt,
daß die delegirte Gerichtsbarkeit in dem bischöflichen Gutachten bestehe, ohne welches das
Konzilium verordnet, daß kein Priester die
Beichten hören könne. Die Verfassung sieht
die Approbation für nutzlos an: mithin beschuldigen die Urheber dieser Verfassung das Konzilium entweder des Irrthumes, oder der Tyranney; oder sie glauben eine grössere Gewalt zu haben, da sie ihre Priester von der Pflicht loszählen, ein Gutachten von ihren Bischöfen einzu-
holen; oder sie halten sich selbst berechtiget,
diese Begnehmigung jedem Priester zu ertheilen,
der in Zukunft wird geweihet werden. Folgsam
wollen sie, daß wir einen von diesen Irrthümern
annehmen.

Die

Die Folge von diesem Artikel wird diese seyn:
„Ein Priester ist der Begnehmigung des Bischofes nicht benöthiget, um die Beichten hören zu
können; die Wahl, wodurch ein Pfarrer sich
einen Vikar bestimmet, gilt soviel, als die
Begnehmigung seines Bischofes." Ich will es
nicht wagen, den Werth dieses Satzes zu bestimmen: euch wird genug seyn, zu wissen, daß
er geradezu mit der Entscheidung des Konziliums von Trient im Widerspruche steht, und
daß die Lossprechungen, welche diese von dem
Bischofe nicht gut geheissenen Priester mittheilen, schlechterdings nichtig und ungültig sind.

Was soll ich, liebe Brüder! von dem Rechte
der Wahl sagen, das sich die weitliche Macht
aus eignem Ansehen zueignet? Das Volk ist
durch die vorgeblichen Vortheile dieses Rechtes,
sich die Hirten zu wählen, irre geführet worden:
es erwog nicht, daß diese Art, die Pfarren und
Bisthümer zu besetzen, den Ränken und der Si-
monie die Pforte eröffnet, und straks nur unselige Wahlen verursachen würde. Das Volk kam
nicht auf den Einfall, daß sie den Bischöfen ein
Hauptmittel, zu regieren, entreisse; daß sie,
wenn man sie auf das den Pfarrern eingeräumte
Recht, ihre Vikaren zu begnehmigen, anwendet,
fast alle Verbindlichkeit zwischen dem Haupte
und den Gliedern vernichte; und daß sie endlich
sich mit einer guten Regierung in gegenwärtigen
Umständen nicht vertragen könne.

Verwegene Schriftsteller haben dem Volke
Staub in die Augen gestreuet, da sie sagten, daß
dieses sein altes Recht wäre. Auffallender Betrug: man fordert sie auf, eine einzige Epoche
in der Kirchengeschichte aufzuweisen, wo das
Volk zu den Pfarren ernannt hatte. Das Volk
berathschlagte sich vormals über die Wahl der

E 2 Bi-

Bischöfe; es ernannte sie niemals. Die Bischöfe und der Klerus wählten sie, ernannten sie, und forderten von den Gläubigen nur ihre Stimme, das ist, sie versicherten sich, daß man den Gewählten keinen Vorwurf machen könnte. Van-Espen part. l. tit. XV. c. 1. Welches war aber das Volk, das man zu Rathe zog? Ein heiliges Volk, das nur ein Herz und eine Seele belebte; dessen einzige Begierde nichts anders beabsichtigte, als einen tadellosen und seines Zutrauens würdigen Hirten zu haben.

Als der Eifer unter den Gläubigen abnahm, und ihr Eigendünkel das Vorgewicht bey den Wahlen haben wollte, hat sie die Kirche den Bischöfen und Kathedralkirchen eingeräumet, wovon sie in die Hände unserer Könige mit Bewilligung der Kirche übertragen worden sind. Ihre Einwilligung ist schlechterdings nothwendig; denn die Wahl der Diener ist eine wesentliche Folge aus dem Rechte der weltlichen sowohl als geistlichen Obergewalt. Es würde gottlos und widersinnig seyn, wenn man der Kirche das höchste Ansehen in dem geistlichen Fache streitig machen wollte. Es ist demnach offenbar, daß ihr Niemand die Pfarrer oder Bischöfe ohne ihre ausdrückliche Bewilligung vorschlagen könne. Die Vergünstigungen, die sie den Layen als Patronen hat angedeihen lassen, beweisen es augenfällig. Wenn aber die Kirche Frau in dem Geistlichen ist, kann man ihr wohl dasjenige verweigern, was man sich dem weltlichen Herrn in Rücksicht auf seine Richter und Beamten zu versagen nicht erkühnet?

Ich bitte, dieß ein wenig zu überdenken. Ein Bischof und ein Pfarrer üben das Ansehen der Kirche aus; ihr Charakter ist geistlich; ihre Gerichtsbarkeit ist göttlich, wie jene Jesu Christi; ihre

ihre Gewalt erstrecket sich über die Gewissen:
das Ziel und der Zweck ihres Amtes ist die Ewigkeit. Zeiget mir da die Rechte der bürgerlichen
Macht: sie berechtiget, ich läugne es nicht, ihr
Amt zu schützen, und dessen Fortgang zu begünstigen: und gewiß dieses Recht bringt Ehre genug: ich weis kein anders. Ich sage noch mehr:
wenn dieses ihr Recht ist, so ist es auch ihre
Pflicht, und folgsam ist es ihr verbothen, die
Regierung der Kirche ihrer Willkühr zu unterwerfen.

Man wird etwa sagen, daß das Volk, weil
es die Kosten des Gottesdienstes auf sich nimmt,
auch berechtiget sey, die Kirchendiener zu wählen.
Allein seit wann, und wie ist die weltliche Macht
auf diesen sonderbaren Vortheil gekommen? Wir
wollen, liebe Brüder! von dem nicht reden, was
der neuen Ordnung der Dinge vorgegangen ist:
wir bitten nur um eine Gnade: vergesse man
nur der Uebel, die man uns angethan; wir haben sie verziehen; aber sage man doch nicht, daß
man berechtiget sey, uns zu ernennen, weil man
uns besoldet. Sehet, was ich antworten würde,
und die meisten Hirten mit mir: behaltet eure
Besoldung, und lasset uns unsre Freyheit; das
Volk wird für uns sorgen: und diejenigen, denen wir die geistliche Nahrung reichen, werden
uns die leibliche nicht verweigern: jeder Arbeiter ist seines Lohnes werth; sagt Jesus Christus: er hat verordnet, daß derjenige, welcher
das Evangelium verkündiget, von dem
Evangelium leben soll. Wir vertrauen auf
ihn: er wird uns nicht verlassen: hiedurch werden wir seine Vorsicht weniger versuchen, als
wenn wir die Wahl der Kirchendiener seinen
Feinden Preis geben. In der That, liebe Brüder! Ketzer, Juden, schwärmerische Muselmän-
ner,

ner, wenn sie sich einfinden, werden die Pfarrer
und Bischöfe ernennen: und wer weis den Grad der
Freyheit zu bestimmen, den man einstens uns lassen
wird, um ihnen die kanonische Einsetzung zu geben, oder zu verweigern? Doch, was mache ich
den Empfindungen der Furcht Platz, da ich schon
wirklich so viele Uebel zu beweinen habe? Ich
will nur eine einzige Anmerkung noch beysetzen.
Welch nachdrückliche Beweggründe wird man den
Katholiken auftischen, wenn sie fordern sollen,
der Wahl der Protestanten und Rabbinen mitzuwirken? Wie! ist es uns nicht erlaubet ihnen
entgegen zu setzen, was man uns antworten
würde?

Mithin, nach den Grundsätzen der bürgerlichen Verfassung, „ist die weltliche Macht vollkommen berechtiget, die Diener der geistlichen
Gewalt, mit Ausschliessung derselben, zu wählen." Setzet aber dieser Satz nicht die Oberherrschaft der einen Macht über die andere voraus; und widerspricht er nicht der Wesenheit
der Dinge und der Lehre der Kirche, die er her-
abwürdiget, und zur Sklavinn machet?

Wir könnten, liebe Brüder! noch mehrere
Vorwürfe der bürgerlichen Verfassung machen:
mehrere Werke haben zur Gnüge die Untüchtigkeit
des Ansehens bewiesen, das alle Titel der Pfründen, welche die Kirche errichtet hat, vernichtet;
das verbothen hat, neue zu errichten; das aus
Sparsamkeit viele Pfarren unterdrücken, und
mit andern vereinigen will; das die Kathedralkirchen aufgehoben hat, welche die bischöfliche
Gerichtsbarkeit bey erledigtem Stuhle ausübten.
Was sollen wir von der Abstellung des öffentlichen Gebethes, von Verbannung der feyerlichen
Gelübde, von dem Verbothe, keine Kongreatio-
nen, oder Klostergemeinden mehr herzustellen,
sagen?   Ihr,

Ihr, liebe Brüder! wisset unsere Gesinnungen von diesem seltenen Mißbrauche der weltlichen Macht. Die Kirche hat gesagt: ich billige die geistlichen Orden, die bürgerliche Macht eröffnet die Pforte der Klöster, und sagt, ich werde niemals zugeben, daß man sie wieder herstelle: der Unterschied der Institute, derer Ueberbleibsel ich auf einen Augenblick dulden will, soll in meinen Augen vernichtet seyn; und ohne Rücksicht auf diejenigen, die unter einer Regierung, die sie mit Troste überströmte, ergrauet sind, werden sie, wenn ich es für gut befinde, unter dem nämlichen Dache mit jenen vermenget, und vergesellschaftet werden, die eine andere Lebensart gewohnt sind, und niemals gelernet haben, gemeinschaftlich zu leben.

Eben so wenige Achtung wird man gegen jene furchtsame Jungfrauen tragen, die sich unter dem Schatten der Altäre versammelt haben; man wird sie in der Freystätte, die sie sich gewählet haben, absterben lassen; sie werden sattsam von dem Kelche der Bitterkeit, die sich über ihre Tage ergießen wird, trinken: sie sind schon in den Augen der Gemeinde nicht mehr jene Jungfrauen, die dem Herrn gewidmet, und den von der Kirche begnehmigten oder vorgeschriebenen Gesetzen unterworfen waren. Sie bilden eine weltliche Gesellschaft, die gezwungen ist, sich ein Haupt unter der weltlichen Aufsicht zu wählen. Man läßt nicht zu, daß die Religion bey dieser Wahl den Vorsitz habe; man will nicht, daß sie die lästigen Pflichten des Gehorsames versüßen. Sie werden noch glücklich genug seyn, wenn so gefährliche Neuerungen nicht die Zwietracht ausstreuen, und die Spaltung unter ihnen aufkeimen machen. Nein, o mein Gott! du wirst diesen so kostbaren Antheil

theil des Erbes Jesu Christi nicht verlaßen.
Der Friede Jesu Christi, den sie in der Freystätte suchten, dieser Friede, der allen Verstand
übertrift, der alle Freuden der Erde aufwiegt,
der alle Leidenschaften besieget, und alle Bitterkeit versüßet, wird in Mitte so vieler Drangsalen ihre Herzen und ihren Verstand bewahren.
Philip. IV, 7.

Wenn man diese Anmerkungen erweget,
wird man zweifelsohne nicht mehr fragen, ob
man ohne Vorbehalt und ohne Ausnahme einen
Eid schwören könne, der seiner Allgemeinheit wegen so viele Gegenstände enthalten würde, die
den Dogmen und der Lehre der Kirche widersprechen. Lasset uns schwören, dem Fürsten getreu, und dem bürgerlichen Gesetze in allem gehorsam zu seyn, was unter seinem Wirkungskreise steht: lasset uns schwören, die besten Freunde
unserer Mitbürger zu seyn; die Unterwürfigkeit
und Liebe zum Frieden zu predigen; durch unser
Beyspiel und unsern Unterricht einen Abscheu
vor den Empörungen, dem Morde, dem Raube
und auch den Eckel ob jeden lustigen Anschlag
einzuflößen: lasset uns schwören, die Anlagen getreu abzuführen, und ihre Bezahlung zu empfehlen, aller Anmassung der Verwaltung der zeitlichen Dinge zu entsagen, und sie in Ehren zu
halten, in wessen Händen sie sich immer befindet;
lasset uns schwören, wenn es nöthig ist, aus
allen unseren Kräften die bürgerliche Verfassung
handzuhaben, das ist, ihr in allem unterworfen zu seyn, was der Religion nicht entgegen steht. Aber lasset uns zugleich auch schwören, uns unsern Gehalt, unsere Stellen, und
das Glück, in unserm Vaterlande zu leben, lieber rauben zu lassen, als die Vollstreckung der
Gesetze zu versprechen, welche die Regierung der
Kirche

Kirche verunstalten, ummodeln, oder untergraben; Geseße, die uns in die Spaltung versenken, und den kostbaren Schaß des Glaubens entreiſſen würden. Nein, liebe Brüder! wir ermangeln weder der Liebe, noch verſuchen wir Gott, wenn wir dem durch die Gewalt unterſtüßten Irrthume widerſtehen; man huldiget der Vorſicht Gottes, und rechnet auf deſſen Schuß, wenn man ſich Preis giebt, für ſeinen Glauben zu leiden.–Die wahre Liebe beſteht darinn, daß man ſeine Brüder nicht ärgere; daß man ſich beſtrebe, ſie von dem Irrthume und der Sünde vorzubewahren; daß man ſein Leben gebe, um ſie zu retten,

Hüten wir uns, liebe Brüder! daß dieſe Worte in unſerm Munde nicht ein leerer Ton ſind. Der Glaube lehret uns, daß es unter der Sonne keine gröſſere Ehre gebe, als jene, um Jeſu Chriſti willen verfolget zu werden. Ach! wenn dieſes ſo rühmlich iſt, ſollen wir uns nicht aus allen Kräften darum bewerben? Wir glauben daher nicht, daß uns dieſe beſondere Gnade bey einem zerſtreuten und nachläßigen Leben ertheilet, und die Belohnung der Gleichgültigkeit, der Trägheit und Vergeſſenheit unſerer Pflichten ſeyn werde. Die Stärke unſerer Seelen wird weder bey den Spielen, noch in vorwißigen Erluſtigungen, oder in eitelm Umgange erhalten. Nur in der Geiſtesverſammlung und dem Gebethe kann unſer Glaube Nahrung und Stärkung finden. Nur durch dieſes Betragen können wir uns, obſchon noch ganz unvollkommen, nach unſeren Muſtern bilden, und etwa uns auch würdig machen, für den Namen Jeſu, durch den allein wir unſer Heil erringen können, Schmach zu leiden.

Auch den 29. Chriſtmon.   L. Ap. Erzbiſchof
     1790.   von Auch.

Brief

Brief des Herrn Bischofes von Soissons an die Herren Districtsverwalter.

Meine Herren!

Da ich gezwungen bin, über die meisten Gegenstände, die in der Aufforderung, die ich den
1. dieses Monates empfangen habe, enthalten
sind, ein tiefes Stillschweigen zu halten, so ver-
schlucke ich den Schmerzen, der mich durchdringet, und weiche der Strenge der Umstände.

Man fordert, daß ich nächsten Sonntag mich
in die Kathedralkirche begebe, um in Gegenwart der Munizipalbeamten, der Bürger
und des Klerus einen feyerlichen Eid zu schwören, und zwar unter der Strafe, dieses durch
die Einstellung meines Gehaltes und durch vollkommne Vollziehung des Gesetzes zu bewirken.

Ohne von der Einstellung des Gehaltes, der
auf den Entschluß eines Bischofes nie einen Einfluß haben soll, Meldung zu thun, so antworte
ich auf diesen scharfen Befehl, daß ich weder
von einem Gesetze, noch von einer Verordnung,
denn die Administrationsversammlungen können
in diesem Fache keine vorschreiben, etwas wissen,
die mich zur Unterwürfigkeit verbindeten. Die
Zeit, der Ort, die Feyerlichkeit des Eides, den
ich als beybehaltener Bischof zu leisten habe,
können keinen wirklichen Titular dazu anheischig
machen: die Verfassung des Klerus selbst unterwirft mich dem Eide nur alsdann, wann ich einen
Gehalt empfangen will. Ich bitte euch daher,
meine Herren! mir nicht übel aufzunehmen, daß
ich

ich nach der Freyheit, die mir dieses Gesetz zu-
gesteht, und nicht nach der gerichtlichen Anzeige
mich benehme, welche glauben machen könnte,
daß man mich gezwungen habe, und daß mein
Versprechen eben deßwegen nichtig sey. Meine
Herren! ich muß entweder keinen Eid schwören,
oder ihn mit der Freyheit schwören, die er wesentlich fordert.

Gemäß diesen Grundsätzen könnte ich noch
die Angelobung eines Eides verzögern. Indessen
zum Besten des Friedens, und die Beschuldigungen zu vereiteln, die man sich wider die Gesinnungen meines Klerus und wider mich zu verbreiten erlaubet, da man uns bey dem Publikum als Feinde der Ordnung und der Ruhe be-
langet; um einen ächten Beweis von unserm
Eifer an den Tag zu legen, mit dem Beyspiele
einer vollkommnen Unterwerfung, die man der
festgesetzten Ordnung schuldig ist, vorzuleuchten;
so zaudere ich nicht, meine Absichten zu offenbaren. Die Ehre der Geistlichen von dieser Stadt
und diesem Kirchensprengel, die mir nahe am
Herzen liegen muß, und die Nothwendigkeit, die
ungerechten, wider uns ausgestreuten Eindrücke
zu beseitigen, machen es mir zur Pflicht, meine
Gesinnungen als Bürger kund zu machen.

Diesem zu Folge schwöre ich von heut, von
diesem Augenblicke an, den Eid, den ich zu schwören versprochen, in meiner Erklärung vom 15.
Oktob. die ich den nämlichen Tag dem Direk-
torium zugeschicket hatte.

„Ich erkläre, daß ich dem Könige, dem Gesetze und der Nation getreu leben und sterben
wolle, und daß ich bis auf den letzten Athem
der politischen, von der Nationalversammlung er-
lassenen und von dem Könige angenommenen Verfassung

faffung unterworfen bleiben werde, unter der
ernannten Erklärung, die ich gemacht habe. "

Ich werde demnach nicht erscheinen in der
Kathedralkirche, und bitte, diesen Brief kund
zu machen, damit die Bürger sich nicht vergebens
versammeln.

Soiffons den 3.　　　H. J. Bischof von
　　Nov. 1790.　　　　　Soiffons.

Brief des Herrn Bischofes von Blois an die Departementsverwalter von der Loire und Cher.

Meine Herren!

Es würde eine trostvolle Ehre und Pflicht für
mich seyn, wenn ich euch nur für die Hochachtung danken dürfte, die mir der Präsident in
euerm Namen geschenket hat: allein die Diener
Jesu Christi können von der Hochachtung nicht
viel gerühret werden, so bald sie mit dem Umsturze der Regeln und des Ansehens der Kirche
begleitet wird: sie können nicht anders, als
durch Ausdrückung ihrer Gesinnungen und ihres
Schmerzens antworten.

Die Kirche hat von ihrem Stifter den Befehl, allen Mächten unterworfen zu seyn. Mithin giebt sie sich mit der Staatskunst, mit den
Regierungen und Verfassungen nicht ab. Indem
sie aber dem Kaiser giebt, was des Kaisers ist,
hat Jesus Christus zugleich auch Gott vorbehalten,

halten, was ihm zugehöret: er hat seiner Kirche
eine Lehre, Formen, eine Regierung und eine
wahre Macht hinterlassen. Obschon ihre Gerichtsbarkeit nur auf die Gewissen wirket, und ihre
Waffen nur geistliche sind, „so hat sie doch das
Recht, Kanonen oder Zuchtregeln für ihr inner-
liches Betragen vorzuschreiben; von denselben
in einigen Fällen zu befreyen, oder sie abzuschaf-
fen, wenn es das Beste der Religion erheischet.
Sie hat das Recht, Hirten und Diener aufzustellen, um das Werk Gottes bis an das Ende
der Welt fortzupflanzen, und um diese ganze
Gerichtsbarkeit auszuüben: und sie kann sie auch
entsetzen, wenn es nöthig ist. Sie hat das Recht,
alle ihre Kinder zu züchtigen, sowohl wegen der
heimlichen, die sie beichten, als der öffentlichen
Sünden, derer sie überzeuget sind. Endlich ist
die Kirche berechtiget, von ihrem Leibe die faulen Glieder abzuschneiden, das ist, die ruchlosen
Sünder, die alle Verbesserung verscheuen, und
auch andere vergiften könnten. Diese sind die
wesentlichen Rechte der Kirche, die sie unter den
heidnischen Kaisern ausgeübet hat, und die ihr
von keiner menschlichen Macht entrissen werden
können; ob man schon manchmal in der That,
und durch Gewalt ihre Ausübung einstellen
kann. *)

Als die Kaiser Christen geworden, sind sie
nicht auf den Gedanken gekommen, sich die Kirche
zu unterjochen; sondern im Gegentheile, ob ihre
Macht schon sonst allenthalben die höchste ist,
haben sie es sich nur herausgenommen, sie mit
ihrem Beystande zu schützen, und mit ihrer Macht
zu stärken. **) Es ist jederzeit leicht, sein Erbe
von

---

* Fleur. Instit. Jur. eccl. p. 1. c. 1.
*) Famulante, ut decet, potestate nostra. Salm. T.
5. P. 634.

von den erworbenen Gütern zu unterscheiden.
Die weltliche Macht verschaffet den Schutz, die
Güter und Ehre; aber die Kirche bewahret die
Hinterlage der Lehre, die Regeln der Sitten,
ihre Regierung und das Recht Unordnungen zu
machen; ein Recht, das jeder Gesellschaft wesentlich anklebet.

Die Weltmenschen und Modechristen glauben
bey gegenwärtigen Umständen nur einen Streit
über die Gränzen und Bezirke aufzufinden, da
doch die Sendung und rechtmäßige Erbfolge die
Hirten, die der Grund der katholischen Kirche
sind, in Frage stehen; nämlich, wie man die
Hirten erwählen, bestätigen, einsetzen, absetzen,
die Vikaren begnehmigen, und das Priesterthum
einrichten muß; ob die weltliche Macht sie nicht
ihrer Güter und ihres Gehaltes, was Niemand
streitig machet, sondern ihrer Gewalt und ihrer
Heerde berauben könne; ob man die Treue, nicht
der weltlichen Verfassung, das alle eingestehen,
sondern auch einer kirchlichen Verfassung, an
der die Kirche keinen Theil hat, schwören soll.

Dieß sind nicht pur bürgerliche und fiskali-
sche Fragen: ob sie auch schon zu einer Zeit
ungelegen sind, wo nur die Ergötzlichkeiten und
Schätze in Achtung stehen. Wenigstens würde
es für einen Katholiken folgsamer seyn, wenn
er nicht nach fremden Grundsätzen vernünftelte,
und zu Werke gieng.

Wenn es nur um die Gränzen und Kirchen-
spiele zu thun wäre, würden die benachbarten
Bischöfe eine wechselseitige Abtretung bewilliget
haben; und wir hätten eurer Aufforderung desto
lieber entsprochen, weil wir ebevor einige Vorkehrungen in dieser Hinsicht schon getroffen hatten.
Allein unsere kanonischen Formen wurden so wenig

nig geachtet, daß man ihnen bey jedem Schritte
entgegen arbeitete.

Mithin, meine Herren! setzet uns nicht diese
Handlung in Furcht, sondern der Grundsatz davon. Die Macht, welche einen Kirchensprengel
erweitert, oder beschränket, ist eben jene, die
mehr als 50 Bisthümer unterdrücket hat und
die mit einem einzigen Federzug die ganze bischöfliche Würde von der Oberfläche dieses Königreiches ausmerzeln wird. Wenn wir euch vor
der Begebenheit als eine natürliche Folge angekündiget hätten, daß wir nicht mehr euer Hirt
seyn könnten; daß das Heiligthum könnte verlassen, und beflecket werden; daß ihr bey jeder
neuen gesetzgebenden Macht, jedes Jahr, jeden
Tag neue Hirten sehen könntet, würde man es
als die Erfindung einer verrückten Einbildungskraft, als ein aus der Luft gegriffenes Schrecken-
bild angesehen haben, das nichts anders beabsichtigte, als das Volk zu empören, und die Gewissen zu beunruhigen. Nun reden die Thatsachen weit lauter, als die Vernunftschlüsse.

Der Grundsatz, der den Charakter und die
Gerichtsbarkeit mit einander vermenget, ist es,
der uns schüchtern machet. Die Weihe ertheilet
den bischöflichen Charakter, und die Kirche die
Sendung für diesen oder jenen Kirchensprengel.
Der Priester empfängt in der Weihe seinen Charakter, nachmals aber seine Sendung von seinem Bischofe. Dieser Unterschied beugt den
Eingriffen und Trennungen vor. Wenn jeder
Hirt ein allgemeiner Hirt wäre, hätten wir eine
pure Verwirrung und Anarchie. Die Macht
und die Ausübung derselben sind auch in den
menschlichen Dingen unterschieden, und der Richter kann nur in seinem Bezirke das Urtheil
fällen. Nur einem einzigen Menschen hat unser

gött-

göttlicher Stifter das Recht, nicht über die ganze
Kirche, sondern in der ganzen Kirche eingeräumet: indessen kehret man alles um; man erweitert unsre Gewalt, und beschränket die seinige; man sieht ihn für den Bischof einer Diozes
eines Ortes, für einen beschränkten Hirten an,
der sich begnügen soll, wenn man mit ihm eine
simple Gemeinschaft der Wohlanständigkeit, der
christlichen Liebe unterhält, indem doch im Gegentheile eine kindliche Abhängigkeit obwaltet;
da die Hirten in Rücksicht auf die Völker, Schafe
in Rücksicht auf den Petrus sind; da sie sich nur
durch ihn an Jesum Christum anschliessen, und
ohne Lücke von dem heiligen Petrus bis auf den
Pius VI. herab geben, den ein gottesfürchtige-
res, das ist, mehr aufgeklärtes Jahrhundert
nur mit Verwunderung anstaunen würde; da
alle Jahrhunderte, alle Zeitalter, alle Länder,
der Aufgang und Niedergang seinen Stuhl für
das vornehmste Fürstenthum, für den Mittelpunkt der Einigkeit, für die Mutterkirche, für
das Haupt aller Kirchen angepriesen haben, und
wo der göttliche Gesetzgeber seinen Statthalter,
als eine Schildwache auf den Gipfel der Burge,
nach der Redensart des heiligen Athanasius aufgestellet hat, um zu wachen, und seine Brüder
zu befestigen, und der erste dem Feinde entgegen
zu gehen. Alles ist daher erhaben, alles ein-
stimmig und friedlich, weil sich die weltliche
Macht begnüget, ihre Wünsche zu äussern, und
weil die Kirche sich stets bestrebet, das gute Verständniß zu unterhalten. Wer sollte nicht zittern,
wenn er die Neuerungen unter der Masque des
Alterthumes sich eindrängen sieht? Die alte
Disziplin hat niemals dem ersten Hirten die Wahl
seiner Mitarbeiter abgesprochen; und besserer
Ordnung wegen standen alle Pfarrer unter dem
ordent-

ordentlichen Bischofe. Was läßt sich von jenen
Wahlen gedenken, die nichts anders sind, als
pur weltliche Handlungen, ohne Klerus, und
etwa in gewißen Gegenden auch ohne Katholiken? Ach! die Priester werden zu der Wahl ihrer
Häupter nicht berufen, und die Soldaten werden von der Wahl ihrer Befehlshaber nicht
ausgeschloßen! Vergebens würde man in den
Jahrbüchern der Kirche einen Neugewählten
aufsuchen, der die Kirchensprengel und Provinzen durchlaufet, um eine Sendung zu erbetteln,
die nur aus der apostolischen Quelle herfliessen
kann.

Bey derley Neuerungen und Zerstörungen,
bey der Verwirrung so verschiedener Dinge
hat der Klerus ganz weislich seinen Eifer nach
der Wichtigkeit der Gegenstände eingerichtet.
Als es um die alte Ausstreuung der Kirchen zu
thun war, glaubte er, es fordere seine Pflicht
gegen die Stifter, gegen den öffentlichen Gottesdienst und gegen die Arme, die Grundsätze
vorzulegen, um sie nicht den Meinungen und
Zufällen Preis zu geben: und als man nur von
dem Gehalte und persönlichen Vortheile redete,
haben sie ein großmüthiges Stillschweigen gehalten, nach dem Beyspiele des heiligen Ambrosius,
da er sagte: was Gott zugehöret, können
wir euch nicht Preis geben; wenn ihr es
aber nehmet, thun wir keinen Widerstand.
S. Ambros. l. 2. epist. 13.

Als eine Verfaßung erschienen ist, die sich
nur bürgerlich nennet, und eine allgemeine Gewalt
sich zueignet; die, nachdem sie das Aeusserliche an
sich gerissen hat, auch in das Innere des Heiligthumes sich eindringet, und aus vollem Rechte
die Stellen und Gewalt austheilet, hat der Klerus die Mitwirkung der geistlichen Macht, die

IX. Theil. F Sitt-

Einberufung eines Konziliums, oder den Refurs
an den Pabst, als das Haupt der Hirten verlanget. Wenn man diese Gemeinschaft mit dem
Pabste und diese Regeln befolget, wird alles
leicht; alles läßt sich aussöhnen: wenn man aber
nach den unbegränzten Befehlen und Defreten zu
Werke geht, wird alles überschnellet, verunglü-
cket, und in einen traurigen Zustand versetzet.
Alle Gebräuche und alle Grundsätze von so vielen
Dingen, und so zu sagen, von so vielen Jahrhunderten, werden in einem Tage verschwinden.
Als der Klerus sagen hörte, daß alles erneuert wird, bis auf die Gedanken, konnte er
wohl die Kirche als ein altes, von menschlicher
Hand gebautes Gebäude ansehen, das eine gesetzgebende Gewalt unterstützet, und wieder erneuert, und das eine andere wieder läßt erschüttert werden? Sollte man alle Ehrerbietung
gegen ihr Alterthum und ihren Ursprung beseitigen, da ihre Stärke und Schönheit sich in
ihrer Geburt, in ihren Prüfungen und seit achtzehn Jahrhunderten in vollem Glanze zeigte?

Wenn die Nation durch eine fürchterliche
Gewalt, der wir mit zittern entgegen sehen,
die Religion verbannen könnte, und allen Sekten
der Welt freye Duldung gestatten, könnte sie
dieselbe auch verunstalten; aber es würde ein
Widerspruch seyn; denn die Einigkeit ist nicht
getheilet; es ist nicht mehr die katholische Kirche,
wenn sie nicht ganz mehr besteht; man würde
eine andere unter ihrem Namen unterschieben,
und dem Kreuze Jesu Christi die spöttische Auf-
schrift anheften, ein König der Juden.

Wenn man von der Kirche reden will, muß
man ihre Titel, ihren Zusammenhang und Har-
monie durchstudiren. Alsdann öffnet man die
Augen; man ließt die Kanonen und Satzungen
der

der heiligen Väter nicht mehr stückweise, und einzeln, um uns Schlingen zu legen; man durchgeht den ganzen Zusammenhang der Alterthümer der Kirche; und wenn man in diesem Geiste handelt, was wird man auf allen Seiten finden, als ewige Denkmale unsrer heiligen Macht?" *)

Es läßt sehr traurig, daß die einfachsten Grundsätze, die aufrichtigsten Erklärungen für aufrührisch angesehen werden. Schon in den ersten Zeiten sind Jesus Christus und seine Jünger als Störer Jerusalems und Judäens, und alle Christen als Feinde des Reiches und des menschlichen Geschlechtes behandelt worden.

Was soll dann ein Bischof thun, der von seinen Amtsgenossen und seinem Oberhaupte entfernt ist? Wenn er vor allen den Frieden, die Regeln und die Einigkeit liebt, muß er sich zu unterscheiden bestreben, was man thun, und was man dulden muß; er soll sich klug ohne Treulosigkeit, friedsam ohne Schwachheit und zu der Stimme der Kirche gelehrig betragen, und mit Demuth von oben herab das Licht erwarten. Wenn ein Hirt seine Heerde vielmehr der geographischen Bezirkseintheilung, als der Religion wegen verlassen soll, ist die Einigkeit und Eintracht sein erstes Gesetz: allein o daß alles anständig und in guter Ordnung geschehe! **) und wir könnten im Namen aller Bischöfe schwören, daß jeder stets bereit sey, sein Amt niederzulegen, wenn es die Kirche für nöthig erachten wird.

Wir waren dazu aufgelegt, als das Verzeichniß der Verbannung angelangt ist; es war uns nicht erlaubet, unentschlossen und zweifelhaft

F 2

*) Bossuet de unit. Ecclesiæ.
**) I. Cor. XIV, 40.

haft zu wanken, weil wir standhafte Christen
sahen, welche die Geschichte der Welt, den menschlichen Geist, die Leidenschaften, die Irrthümer
samt dem Ursprunge und den Namen der Urheber, die bürgerliche Oberherrschaft über das Heiligthum, und alle Winde kennen, die von allen
Theilen der Welt Lehren herbringen. *) Derley Menschen haben uns nur noch mehr Muth
einstößen können; aber Gläubige, die sich verlaßen glauben! Bedrangte Jungfrauen, die in
den Klöstern weinen! Junge Geistlichen, die sich
ohne Stütze sehen! Dieser Gedanke hat uns unter der Last aller derjenigen, die seufzen, zu Boden gedrücket; und wenn man Hirt, Rath und
Vater von einer großen Familie ist, ach! man
muß ein Herz von Erze haben, um nicht mit
der Rachel in Ohnmacht dahin zu sinken, die
sich nicht will trösten laßen, weil ihre Kinder nicht mehr sind. **) Nun ist die Zeit, wo
wir, wie die Apostel, uns mit den frommen Leuten in dem Speissaale versammeln müßen, nur
die Hilfe zu ersehen, die uns die Erde verweigert. Wir sind auf einen vielleicht heilsamen
Gedanken gekommen, nämlich unsre Freyheit zu
erkaufen, und in unser Erbe wieder eingesetzet
zu werden. Unsere Tempel sind der Nation nicht
zur Last; sie giebt sich mit ihnen nicht ab. Weil
uns unsere Güter so viele Feinde zugezogen haben, und unsre Ausplünderung sie nicht begnüget, bitten wir, meine Herren, es uns zur Gnade
aus, keinen Gehalt für uns, oder für unsere
Mitarbeiter zu ertheilen. Wir tragen uns großmüthig an, unentgeldlich unsere Sorgen und
Arbeiten in der Kathedralkirche zu widmen;
gebt uns die Seelen, und das übrige haltet für
euch.

*) Ephes. IV, 14.
**) Matth. II, 18.

euch. *) Ihr werdet in allem über uns herrschen;
aber wann ihr in die Kirche eingehet, werdet
ihr unsere Kinder und unsere Lehrjünger seyn.
Wir wollen Bürger nach eueren Regeln seyn;
wenn ihr aber Glieder der Kirche seyn wollet,
müsset ihr es nach ihren Gesetzen seyn. Gott
wird Tag und Nacht in unseren Kathedralkirchen gelobet werden: die ganze Welt wird dadurch erbauet werden. Das Vergangene verbürget euch das Zukünftige. Es giebt Gelegen-
heiten, wo es erlaubet ist, sich nach dem Beyspiele um der Ehre willen seines Meisters zu rühmen: wir sind nur gar zu strafwürdig vor ihm;
aber wir sind vor euch unschuldig.

Euch legen wir unsere Gesinnungen vor, um
sie geltend zu machen. Wenn ihr die Würde eines
Christen schätzet, so saget, wie jener Kaiser: ich
kann demjenigen nichts abschlagen, dem ich
in Jesu Christo alles schuldig bin. Ihr seyd
die Repräsentanten eines freyen Landes; verherrlichet nun euere Berathschlagungen, redet,
machet Vorstellungen, beschwöret. Das öffentliche Wohl fordert nicht, daß man uns herab-
würdige, oder verfolge. Euere Versammlungen,
euere Verwaltungen, euere Richterstühle werden
glücklich genug seyn, ohne daß es nöthig ist, die
Kirche zu verwüsten. Saget laut, daß wir nicht
wollen, was euer ist, sondern euch selbst,
und daß unser Gewissen unser einiger Schatz
ist; daß es Zeit ist, die Strenge zu mäßigen,
denn das Volk könnte glauben, daß man alle
Altäre vom Grunde aus zerstören, und die Martyrer auffordern wolle, um sich gefaßt zu halten; daß eingedrungene Miethlinge, ohne Grundsätze, und ohne Scham, die Tempel des Herrn
nur entheiligen, und sich der Verachtung Preis
geben

*) Genes. XIV, 21.

geben könnten, mit der eben jene ihnen begegnen würden, die sie erhöben, daß wir allein
euere rechtmäßigen Hirten seyn werden, weil die
Kirche allein berechtiget ist, sie aufzustellen, und
daß die Welt nur Miethlinge und gefräßige Wölfe
eindrängen kann, die den Rock Jesu Christi in
tausend Stücke zerreissen.

Wir hoffen, meine Herren! daß unsere Gesinnungen in euerm Herzen gute Empfindungen
rege machen werden; wenn sie aber zum Unglücke
unfühlbar wären, wird uns dennoch keine un-
maßige Traurigkeit verwirren, oder ein tadel-
hafter Schmerz den Muth sinken machen. Diese
Zeiten werden veralten; wir sind aber auf einem
Schiffe, das nie verschlungen werden kann. Ein
Christ weis nichts von einem menschlichen Stolze,
oder einer vermessenen Sprache; seine Stärke
ist weit unerschütterlicher, weil sie demüthig ist,
und von dem abhängt, der ihm Kraft giebt.
Wollte man ihm einen Eid vorlegen, der ihn entehret, würde es eben so viel seyn, als ihm befehlen, dem Idole Weihrauch zu streuen; denn
der Herr, dem er dienet, hat ihn vorgewarnet,
daß, wenn er die Kirche nicht höret, er für
einen Heiden und öffentlichen Sünder gehalten werden soll. *)

Ich bin

    Meine Herren

        Euer &c.

           Al. A. Bischof von Blois.

                    Brief

*) Matth. XVIII, 17.

Brief des Herrn Bischofes von Digne an
die Herren Administratoren des Departements von den niedern Alpen.

Meine Herren!

Ich muß allen Argwohn eines Widerspruches,
und noch mehr eines Meineides beseitigen; ich
habe nichts unterlassen, was meinen Mitbürgern
meine Vaterlandsliebe, und dem Fürsten meinen
Gehorsam und meine Unterwürfigkeit beweisen
konnte; ich habe meine patriotische Anlage vollkommen berechtiget; ich habe den Bürgereid aufrichtig geschworen. Ich glaubte, ihn eben deßwegen schuldig zu seyn, weil er mir erlaubt ge-
schienen hat; ich habe ihn in eben dem Sinne
geschworen, in dem ihn die Prälaten, die Priester, und alle Christen der Versammlung und des
Königreiches geleistet hatten, in Rücksicht auf
den bürgerlichen Stoff; nämlich unter der Regierung eines Monarchen, und unter bescheide-
nen Gesetzen zu leben, die sowohl den Despotismus, jede andere Regierungsform, auſſer der
monarchischen, ausschlieſſen; ich wollte, wie ihr,
daß die Glaubenswahrheiten und Kirchendisziplin noch ferner zur Regel und zum Gesetze, wenigstens für diejenigen, dienen sollten, die in der
katholischen, apostolischen und römischen Religion leben, und beharren wollen.

Heut zu Tage fordern, von mir die meisten
Glieder der Nationalversammlung, was nach der
Vorschrift meines Glaubens in meiner Gewalt
nicht steht, und niemals stehen wird; man befiehlt

stehlt mir es, zu versprechen, und mich durch
einen feyerlichen und unbestimmten Eid dazu anheischig zu machen. Mein erster Eid war durch
seinen Namen, da man ihn insgemein den Bürgereid nannte, und noch mehr durch die Erklärung beschränket, die man in der Nationalversammlung vorgelegt, und der sie nicht widerspro-
chen hatte. Derjenige, den man Kraft des ge-
strigen Dekretes fordert, und den man in den
21. Artikel des 2. Titels der kirchlichen Verfassung liest, der ein Gesetz belangt, das die Kirche
und ihre Regierung zum Gegenstande hat, erstrecket sich unbeschränkt auf alles, was verordnet, und angenommen worden ist, und noch verordnet werden kann, dermaßen, daß, wenn Gott
zuließ, daß die Mehrheit der Stimmen aus Irrthum etwas einem Glaubensartickel widriges
verordnete, oder die Zahl, die Wesenheit der
von Jesu Christo eingesetzten Sakramente abänderte, ich auch würde geschworen haben, eine
ausdrückliche Ketzerey aus allen meinen Kräften
handzuhaben.

Die Wesenheit des Eides (und dieß ist für
Christen kein eitler Name) fordert, daß man
wisse, bevor man ihn schwöret, zu was man sich
anheischig mache. Man kann weder versprechen,
noch minder schwören, dasjenige in Vollziehung
zu bringen, was man seine Gewalt zu übertref-
fen erkennet.

Die Nationalversammlung schreibet euch,
meine Herren! durch ihr neues Dekret vor, erstlich, ihr Nachricht zu geben, ob ich innerhalb
eines Monats, den vorgeschriebenen Eid geleistet
habe. Ihr könnet vorsehen, daß ich zu Folge
meiner Grundsätze ihn nicht schwören werde.
Zweytens, will sie, daß man in diesem Falle mich
so betrachten soll, als ob ich mein Amt freywillig

lig niedergelegt hätte, und daß man sogleich zu
dessen Wiederbesetzung die Vorkehrungen treffen
muß. Mein Stillschweigen, meine Herren! wird
in meinen Augen keine Amtsniederlegung seyn;
und wenn ich auch abgedankt hätte, oder auf das
deutlichste und freywillig abdanken sollte, würde
ich dennoch von dem Titel, von der Eigenschaft
und den Pflichten eines Bischofes von Digne
nicht entlediget seyn. Der Sitz wird, obschon
unanständig, doch rechtmäßig in den Augen der
Kirche und im Gewissen durch mich besetzet seyn,
so lange ich leben werde, oder so lange die
Kirche, die mich eingesetzet, und meinen Eid
aufgenommen hat, mich nicht wird abgesetzet,
enthalset, und losgebunden haben. Die Geistlichen und Gläubigen der Diözes sind ebenfalls,
wie ich, durch die Lehren und Regeln der Kirche
gebunden; sie sind in der Schule Jesu Christi
durch das Beyspiel der Christen zu allen Zeiten
unterrichtet, und werden dem Kaiser geben
was des Kaisers ist; aber auch Gott, was
Gottes ist.

Dieß, meine Herren! sind meine Gesinnungen, auf denen zu beharren ich mich verbunden
glaube: ich würde die Tugendbeyspiele von vielen
aus euch aufsammeln; aber der Unterricht in den
geistlichen Dingen muß euch durch mein Organ
zufliessen. Wie haben der Erklärung der Grundsätze über die Verfassung des Klerus von den
Bischöfen, die als Deputirte auf der Nationalversammlung waren, unterzeichnet:
mithin bis auf eine gründlichere und weitläufti-
gere Unterweisung, die in unsere Diözes, so bald
es möglich ist, wird gesandt werden,

Bin ich mit aller Aufrichtigkeit ꝛc.
Paris, im Seminarium den 28. Nov. 1790.
Franz Bischof von Digne.
Brief

Brief des Herrn Bischofes von Digne an das Direktorium ꝛc.

Meine Herren!

Ich habe niemals eine Gelegenheit gegeben, von mir zu sagen, daß ich die neue Verfassung des Klerus in Vollziehung bringen würde; ich bin nie auf den Einfall gekommen, daß es in meiner Gewalt sey. Ich habe gewartet, bis man mich gefragt hat: ich habe alsdann straks, ohne Doppelsinn und frey heraus geantwortet: es ist keine Verabredung, und noch minder eine Verschwörung unter den aufgeklärten Christen nöthig; besonders unter denen, die die andern unterrichten sollen, um Wahrheiten zu bekennen, die allgemein und zu allen Zeiten in der ganzen Kirche anerkannt worden sind. Keiner aus euch hätte vor einem Jahre schüchtern gezaudert, mir die Antwort in den Mund zu legen, die ich die Ehre gehabt habe, euch zu geben, und die, wie es mich däucht, wider meine Absicht mehreren mißfallen hat. Unser Amt in Rücksicht auf das Volk besteht vorzüglich in der Verkündigung des göttlichen Wortes und in dem Unterrichte, den wir selbst, oder durch jene beybringen, die wir dazu aufstellen. Die heilige Schrift sagt von denjenigen, denen befohlen ist, das Wort des Lebens anzuhören, wie sollen sie etwas von ihm hören ohne Prediger; wie sollen sie aber predigen, wenn sie nicht gesandt werden? Die Sendung ist demnach eine nöthige Sache.

Von

Von wem aber erhalten wir diese Sendung?
Etwa von dem Volke selbst, zu dem wir müssen
gesandt werden? Nein. Man sendet sich nicht
zu sich selbst, man sendet zu einem andern, und
das Volk, das wir in Finsternisse verhüllet, wie
die Heiden, oder das wir oft schlecht und seicht
unterrichtet, wie viele Christen, voraussetzen,
kann eben so wenig, wie ein Kind, das der
Auferziehung benöthiget ist, sich selbst und allein
seinen Lehrmeister wählen. Durch wen sollen sie
gesandt werden? Durch diejenigen, die der Urheber der zu verkündigenden Lehre, Jesus Christus selbst bestimmet, um die Kirchendiener zu
senden, und aufzustellen, auf eben jene Art,
nach der sie selbst gesandt worden sind, indem
sie vorrücken bis auf seine Apostel und auf ihn
selbst, den Stifter der Kirche und Vollender des
Heiles der Menschen. Die abgötterischen Völker
trugen zu dieser Sendung nichts bey; sie konnten diejenigen mit Gewalt verstoßen, die ihnen
Wahrheiten verkündigten, welche ihnen mißfielen,
diese Missionarien starben, oder giengen mit
Freude davon, weil sie würdig geachtet wurden, für den Namen Jesu Schmach zu leiden. Wenn sie Bischöfe waren, wurden sie,
wie jener, der die Stelle des Judas ersetzet hat,
durch die versammelten Nachfolger der Apostel
in einem Konzilium, oder durch die Bischöfe der
vornehmeren Sitze erwählet, welche selbst diese
Gewalt von einem Konzilium oder von dem sichtbaren Oberhaupte der Kirche erhalten hatten.
In der letzten Lage Frankreichs war dieses Recht
dem Pabste vorbehalten; und wenn sich die Disziplin in dieser Hinsicht veränderte, könnte dieses
Recht nur der Versammlung der Bischöfe, dem
Konzilium, als der ächten Quelle desselben, aber
allzeit unter der Gemeinschaft und Unterwürfigkeit,

keit, die man dem heiligen Stuhle schuldig ist, anheimfallen.

Allein, sagt man euch, in einem christlichen und katholischen Staate ist es anständig, daß die Bischöfe von Personen gewählet, und der Kirche vorgeschlagen werden, welche die Sache einsehen, und denen daran gelegen ist, eine gute Wahl zu treffen. Diese ist die billigste und nützlichste Art, die stets im Schwunge gegangen ist. Vor dem Konkordat hat der Klerus und das Volk von den ledigen Kirchen dem Konzilium oder dem Pabste die Subjekte vorgeschlagen; man nahm oft fast gänzlich auf die Wahl Rücksicht, welche der Klerus der Kathedralkirchen gemacht hatte; diesem Gebrauche folgten auch die Klöster bey der Wahl ihrer Aebte nach. Seit dem Konkordat haben die Könige Frankreichs in dieser Hinsicht, wie fast in allen andern Stücken das Recht genossen, den Willen des Volkes vorzustellen; sie haben dem Pabste die Bischöfe und Aebte vorgeschlagen. Die Könige hatten grosse Einsicht; sie waren beeinträchtiget; die Kandidaten waren von ihren Kindesbeinen an in den hohen Schulen, in den Seminarien, in den Kirchensprengeln, wo sie der Bischof angestellet hatte, bekannt. Ich will nicht behaupten, daß sich der Fürst nie geirret habe; allein dieser Ordnung der Dinge haben wir doch einen Bossuet, Fenelon, Massillon, Huetius und tausend andere ansehnlichste Bischöfe zu danken. Werden euere Wahlmänner mehr Mittel haben, dem Irrthum auszuweichen? Der Pabst hat nach eingeholter Kundschaft und reifer Prüfung, nachdem er durch seinen Abgesandten den Eid von den zwey Bischöfen, die die Sitten und Lehren verbürgten, aufgenommen hatte, die vorgängigen Bullen zur Weihe ertheilet; eine wurde

au

an das Kapitel der bischöflichen Kirche gerichtet, und alsdann war der Neugewählte im Namen der ganzen Kirche geweihet. — Dieß war
die gegenwärtige Gewohnheit; das Volk wurde
von dem Könige vorgestellet; der Pabst vertrat
die Stelle der ganzen Kirche, die Bischöfe lei-
steten Bürgschaft, und nahmen die Weihe vor,
das Kapitel war auch fähig, so wohl die einen
als die andern aufzuklären. Die Bullen des
Pabstes und die Formeln der Weihe entwarfen
genau die Gränzen des übertragenen Handels.
Feyerliche, untrennbare Eide verbinden während
dem Leben des Titulars den Oberhirten mit der
Heerde, und die Heerde mit ihrem Hirten.

Das französische Volk ist heut zu Tage nicht
mehr aufgelegt, den König für seinen Repräsentanten anzuerkennen; der Fürst scheint mit
ihm übereinzukommen; das Recht zu wählen ist
den Wahlmännern des Departements, nicht von
Urversammlungen, sondern durch ein späters Zu-
eigungsdekret, anvertrauet, und übergeben. In
diesem Falle könnte man billig glauben, daß
dieses Wahlrecht, das der König niederlegt,
denjenigen zurück gefallen sey, die es vor ihm
ausübten, oder wenigstens daß jene, die es anstatt des Fürsten und in dem nämlichen Namen
des Volkes ausüben werden, nur unter den nämlichen Bedingnissen und mit den nämlichen Maaßregeln, derer der König sich bediente, dasselbe
ausüben: oder man muß zugeben, daß man
nicht mehr wolle, daß die Kirche in Frankreich
diejenige mehr seyn soll, die Jesus Christus gestiftet, und die seit dem heiligen Irenäus, der
sich an die apostolischen Zeiten anschloß, bestanden hat. Die Versammlung hat es nicht verhehlet, daß sie sich dazu berechtiget glaubte. —
Wir haben keine Verbindung mehr mit dem apostolischen

lischen Stuhle, keine Konzilien, keine Kapitel,
keine geistliche einem Bezirke angehefte Gewalt,
keine alte Regeln für die Unterdrückung, Vereinigung, Errichtung, Einsetzung oder Entsetzung
der Hirten; kein Ansehen oder Unterordnung zwischen den Sitzen und Personen; keine Formen,
um ihren Gebrauch anzuordnen; keine zeitliche
Güter, ausgenommen ein unbeständiges Almosen; die Entscheidungen in Sachen, die man
bisher für die heiligsten und unverletzlichsten angesehen hat, sind den Richtern des Distrikts
überlassen; wir haben keine klösterliche Profession mehr, keine Gewohnheit, nichts äusserliches
mehr, weder in dem Gottesdienste, noch in den
Dienern; alles ist in Zukunft den veränderlichen
Meinungen unterworfen. Ach! warum sagt es
die Versammlung nicht, daß sie von allem diesen
nichts mehr wolle, da sie es doch so vollständig
in Ausübung bringt?

Aus allen diesen Neuerungen kann eine neue
Gemeinschaft entspringen, die durch das Ansehen
ihrer Urheber berühmt seyn mag; allein ich frage
jeden aus euch, findet ihr an derselben die Kirche
Jesu Christi, in der ihr, nach den Bedürfnissen
eurer Seele, seyd wieder gebohren, unterrichtet,
losgesprochen, und geleitet worden? Sehe ihr
jene Kirche, in der ihr euere Väter, euere Nach-
barn und euere Freunde habt sterben gesehen?

Wenn das unselige Wort: die Nation will
nichts mehr davon, ausgesprochen würde, so
könnte jeder wählen, was ihm mehr behaget,
Kraft der Freyheit über die religiösen Meinungen einer in dem bürgerlichen Fache rechtmäs-
sigen Freyheit, wenn man nur nicht, durch eine
vor allen Augen strafbare Lüge, sich hartnäckig
einen Katholiken nennet, da man doch offenbar
ein Atheist, ein Deist, oder ein Sozinianer ist;
man

man wird sich Bischöfe und Priester von der
Nationalreligion machen; wir aber in der Stille
unsere Priester und rechtmäßige Bischöfe anerkennen. Wir werden für uns eine Duldung
fordern, die viel ähnliches mit jener hat, die
man den Juden, den Mahometanern, den Gö-
tzendienern vergünstiget. Wir werden unerschro-
cken und ohne Gottlosigkeit unsern Gott in Mitte
dieser fremden Gottheiten aufstellen, diesen Schatten der Nacht, den die Morgenröthe verschwinden machet. Aber mit Gewalt und Drohungen
begehren, daß wir Priester, Bischöfe und Diener
des einigen wahren Gottes mit unseren geweihten Händen das Gebäude niederreissen, welches
er durch seine Weisheit und Gnade aufgeführet,
und mit seinem Blute befestiget hat; und dieses,
um Güter, um Glieder, um ein Leben auf wenige Stunden, oder Tage beyzubehalten? Grosser
Gott! — — — Ach! welcher Verachtung werden wir doch Preis gegeben!

Ich sehe mich an, meine Herren! als einen
Mann, der Kraft des Eides der Nation, dem
Könige, dem Gesetze, der neuen abgeschlossenen
Verfassung anhänget: allein da man die Frey-
heit des Gewissens zugestanden, und verordnet
hat, sollten die Katholiken allein gezwungen
werden, wider ihre klarsten und nachdrücklichsten
Eingebungen und Ueberzeugungen zu handeln?

Ich werde zu euch nicht sagen: verweigert
euern Obern und Kommittenten den Gehorsam;
da sey Gott davor; wenn ihr aber die Vortheile
unsrer Seele mit dem, was man vorschreibet,
nicht ausgleichen könnet, so kehret zu der Klasse
der freyen Bürger zurück; ihr seyd, meine Herren!
frey, und ich glaube es nicht zu seyn.

Ich würde schon mitten unter euch wohnen,
wenn nicht mehrere Verfügungen mich einige
schlimme

schlimme Folgen fürchten machten, nicht meinetwegen; denn euer Bischof fürchtet für seine Person nichts, als nur Gott zu beleidigen. Die Bescheidenheit und mein Eifer für die Ehre und Wohlfart des Landes halten mich noch von euch entfernt. Ich bin bereit, zu euch zurück zu kehren, so bald ich glauben werde, nützlich zu seyn; nicht zwar, um die neuartige Verfassnng des Klerus in Vollziehung zu bringen, welches in meiner Gewalt nicht steht, sondern euch in allem andern als euer Bischof und rechtmäßiger Oberhirt zu dienen.

Bethet für mich, meine Herren! daß ich frömmer werde, denn ich wünsche es. Wenn aber ein anderer es wagen sollte, sich in meine Stelle, die nach den neueingeschlagenen Wegen, ohne Sendung der Kirche und ohne meine Bewilligung, oder ordentliche Entsetzung, einzudrängen, würden wir gezwungen seyn, (ich habe die Ehre, euch zu warnen) ihn als einen eingedrungenen Miethling und Schismatiker bey euch, bey unsrer Diozes und der ganzen christlichen Welt zu belangen.

Wir dürfen euch keine für das Heil nützliche Wahrheit verhehlen; diese ist aber eine höchst nöthige Hauptwahrheit: wir berufen uns auf euch selbst, auf die Grundsätze eurer Erziehung, auf euere Ueberlegungen, die ihr zu einer ruhigern Zeit machen werdet.

Gott bewahre uns, daß wir je unterlassen, für euch und für das unserm Ansehen anvertraute Volk zu bethen. Ich bin 2c.

Den 26. Dezemb. 1790.

Franz, Bischof von Dignt.

Brief

Brief des Herrn Bischofes von Beziers an
die Herren Maire, Munizipalbeamten,
Notabeln ꝛc.

Meine Herren!

Weil ihr die Pflicht aufhabt, das Dekret
vom letzten 27. Nov. in Bezug auf den Eid,
den man von den Bischöfen, Pfarrern und andern Funktionairen fordert, in Vollziehung zu
bringen, so wende ich mich auch an euch, um
euch die Einschränkungen, die ich dieser heiligen und religiösen Handlung beyzusetzen mich
verbunden glaube, gleichwie auch die Beweggründe anzuzeigen, die mich zu diesem Betragen
gestimmet haben. Die unwandelbare Liebe, mit
der ich der katholischen, apostolischen und römischen Kirche stets gehuldiget habe, die Erbauung,
die ich allen Gläubigen meines Kirchensprengels
schuldig bin, und das Beyspiel, mit dem ich meinem
Klerus, dem ich zum Muster dienen soll, vorleuchten muß, haben mir mit gebietherischem
Tone den wichtigen Schritt, den ich jetzt mache,
vorgeschrieben; mich glückseligen, wenn ich sowohl euch, als die übrige Heerde, deren Sorge
die göttliche Vorsicht mir anvertrauet hat, überzeugen könne, daß weder der Starrsinn, noch
der Schmerz, einen Theil meiner Güter verloren zu haben, denen sonst mein Herz nie anklebet, als nur in so weit sie mir eine Fertigkeit an die Hand gaben, die Armuth zu unterstützen; daß, sage ich, keine zeitliche und einen
Diener Jesu Christi entehrende Beweggründe,

IX. Theil.　　　　G　　　　ein-

einigen Einfluß auf die Kundmachung meiner
Gesinnungen haben; sondern daß die Stimme
meines Gewissens allein mir diese Erklärung, die
ich euch heut zuschicke, abzwinget, und daß,
indem ich mich den Verfolgungen Preis gebe,
die etwa die Folge meiner Standhaftigkeit
in Vertheidigung der Rechte der Kirche seyn
werden, ich nichts anders beabsichtigen kann,
als meinen Pflichten zu entsprechen, und mich
des erhabenen Charakters, den ich zu begleiten
die Ehre habe, würdig zu machen.

Vor allen, meine Herren! betheuere ich laut
meine vollständigste Unterwürfigkeit gegen die
bürgerliche Macht, in allem, was unter ihrem
Wirkungskreise steht. Ich glaube, daß sie in
Rücksicht auf die weltlichen Gegenstände, unbegränzet, unabhängig und vollkommen sey; daß
in diesem Fache nur Gott allein über sie sey;
daß jeder Christ ihr gehorchen müsse, nicht allein
wegen der Strafe, sondern auch wegen des Gewissens, Rom. XIII, 5; daß wir alle, sowohl
Priester als Layen, Reiche, als Arme, Mächtige
als Schwache, dem Kaiser geben, was des Kaisers ist, Matth. XXII, 4. Steuer, dem Steuer
gebührt; Zoll, dem Zoll gebührt; dem Furcht
und Ehre gebührt, fürchten, und ehren sollen.
Rom. XIII, 7.

Ich glaube, daß derjenige die Gebothe des
Evangeliums verletze, und die von Gott selbst
eingeführte Ordnung störe, welcher sich weigert,
sein Haupt unter das Joch des Gesetzes zu schmie-
gen; der sein Betragen nach den bürgerlichen,
von der weltlichen Macht festgesetzten Regeln
nicht einrichten will, oder welcher der Vollstreckung dieser Verordnungen Hindernisse streuet.

Ich glaube, daß ein ächter Christ, Priester,
und vorzüglich ein Bischof, nie vergessen dürfe,

daß

daß er zugleich ein Bürger seyn; daß die Nation, mit der er zu leben das Glück hat, ein Recht auf seine Liebe und auf seine Dienste habe; daß er seinen persönlichen Vortheil niemals von dem Nationalinteresse absöndern könne; daß die Wohlfart, das Glücke, und die Ehre seines Vaterlandes ihm am Herzen liegen müsse; daß er verpflichtet sey, die theuersten Opfer, wenn es nöthig ist, für das Beste des Staates darzubringen, und daß endlich eine großmütige Vaterlandsliebe alle seine Handlungen beseelen, und seine Beweggründe veradeln solle.

Ich glaube, daß jeder Franzos seinem Könige Ehre, Hochachtung, Liebe und Treue schuldig sey; daß Ludwig XVI. durch seine Mäßigung, durch seine Liebe gegen das Volk, durch seine Neigung zu dem Frieden und durch seine Begierde, die öffentliche Wohlfart zu befördern, von seinen Unterthanen eine kindliche Zuneigung und eine Liebe ohne Gränzen verdiene.

Ich glaube, daß ein Bischof, ein Pfarrer, oder jeder anderer Funktionair verbunden sey, die Pflichten seines Amtes mit Sorgfalt zu erfüllen; getreu über die Gläubigen, die ihm anvertrauet sind, zu wachen; ihnen die Wahrheit zu lehren; mit gutem Beyspiele vorzuleuchten, und alle Kräfte anzuwenden, damit der Irrthum ihren Verstand nicht verblende, und das Laster ihr Herz nicht verderbe.

Wenn der Eid, den man von mir fordert, nur jene Artikel zum Gegenstand hätte, die ich erst entwickelt habe; mit welch warmen Eifer würde ich mich bestreben, ihn vor euern Augen zu schwören? Nein, Niemand würde aufrichtiger vor dem Altare der Treue gegen die Nation, gegen das Gesetz, gegen den König und gegen die politischen Dekrete der Versammlung huldi-

gen.

gen. Niemand würde die Gottheit zum Zeugen
der Wahrheit seiner Worte mit grösserer Gewißheit, seine Pflichten zu erfüllen, anstehen. Dieser feyerliche Eid würde nur der Ausdruck der
Gesinnungen seyn, die im Grunde meines Herzens immer eingegraben waren; wenn ich ihn
aussprache, würde ich nichts neues verheissen,
sondern nur die Stimme der Vaterlandsliebe,
von der ich allzeit beseelet war, wiederholen.

Allein dieser Eid, meine Herren! fordert eine
ausdrückliche Anhänglichkeit an die sogenannte
bürgerliche, aber wahrhaft geistliche und kirchliche Verfassung des Klerus; und unter diesem
Gesichtspunkte ist es mir als einem Christen und
Bischofe nicht möglich, ihn zu schwören.

In der That, ich glaube, meine Herren!
und ihr sollet mit mir glauben, daß die Kirche
ihr Ansehen von Jesu Christo empfangen habe;
daß dieses Ansehen, das sie berechtiget, sich selbst
zu regieren, von jeder andern Macht in Bezug
auf das Heil und die Heiligung der Gläubigen
unabhängig sey; daß ihre Verfassung göttlich und
das Werk ihres Stifters selbst sey; daß jede Organisation, die von der seinen unterschieden ist,
die katholische Einigkeit untergrabet.

Ich glaube, und ihr sollet mit mir glauben,
daß der Pabst das sichtbare Oberhaupt der allgemeinen Kirche sey; daß er in dieser Hinsicht
vermöge göttlichen Rechtes einen Primat nicht
allein der Ehre, sondern auch der Gerichtsbarkeit über jeden Bischof, Priester, über die Gläubigen, und Kirchensprengel habe; daß, um in
dem Schooße der Kirche zu seyn, es nicht genüglich sey, den nämlichen Glauben bekennen,
und die Gemeinschaft mit ihm zu unterhalten;
daß man auch seine Macht, alle Partikularkirchen zu regieren, anerkenne, doch also, daß er
sie

sie nur nach der von den Kanonen vorgeschriebenen Form ausüben könne.

Ich glaube, und ihr sollet mit mir glauben,
daß die Kirche allein berechtiget sey, ihre Diener
einzusetzen, und ihnen die Sendung zu ertheilen;
daß diese Sendung und Einsetzung, um rechtmäßig zu seyn, nach den Regeln, die sie selbst vorgeschrieben hat, und nach der allgemeinen Disziplin, die sie festgesetzet hat, vor sich gehen
müsse, daß, weil die gegenwärtige Disziplin die
Einsetzung der Bischöfe dem Pabste vorbehält,
die Metropoliten ihnen keine Gerichtsbarkeit ertheilen können, bis daß die Kirche selbst, die
allein dieses Recht zu verlegen berechtiget ist, ein
anders damit verordnet habe.

Ich glaube, und ihr sollet mit mir glauben,
daß der Kirche allein das Recht zugehöre, alles
anzuordnen, was auf die kirchlichen Amtsverrichtungen einen Bezug hat; die Zahl ihrer Diener zu bestimmen, und diejenigen zu unterdrücken, die sie für nicht mehr nöthig erachtet;
daß wenn es ihre Weisheit fordert, das Verlangen der weltlichen Macht zu begünstigen, es
auch ihre Pflicht erheischet, von ihr niemal ein
Gesetz über geistliche Gegenstände anzunehmen.

Ich glaube, und ihr sollet mit mir glauben,
(gemäß dem Kirchenrathe von Chalzedon selbst,
aus dem man unschicklich den 17. Kanon erkläret, den 12. aber verschweiget, der da will,
daß die weltliche Macht, ohne Mitwirkung der
Kirche, keine Erzbisthümer errichten könne) daß
nach der Vorschrift der gegenwärtigen Disziplin
es jedem Bischofe, weil ihm eine bestimmte Heerde
zugetheilet ist, verbothen sey, seine Gerichtsbarkeit auf einen fremden Bezirk auszudehnen, oder
Kirchen an sich zu reissen, die ausserhalb seiner
Diözes liegen; daß ein ähnlicher Eingriff von
den

den Kanonen ausdrücklich untersagt, und von
dem heiligen Konzilium von Trient wieder erneuert worden sey. *)

Ich glaube, und ihr sollet mit mir glauben,
daß die Bischöfe Nachfolger der Apostel sind;
daß sie allein von dem heiligen Geiste gesetzet
sind, die Kirche Gottes zu regieren; Act. XX,
28.; daß nur sie, nicht die Layen oder auch die
simpeln Priester berechtiget sind, über die Gegenstände des Glaubens, der Sitten, oder Disziplin den Spruch zu thun; daß wenn bey einer
Streitigkeit, welche die geistlichen Rechte der
Kirche zum Stoffe hätte, einerseits der bischöfliche Körper in Vereinigung mit dem Pabste,
andererseits aber einige Lehrer, einige Priester
und Layen, oder auch alle Gläubigen zugleich
stünden, man sich dennoch zu der Parthie der
Bischöfe schlagen müßte, weil sie allein die Ausleger der heiligen Schrift und der Uebergabe
sind; weil Jesus Christus ihnen allein die Untrüglichkeit versprochen hat, da er ihnen andeutete,
daß er mit ihnen bis an das Ende der Welt
seyn würde. Matth. XVIII, 18.

Ich glaube, und ihr sollet mit mir glauben,
daß die Bischöfe Kraft göttlichen Rechtes mehr
sind, als die Priester; daß ihr Senat, wie er
immer verfasset seyn mag, ihre Gerichtsbarkeit
und ihre Gewalt nicht beschränken könne; daß,
wenn man die Entscheidungen des Bischofes dem
Urtheile der Synode unterwirft, man den so oft
von der Kirche verdammten Presbyterianismus
wieder aufkeimen mache; daß, wenn man also
die Obern den Untergebenen unterordnet, man
die von Jesu Christo selbst eingeführte Hierarchie
um-

*) Vid. Thomassin. part. 1. l. 1. c. 11. Pet. de Marca.
Conc. Nicæn. I. cap. 31. Conc. Antioch. I. can. 22.
Trid. Sess. 6. de refor. c. 5.

umstürze; daß man die Verwirrung und unselig-
ste Anarchie in die Kirche einführe.

Ich glaube, und ihr sollet mit mir glauben,
daß die Wahl der Bischöfe und der Pfarrer wo-
bey die Kirche so beeinträchtiget wird, und wovon die Erhaltung des katholischen Glaubens abhängt, einer pur politischen Versammlung nicht
Preis gegeben werden solle, in welcher die geschworensten Feinde unsrer heiligen Religion,
und auch sogar diejenigen das Vorgewicht haben
können, die durch das Taufwasser nicht einmal
wiedergebohren sind.

Ich glaube, und ihr sollet mit mir glauben,
daß das Klosterleben ein Stand der Heiligkeit
und evangelischen Vollkommenheit sey; daß die
Heiligkeit und Vollkommenheit, die das Evangelium einräth, der Wohlfart des Staates nicht
nachtheilig, und folgsam der Klosterstand ihm
nicht schädlich seyn könne.

Ich glaube mit einem Worte, und ihr sollet
mit mir glauben, daß jede wichtige Abänderung
in der Kirche nicht anders, als durch die Kirche
selbst geschehen solle; daß, um die alte Disziplin wieder herzustellen, und die gegenwärtige
aufzuheben, wenigstens die Mitwirkung der zerstreuten, oder in einem Konzilium versammelten
Bischöfe nöthig sey; daß das Gegentheil sich nicht
behaupten lasse; daß die widrige Meinung die
geheiligten Grundsätze, auf denen die Verfassung
der Kirche ruhet, untergrabe; daß sie nichts anders beabsichtige, als die Spaltung aufleben zu
machen, und der Ketzerey die Thore zu öffnen.

Sehen Sie, meine Herren! die Artikel, die
ein guter Katholik nicht zugeben kann. Es ist
die Lehre Jesu Christi; jene Lehre, die von den
Aposteln verkündiget, in den Konzilien erneuert,
und von Alter zu Alter ohne Veränderung bis
auf

auf uns fortgepflanzet worden ist. Und indessen, wenn ich den Eid, den man fordert, leistete, würde ich eine ganz entgegen gesetzte Lehre handzuhaben schwören; ich würde schwören, eine Verfassung aufrecht zu erhalten, die der weltlichen Macht das Recht einräumet, die Diener nach der Willkühr aufzustellen und abzusetzen; welche die Gerichtsbarkeit des Pabstes über die allgemeine Kirche verkennet; welche die Priester über die Bischöfe erhebet, welche den Priestern die Sendung ohne Mitwirkung der Kirche ertheilet, und ihnen die geistliche Regierung in die Hände giebt; welche die Klostergelübde aus einem katholischen Staate verbannet; welche eine Wahlart der Bischöfe und Pfarrer einführet, um die das Alterthum nichts wußte, und die dem katholischen Glauben gefährlich werden kann. Urtheilet selbst, meine Herren! ob ich meinem Eide nicht alle Gegenstände vorbehalten soll, die einigen Bezug auf den Glauben, oder auf die geistliche Regierung der Kirche haben; urtheilet selbst, wie unwürdig ich mich euers Zutrauens, euerer Achtung, und der Würde eines Dieners Jesu Christi machen würde, wenn ich nicht wenigstens den Ausspruch des Pabstes in Vereinigung mit den Oberhirten in einem so wichtigen Handel erwartete, die in gegenwärtigem Zeitpunkte die weltliche Macht mit der lehrenden Kirche Frankreichs entzweyet.

Ich weis gar wohl, meine Herren! daß man seit einiger Zeit Schriften in das Publikum verbreite, wo man sich bestrebet, zu beweisen, daß die neue Verfassung nichts wider den katholischen Glauben enthalte, in denen man, um das leichtgläubige Volk besser zu täuschen, ihm verkündiget, daß die Hauptwahrheiten unsrer heiligen Religion keine Gefahr laufen; daß man
die

die Einigkeit Gottes, die Dreyfaltigkeit der Personen, die wahrhafte Gegenwart Jesu Christi in dem Altarssakramente, die Wirklichkeit des Himmels, die Peinen der Hölle nicht streitig mache; daß die in dem apostolischen Glaubensbekenntniße enthaltenen Lehren unberührt bleiben. Ich weis, daß man, um die ächte Lehre, welche die Bischöfe heut zu Tage verkündigen, desto leichter in Mißtrauen zu setzen, sie in den Augen der Gläubigen herabzusetzen, und ihnen eigennützige Absichten anzudichten suchet; daß man ihre Fehler, von denen sie die Heiligkeit ihres Charakters nicht vorbewahret hat, unter Vergrösserungsgläsern vorleget, da man indessen ihre Frömmigkeit, mit der sie sich sehr oft auszeichnen, geflissentlich verschweiget.

Allein ihr seyd zu gut unterrichtet, meine Herren! und zu gottesfürchtig, als daß ihr euch in eine so augenfällige Masche verwickeln, und mit so seichten Einwendungen blenden lassen sollet. Ihr seyd zu gut unterrichtet, um nicht zu wissen, daß, wenn man sich an den Glauben halten will, es nicht genug sey, die Einigkeit Gottes, die Dreyfaltigkeit der Personen, die Menschwerdung des Wortes anzuerkennen; sondern daß man auch alle Wahrheiten, welche die katholische Kirche lehret, glauben müsse; daß derjenige, der eine einzige läugnet, für einen Ketzer gehalten werde; daß ein Pelagius und Nestorius, ein Eutiches und Montanus, ein Jovinianus und andere diese Hauptpunkte annahmen, und dennoch mit dem geistlichen Fluche beleget, und von dem Schooße der Kirche ausgeworfen worden sind. Ihr seyd zu gut unterrichtet, um nicht zu wissen, daß das apostolische Glaubensbekenntniß nicht alle Artikel enthalte; daß die Nothwendigkeit der Gnade, die Sakramente, die

die Verehrung der Bilder, und andere wesentliche Wahrheiten keinen Theil dieser Glaubens-
formel ausmache, und daß dennoch die Kirche
allen jenen, die sie bestreiten, den Fluch sage.
Ihr seyd zu gottesfürchtig, um den Verleumdungen Glauben beyzumessen, die man sich binnen
zwey Jahren wider den Klerus erlaubet; um die
Wahrheit der Lehre, welche die Nachfolger
der Apostel vortragen, nach ihrem persönlichen
Betragen abzuwiegen; um einerseits die Bischöfe,
denen die Hinterlage des Glaubens und der
Unterricht in der ächten Lehre anvertrauet ist,
und andererseits die Layen und simpeln Priester
in gleichem Werthe zu halten, derer Pflicht ist,
die Aussprüche anzuhören, und nicht sie zu geben.

Um alles kurz zu wiederholen, meine Herren!
so bekenne ich euch, daß ich bereit bin dem Dekrete der Versammlung vom 27. Nov. in allem
zu gehorchen, was das Gewissen nicht beeinträchtiget; daß ich folgsam am Sonntage, den ihr
mir bestimmen werdet, in meiner Kathedralkirche
nach der heiligen Messe den Eid schwören werde,
„über die Gläubigen, die mir die Kirche anvertrauet
hat, oder anvertrauen wird, zu wachen; der Nation,
dem Gesetze und dem Könige getreu zu seyn, die von
der Versammlung erlassene, und von dem Könige
bestätigte Verfassung in allem, was das Politische belangt, aus allen Kräften handzuhaben,
die Gegenstände allein ausgenommen, die von
dem geistlichen Ansehen wesentlich abhängen.‟

Zum Beschluße habe ich die Ehre ihnen zu
erklären, daß, wenn man meinen Eid als zulänglich ansähe; wenn man das Dekret selbst der
Versammlung mißbrauchen, die Grundsätze der
Religion und der Gerechtigkeit mit Füssen treten, und mich so betrachten sollte, als ob ich
mein Amt niedergelegt hätte; wenn man folgsam

in

zu der Wahl eines Bischofes die Vorkehrungen
treffen wollte, ich mich dessen ungeachtet als
den Oberhirten meiner Diözes ansehen würde;
daß ihr meine Herren! und alle Gläubigen, die
in meinem gegenwärtigen Kirchensprengel begrif=
fen sind, nichts desto weniger verbunden seyn
würdet, unter der Strafe, als Schismatiker be=
handelt zu werden, mich für einern Bischof an=
zuerkennen, und mir als euerm geistlichen Vater
in allem, was mein Amt angeht, zu gehorsamen;
daß der Neugewählte nur ein Eingedrungener,
ein falscher Hirt, ohne Sendung, ohne Anse=
hen und unfähig seyn würde, euch den Weg des
Heils zu führen. Ich erkläre euch, daß die Ver=
folgungen, denen ich nach dem Beyspiele meines
göttlichen Lehrmeisters entgegen sehe, meine
Standhaftigkeit nicht erschüttern werden; daß
ich mit der Gnade Gottes in mir den Muth
fühle, der apostolischen Herzhaftigkeit, der prie=
sterlichen Stärke so vieler berühmten Bischöfe,
und tugendsamen Hirten nachzuahmen, die den
Glauben Jesu Christi so standhaft bekennet, und
die Chrisostomen, Athanasen, Hilarien und Am=
brosen unter uns wieder aufleben zu machen.
Ich erkläre euch, daß, weil ich den Fall vorsehe,
wo es mir nicht mehr erlaubet seyn wird, meine
Amtsverrichtungen öffentlich auszuüben, ich dem
Heile der Gläubigen, die den wahren Schaf=
stall nicht verlassen, und mich für ihren einzigen
rechtmäßigen Hirten anerkennen werden, so viel
in mir war, Vorsehung gethan habe; daß ich
in dieser Hinsicht meinen ehrwürdigen Mitar=
beitern zulängliche Gewalt ertheilet habe, um
die Pfarren zu regieren. Ich erkläre endlich,
daß ich in Verdemüthigungs=wie im Ehren=
Stande, im Ueberflüße wie in der Armuth, im
Ungewitter wie in der Stille, im Glücke wie im

Un=

Unglücke, in Mitte meiner geliebten Heerde, die mir anvertrauet ist, mit dem Geiste und Herzen gegenwärtig seyn werde; daß ich nicht unterlassen werde, meine heissen Wünsche für ihre zeitliche Wohlfart zu dem Himmel abzuschicken, und zu ihrer ewigen Glückseligkeit durch alle mögliche Mittel mitzuwircken.

Ich bin ꝛc.

Beziers, den 14. Jenner 1791.

Aymard, Bischof von Beziers.

Erklärung des Herrn Bischofes von Amiens, bey Gelegenheit des Bürgereides.

Man fordert von mir, daß ich den Bürgereid schwöre. Ehe ich dieses wage, muß ich beobachten, was uns das Gesetz Gottes lehret, und vorschreibet, um einen Eid rechtmäßig zu schwören. Diese Handlung verdienet eine ernste Aufmerksamkeit, weil ein Eidschwur eine Religionshandlung ist, wodurch man Gott zum Zeugen dessen aufruft, was man bejahet, was man thut, oder was man verspricht. Die heilige Schrift belehret uns, daß ihn, damit er erlaubt sey, drey Bedingnisse begleiten müssen, nämlich die Wahrheit, Heiligkeit und Gerechtigkeit. Gott zum Zeugen der Unwahrheit oder über unanständige, von seinem Gesetze verbothene Dinge aufrufen, ist eine die Majestät Gottes beschimpfende Handlung. Schwören ohne Noth, ohne
wich-

wichtige Urſache, ohne Vorbedacht, wie es das
zweyte Geboth Gottes unterſagt, läuft wider die
Gott ſchuldige Ehrerbiethung. Dieß ſind Grundſätze, die einen Chriſten leiten müſſen, wenn er
verpflichtet iſt, zu ſchwören. Dieſem zu Folge
werde ich mich erklären.

Ich ſchwöre, oder vielmehr erneuere den Eid
der Treue, den ich dem Könige ſchon geleiſtet
habe. Ich ſchwöre auch der Nation die Treue,
und ich glaube, in dieſer Hinſicht betheuern zu
können, daß ich unabhängig von allem Eide tägliche und unläugbare Beweiſe meines Eifers und
meiner Liebe für den Dienſt meines Vaterlandes
an den Tag geleget habe. Ich trage kein Bedenken zu ſagen, daß Niemand in dieſer Stadt
zu finden ſey, der gröſſern Antheil, als ich, an
dem öffentlichen Elende genommen, und mehr,
demſelben abzuhelfen, beygetragen hat, und daß
man mir ohne Ungerechtigkeit den Titel eines
guten Bürgers nicht verweigern könnte. Ich
mache mich auch anheiſchig, die von der Verſammlung erlaſſenen, und von dem Könige be-
ſtätigten Dekrete und neue Verfaſſung in allem
zu beobachten, was nicht wider die katholiſche,
apoſtoliſche und römiſche Religion ſtreitet, als
welche die einzige wahre iſt, die von Gott kömmt,
und die folgſam kein anders Geſetz aufwiegen
kann. Die bürgerliche und politiſche Regierung
der Nation kann abgeändert werden, und wenn
derley Veränderungen einen Beſtand gewinnen, ſo
iſt es eine Pflicht, ſich nach der angenommenen
Ordnung zu ſchicken. Allein da unſre heilige
Religion von Gott ausgeht, und durch ſein höch-
ſtes Anſehen geſtiftet worden iſt, können die Menſchen nichts davon abändern. Nun ſind viele
Artikel in der neuen Verfaſſung enthalten, die
weſentlich die Religion angreifen, und denen
man

man nicht anhången kann, ohne meineidig zu
werden.

Von dieser Gattung sind: 1. eine Verfassung
für den Klerus, deren Vollziehung man betreibet, ob sie schon mit dem rechtmäßigen Ansehen
nicht begleitet ist. Das Evangelium lehret uns,
daß Jesus Christus, ehe er diese Welt verlassen,
dort eine Kirche gestiftet hat, um die Völker im
Glauben zu belehren, und zu regieren. Er hat
es mit diesen Worten gethan, die er an seine
Apostel gerichtet: mir ist alle Gewalt im Himmel und auf Erden gegeben worden; gehet
hin, lehret alle Völker. — Und sehet, ich
bin allzeit bey euch bis an das Ende der
Welt; folgsam bey euch in der Person derjenigen, die euch in dem Amte, das ich euch für immer anvertrauet habe, rechtmäßig folgen werden.
Wir sehen, daß Kraft dieser Worte unsers Herrn
es zwey Parthien in seiner Kirche giebt; eine
die lehret, und regieret; diese sind die Apostel
und ihre Nachfolger: die andere, die in der Ordnung der Religion gelehret, und regieret wird;
diese sind die Völker. Gemäß dieser Worte
sagen die Kathechismen, daß die Kirche eine Versammlung und Gesellschaft der Gläubigen unter
der Anleitung der rechtmäßigen Hirten sey, derer
sichtbares Oberhaupt der Pabst, der Bischof von
Rom, der Nachfolger des heiligen Petrus und
der Statthalter Jesu Christi auf Erden ist. Eine
Verfassung des Klerus, der das Ansehen rechtmäßiger Hirten mangelt, zerstöret diesen ersten
Begriff der Kirche, und stellet die Hirten auf
unter der Anleitung der Völker, die demnach
die Religion nach ihrem Eigendünkel einrichten
könnten. Diese Verfassung vernichtet das Ansehen der Gerichtsbarkeit des Pabstes über die
ganze Kirche, welches als eine Glaubenswahrheit

heit in dem göttlichen Rechte gegründet ist; sie unterordnet den Priestern ihre Bischöfe, derer Obergewalt über die Priester ebenfalls aus göttlichem Rechte eine Glaubenswahrheit ist. Diese Wahrheiten haben wir weitläuftiger in unserm Hirtenunterricht vom 25. August verflossenen Jahres bewiesen. Eben diese Verfassung will die Bischöfe ohne Sendung des apostolischen Stuhles aufsetzen; und ohne diese Sendung, welche gegenwärtige Disziplin der allgemeinen Kirche ausdrücklich vorschreibet, würden sie nur Afterbischöfe seyn, die nicht durch die Thüre in den Stall eingehen, wie unser Heiland sagt; sie würden nur Diebe und Mörder seyn. Die Gläubigen, die diese abtrünnigen Bischöfe für ihre Hirten anerkännten, würden selbst Schismatiker und ausser dem Wege des Heils seyn, weil sie dem Oberhaupte der Kirche und der Kirche selbst nicht mehr unterworfen wären. Die Jurisdiktionshandlungen, die derley Bischöfe ausübten, würden ungültig seyn; die von ihnen angestellten Priester würden eben so wenig Gewalt haben; die Lossprechungen, die man von ihnen erhielt, würden die Sünden nicht nachlassen, ausgenommen in der Todesgefahr, wo die Kirche in dem heiligen Kirchenrathe von Trient erkläret hat, daß sie jeden Priester, der auch nicht approbirt ist, wenn ein solcher ermangelte, dazu bewaltige: ausser diesem Falle können nur die ächten und rechtmäßigen Bischöfe, die Nachfolger der Apostel und sohin die Erben der Sendung und Gewalt unsers Heilandes, und die Priester, denen sie diese Gewalt mittheilen, gültig von den Sünden lossprechen. „Wer sagt, sind die Worte des Konziliums, daß diejenigen, die die Weihe und Sendung von der kirchlichen Gewalt nicht rechtmäßig empfangen haben, sondern anders woher kommen,

kommen, rechtmäßige Ausspender des göttlichen
Wortes und der Sakramente sind, der sey ver=
flucht. "

Man will auch den Bischöfen die Gewalt
einräumen, welche die Kirche, diese einzige Ver=
wahrerinn der Gewalt Jesu Christi, um die Ge=
wissen zu lösen und zu binden, dem heiligen
Stuhle in Rücksicht auf die Dispensen vorbe=
halten hat. Die Oberaufsicht der öffentlichen
Erziehung und der Sittenlehre wird jenen ent=
rissen, denen sie für jede christliche Nation ein=
geräumet ist, weil Jesus Christus sie ihnen auf=
getragen, da er gesagt hat: „gehet, lehret alle
Völker alles beobachten, was ich euch befohlen
habe;" und sie wird auf Versammlungen ver=
leget, die aus allen Sekten und aus allen Irr=
thümern bestehen können.

2. Man vernichtet den Klosterstand, jenen
Stand der Heiligkeit, den alle Väter der Kirche
so hoch preisen, und welcher der ganzen christ=
lichen Welt, die so grosse Vortheile davon ge=
nossen hat, so lieb und ehrenwerth ist. Mehrere
Orden, es ist wahr, haben von ihrem ersten
Eifer nachgelassen; diese könnten aber verbessert,
oder nach der Vorschrift der Kanonen aufgeho=
ben werden, wenn man keine Reformation zu
hoffen hätte. Es giebt aber noch Klostergemein=
den, die heilige Seelen gebären, derer Tugen=
den, Gebethe und gute Werke Gott zum Wohl=
gefallen, der Welt aber zur Stüze und zum
Schuze sind. Es giebt einige, die würdige evan=
gelische Arbeiter bildeten, derer Amt so kostbar,
und derer Bedürfniß so groß ist. Alles dieses
ist vernichtet. In allen Klöstern ist die Pforte
zum Abfalle eröffnet, ob er schon von der Reli=
gion, von der Ehre selbst verbothen, und von
der Kirche mit dem Bannstrahle belegt wird. Die

neuen

neuen Gesetze verbannen die feyerliche Angelobung der Gelübde, welche die Ausübung der
Räthe sind, die Jesus Christus in dem Evangelium denjenigen giebt, die ihm folgen, und sich
vervollkommnen wollen.

3. Man ergreift Maaßregeln, welche die Ver-
tilgung des Klerus bezwecken, da man ihm nur
ein verdemüthigendes, erbetteltes und ungewißes
Daseyn vergünstiget, welches zweifelsohne die
Geistlichen bald zu einer so kleinen Zahl herab-
setzen wird, daß sie lediglich unzulänglich sind, die
Religion zu unterstützen, und dem Volke die
nöthigsten Heilsmittel auszuspenden. Gebe doch
Gott, daß diese wenige Priester nicht Schismatiker, ohne Sendung und ohne rechtmäßige Gewalt sind, die vielmehr die Heerde verderben,
als retten würden!

4. Man schlägt die Zerstörung mehrerer Kirchen vor; jener Denkmäler der Frömmigkeit unserer Väter gegen Gott, und ihres Eifers und
ihrer Liebe für das Heil der Seelen; unselige
Zerstörungen, die auch die Verminderung des
Gottesdienstes und der Heilsmittel beabsichtigen.

5. Die Kirchengüter sind eingezogen. Zitternd mache ich die Anmerkung, daß diese Ausplünderung und die Unterdrückung des Ordens-
standes in allen Landen, wo sie Platz fanden,
allzeit den nächsten Verfall der katholischen Religion angekündiget haben. Die Kirchengüter
sind Güter, die Gott von der Frömmigkeit und
durch den ausdrücklichen Willen derjenigen ge-
opfert, und gewidmet worden sind, die sie dar-
gaben, worunter selbst viele Geistlichen sind,
unter dem Ansehen und der Gewährschaft aller
Gesetze, zum Unterhalt des Gottesdienstes und
der Religion Jesu Christi, zur Erhaltung ihrer
Diener, zur Hilfe der Armen, die ihre Glieder

IX. Theil.　　　　　H　　　　　sind,

sind, und zu allen guten Werken, die mit diesem
Zwecke verbunden sind, die in dem Evangelium
so nachdrücklich empfohlen werden. Diese Güter
zu einer andern Bestimmung verwenden, heißt
die heiligsten Grundsätze des natürlichen, göttlichen, kirchlichen und bürgerlichen Rechtes entehren, das alle katholische Nationen ohne Ausnahme, von der Stiftung der Religion an bis
auf unsere Tage anerkannt haben. Der heilige
Lorenz wählte lieber den Tod, als daß er die von
den Christen Gott gewidmeten Güter den Ver-
folgern der Religion auslieferte. Der heilige
Thomas von Kantelberg hat eben dieses Handels-
wegen den Martertod gelitten. Wir können in
unseren Geschichten lesen, wie sehr unsre Nation
die Eingriffe auf die Kirchengüter, die sich in
den letztern Jahrhunderten die Lutheraner, die
Kalvinisten, und ehevor die Waldenser erlaubet
hatten, verabscheuet und verdammet hat. Die
Kirche, sagt man, mußte zum Besten der Nation Opfer bringen; sie hat auch sehr beträcht-
liche dargebracht; aber man hat sie verworfen,
weil man sie gänzlich ausrauben wollte. Der
Kirchenrath zu Trient drücket sich über den gottlosen Raub der Kirchengüter also aus: „wenn
ein Geistlicher, oder ein Laye, wessen Würde
er seyn mag, sollte er auch ein Kaiser oder König seyn, sich von der Begierde, dieser Quelle
aller Uebel, so sehr beherrschen läßt, daß er durch
sich, oder durch einen andern, mit Gewalt oder
durch Drohungen, unter welchem Vorwande es
immer ist, die Güter, Früchte, oder andere Einkünfte der Kirchen, Pfründen, Leihäuser, und
alle andere Güter, die für die Armen und diejenigen bestimmet sind, die diesen Oertern dienen,
anmaße, oder zu seinem Gebrauche verwende,
oder verhindere, daß ernannte Güter denen nicht

zukommen, welchen sie Rechtswegen zugehören,
der sey dem Kirchenbanne unterworfen, bis
daß er diese Güter, Rechte, Einkünfte, die er
an sich gerissen, oder die ihm auf was immer
für eine Weise zugekommen sind, auch durch
Geschenke von derley Personen, der Kirche,
oder ihrem Verwalter, oder den Benefiziaten
ganz zurück gestellet, und bis daß er nachmals
die Lossprechung von dem Pabste erhalten hat. —
Jeder Geistlicher, der in diese verfluchte Eingriffe
eingewilliget, oder ihnen beygepflichtet hat,
soll den nämlichen Strafen unterworfen, seiner
Pfründe beraubet, und zu jedem andern un-
tüchtig erkläret seyn, auch nach vollständigem
Abtrage und Lossprechung; er soll der Ausübung
seiner Weihen so lange beraubet seyn, als es
seinem Bischofe beliebig seyn wird." Sess. 22.
c. 11.

6. Die Erklärung der Rechte des Menschen
legen eine Menge Grundsätze vor, die der heiligen Schrift, und selbst der gesunden Vernunft
gänzlich entgegen gesetzet sind: zum Beyspiele,
alle Menschen werden frey gebohren; denn
sie werden in einem Stande der Schwachheit
und Abhängigkeit gebohren. Sie werden in der
Abhängigkeit von ihren Eltern gebohren, mit der
natürlichen Pflicht, ihre Obergewalt anzuerkennen, sie zu ehren, und ihnen zu gehorchen.
Diese natürliche Pflicht, wovon uns die Natur
überzeuget, ist durch das Ansehen Gottes selbst
bestätiget worden. Die Menschen werden in der
Abhängigkeit von denjenigen gebohren, die in
der Gesellschaft das öffentliche Ansehen ausüben,
mit der Pflicht, dieses Ansehen anzuerkennen,
und sich ihm zu unterwerfen. Diese Pflicht wird
uns von der Vernunft gelehret; sie wird auch
ausdrücklich von demjenigen bestätiget, welcher

H 2 der

116

der Urheber und Erhalter der Gesellschaften ist.
Die Menschen werden in der Abhängigkeit von
ihrem Schöpfer gebohren, mit der Pflicht, sich
den Gesetzen zu unterwerfen, die von seinem
höchsten Ansehen ausgehen. Diese Anmerkung ist
von desto erheblicherer Wichtigkeit, weil es das
Ansehen hat, daß der sechste Artikel zur Regel
der Freyheit keine andere Gesetze zulasse, als
jene, die der Ausdruck des allgemeinen Willens sind; woraus man schliessen könnte, daß
der Wille der Menschen ihre einzige Regel ist,
und daß es keine andere Gesetze giebt, als jene,
welche die Menschen sich selbst vorschreiben; welches den ausschweifendsten Atheismus oder Deismus voraus sezen würde. Man findet auch unter diesen Grundsätzen viele falsche und sehr
böse Sachen, die mit dem Gifte der neuartigen
Philosophie angestecket sind. Es lassen sich auch
zahllose Uebel davon herleiten, vorzüglich die
Freyheit, durch den Druck alle Gattungen der
Lügen, der Irrthümer und Gottlosigkeiten zu
verbreiten, die alle Begriffe verschlingen, und
alle Grundsätze der Tugend untergraben.

Es läßt sich nicht verhehlen, und man kann
nicht ohne äusserste Bestürzung daran gedenken:
die oben gerügten Dekrete und Verfügungen
ziehen die Spaltung und Ketzerey nach sich, modeln die Religion um, und vernichten sie vollends
ganz. Ich kann demnach den Eid nicht schwören, den man von mir fordert, ohne sie ausdrücklich auszunehmen, gleichwie jeden andern
Artikel, der die Lehre Jesu Christi und seiner
heiligen, katholischen, apostolischen und römischen
Kirche, ausser welcher kein Heil zu finden ist,
verunstaltet. Ich wollte lieber die Güter und
das Leben verlieren, als einem Artikel, der dieser Lehre entgegen ist, anhangen, und meinem
Gott

Gott und Heilande untreu seyn, indem ich nach
seinem Worte überzeuget bin, daß derjenige, der
sein Leben für ihn und für sein Evangelium verliert, ein weit bessers mit ihm in seinem Himmelreiche finden wird. Ich ermahne von ganzem
Herzen meine Diözesanen, denen ich den Unterricht schuldig bin, den nämlichen Gesinnungen
mit mir beyzupflichten: ihr ewiges Heil ist, wie
das meinige mit ihrer Treue für den katholischen
Glauben verflochten. Ach! niemals ist unser
Vaterland in einer gröffern Gefahr gewesen,
ihn zu verlieren: dieser Verlust ist die größte
Strafe des Zorns Gottes; und müssen wir ihn
nicht in dieser Sündfluthe der Gottlosigkeiten
und der Bosheit, die uns überschwemmen, befürchten? Lasset uns Gott ohne Unterlaß bitten,
sich unser zu erbarmen, und uns nicht zu verlassen.

Ludwig Karl, Bischof von Amiens.

Brief des Herrn Bischofes von Verdun,
an die Herren Munizipalbeamten ꝛc.

Meine Herren!

Ich sehe aus den Verordnungen der Versammlung, die ihr mir zugesandt habt, daß sie
fordere, daß ich einen feyerlichen Eid in eurer
Gegenwart in meiner Kathedralkirche schwöre.
Wenn die Absicht ist, euch von der tiefen Ehrfurcht gegen den König, mit der ich durchdrungen bin, und von der Treue, die ich seiner Person

son schuldig bin, zu versichern, so kann ich euch antworten, daß ich ganz bereit bin, ihn zu schwören, ob ich schon zweymal ihn geschworen, und laut in der Erklärung, die ich euch zuzuschicken die Ehre gehabt, gesagt habe, daß der König getreuere Unterthanen, als mich, weder jemals gehabt hat, noch haben wird.

Ich getraue mir zu schmeicheln, daß ihr von meiner Ergebenheit gegen die Nation und gegen mein Vaterland überzeuget seyd; wenn ihr aber den geringsten Zweifel davon hegen solltet, so würde ich euch, meine Herren! alles dessen erinnern, was ich, ohne durch einen Eid verbunden zu seyn, für diese Stadt und für diesen Kirchensprengel seit zwanzig Jahren gethan habe, binnen denen ich die Ehre habe euer Bischof zu seyn. Der stete und thätige Antheil, den ich an der sonderheitlichen Dürftigkeit und an dem öffentlichen Elende genommen habe, die Gebäude, die ich aufgeführt, die Stiftungen, auch nach meinem Tode, die ich zum Troste der Armen gemacht habe, sind eben so viele Titel, die ich euch vorlegen kann, und die mir bey euch das Lob eines ächten Bürgers verdienen sollen, ohne zu befürchten, daß jemand in dieser Stadt so sehr eingenommen, oder so ungerecht zu finden sey, um es mir zu verweigern.

Gott sey davor, daß ich mich des Guten wegen zu rühmen suche, das ich das Glück gehabt habe, vor eueren Augen zu thun! Als ich der geheiligten Pflicht der Wohlthätigkeit und des Almosens entsprach, bin ich nur das Werkzeug gewesen, dessen sich der Gott der Barmherzigkeit hat bedienen wollen; tausendmal habe ich ihm gedanket, daß er durch seine Gnade diese wohlthätige Empfindungen in mein Herz gelegt hat; ich habe allzeit den Armen, als den kostbarsten

und

und liebsten Theil der Heerde angesehen, die er
meiner Sorge anzuvertrauen sich gewürdiget
hat; und wenn ein Schmerz meine Seele durchströmet hat, da ich mich beträchtlicher Güter
beraubet sah, die meinem Sitze rechtmäßig zugehören, so kann ich euch mit Wahrheit bezeugen, daß, ohne Rücksicht auf meine Noth,
die dem abhärmenden Elende, das sie verzehrt,
Preis gegebenen Armen allein, und die Unmög-
lichkeit, in der ich bin, ihnen zu helfen, von
jenem Zeitpunkte an mir mein Leben verbittert
haben, und noch alle Tage verbittern.

Nachdem ich so viele öffentliche Zeugnisse von
meiner Liebe und Ergebenheit gegen die Nation
und gegen mein Vaterland an den Tag gelegt
habe, so kann ich versichern, daß, obschon meine
Hilfsquellen nicht mehr die nämlichen sind, doch
die Begierde, ihnen nützlich zu seyn, tief meinem
Herzen eingegraben bleiben wird; und ich werde
dieß feyerlich beschwören.

Wenn ich eben so leicht schwören könnte,
den Theil der Verfassung, welcher die Kirche
und die Religion belangt, aus allen meinen
Kräften handzuhaben, würde es für mich eine
trostvolle Befriedigung seyn, durch dieses Merkmal der Ehrerbietung und Hochachtung den Dekreten der Versammlung zu huldigen. Allein
da hält mich mein Gewissen zurück, und ich könnte,
ohne alle meine Pflichten zu verrathen, und den
Verbindlichkeiten, die mir der Charakter, den
ich begleite, auflegt, zu ermangeln, einen Eid
nicht schwören, der eine öffentliche Religionshandlung ist, und der eben jene Religion untergräbt, zu der Frankreich das Glück hat, sich seit
so vielen Jahrhunderten zu bekennen.

Ich will ihnen, meine Herren! einige Gegenstände entwickeln, die, weil sie mit ihren Geschäften

ten schlechterdings nichts gemein haben, sie auch
niemals durchstudiret haben.

Kann ein katholischer Bischof (eben dieses
läßt sich auch von den Pfarrern und allen Priestern sagen) schwören, daß er eine Verfassung,
die dem Glauben unserer Väter einen gänzlichen Verfall bedrohet, aus allen seinen Kräften
handhaben wolle? Kann er alles mögliche beytragen, damit die katholische und römische Religion niemals Kraft einer öffentlichen Begläubi-
gung für die Religion des französischen Reiches
anerkannt werde? Kann er eine Glaubenswahrheit abschwören, indem er niemals einen Primat
der Gerichtsbarkeit in der Person des Pabstes,
des Nachfolgers des heiligen Petrus und sichtbaren Oberhauptes der Kirche Jesu Christi anerkennet? Kann er zugeben, daß man sich an
sein Ansehen, um die Bestätigung der Bischöfe
und die Dispensen für die Gläubigen, die ihm
vorbehalten sind, zu bewirken, nicht mehr wenden dürfe? Kann er gutheißen, daß die alten
Pfarrspiele unterdrücket, und neue errichtet worden, und zwar ohne durch den Nutzen oder
durch die Nothwendigkeit dahin gestimmet zu
werden; daß die Pfarrer ihrer Gerichtsbarkeit
über Völker, die sie in dem Glauben gebohren
hatten, beraubet werden, zu grossem Aergernisse
eben dieser Völker, die sie für ihre rechtmäßige
Hirten anerkennen? Kann er sich auf immer bestreben, daß die alten, von den ersten Aposteln
Frankreichs gestifteten Bischofssitze nicht mehr
hergestellet werden; daß die Kapitel der Kathedralkirchen, denen bey erledigtem Stuhle die
bischöfliche Gerichtsbarkeit beimfällt, nimmer
mehr aus dem Grabe, in das sie eingesenket sind,
emporsteigen; daß man keinen Orden der Religiosen, welche die Kirche erbauten, und derer
Un-

Unterdrückung ihr Mutterherz mit abhärmenden Schmerzen beklemmet, wieder unter uns aufleben mache; daß alle fromme Stiftungen unserer Vorfahren lediglich aufgehoben, und unterdrücket bleiben, und daß man ähnliche in Zukunft niemals mehr errichten könne?

Kann man schwören, eine Verfassung handzuhaben, die ihm befiehlt, ohne eine kanonische Form zu beobachten, die Gerichtsbarkeit seines Amtsgenossen an sich zu reissen, und sie auszuüben; die ihn von den simpeln Priestern abhängig machet; die ihn zwinget, Vikaren zu nehmen, die er nicht wählen würde; die ihm untersaget, etwas in seinem Kirchensprengel, ohne ausdrückliche Bewilligung eines Senats zu verordnen, und die ihn der Gerichtsbarkeit beraubet, welche ihm Jesus Christus, und zwar ihm allein anvertrauet hat?

Und wenn die Versammlung den Bericht und den Plan des Dekretes, das ihr über die Priesterehe, und über die Ehescheidung vorgelegt worden ist, wieder aufgriff, und ein Konstitutionellgesetz von diesen zweyen Artikeln abfaßte, könnte ein Bischof, ein Priester, ein simpler Gläubiger selbst schwören, sie aus allen seinen Kräften handzuhaben, und in der reinen und unbefleckten Religion, zu der wir uns bekennen, die Freyheit der Ehescheidung zuzulassen, die Jesus Christus selbst deutlich in dem Evangelium verworfen hat. Matth. XVIII.

Ich könnte mich, meine Herren! noch weitläuftiger über einen so wichtigen Gegenstand benehmen; allein dieses genüget, euch aufgelegt zu machen, und auf die erschrecklichen Folgen zu schließ-

schließen, die sich für die Diener des Herrn aus
dem Eide, den man uns vorleget, verleiten
lassen.

Vergebens haben die Bischöfe, und eine
Menge Pfarrer, die als Deputirte auf der Nationalversammlung waren, verlanget, von dem
Eide alles auszunehmen, was das Geistliche belangt, und von dem ich euch einen Theil entwickelt habe; ihre Forderungen waren ohne Wirkung. Sie haben auch öffentlich ihn zu leisten
verweigert, um ihr Gewissen nicht zu verrathen,
und ihren Glauben zu verläugnen. Ich trete
in die Fußstapfen dieser tugendsamen Hirten der
Heerde Jesu Christi ein, ich sammle die Grundsätze auf, die ihr Betragen geleitet haben, und
erkläre, daß ich meine grauen Haare nicht entehren, und den Fluch eines rächenden Gottes
über mein Haupt nicht dadurch zuziehen will, daß
ich diesen unseligen Eid schwöre; meine Zunge
soll an meinem Gaume kleben, wenn ich ihn jemals ausspreche.

Ich würde nun, meine Herren! meinen Brief
enden, wenn meine Pflicht nicht forderte, meinen
Klerus gegen die Verleumdungen, die man stets
wider ihn und wider mich verbreitet, zu rechtfertigen. Um uns vor den Augen des Volkes
verhaßt zu machen, und uns sein Zutrauen zu
rauben, suchet man es zu bereden, sowohl in den
Städten als auf dem Lande, daß der Starrsinn
allein, und eine geflissentliche Absicht, die Unruhen zu verewigen, die einzigen Ursachen sind,
den Eid zu verweigern. Ist es wohl erlaubet,
einen Bischof und Kirchendiener, die ein Gewissen haben, dessen Stimme sie hören und ehren,
mit so schwarzen Farben vor den Augen der Völker

ter zu entwerfen? Hat der Klerus von Frankreich, hat der Klerus von Verdun die Flamme
der Zwietracht angefachet, wider die man so
billig klaget, und die seit achtzehn Monaten
dieses unselige Königreich erschüttert, und zer-
reisset? Was hat dann dieser Klerus gethan,
daß man ihn stets mit Sarkasmen überhäufet?
Indem er aller seiner Güter beraubet, verleumdet, und verfolget wird, hat er nicht noch täglich die beissendsten Beschimpfungen, wie in der
Hauptstadt so in den Provinzen erduldet, ohne zu
murren und zu klagen? Gott, der die Tiefen unsers
Herzens durchforschet, weis wohl, daß wir weit entfernt, die Menschen mit unserm Unglücke zu verflechten, da wir sie zu Zeugen unserer Thränen und
Seufzer machen, nur in dem Schooße der Religion den uns so nöthigen Trost in Mitte der
Drangsalen, die uns drücken, suchen; er weis,
daß wir ihn alle Tage bitten, seinen Segen
über diejenigen auszuschütten, die uns verfolgen,
und verfluchen; er kennet den Eifer, mit dem
wir ihn beschwören, dem Frankreich das Glück
und die Ruhe wieder herzustellen, deren es vor
zwey Jahren genoß; und wenn unser Blut diesen beseligenden Zeitpunkt beschleunigen könnte,
so würden diese Altarsdiener, die man für Störer
der öffentlichen Ruhe ansieht, alle bereit seyn,
es zu verspritzen. Ach! wenn dieses gute Volk,
das man täuschet und irre führet, indem man
ihm die friedsamen Gesinnungen, die uns beseelen, verhüllet, und uns beschuldiget, den Anschlag zu einer Gegenrevolution, an die wir niemals dachten, wider die Dekrete der Versammlung verabredet zu haben; wenn es genüglich
unterrichtet wäre, um die Beweggründe unsrer
Widersetzlichkeit gegen den Eid, den man von
uns fordert, zu erkennen, und zu beurtheilen,
so

so würde es krafs überzeuget seyn, daß wir,
troz der Gefahren, denen uns unsre Standhaftigkeit aussezet, nur den Glauben seiner Väter,
den seinen und den unsern, vertheidigen, und es
würde zum ersten unserm Eifer Beyfall zurufen,
uns trösten, und uns beweinen.

Ich bin rc.

Den 20. Jenner 1790.

Bischof von Verdun.

Bürgereid des Herrn Bischofes von Puy.

Mit Sorge über die Gläubigen der Diozes, die mir anvertrauet ist, zu wachen,
dieß ist meine Herren! der erste Gegenstand des
Eides, den man mir zu schwören vorleget.

Es sind sechszehn Jahre, meine Herren! daß
ich diesen Eid an dem Fuße des Altares und vor
den Augen des lebendigen Gottes geleistet habe.
Da der ewige Priester unserer Seelen, Jesus Christus, nach den unerforschlichen Urtheilen
seiner Barmherzigkeit mich gesandt hat, euer
Hirt zu seyn, und mir bey Empfangung der heiligen Oelung und der Fülle des bischöflichen
Charakters eure Kirche zur Braut gegeben hat,
habe ich den feyerlichen Eid geschworen, über
die Heerde, die unser gemeiner Erlöser meiner
Sorge anvertrauet hat, zu wachen.

Wie

Wie oft habe ich seither diesen nicht minder
fürchtlichen, als meinem Herzen angenehmen
Eid erneuert! Von der Würde der Heiligkeit
meines Amtes durchdrungen, habe ich die Last
der Verbindlichkeiten und Pflichten, die es mir
aufgebürdet, niemals ohne Schauder angesehen.
Allein heut zu Tage, wenn ich in Mitte so vieler
Schlingen und Gefahren, so vieler Unordnungen und Aergernisse, welche das Erbe Jesu Christi
entehren, gedenke, daß ich vor Gott für das
Heil aller Gläubigen in dieser Diozes, wie für
mein eignes, verantwortlich bin, und daß der
höchste Richter, an dem grossen Tage des Ge-
richtes, von mir über alle Seelen, die ich aus
meiner Schulde zu Grunde gehen lassen werde,
Rechenschaft forden wird, Ach! meine Herren!
das Blut stocket in meinen Adern, wenn ich
mich zwischen der drückenden Last meiner Pflichten und zwischen dem erschrecklichen Beschwernisse, sie zu erfüllen, sehe! meine schmachtende
und tiefgebeugte Seele möchte gerne Gott bitten, den Kelch der Hirtensorge von mir zu
nehmen, *) oder mit einem heiligen Paulus,
dieses irdische Haus zu zerbrechen, **) das
mich in diesem Leben umgiebt, wo ich für mich
in Zukunft nur Bitterkeiten und Streit, und
etwa ohne Trost und ohne Frucht sehe.

Indessen fordert ihr von mir, daß ich das
Bündniß, das ich mit meiner Kirche geschlossen,
die Treue, die ich ihr geschworen habe, und den
Eid, über mein Volk mit Sorge zu wachen,
feyerlich erneuere. Ach! meine Herren! wenn
wir in den Mächten der Erde das Bildniß des
höchsten Wesens verehren sollen, hat sich dieser
auszeichnende Charakter auf eine seinem göttlichen
Ur-

*) Luc. XXII, 42.
**) II. Cor. V, 1.

Ursprunge würdigere Art jemals gezeiget, als
da er sich mit allem, was die Religion heiliges
und ehrwürdiges hat, vereiniget, und ihren
Dienern die heiligste aus allen Pflichten empfiehlt,
jene nämlich, die alle in sich begreift?

Allein, meine Herren! der Rang eines Oberhirten berechtiget mich, und schreibet mir das
Gesetz vor, es euch zu sagen: da ihr die Zeugen
des ersten Theiles des Eides, den man von mir
erwartet, seyd, nehmet ihr eben dadurch auch
die Pflicht auf euch, die Gewährmänner und
Stützen der Freyheit meines Amtes zu seyn,
und euch aller Gewalt der Gesetze zu bedienen,
um die Hindernisse zu beseitigen, welche die Wahrheit gefangen halten, und die Ausübung unserer
Pflichten fesseln könnten. Die Fürsten und
Magistrate sind die Bischöfe von aussen,
gleichwie wir die Bischöfe von innen sind. *)
Als die Kaiser die Fahne des heiligen Kreuzes
aufgestecket, und die Kirche sie in ihren Schooß
aufgenommen hat, haben sie sich auch anheischig
gemacht, die Wache um diese heilige Stadt herum zu halten. — — Ihr seyd Christen, meine
Herren! und ihr rechnet es euch zur Ehre, weil
es der erste und schönste von eueren Titeln ist.
Indem ich nun also diesen ersten Theil des Eides, über die Heerde, welche die Kirche mir
anvertrauet hat, mit Sorge zu wachen,
beschwöre, erwarten Gott und die Kirche von
euch den Eid, mir zu helfen und mich aus allen
eueren Kräften zu unterstützen, um meinen Fleiß
und meine Sorge fruchtbar zu machen.

Der zweyte Theil des Eides hat die Treue
gegen die Nation, gegen das Gesetz und
gegen den König zum Stoffe. Auch dieses
meine Herren! ist eine von den ersten Pflichten,

die

*) Fenelon.

die mir die Religion aufgelegt, zu der ich mich
bekenne, und deren Diener zu seyn ich die Ehre
habe. Die Ehrerbiethigkeit und unverletzliche
Unterwürfigkeit gegen die Fürsten ist allzeit in
dem Christenthume für die Religion der zweyten
Majestät angesehen worden. *) Wenn schon
euere Herren unbescheiden, rauh und böse
sind, sollet ihr ihnen dennoch, wie Gott
selbst, gehorsamen. **) Unter der Regierung
des Nero hat der heilige Petrus den Gläubigen
befohlen, für die Mächte der Erden zu betten.
Unter Tiberius hat Christus selbst, der große
Gesetzgeber der Christen, allen Fürsten ein Unterpfand der ewigen Treue seiner Lehrjünger in dem
Gebothe gegeben, das er ihnen aufleget, dem Kaiser zu geben, was des Kaisers ist. Zu den Zeiten der Verfolgungen zählte die Religion Millionen der Martyrer, aber keinen einzigen Rebellen. Was thut ihr? fragt Tertullian die
Henker, ihr entreisset den Christen im Namen
des Kaisers eine Seele, die mit nichts andern beschäftiget ist, als Wünsche für dessen
Wohlfart und Ehre zu dem Himmel abzuschicken. ***) Welches Schauspiel stellten die
ehrwürdigen Bischöfe, die dem heiligen Konzilium zu Nizäa beywohnten, der Welt und allen
Jahrhunderten vor! Die glorreichen Narben,
mit denen sie bedecket waren, gaben Zeugniß von
ihrer unerschütterlichen Standhaftigkeit in dem
Glauben, und von ihrer geprüften Treue gegen
die verfolgenden Fürsten. Da die Martyrer für
die Religion starben, sind sie auch für das Ansehen gestorben, das sie aufwürgte. „Heißt dieß
nicht, für das Ansehen streiten, und sterben,
wenn

*) Religionem secundæmajestatis. Tertul.
**) I. Petri II, 12.
***) Apologet. Tertul.

wenn man von ihm alles, auch den Tod selbst,
duldet, ohne zu klagen? Es geschah nicht aus
Schwachheit: der zu sterben weis, ist niemals
schwach." *)

Dieses, meine Herren! ist unsre Sittenlehre
und unser Glauben von der Unterwürfigkeit
von der Ehrfurcht und Treue gegen das rechtmäßige Ansehen. Mithin ist der Eid, den ich
schwöre, der Nation, dem Gesetze und dem
Könige getreu zu seyn, nicht so fast ein Eid,
als ein Glaubensbekenntniß.

Der dritte Theil des Eides hat die von der
Versammlung abgeschlossene und von dem
Könige angenommene Verfassung zum Ge-
gen stande.

Das nämliche Geboth des Evangeliums, das
uns befiehlt, dem Kaiser zu geben, was des
Kaisers ist, schreibt uns auch vor, Gott zu
geben, was Gottes ist. Obschon Jesus Christus gesagt hat, daß sein Reich nicht von dieser Welt sey, so muß man dennoch, wenn er
redet, ihn anhören, und wenn er befiehlt, ihm
gehorchen, weil es sein Ausspruch ist, daß
ihm alle Gewalt im Himmel und auf Erden
gegeben worden ist; und wenn der Wille der
Götter dieser Erde mit dem Willen des Gott-
Menschen im Widerspruche steht, sollen wir,
als Christen, als Priester, als Bischöfe, mit
dem heiligen Johannes dem Täufer, antworten,
non licet, es ist nicht erlaubt, und mit den Aposteln, *non possumus*, wir können nicht. Es
braucht nicht mehr, als diese Moral, die wir
von unserm göttlichen Meister empfangen haben,
anwenden.

Ihr leget mir den Eid vor, die Verfassung ꝛc.
handzuhaben. Die Verfassung ist, nach dem
Ge-

*) Bossuet orat. de unit.

Geständnisse der Versammlung selbst, noch nicht
ganz vollendet; es ist ein Dekret erschienen,
welches die Durchsehung des schon abgeschlossenen
Theiles verordnet; er ist demnach nicht vollkommen bekannt: folgsam wäre ich berechtiget, euch
zu sagen, daß die Verfassung noch nicht der Gegenstand eines Eides seyn kann, weil diese feyerliche Religionshandlung, um wahrhaft, heilig
und billig zu seyn, mit Wahrheit, Aufrichtigkeit und Gerechtigkeit geschehen, und sohin vor
allem zulänglich bekannt seyn soll. Du sollst
Gott nicht vergebens zum Zeugen aufrufen,
Dieß ist das zweyte aus den Gebothen Gottes.
Ach! setzet man sich nicht wenigstens der Gefahr
aus, den anbethenswürdigsten Namen Gottes
vergebens zu nennen, wenn man ihn zum Zeuge
und Bürge eines Eides aufruft, dessen Umfang und Ausdehnung man nicht einmal erkennen
kann? Gott allein, ja, nur Gott fordert von
seinem Geschöpfe einen blinden Gehorsam, weil
er die wesentliche Wahrheit, Weisheit und Gerechtigkeit ist, und weil nur er, als Urheber
der Vernunft seines Geschöpfes, weder täuschen,
noch irre führen kann. Sehet, meine Herren!
was ich als Christ und Bürger euch zu antworten berechtiget wäre; diese Sprache würde die
auszeichnendste Huldigung gegen unsere Gesetzgeber
und ihr Werk seyn, weil es die Sprache der
Vernunft und Freyheit ist.

Allein ohne die Rechte und Pflichten eines
Bürgers zu vergessen, muß ich euch vorzüglich
als Bischof antworten. Hier ist es, meine Herren!
wo die ganze Last des bischöflichen Amtes meine
tiefgebeugte Seele drücket. Wenn ich den dritten Theil des Eides nicht so, wie ihr ihn von
mir fordert, beschwöre, wenn ihr die Ausnahme,
die ich beyzusetzen mich verpflichtet fühle, nicht

IX. Theil.   J   auf-

aufnehmet, welch trauriger Zukunft muß ich entgegen sehen! — Ich melde nichts von allen Gattungen der Bitterkeiten, der Beraubung, der
Prüfungen, die auf mich warten, — ich rede
nichts von Trübsal, Hunger, Durst ꝛc. die mir
drohen; ich würde des erhabenen und geheiligten
Charakters, den ich begleite, unwürdig seyn,
wenn derley Beängstigungen meine Treue gegen
meine Pflichten erschüttern könnten. O daß ich
allein ein Verbannter für mein Volk wäre!

Allein kann ich, die unseligen Folgen meiner
Weigerung ohne Schrecken ansehen, wenn ihr
die Befehle, die man euch zugeschicket hat, in
aller Strenge in Vollziehung bringet? Ich werde
vielleicht mein Heil in der Flucht suchen müssen;
meine Heerde wird ohne Hirt schmachten; ich
werde sie, diese Heerde, die mir so nahe am
Herzen liegt, Leuten ohne Sendung, eingedrungenen Hirten und Miethlingen Preis gegeben
sehen; der Schafstall des Gott=Menschen wird
von reissenden Wölfen angefallen, die Kirche
durch die Spaltung getrennet, der Rock Jesu
Christi zerrissen werden, und viele Millionen,
mit dem Blute Jesu Christi erkaufte Seelen ohne
Hirten, ohne Sakramente, und etwa bald ohne
Tempel und Altäre seyn.

Aber, meine Herren! unser Amt ist kein
Amt der Herrschsucht; mithin wenn ihr auch
die Beweggrunde meiner Verweigerung des Eides, der mir vorgeschrieben ist, fordern solltet,
so bin ich meinem Amte, dem Unterrichte meines
Volkes, und der Ehrfurcht gegen das Gesetz und
gegen das Ansehen schuldig, meine Weigerung
zu rechtfertigen. Ich bin es euch schuldig, meine Herren! weil euer Charakter der Verwahrer
der öffentlichen Gewalt euch von der Unterwürfigkeit gegen euern Oberhirten nicht loszählet,

in

in allem, was in dem Wirkungskreise der Religion liegt. Als Jesus Christus zu seinen Aposteln und in ihrer Person zu allen Oberhirten sagte: gehet, lehret alle Völker; wer euch nicht höret, der höret mich nicht; wer die Kirche nicht höret, der soll für einen Heiden und öffentlichen Sünder gehalten werden, wollte er die Mächte der Erde von seiner göttlichen Gesetzgebung und der Sendung derjenigen nicht ausnehmen, denen er sie anvertrauet hat. Höret demnach, meine Herren! euern Oberhirten; aber erlaubet mir, es euch zu sagen, ohne euch dadurch zu beleidigen: vergesset auf einen Augenblick die Befehle, derer Vollziehung euch empfohlen worden ist, um euch nur des Titels und des Charakters der Christen und der Kinder der katholischen, apostolischen und römischen Kirche zu erinnern.

Es ist eine Glaubenswahrheit, daß Jesus Christus nur der Kirche die Schlüsselgewalt gegeben hat, das ist, die Gewalt, die Sünden nachzulassen; daß diese Gewalt nur Kraft einer ganz geistlichen Gerichtsbarkeit in Ausübung gehe; daß diese Gerichtsbarkeit nur durch die kanonische Sendung mitgetheilet wird; daß nur die Kirche berechtiget ist, und die Gewalt hat, diese Sendung zu ertheilen, sie zu nehmen, auszudehnen, und zu beschränken; daß „die Bischöfe und andere Priester, die von der Kirche nicht gesandt sind, und anders woher kommen, keine rechtmäßige Verkündiger des Wortes Gottes, und der Sakramente sind." Conc. Trid. sess. 22. can. 7.

Nun die bürgerliche Verfassung des Klerus, die von einer pur weltlichen Macht ausgeht, waget es, mehr als 50. Bischöfe, und etwa bald alle der Gerichtsbarkeit und kanonischen

J. 2   Sen-

Sendung, die sie von der Kirche haben, zu berauben; sie erweitert, oder beschränket die Sendung und Gerichtsbarkeit derjenigen, die noch bestehen; sie unterdrücket gänzlich die Gerichtsbarkeit, welche die Kirche seit mehrern Jahrhunderten den Kapiteln eingeräumet hat, und verlegt sie auf einen simpeln Vikar, den sie gesetzet hat; sie verändert, zertrennet, und wirft alle Erzbisthümer unter einander, und folgsam auch die Gerichtsbarkeit aller Metropoliten; sie beraubet den Pabst des Rechtes, das die Kanonen der Konzilien, und die allgemeine Uebung der Kirche an ihm anerkennet, nämlich die Bischöfe einzusetzen, und zu bestätigen. Sie reisset demnach die geistliche Gewalt und Gerichtsbarkeit an sich, die Jesus Christus nur seiner Kirche anvertrauet hat; sie masset sich die Schlüsselgewalt an; sie trägt nicht nur das Rauchfaß in ihrer Hand, sondern reißt es der Kirche aus den Händen, und eignet sich die Macht zu, welche jene von ihrem göttlichen Stifter erhalten hat.

Es ist eine Glaubenswahrheit, daß Jesus Christus dem heiligen Petrus in seiner Person allen seinen Nachfolgern einen Primat nicht allein der Ehre und Oberaufsicht, sondern auch des Ansehens und der Gerichtsbarkeit in der ganzen Kirche gegeben hat; daß die Päbste Kraft dieser Obergewalt den Kirchen Hirten aufstellen, die Dispensen, den Spruch in größern Rechtsfällen und die Lossprechung von gewissen Lastern sie vorbehalten können: *) folgsam die Verbindlichkeiten der französischen Kirche mit der römischen auf die Gemeinschaft in dem Glauben beschränken, wie es die Verfassung thut, heißt den Primat der ganz geistlichen Gerichtsbarkeit des Pabstes verkennen, oder die Ausübung derselben

*) Conc. Trid. sess. 14. c. 7. & 11.

selben vernichten, und dadurch die ganze Kirche
Frankreichs in die Spaltuug stürzen.

Es ist eine Glaubenswahrheit, daß die Bischöfe die wahren und einzigen Nachfolger der
Apostel sind; daß der heilige Geist sie gesetzet
hat, die Kirche zu regieren; daß sie eine unmittelbare Gerichtsbarkeit über alle Pfarrspiele
und über alle Gläubigen ihres Kirchensprengels
haben; daß sie allein die kanonische Einsetzung
ertheilen, und ihre geistliche Gerichtsbarkeit auf
diejenigen verlegen können, die sie ihren Amtsverrichtungen zugesellen. Die bürgerliche Verfassung des Klerus untergräbt den Glauben in
dieser Hinsicht, indem sie zu der allgemeinen
Regierung der Diözesen Vikaren beruft, die der
Bischof nicht gewählet hat, und die keine andere Sendung haben, als jene, die ihnen die
Dekrete geben; indem sie den Bischöfen das so
wesentliche Recht entreißt, die Diener zu wählen, welche in den Erziehungshäusern die Zög-
linge leiten, und bilden sollen, um die erhabenen Handlungen des Priesterthumes zu erfüllen;
indem sie den Bischof zum unmittelbaren Hirten der Kathedralkirche aufstellet, und dadurch
zu läugnen scheint, daß er auch der Hirt aller
Pfarren in seinem Kirchensprengel sey; indem
sie endlich den Pfarrern das Recht einräumet,
sich aus den, in die Diözes schlechterdings zu-
gelassenen Priestern die Vikaren zu wählen, und
die Nothwendigkeit der Begnehmigung, welche
der Kirchenrath von Trient fordert, *) ab-
stellet.

Es ist eine Glaubenswahrheit, daß die Bischöfe Kraft des göttlichen Rechtes mehr sind,
als die Priester von ihrer Diözes; daß die Gewalt,

* Conc. Trid. sess. 23. c. 1. & 15. sess. de pœnit. c. 7.

walt, die ihnen Jesus Christus ertheilet hat,
nicht ihnen und den Priestern gemeinschäftlich
sey, und daß sie von diesen in der Ausübung
ihrer bischöflichen Gerichtsbarkeit nicht abhängen
können: folgsam beschränken die Dekrete, welche
einen Senat von Priestern setzen, ohne dessen
Ueberlegung der Bischof keine Jurisdiktionshandlung verrichten darf, die geistliche Gewalt
der Bischöfe, unterordnen, und unterwerfen sie
den simpeln Priestern, und zwecken auf nichts
anders ab, als die Irrthümer des Richerismus
und Presbyterianismus, welche die Kirche mit
dem Fluche belegt hat, wieder außleben zu machen.

Es ist eine Glaubenswahrheit, daß die Kirche
von Jesu Christo berechtiget sey, Gesetze über
die Disziplin abzufassen; daß es ihr allein zugehöre, ihren Geist und ihre ursprünglichen
Regeln zu erkennen, und wieder herzustellen,
weil sie allein in Rücksicht auf den Geist und
Sinn der Uebergabe, der Schriften der Väter,
und der Kanonen, in denen sie enthalten ist,
untrüglich ist. Die bürgerliche Verfassung kann
demnach nicht wieder herstellen, was sie die alte
Disziplin nennet; eine neue Wahlform festsetzen,
um die die Kirche niemals etwas gewußt hat,
und zu der man auch Nichtkatholiken zuläßt;
den Bischöfen einen neuen Senat zu geben; die
Verewigung des öffentlichen Gebethes, das fast
so allgemein und alt, als die Kirche ist, zu unterdrücken; die feyerlichen Gelübde der Religion,
die in der katholischen Kirche seit mehr als
vierzehn Jahrhunderten gebilliget, und angenommen sind, zu verbannen, da man ihre Uebertretung berechtiget, und ihre Erfüllung unmöglich machet. Kann die Verfassung sich derley
Eingriffe erlauben, ohne das göttliche Recht,

das

das die Kirche stets genossen hat, nämlich das
heilige Gesetzbuch der Disziplin zu verfassen, zu
bewahren, und zu verbessern, verkennen, und
bis auf den Grund zu zerstören?

Dieß, meine Herren! ist das Gemälde der
tödtlichen Wunden, welche die bürgerliche Verfassung dem Glauben, der Kirchenzucht, und der
ganz göttlichen Verfassung schlägt, auf die
Jesus Christus das ewige Gebäude seiner Kirche
gegründet hat. Kann dieses Bild euch neu scheinen? Ist es nicht ein getreuer Auszug der
Wiedererklärungen, welche die zur Versammlung
deputirten Bischöfe im Schooße der Nationalversammlung selbst in eben dem Zeitpunkte, entgegen gesetzt haben, da die Verfassung erschienen
ist? Alle Hirtenbriefe und Unterrichte, von denen Frankreich seit einem halben Jahre von allen
Seiten ertönte, und jenes unsterbliche Werk der
deputirten Bischöfe selbst, dem alle andere ange-
hangen haben, machen ein dogmatisches Urtheil
der gallikanischen Kirche aus.

Könnte wohl ein salbungsvolleres, für die Religion rühmlicheres und für die Gläubigen nütz-
licheres Zeugniß seyn, als das fast einhellige
Verständniß dieser Kirche, deren Ursprung sich
in dem Ursprunge des Christenthumes verliert,
und mit ihm vermenget; seiner Kirche, die ein
grosser Pabst, vor mehr als 900 Jahren, eine
unerschütterliche Säule *) nannte, an der sich
alle Irrthümer zerstoßten; jener Kirche, deren
Glaube allzeit eine Jungfrau war,**) und seit 16
Jahrhunderten von seiner ursprünglichen Reinigkeit nichts verloren hat, und die sich heut zu Tage
vorzüglich auszeichnet?

Wenn

---

*) Anaſtaſ. II. Ep. II.
**) Boſſuet ſerm. de unit.

Wenn ihr glaubet, wie es alle Kathechismen lehren, wie wir es von unseren Kindesbeinen an gelernet haben, und wie wir verbunden sind, es zu glauben, daß die Kirche eine Versammlung der Gläubigen sey, die von unserm heiligen Vater, dem Pabste und den Bischöfen regiert wird, was sollet ihr nun thun, nachdem der Körper der französischen Bischöfe geredet, nachdem er den Statthalter Jesu Christi auf Erden zu Rathe gezogen, nachdem er sein Urtheil zu den Füssen jenes ewigen Stuhles gelegt hat, an den sich alle Kirchen wenden müssen? *) Zweifelsohne sollet ihr den dogmatischen Ausspruch euerer Oberhirten in Ehren halten, euch ihm vorsehungsweise unterwerfen, und mit einer religiösen Gelehrigkeit das Urtheil von Rom erwarten, von jener Kirche, welche die Mutter und Frau aller Kirchen auf Erden ist, ausser der kein Heil zu hoffen ist.

Die französische Kirche sieht sich ihrer alten und geheiligten Besitzungen beraubet, und sie schweiget. Die Nachwelt wird staunend diese übermenschliche Ergebenheit bewundern, die einer unerhörten Ausplünderung nur das Stillschweigen entgegen gesetzet hat.

Es wird die ganz göttliche Verfassung der Kirche angegriffen, und straks wird der ganze Körper der Bischöfe in Bewegung gebracht; die heilige Arche wird bedrohet, und die Häupter und Leviten eilen, sie zu unterstützen: es ist nicht mehr um ein zeitliches oder persönliches Interesse zu thun; es kömmt auf die Sache Jesu Christi, auf den Glauben, auf die Disziplin an; das ewige Heil der Gläubigen soll vertheidiget werden, und alle Bischöfe erheben ihre Stimme; sie flehen den Nachfolger des heiligen Petrus

*) S. Irenz. adv. haeret. l. 4. c. 6. n.

trus um Hilfe an, und alle verdoppeln ihre Kräfte,
um dem Sturme entgegen zu arbeiten, der das
erschütterte Schiflein der Kirche zu verschlingen
drohet. O welche Bemühungen! Wird wohl die
französische Kirche, wird die ganze Kirche jemals
die Sitzung von dem 4. Jenner vergeffen?

Durch dieses Betragen erhält sich die Kirche
Jesu Christi seit 18. Jahrhunderten; auf diesem
Weg, den ihr ihr göttlicher Stifter ausgezeich-
net hat, hatte sie alle Irrthümer überwunden,
und zerstäubt, und wird bis an das Ende der
Welt die Gewalt der Hölle besiegen.

Sollten die Feinde Jesu Christi und seiner
heiligen Religion sich erkühnen in den Bischöfen
des 18. Jahrhunderts ein Benehmen zu tadeln,
das alle Bischöfe zu allen Zeiten geäuffert haben? Sollten sie sich erdreisten, ihre Vereinigung und ihre Widersetzlichkeit zu verläumden,
und sie des Aufstandes und der Empörung belangen? Unser göttlicher Lehrmeister, Jesus Christus ist als ein Verführer und Störer der
öffentlichen Ruhe behandelt worden, welcher
Christ, welcher Bischof sollte über eine ähnliche
Beschimpfung erröthen, oder nicht vielmehr sie
sich zur Ehre rechnen, wenn er dieselbe sich nur
durch die Verweigerung zuzieht, den Handel
des Evangeliums und seines Gewiffens zu verrathen? — — — Und wenn es genüglich ist,
dem Irrthume zu widerstehen, um als Aufwiegler behandelt zu werden, so laffet uns alsdann
aus dem Buche des menschlichen Geschlechtes
alle Rechte auch bis auf den Namen des höchsten
Wesens, ausmerzeln, weil die Kinder Gottes
und die Vertheidiger seiner Ehre allzeit wider den
Gottlosen werden zu streiten haben, der in seinem Herzen spricht: Es ist kein Gott. — — —
Das Weltall sollte demnach für immer in den

Fin-

Finsterniſſen des Götzendienſtes vergraben geblieben ſeyn, weil ihn die Götter der Erde unterſtützten. Die Verkündigung des Evangeliums war ein widerrechtliches Unternehmen, weil das Blut der Martyrer der Saame war, und das Chriſtenthum würde nur alsdann kein Laſter mehr geweſen ſeyn, nachdem das Kreuz auf das Kapitolium iſt aufgepflanzet worden.

Ich ſchließe demnach, und erkläre, daß ich ſchwöre, der von der Verſammlung abgefaßten, und von dem Könige angenommenen Verfaſſung getreu zu ſeyn, doch nehme ich ausdrücklich davon alles aus, was wider das Geſetz Gottes ſtreitet, und alles, was den Glauben, die allgemeine Diſziplin der Kirche, und das geiſtliche Anſehen, das ſie von Jeſu Chriſto erhalten hat, beeinträchtiget.

Ich habe euch die Wahrheit geſagt, meine Herren! ich habe ſie euch mit Ehrfurcht geſagt; aber ich habe ſie euch mit vollem Eifer und mit aller Freyheit geſagt, die ihr von einem Biſchofe erwarten konntet. *) Schweigen in einem Zeitpunkte, von dem vielleicht das Heil meines ganzen Volkes und das meinige abhängt, würde ein Verbrechen und ein Aergerniß geweſen ſeyn. Unſre Ermahnung und Lehre war nicht falſch, oder neu; ſondern wie wir von Gott tüchtig erachtet worden ſind, daß uns das Evangelium anvertrauet würde; ſo redeten wir, nicht den Menſchen zu gefallen, ſondern Gott, der unſere Herzen prüfet, und uns richten wird. I. Theſſal. II, 3, 4.

Allein, o Tiefe der Urtheile Gottes! die heiligſte aus meinen Pflichten wird vielleicht für

euern

*) Ambroſ. ad Baſil. de non trad.

euern Oberhirten eine unerschöpfliche Quelle der
Schmerzen und Thränen werden. Wenn ich der
Grimme Gottes, der Kirche und meines Gewissens gehorche, werde ich vielleicht einen Abgrund
aufwerfen, der mich von meinem Volke trennen
soll; vielleicht werde ich nur deßwegen das Licht
des Glaubens vor seinen Augen haben glänzen
lassen, um den Zeitpunkt zu beschleunigen, der
es mir aus meinen Händen reissen wird. Ach!
noch etwelche Tage, und mein einziger Trost wird
etwa seyn, mit einer Rachel Kinder zu beweinen, denen ich mit jenem Namen, der mir allzeit so warm am Herzen lag, vergebens zurufen
werde. Mein Volk, mein liebes Volk! denn
ihr werdet es allzeit seyn, bis die Kirche, unsre
allgemeine Mutter, die geheiligten Bande, die
uns in Jesu Christo vereinigen, aufgelöset hat.
— — Wie auch die Folgen von meinen Bemühungen immer seyn mögen, und so lästig mir
auch meine Pflicht, der ich entsprechen werde,
fallen soll, so nehme ich doch Gott zum Zeugen,
daß, ich möge dem Leibe nach gegenwärtig
oder abwesend seyn, ich stets mit dem Geiste
mitten unter euch seyn werde. Ich werde
von jenem neuen Vaterlande, wohin mich der
Himmel berufen, das sich mein Herz gewählet,
und dem ich eine Treue geschworen hatte, die
weder jemals belauert, noch erschüttert hat werden können, weit entfernt an fremden Küsten
sitzen, und das Andenken an Sion, und an
meine liebe Braut beweinen. — — O ehrwürdiger Tempel, der du ehevor der Zeuge meiner
Freuden warest, nun aber der Verwahrer meines Schmerzen bist! O daß meine Zunge an
meiner Kehle klebe, ehe ich deiner vergesse! Tu-
gendhafte Diener, getreue Räthe meiner Hir-
tensorgen, und ihr unermüdeten Mithelfer in
dem

dem Werke Jesu Christi, wenn ich euere Arbeiten nicht mehr leiten, und sie mit euch theilen kann, werde ich mich dennoch durch meine Wünsche und durch mein Gebeth euch beygesellen: keusche Bräute Jesu Christi, christliche, unbesteckte Jungfrauen, wenn ich mich mit euch in so vielen Prüfungen, die uns gemein sind, nicht trösten kann, will ich mir wenigstens durch euer Beyspiel zur Standhaftigkeit und zur Treue Muth machen. — — Arme Jesu Christi! ich bemitleide euer Schicksal; es übriget mir kein anders Hilfsmittel, als mich zu erinnern, daß ich an eueren Seufzern und Bedürfnissen vor Gott unschuldig bin. — — Ach! welch traurige Aussicht! — — O daß der an Mitteln so fruchtbare und an Erbarmnissen so reiche Gott den Kelch so vieler Leiden weit von mir nehme! — Die Liebe Jesu Christi sey mit uns allen, und der Friede der Kirche wird straks alle Wohlfart wieder aufblühen machen.

Aus unserm Seminarium zu Puy, den 13. Jenner 1791.

Maria Joseph, Bischof von Puy.

Erklärung des Herrn Bischofes von Saint-
Diez, an die Herren Munizipalbeamten. ꝛc.

Meine Herren!

Da die Nationalversammlung für gut befunden hat, alle Franzosen um die Wiege der neuen
Verfassung zu vereinigen, hat der Herr Bischof
von Klermont, sowohl in seinem Namen, als im
Namen des ganzen Klerus erkläret, daß er in
seinen Eid die geistlichen Gegenstände nicht ein-
schliessen wollte, und unter diesem ausdrücklichen
Vorbehalte, den die Versammlung nicht verworfen hat, haben die Bischöfe, und alle andere
Geistlichen in dem Königreiche sich berechtiget
geglaubet, Gott, der Nation, dem Gesetze und
dem Könige die Treue feyerlich zu schwören.

Unter eben diesem Bedinge habe ich mit dem
Beyspiele der Unterwürfigkeit und der Vaterlandsliebe meinem Kirchensprengel vorleuchten wollen,
und dieß heilige Bündniß vor der Munizipalität
von Epinal geschlossen, als ich, mit dem Zutrauen des Königes, und mit der Stimme der
Versammlung beehret, zu der Bildung des Departements von Vosges durch meine Sorgen
und durch meine Arbeit mitwirkte.

Ja, meine Herren! wir hängen der Reichs-
verfassung, wie alle Bürger, an; das Bündniß,
das wir damit geschlossen haben, verdienet desto
grössers Zutrauen, weil die Liebe zu dem Frieden und die Unterwürfigkeit gegen die Gesetze
die heiligsten aus unseren Pflichten sind; das
Evan-

Evangelium, deſſen wir die erſten Zeugen ſind, lehret uns, das rechtmäßige Anſehen der Beherr= ſcher der Erde in allen Verfügungen in Ehren zu halten, die weder die heilige Freyheit der Religion, noch die gebietheriſche Stimme unſers Gewiſſens beeinträchtigen.

Wenn der Eid, den man heut zu Tage von uns fordert, uns nichts anders vor die Augen legte, als das pur bürgerliche und weltliche Bündniß, das wir ſchon geſchloſſen haben, wür= den wir nicht ſchüchtern zaudern, durch ein neues Verſprechen dem Schickſale aller Bürger zu folgen, uns mit ihnen den Geſetzen des Rech= tes zu unterwerfen, und vor den geheiligten Altären zu ſchwören, ſie aus allen unſeren Kräf= ten handzuhaben.

Unſer Wohl kann niemals von dem allge= meinen Vortheile der Geſellſchaft, zu der wir gehören, getrennet werden; und in einem Zeit= punkte, wo das Heil der öffentlichen Sache von der Vereinigung der Willen und von perſonel= len Opfern aus allen Ständen abhängt, ſollen wir die erſten ſeyn, das Vaterland durch das Schauſpiel unſrer Ergebenheit und der großmü= thigſten Uneigennüzigkeit zu tröſten. Dieß ſind unſere natürlichen Anlagen; meine Herren! die Geſinnungen der Gewogenheit und der Liebe, die uns mit unſrer Heerde verflechten, laſſen in die= ſer Hinſicht keinen Zweifel übrig.

Da wir mit einer religiöſen Furcht den Pflich= ten entſprechen, die uns das Apoſtolat und das Heil der Völker, die unſrer Sorge anvertrauet ſind, aufbürden, werden wir nie die koſtbaren Verbindlichkeiten aus den Augen verlieren, die uns, als Bürger, an das Vaterland anſchlieſ= ſen, und wir werden niemals vergeſſen, daß die Völker in unſerm Betragen und in unſrer Un=

ter=

terwürfigkeit das erste Beyspiel der Treue auf=
finden sollen, die sie der Nation, dem Könige
und dem Gesetze schuldig sind.

Aber diese Unterwürfigkeit, meine Herren!
kann niemals mit derjenigen im Widerspruche
stehen, die wir dem Ansehen der Kirche schul=
dig sind, von dem wir uns Kraft des Eides
unsrer Weihe und Kraft der Pflichten unsers
Amtes nicht loszählen können.

Als wir feyerlich geschworen haben, dem Ge=
setze unterthänig zu seyn, haben wir unsere Vor=
theile mit jenen des Vaterlandes vermenget; und
weit entfernt, wider diesen Eid, der unserm
Herzen tief eingegraben ist, uns zu erklären,
sind wir bereit, die Verbindlichkeit, die er uns
auflegt, zu erneuern, als oft es nöthig ist, durch
ein öffentliches Bekenntniß die Pflichten der
Treue und des Gehorsames, die uns dem allge=
meinen Willen in der bürgerlichen Ordnung
unterwerfen, einzuweihen.

Allein, meine Herren! es giebt noch eine
andere Ordnung, die weder von unserm Willen,
noch von unsrer Meinung abhängt; dieß ist die
Herrschaft der Religion, die uns den Gesetzen
und dem Ansehen der Kirche in allem unterwirft,
was die wichtigen Handlungen unsers Amtes be=
langt. Wenn es nur um einige persönliche
Vortheile, die in unsrer Gewalt stünden, zu
thun wäre, würden wir eueren Wünschen gerne
entsprechen, und zu Folge jener Gesinnung, die
allen Hirten des Evangeliums lehret, daß eine
sanfte und wohlthätige Liebe ihnen nichts eigen=
thümliches läßt, würde wir euch sagen, daß
alles, was nach der Welt uns zugehöret, unsere
Güter, unsre Gesundheit, unsere Arbeiten und
unsre Musse, ja selbst unsrer Wille nicht uns,
sondern der Heerde Jesu Christi, dem wir ver=

ant=

antwortlich sind, zugehöre; und nichts würde
uns verhindern können, neue Rechte auf euer
Zutrauen und auf eure Hochachtung zu erringen, wenn wir nur solche Opfer darbringen
müßten, welche eine wohlthätige Dienstfertigkeit
mit den unveräusserlichen Rechten der Pflicht
vereinbaren könnten.

Nein, meine Herren! es ist nicht mehr der
Bürgereid, den alle Bürger geschworen haben,
den man heut zu Tage von uns fordert; weil
er in Rücksicht auf uns, die wir schon, wie
alle französische Unterthanen an die Verfassung
gebunden sind, nutzlos seyn würde. Es ist demnach ein Eid, der uns anheischig machet, die
Verfügungen der Nationalversammlung anzuerkennen, nicht allein in der bürgerlichen Ordnung, der wir unterworfen sind, sondern auch
in allem, was die Kirchendisziplin und das geistliche Ansehen derselben in der Regierung und
Leitung der Seelen betrift.

Wenn die Religion eine pur menschliche Erfindung wäre, und keinen andern Grund, oder
Ursprung hätte, als die Verträge, welche hienieden die Ordnung der Gesellschaften einrichten,
und die Rechte der Bürger in allen Reihen auszeichnen, würde es unser Pflicht und unser Amt
zweifelsohne uns erlauben, dem veränderlichen
Laufe der Zeiten zu folgen, und uns nach den
Abänderungen, welche die Nothwendigkeit der
Umstände und die Liebe zu der öffentlichen Wohlfart erheischen, zu richten. Allein da die Kirche
ihre Quelle von dem Himmel herleitet, und die
seltene Gnade genießt, Gott zu ihrem Stifter zu
haben, kann sie auf Erden kein anders Ansehen
anerkennen, als jenes, das sie von Jesu Christo
erhalten hat. Er ist es, der den Oberhirten die
Sendung gegeben hat, da er sie zu Eroberung
der

der ganzen Welt berufen hat; diese haben sie auf
ihre Nachfolger in dem apostolischen Amte fortgepflanzet, und diejenige, die wir von dem
Statthalter Jesu Christi empfangen haben, und
die von Alter zu Alter bis auf die Apostel vor-
rucket, ist das Band, wodurch wir uns, wie
unsre Heerde an die katholische Kirche anschliessen, der allein zusteht, in einer steten und ununterbrochenen Erbfolge alle Zeiten, alle Alter
und alle Orte zu vereinigen.

Wir wissen es, meine Herren! und wir geben es mit der Gesinnung der lebhaftesten Ueberzeugung zu, daß die Kirche auf Erden in Rücksicht auf den sichtbaren und äusserlichen Schutz
von der weltlichen Macht abhänge, daß sie von
ihr die Freyheit ihres Gottesdienstes, die Majestät der Zeremonien desselben und den Unterhalt ihrer Diener erhalten muß: wir wissen, daß
die Religion, die zum Wohl der Völker gestiftet
ist, ihren Bedürfnissen dienen, und die Lokal-
umstände und den Vortheil aller bey der Austheilung ihrer verschiedenen Aemter zu Rathe
ziehen soll: folgsam erkennen wir den billigen
Einfluß, den die bürgerliche Macht auf die Gränzeintheilungen und Bezirke der Kirchensprengel
hat. Allein alle Mittel in dieser Hinsicht beschränken sich auf die aufrichtigsten Wünsche,
zu sehen, daß zwischen dem Priesterthume und
dem Reiche jene beseligende Eintracht herrsche,
welche die Frömmigkeit der Völker befestiget,
und ihren Glauben mit jenem ihrer rechtmäßigen Hirten verbindet.

Da ich aber diesem so erwünschlichen Zeitpunkte entgegen sehe, zwinget mich meine Pflicht,
und mein Gewissen, euch zu antworten, daß kein
menschliches Ansehen mich berechtigen könne,
meine Gerichtsbarkeit auf die Bezirke auszudehnen

IX. Theil.   K

dehnen, zu denen mir die Kirche bisher keine
Sendung ertheilet hat, daß der Irrthum, oder
die Schwachheit, die mich dazu verführen könnten, die Amtsverrichtungen, die ich mir ohne
einige Gewalt auszuüben erlauben sollte, niemals rechtmäßig machen würden; daß, da mich
die besondere Veranstaltung der Vorsicht und die
Stimme der Kirche auf den bischöflichen Stuhl
von St. Diez gesetzet hat, es von mir nicht
mehr abhänge, meine Gerichtsbarkeit zu erweitern, oder einzuschränken; daß ich mir sie ohne
Sendung und nach Willkühr nicht zueignen
könne; daß ein ähnliches Unternehmen mich vor
den Augen der Kirche und in meinem Gewissen
strafbar machen, und, wenn ich den Menschen
vielmehr als Gott gehorchen sollte, um die Vorzüge des Apostolats beyzubehalten, ich vor den
Augen der Religion aufhören würde, ein rechtmäßiger Hirt zu seyn; daß, weil das Amt von dem
Ansehen, dem die Gläubigen in der Ordnung des
Heils gehorsamen müssen, nicht mehr anerkannt
wird, ich meine Heerde betrügen würde, indem
ich sie samt mir von der Einigkeit der katholischen Kirche trennte, und ein Amt ausübte,
das nur von einer pur weltlichen Sendung ausgieng, und von einem Ansehen, das nicht berechtiget ist, mich zu senden.

In der That, meine Herren! der Urheber
aller Dinge hat auf Erden zwey Mächte aufgestellet, die beyde ehrwürdig aber auch unabhängig, und zum Wohl der Menschen bestimmet
sind; eine in dem Religions- die andere in dem
Regierungsfache: und gleichwie die geistliche Gewalt über die weltlichen Gegenstände nichts vermag, also ist auch das bürgerliche Ansehen schlechterdings unzulänglich, über die geistlichen Gegenstände einen Spruch zu thun.

Nun

Nun Erzbisthümer, Bisthümer und Pfarren unterdrücken, und errichten; die Ordnung der kirchlichen Hierarchie abändern; dem einen geben, was dem andern zugehöret; den Kapiteln, welche die Kirche gesetzet hat, einen bischöflichen Senat, den sie nicht kennet, unterschieben; mit ihm die Verwahrung der Hinterlage des Glaubens, des Unterrichtes und der Regierung, die Jesus Christus seinen Aposteln und ihren Nachfolgern ausschließend anvertrauet hat, theilen; endlich Bischöfe und rechtmäßige Hirten ohne Untersuchung, ohne Gerichtsform, ohne Urtheil, nach Eigendünkel absetzen; sie mit den strengsten kanonischen Strafen belegen, weil sie glauben, den Dekreten, welche die Kirche nicht gebilliget hat, nicht gehorchen zu können; den einen ohne Mitwirkung der Kirche eine Gerichtsbarkeit nehmen, und auf die andern verlegen, welche nur von ihr ist mitgetheilet worden, und die ohne ihr Gutachten und Bewilligung Niemand gegeben, oder entrissen werden kann: diese sind pur geistliche Gegenstände, über welche die Nationalversammlung den Ausspruch zu thun sich berechtiget glaubet.

Sehet, meine Herren! die Beweggründe meiner Weigerung: sie sind in dem Werke der zur Versammlung deputirten Bischöfe, dem ich mit Herzen und Munde anhänge, und wovon ich eine Abschrift gegenwärtiger Erklärung beylege, weitläuftiger entwickelt.

Was sie gesagt haben, das halte ich auch: ihr Glaube ist der meinige; meine Lehre ist die ihrige, und die Erklärung ihrer Grundsätze ist der Ausdruck der Gesinnungen, denen ich mit der Gnade Gottes bis auf meinen letzten Athem getreu bleiben werde.

Ich glaube, meine Herren! mich entbehren zu können, euch den marternden Schmerzen an=

zudeuten, mit dem die Verweigerung, zu der
ich mich verpflichtet fühle, meine Seele durchdringet. Ich weis, daß sie nicht ohne Gefahr
ist; allein, wenn ich von dem durch die Ehre
ausgezeichneten Wege abwich, würde ich mich
dem schrecklichsten Vorwurfe meines Gewissens
und dem Verlust eurer Hochachtung Preis geben. Um nun die Ruhe meines Gewissens zu
erhalten, und mich der Achtung aller ehrlichen
Leute würdig zu zeigen, werde ich die Uebel
dulden, mit denen es dem Herrn seine Diener
zu drücken beliebt; ich werde den Rathschlüssen
seiner Vorsehung in Mitte der Heerde, die er
meiner Sorge anvertrauet hat, entgegen sehen;
ich werde sie mit salbungsvollen Tröstungen überschütten; ich werde ihr die Hilfsmittel ausspenden, und allzeit mit Eifer an ihrer Heiligung
und an ihrer Wohlfart arbeiten.

Weil ich mit meinem Kirchensprengel durch
ein Band verflochten bin, das die Kirche allein
zertrennen kann, gleichwie sie es geschlossen hat,
werde ich fortfahren, meine Pflichten zu erfüllen,
bis ich mit Gewalt werde daran verhindert werden; und in dieser Lage der Resignation, die
sich mit den bischöflichen Tugenden so vollkommen
verträgt, werde ich den Verlust meiner Güter
nur deßwegen bedauern, weil er mir den Trost
entreißt, den Armen meiner Diozes beyzusprin-
gen, und über die Verunglückte dieser Stadt
alles Gutes, das ich ihnen thun wollte, zu verbreiten.

Diese gränzlose Liebe gegen meine Pflichten
und meine unverletzliche Ehrfurcht gegen die
Gesetze der Kirche sollen euch, meine Herren!
ein sicherer Bürge von meiner gänzlichen Unterwürfigkeit gegen die Gesetze des Staates seyn,
und mein stets weises, aber jederzeit standhaf-
tes

tes Betragen wird euch, wie ich hoffe, über=
zeugen, daß, gleichwie kein Ansehen vermögend
ist, mich zu hindern, Gott zu geben, was ich
ihm schuldig bin, also es auch kein Opfer gebe,
zu dem ich nicht aufgelegt sey, um dem Kaiser
zu geben, was des Kaisers ist.

Zu St. Diez, den 20.
Jenner 1791.

L. M. Bischof von St. Diez.

Schreiben des Herrn Bischofes von Lan=
gres an die Herren Munizipalbeamten. ꝛc.

Nächsten Sonntag, meine Herren! wird der
Termin, der für die Leistung des von der Ver=
sammlung vorgeschriebenen Eides bestimmet ist,
verfliessen. Ich muß euch einige Tage mit meinen
Verfügungen zuvorkommen: ich will sie euch mit=
theilen.

Ich hätte gerne gewunschen, jene Kanzel zu
besteigen, zu der man mir so unbillig als un=
rechtmäßig den Zutritt verschlossen hat. Es würde
meinem Herzen ein Trost gewesen seyn, noch
einmal, und etwa zum letztenmal zu jenem Volke
zu reden, mit dem mich so viele Bande ver=
einigen, welche die Liebe noch enger schließet,
von der ich in den mißlichsten Zeiten meines
Lebens so rührende Zeugnisse empfangen habe,
und in diesen traurigen Umständen noch empfange.
Aber wenn etwelche starke Geister meine Worte
übel auslegen sollten; wenn in Mitte des treuesten
Vol=

Volkes sich eine Stimme der Zwietracht erheben
sollte, die das Aergerniß in dem heiligen Orte
verbreitete. — — Ich muß dem Tempel des
Herrn die öffentliche Ehrerbietung erhalten; ich
bin meinen Mitbürgern schuldig, allen Vorwand, alle Gelegenheit der Trennung und der
Unruhen zu vermeiden. Ich muß noch ein Opfer
den andern so schmerzlichen beysetzen: allein, so
viel es mich auch kostet, will ich es dennoch aus
Liebe zur öffentlichen Ruhe darbringen; ich will
mich der Freude berauben, mein Herz mitten
unter meinen Kindern in Jesu auszugiessen; ich
will mich begnügen, meine Vorkehrungen und
Beweggründe euch zu entwickeln, euch, die ihr
ihre Repräsentanten und ihre Häupter seyd.

Ich habe verflossenes Jahr den Bürgereid geschworen; ich würde kein Bedenken tragen, ihn
noch zu schwören, wenn er heut zu Tage der
nämliche wäre, der er damals war. Allein die
Verfassung enthält nun viele Gegenstände, die
sie ehevor nicht enthalten hat. Alle Dekrete der
ernannten Verfassung sind als konstitutionell erkläret. Man hat auch dem Eide den ausdrücklichen Anhang beygesetzet, über die Gränzen der
Diözes, die mir anvertrauet ist, mit Fleiße zu
wachen; welches augenfällig von der neuen durch
die Versammlung festgesetzten Bezirkseintheilung
zu verstehen ist. Nun, meine Herren! verbiethet
mir ein weit gebietherischer Befehl, als das Gesetz des Staates, nämlich das Gesetz Gottes,
einen solchen Eid platthin und ohne Vorbehalt
zu schwören. Ich kann nicht versprechen, auf
Befehl der weltlichen Macht in Vollziehung zu bringen, was nur von der geistlichen Macht rechtmäßig
vorgeschrieben werden kann. Ich kann dem Vaterlande nicht versprechen, was der Religion zuwider läuft.

Es

Es ist eine Glaubenswahrheit in der Kirche Gottes, daß das geheiligte Amt nur Kraft einer rechtmäßigen Sendung und Gerichtsbarkeit ausgeübet werden könne; es ist ebenfals eine Glaubenslehre, daß es keine rechtmäßige Sendung und Gerichtsbarkeit gebe, als jene, die von Jesu Christo ausgeht, und die Kirche ertheilet. Ich kann mich demnach nicht anheischig machen, über einen neuen Bezirk der Diozes zu wachen, ohne daß mir die Kirche die Sendung und Gerichtsbarkeit dazu gegeben hat. Die von der Versammlung verordnete Gränzeintheilung muß von der Kirche angenommen werden, damit sie in Vollziehung gebracht werden könne. Wenn ich es wagen sollte, vor der Bewilligung der geistlichen Gewalt mich in die Ausübung der heiligen Amtsverrichtungen in den mir angewiesenen Bezirken einzudrängen, würde ich in diesen Orten ein Kirchendiener ohne Sendung und ein Hirt ohne Gerichtsbarkeit seyn; alle Handlungen, die ich unternehmen wollte, würden meinerseits Entheiligungen, und in Rücksicht auf das Volk nichtig und ungültig seyn. Mithin soll ich nicht einerseits, andererseits kann ich nicht in den Kanonen, die man meiner Sorge unterwerfen will, das bischöfliche Amt ausüben, bis daß ich von der Kirche dazu berechtiget werde; folgsam ist es mir nicht möglich, einen Eid zu schwören, der mich dazu verbinden würde.

Man sagte, daß die von der Versammlung hergestellten Wahlen, um die Bisthümer und Pfarren zu besetzen, nach dem Muster der ersten Kirche eingetheilet sind. Allein 1. ist es falsch, daß die Pfarrer jemals durch die Wahl sind ernannt worden. 2. In Rücksicht auf die Bisthümer ist die alte von der neuen Form vollkommen unterschieden; sie haben nichts als den Namen gemein.

Vor-

Vormals hatte der Klerus den größten, jetzt gar keinen Antheil an der Wahl. Zuvor versammelten sich nur die Gläubigen zur Wahl; nun können Ketzer und Juden mitwirken. Die Kirche wird in mehrern Orten gezwungen seyn, ihre Hirten aus den Händen ihrer Feinde zu empfangen. 3. Es ist augenfällig, daß nur die Gewalt, welche die Sendung und die Gerichtsbarkeit ertheilet, berechtiget sey; die Mittel, sie mitzutheilen, anzuordnen. Die Kirche hatte die Wahlen zu Zeiten, da der Eifer der ersten Gläubigen blühte, eingesetzet; sie hat dieselbe nachmals aus dringenden Ursachen wieder abgestellet. Sie allein könnte sie wieder in den Gang bringen. Ich kann die Wiederherstellung der Wahlen nicht beschwören, wenn es die Kirche nicht bewilliget.

Eine andere Glaubenslehre ist der Primat des Pabstes, nicht nur der Ehre, sondern auch der Gerichtsbarkeit. Die Kirche hat ihn zu allen Zeiten anerkannt, und in dem Konzilium zu Florenz feyerlich entschieden. Diese Gerichtsbarkeit wird in der neuen Verfassung verkennet: der Pabst wird da nur als der Mittelpunkt der Einigkeit angesehen: die neugewählten Bischöfe dürfen ihm nur zum Zeichen der Einigkeit in dem Glauben und der Gemeinschaft schreiben, die sie mit ihm unterhalten sollen.

Die Obergewalt der Bischöfe über die Priester ist ebenfalls eine in der Kirche unverbrüchlich beybehaltene Lehre. Nach den neuen Dekreten wird der Bischof keine Handlung der Gerichtsbarkeit, welche die Regierung der Diözes und des Seminariums betrifft, verrichten können, ehe sie in dem Senat in Ueberlegung genommen worden ist. Mithin wird der Bischof verpflichtet seyn, nicht allein das Gutachten der Priester, aus welchen sein Senat besteht, einzu-

zuholen, sondern auch sich mit ihnen in Regie=
rungssachen zu berathen, und nach der Mehrheit
der Stimmen den Schluß abzufassen. Mithin
wird das Ansehen nicht mehr bey dem Bischofe,
sondern bey dem Senat der Priester seyn; die
ganze Gewalt des Bischofes wird sich auf eine
Stimme, die von vielen andern überwogen wird,
beschränket: dieß heißt aber den Irrthum des
Presbyteranismus wieder aufleben machen.

In der Verfassung des Klerus verkennet man
die Pflicht, welche die Priester aufhaben, die
Sendung und Gerichtsbarkeit aus den Händen
ihres Bischofes zu empfangen, ehe sie sich die
Ausübung der heiligen Amtsverrichtungen er=
lauben. Die Pfarrer werden nur angehalten,
ihre Vikaren aus den geweihten, oder von dem
Bischofe in die Diozes aufgenommenen Priestern
zu wählen. Man setzet demnach voraus, daß
die Weihe die Sendung und Gerichtsbarkeit er=
theile, welches wider die ununterbrochene Lehre
und Uebung der Kirche läuft.

Sehen Sie, meine Herren! mehrere Beweg=
gründe, derer ein einziger mir schon genüglich
wäre, den Eid, den man von mir verlanget, zu
verweigern. Uebrigens, da ich mich der Kirche
und meinen Vorgesetzten in der Hierarchie un=
terwerfe, bin ich bereit diesen Eid zu schwören,
sobald sie mich werden dazu berechtiget haben.
Indessen biethe ich mich euch an, ihn nach der
Formel zu leisten, welche von den Bischöfen, die
auf der Nationalversammlung als Deputirte
waren, vorgelegt worden ist. Ich werde ihn
am Ende dieses Briefes ansetzen, und ihn näch=
sten Sonntag mit der vorgeschriebenen Feyerlich=
keit erneuern.

Vielleicht, meine Herren! werdet ihr eine
Schwierigkeit finden, diese Eidesformel, welche
die

die von der Versammlung vorgeschriebenen Worte
nicht enthält, aufzunehmen; allein es ist meine
Pflicht, als euer Hirt, dem die Sorge über eure
Seele anvertrauet ist, es euch im Namen der Religion anzukündigen, welche Folgen auch immer
die Verfügungen, welche die Versammlung im
Weigerungsfalle getroffen hat, seyn mögen.

Ich erkläre demnach, meine Herren! im Namen Gottes, was auch immer folgen mag, daß
ich allzeit euer Hirt, und euer einziger Hirt
seyn werde. Da ich rechtmäßig zu dem Sitze
befördert worden bin, kann ich nur auf zwey
Weisen entsetzet werden, entweder von der Macht,
die mich aufgestellet hat, oder vermittelst meiner
eignen und freywilligen Amtsniederlegung. Die
weltliche Macht ist daher nicht berechtiget, mich
zu entsetzen, oder mich so zu betrachten, als ob
ich mein Amt freywillig niedergelegt hätte. Die
Kirche hat mich meines Titels nicht beraubet,
und ich kann ihn nicht niederlegen, weil ich es
nicht thun soll. Denn erstlich könnte meine
Amtsniederlegung nicht anders gültig seyn, als
wenn sie die Kirche annehmen würde: andertens
könnte ich es nicht thun, wenn ich nicht versichert wäre, daß meine Stelle von einem Nachfolger ersetzet würde, der einen rechtmäßigen und
vollgültigen Titel hätte. Ohne dieses würde ich
mich der Gefahr Preis geben, meinen Kirchensprengel ohne wahren Hirten zu lassen; ich würde
demnach für die Nichtigkeit seiner Sendung, und
folgsam aller Handlungen, die er ausübte, verantwortlich seyn. Ich muß euch diese Wahrheit
kund machen, um zu verhindern, daß ihr euch
nicht verirret, und der Verlust euerer Seelen
auf mich zurück falle. Derjenige, der sich nach
einer von der Kirche nicht geheiligten Wahl erkühnen wird, sich unter euch einzudrängen, und
mei-

meinen Stuhl an sich zu reiffen, wird nicht nur
ein Eingedrungener, sondern auch ein Schismatiker seyn; er wird die Einigkeit trennen, indem
er sich einen Sitz anmaffet, der mir zugehöret.
Weil er durch die Pforte, die Jesus Christus
ist, nicht eingeht, wird er kein Hirt, sondern
ein Dieb und ein Mörder seyn. Weil er von
der Kirche die Gewalt zu lehren, die Sakramente auszuspenden, die Sünden nachzulaffen,
nicht empfängt, wird er in der That gar keine
Gewalt haben. Alle Handlungen seines Amtes
werden ungültig seyn: sie werden ohne Furcht
für euer Heil seyn; ihr werdet allzeit mit den
Sünden, die er euch erläßt, beladen bleiben;
ihr werdet sie vor den höchsten Richterstuhl tragen; ihr werdet mit ihm verantwortlich seyn,
daß ihr euern ächten Hirten verkennet habt, um
dem Miethlinge zu folgen, der euch nur irre
führen, und in das Verderben stürzen kann.

Allein ich verspreche mir von euerm Glauben
und von eurer Liebe zur Religion die günstig-
sten Vorbedeutungen. Ihr werdet jene Grundwahrheiten, die wir euch in eurer Jugend bey-
gebracht haben, aus euerm Gesichte nicht verlieren. Es giebt kein Heil, ausgenommen in der
wahren Kirche: es giebt keine wahre Kirche, ausgenommen mit den rechtmäßigen Hirten. Ihr
werdet jenen Bischof und jene Pfarrer nicht verlaffen, die euch die Kirche gegeben hat, um falschen Propheten nachzulaufen, die nur im Namen
der Nationalversammlung euch das göttliche Wort
verkündigen, und die Sakramente ausspenden
können, und die nur jene Gewalt haben, die sie
von ihr empfangen. Ihr werdet mit dem Körper
der Oberhirten vereiniget bleiben. Es haben schon
alle Bischöfe Frankreichs ihre Lehre geoffenbaret;
denn die Trennung zweyer Bischöfe benachthei-
ligt

ligt die Einigkeit nicht; und es scheint im Gegentheile, daß sie die Vorsicht nur deßwegen gewählet hat, um durch ihre Spaltung die Eintracht des bischöflichen Körpers desto glänzender zu machen. Ihr sehet, wie mitten unter den Verführungen, Drohungen und Gefahren, welche sie umzingeln, ein weit zahlreicherer Theil der Pfarrer und anderer zur Versammlung deputirten Geistlichen, die meisten Pfarrer der Hauptstadt dieses ehrwürdigen Körpers, welchen die Religionsfeinde selbst hochachten, ihren Glauben ganz und unversehrt beybehalten, und sich lieber allem Preis geben, als ihn verrathen. Und ich schenke dem tugendsamen Klerus, dem ich vorzustehen die Ehre habe, dieses Zutrauen, daß er ihr herrliches Beyspiel nachahmen wird. Mein Trost in diesen traurigen Umständen ist die Hoffnung, daß diese getreue Hirten, die mich durch eine zwanzigjährige Beywohnung zu kennen gelernt haben, der Stimme ihres Bischofes folgen werden, wie sie es allzeit gethan haben; sie werden die Ergebenheit, die sie allzeit gegen ihn geäussert haben, nicht vereiteln; sie werden die ehrenvolle Armuth Jesu Christi dem schmeichelnden Keder, das ihnen vorgelegt worden ist, vorziehen, und diesem Kirchensprengel die Einigkeit beybehalten, welche ihn in der Kirche stets ausgezeichnet hat. Ich schmeichle mir auch, daß ihr, meine Herren! und dieß ganze getreue Volk, unsere Kinder in Jesu Christo, euch getreu an den Glauben euerer Väter anschliessen werdet, die euch in dem heiligen Teiche wiedergebohren, und mit der Milch des göttlichen Wortes ernähret haben; daß ihr in eueren geistlichen Bedürfnissen nur an euere rechtmäßige Hirten euch wenden werdet, die allein euere Seelen erleuchten, und reinigen können. Meine

Hoff-

Hoffnung und Stütze in den Uebeln, denen ich
vorbehalten bin, ist das Zutrauen, daß ich einstens euch dem himmlischen Richterstuhle werde
vorstellen können, als die Kinder meiner Arbeiten und meiner Thränen, die ich der Verführung
und dem Irrthume entrissen habe, und daß ihr
auch an meiner Belohnung Theil nehmen werdet, wie ihr an meinen Peinen und Drangsalen
Theil genommen habt.

Ich habe ꝛc.

Langres den 27. Jenner 1791.

G. Bischof von Langres.

———————

Ich schwöre, mit Sorge über die Gläubigen zu wachen, derer Anleitung mir von der
Kirche anvertrauet ist, oder wird anvertrauet
werden; der Nation, dem Gesetze und dem Könige getreu zu seyn; die von der Versammlung
erlassene, und von dem Könige angenommene
Verfassung in allem, was das politische belangt,
aus allen Kräften handzuhaben; doch nehme ich
ausdrücklich die Gegenstände aus, die von dem
geistlichen Ansehen wesentlich abhängen.

———————

Brief

Brief des Herrn Bischofes von Dax, an die Geistlichkeit und Bürger. 2c.

Welch seltne Veränderung der Dinge, meine lieben Brüder! Sollte die Wahrheit bis auf diesen Zeitpunkt in meinem Munde gefangen gewesen seyn; sollte man nur euern rechtmäßigen Hirten durch den niederträchtigsten Despotismus zu dem Stillschweigen zu verdammen sich bestrebet haben, um sich einen gottesräuberischen Eingriff auf eine Gewalt zu erlauben, die der bischöflichen Würde wesentlich anklebet? Wie! diejenigen, die keine andere Sendung haben, als anzuhören, und zu glauben, sollen einen höchsten Richterstuhl errichten, von dem sie mit entscheidendem Tone über die Hauptartikel unsers Glaubens den Ausspruch thun; einen Richterstuhl, vor den sie ihren Bischof und dessen Mitarbeiter fordern, um ihnen ein mit Irrthümern vergiftetes Gesetzbuch aufzudringen, und sie zu zwingen, Gott zum Zeuge aufzurufen, daß sie Jesum Christum, seine Religion, das Evangelium und dessen Grundsätze abschwören? Wie! Diener eines pur bürgerlichen Gesetzes habet nicht Muth genug gehabt, der Anfechtung zu widerstehen, ihr Ansehen und ihre Gerichtsbarkeit zu vergrößern, um es auf die Ausübung einer Gewalt auszudehnen, die unter ihrem Wirkungskreise nicht liegt? Wie! sie haben sich erkühnet, in einem Richterstuhl, der keiner weltlichen Macht offen steht, einzudringen, um in dem Gewissen der Bischöfe und ihrer Mithelfer Verbrechen aufzuspüren, welche ihr Betragen allzeit

zeit widerleget hat? Wie! sie haben kein Bedenken getragen, die Völker schüchtern zu machen,
vor derer Augen sie ein Ansehen in Ausübung
bringen, welches die Absichten beurtheilet; ein
Ansehen, welches aus Muthmaßungen, die das
Gesetz niemals zuläßt, die Verbannung und das
Todesurtheil ausspricht? Allein, da ich mich den
Trieben eines Eifers, den eine widersinnige Un-
bescheidenheit angefachet hat, überlasse, bin ich
etwa, meine lieben Brüder! allein in eueren
Augen strafwürdig! vielleicht werdet ihr die Vermessenheit, mit der man sich an die Religion
und ihre Diener waget, dem Stillschweigen zu-
schreiben, das ich bisher gehalten habe. Ich
habe mich schon gerechtfertiget, da ich euch die
Hindernisse entdecket habe, die eine gerichtliche Untersuchung, welche wir unter der sogenannten Regierung der Freyheit nicht fürchten sollten, der
Ausübung eines Amtes, ohne welches das Episkopat nicht bestehen kann, hat entgegen setzen
wollen. Ihr werdet, meine lieben Brüder! mit
diesem Briefe einen Hirtenunterricht über die
Regierung der Kirche empfangen: es wird euch
und allen aufgeklärten Gläubigen nicht schwer
fallen, alle Artikel der sogenannten bürgerlichen
Verfassung des Klerus mit den Grundsätzen und
mit den Wahrheiten zu vergleichen, die wir in
diesem Unterrichte euch vor Augen legen. Wir
wollen das Volk weder beunruhigen, noch er-
schrecken: wir sind von dessen Glauben überzeuget: wir kennen den warmen Eifer, und die unermüdete Wachsamkeit unserer Mitarbeiter: aber
man rechnet uns unsre Mäßigung zum Verbrechen aus: man zwinget uns, die Wahrheit ganz
zu sagen: und wir zaudern nicht, sie ertönen
zu lassen.

Die

einzurichten, die Macht seiner Diener festzusetzen, und folgsam Disziplinargesetze abzufassen.
Die Apostel, welche, wie Jesus Christus, gesandt worden sind, haben die nämliche Gewalt
erhalten. Jesus Christus hat die Gerichtsbarkeit seiner Apostel nicht auf den Unterricht und
auf die Mittheilung der Sakramente beschränket,
als er ihnen bey Matth. befohlen, die Völker
zu lehren, alles zu beobachten, was er ihnen
befohlen hatte. Man glaubet die Dogmen, man
empfängt die Sakramente, man beobachtet Regeln, Gebräuche, eine Disziplin.

Wir suchten vergebens in der 4. Abhandlung
des Fleury die angeführte Einschränkung. Es
steht in selber nicht einmal die Gerichtsbarkeit in
Frage. Wir verweisen die Herren Administratoren auf diese Abhandlung. Da werden sie
finden, welcher Umfang der Gerichtsbarkeit der
Kirche wesentlich zukomme. Nachdem Fleury
die Gewalt zu lehren fest gestellet hatte, nimmt
er die Wahrheit an, die wir behaupten. „Ein
anderer Theil der Gerichtsbarkeit, und vielleicht
der vornehmste, ist das Recht, Gesetze und Regeln vorzuschreiben; ein Recht, das jeder Gesellschaft wesentlich anklebet. Selbst die Apostel,
als sie die Kirchen stifteten, haben ihnen Dis-
ziplingesetze gegeben, die Anfangs durch die Uebergabe fortgepflanzet, und nachmals unter dem
Namen der Kanonen der Apostel, und der
apostolischen Verordnungen schriftlich verzeichnet worden sind. Die Konzilien, die oft einberufen wurden, machten auch von Zeit zu Zeit
einige Regeln, und diese nennet man die Kanonen, von dem griechischen Worte, das eine Regel
bedeutet." Und eben dieses ist das Recht, das
die französische Kirche in Anspruch nimmt, und

IX. Theil. L wel-

welches die bürgerliche Verfaſſung des Klerus
ihr verweigert.

Die Herren Adminiſtratoren ſollen demnach
aufrichtig zugeben, daß ſie ſich unſchicklich auf
das Anſehen der heiligen Schrift ſowohl, als auf
das Zeugniß des Herrn Fleury berufen haben.
Sie ſollen den öffentlichen Funktionairen nicht
mehr übel nehmen, daß ſie weder auf ihr Wort,
noch auf das Wort der Urheber der Verfaſſung
ſchwören. Sie ſollen nicht mehr blindlings jene
Schriftſteller abſchreiben, die alles verhunzen,
was ſie anführen, oder die gefliſſentlich die Zeugniſſe verſchweigen, die ſie zu Schanden machen.
Sie ſollen nicht mehr glauben, daß die griechi-
ſchen Kaiſer die biſchöflichen Sitze zertheilet,
oder vereiniget haben, da ſie die Provinzen ihres
Reiches theilten, oder vereinigten.

Das Konzilium von Sardika, deſſen Kanonen eben ſo ehrwürdig, als jene von Nizäa
waren, will, daß man keine Biſchöfe in den
kleinen Städten, ſondern nur in jenen aufſtelle,
die ſchon einen Gehalt haben, und welche die
Biſchöfe für volkreich genug erachten werden,
um dieſen Vorrang zu verdienen. Can. 5.

Die Kaiſer vereinigten die Städte Gaza und
Mazura in eine. Der Biſchof von Mazura war
geſtorben. Jener von Gaza bewarb ſich um
die Vereinigung der zwey Kirchenſprengel; er
erhielt ſie nicht: das Provinzialkonzilium hat
nach reifer Ueberlegung dem verſtorbenen Biſchofe
einen Nachfolger ernannt. Dieſer Handel wurde
in dem Konzilium von Chalzedon wieder gerü-
get, und neuerdings entſchieden.

Theodoſius, der Jüngere hatte der Stadt
und Kirche zu Berytha den Titel einer Metro-
pol vergünſtiget. Der Erzbiſchof von Tyrus
beklagte ſich hierüber bey dem Konzilium; dieſe

Be-

Bewilligung wurde im Religionsfache für nichtig erkläret. „Die kaiserlichen Verordnungen,
schrie diese Versammlung, haben keine Gewalt
wider die Regeln der Kirche." Conc. Chalced. act. 4.

Die kaiserlichen Kommissarien sträubten sich
wider diesen Spruch nicht; sie fragten zu ihrem
Unterricht, ob ein Bischof die Rechte eines andern Sitzes Kraft eines fürstlichen Reskripts ausüben könnte. „Dieß ist nicht erlaubt; es läuft
wider die Regeln." So antwortete das Konzilium.
Da sehen wir die Frage durch ein allgemeines Konzilium entschieden; durch ein Konzilium, dessen
Aussprüche eben so viele Glaubensartikel sind;
durch ein Konzilium, von dem der heilige Gregor, der Grosse, bekannte, daß er es, wie die
vier Evangelien, ehre.

Wir könnten noch tausend andere, gar nicht
verdächtige Zeugnisse von der Gewalt der Kirche
in Errichtung und Eintheilung der Sitze unter
den römischen Kaisern ansetzen, wenn die Verordnungen zweyer Konzilien nicht genüglich wären, die Herren Administratoren und alle diejenigen aufzuklären, die sie bezweifeln wollten.
Man hat sie auch zu guten, wenn man ihnen
sagt, daß Sigebert, Karlmann, Karl der Grosse ic.
ohne Mitwirkung der Kirche Bißthümer errichtet haben. Diese Fürsten bestimmten in ihren
Rathsversammlungen die Bezirke der neuen Sitze;
aber diese so entworfenen Stiftungen wurden nur
in den Konzilien und mit Bewilligung der be-
einträchtigten Bischöfe oder Erzbischöfe in Vollziehung gebracht. Nur mit Einstimmung des Erzbischofes von Maynz und der übrigen zum Konzilium berufenen Bischöfe, nur auf Befehl des
Pabstes Adrians ist Willebad zum ersten Bischofe
von Bremen eingesetzet worden. *)

L 2 Karl-

*) Summi pontificis & universalis papæ Adriani præ-

Karlmann hat die Bisthümer in einem Konzilium errichtet. „In Namen unsers Herrn
Jesu Christi auf Einrathen der Diener Gottes
und meiner Minister habe ich, Karlmann, die
Bischöfe, die in meinem Königreiche sind, und
ihre Priester zu einer Synode einberufen — damit sie mich mit ihrem Rathe unterstützen, um das
Gesetz Gottes, und die Religion wieder herzustellen.“ *) Dieses nennen die Herren Administratoren eine Versammlung der Nation. Allein
es ist eine Versammlung von jener Gattung,
um die die französische Geistlichkeit seit einem
Jahrhunderte unter dem Namen eines National-
konziliums ansuchet.

Die Herren Administratoren führen uns ein
Bisthum von einer ganz neuen Fabrique an,
nämlich die Errichtung des Sitzes zu Dijon durch
Ludwig XV. Wir wollen diese Herren zu der
Lehre der Kirche zurück führen. Wir verlangen
nur, daß die Bisthümer, nach den kanonischen
Regeln, durch das Ansehen der Konzilien oder
des Pabstes errichtet werden: und Ludwig XV.
hielt um die Errichtung eines Bisthumes zu Dijon, zu Nanzy, zu Saint-Diez ꝛc. an; allzeit
wurden die kanonischen Formen beobachtet. Der
Pabst bewilligte durch eine Bulle diese Sitze,
und der König bestätigte die Verordnung des
Pabstes; auf diese Art sind diese Bisthümer rechtmäßig errichtet worden. Der französische Klerus
fordert heut zu Tage nichts anders, als die Unterstützung und Beobachtung dieser Regeln.

Sollen wir die Ausübung dieser höchsten Ge-
richts-

---

cepto, & omnium, qui adfuere, pontificum con-
silio, eandem bremensem ecclesiam cum suis ap-
pendiciis Willehado probabilis vitæ viro coram
Deo & sanctis ejus commissum. Baluz. tom. 1. p.
247. edit. 1780.
*) Carloman. cap. an. 742. Baluz. tom. 1. p. 145.

richtsbarkeit, welche die Kirche in dem Pabste und in den Konzilien anerkennet, wider jene Lä- sterungen rechtfertigen, welche der Geist des Un- glaubens und die falsche Philosophie sich wider den römischen Hof und dessen vorgebliche Ein- griffe auf das Recht, die Sitze zu errichten, oder zu unterdrücken, erlauben? Sollen wir wie- derholen, daß in den acht ersten Jahrhunderten der Kirche, acht Jahrhunderte vor den unter- schobenen Dekretalen, die kirchlichen Titel nur von der geistlichen Gewalt errichtet, oder ver- einiget worden sind? Sollen wir mit dem ganzen Alterthume, mit den Konzilien sagen, daß die weltliche Macht niemals eine Gewalt geben könne, die sie nicht hat, und auf die sie in keinem katholischen Lande jemals Anspruch gemacht hat?

Wird man wohl glauben, unsere Gründe durch die widersinnigste Vernünfteley beantwor- tet zu haben; wird man glauben, das Ansehen der verflossenen Jahrhunderte vereitelt, und die künftigen Jahrhunderte aufgekläret zu haben, wenn man sagt: „nur dort kann ein Bisthum seyn, wo die weltliche Macht gewollt hat, daß man ihm einen Bezirk anweise? Weil nun die Nationalversammlung und der König die zeitliche Macht inne haben, sind sie auch berechtiget, eine neue Eintheilung des Reiches zu machen, die Bisthümer zu erweitern, zu zertheilen, oder zu vereinigen, nachdem es die Umstände erfor- dern." Diese neue Schlußart wird Niemand verführen: nein, meine liebe Brüder! Niemand: der einfältigste, und dummste Gläubige wird nicht glauben, daß die Macht, welche das Recht hat, ein Dorf zu einer Stadt zu erheben, auch eben deßwegen das Recht habe, ein Bisthum zu er- richten. Es ist nicht anders, als wenn man sagte, daß der Baumeister einer Stadt, oder

der

der Maurer, der, ihre Mauern und Wohnungen
bauet, allein die Gewalt in dieser Stadt einrichten, könne, weil die Richterstühle nur dort seyn
können, und die Gewalt nur dort ausgeübet
wird, wo Gebäude sind, und Versammlungen
können gehalten werden.

Die Herren Administratoren lassen sich durch
keine Schwierigkeit einhalten; sie übergehen alle,
auf die sie nicht anworten können. Die Vereinigungen der Bisthümer und Pfarren beschränken, oder erweitern die geistliche Gewalt. Man
hat bisher geglaubet, daß es nur jenem Ansehen, welches die Gewalt übertragen hatte, zu-
stehe, sie zu nehmen, auszudehnen, oder einzuschränken. Allein dieß ist ein alter Irrthum;
jeder Bischof ist ein allgemeiner Bischof. Seine
Gerichtsbarkeit, was den Anfang belangt, ist
unbegränzet, weil es nach der Lehre dieser Herren ein richtiger Grundsatz ist, daß die Kirche
keinen Bezirk habe. Ein Pfarrer soll auch eine
unbeschränkte Gerichtsbarkeit haben, weil er keiner neuen Gewalt benöthiget ist, um die Vereinigung einer oder mehrerer Pfarren anzunehmen. Dieß nennet Herr Mirabeau lächerliche
Worte, die nur aus dem Munde des Herrn Abts
Maury gegangen sind. Es ist eine Lehre die
man dem Herrn Mirabeau und allen Anhängern
der bürgerlichen Verfassung des Klerus beglaubigen muß; eine Lehre, welche die Regierung in
ein Ungeheuer umwandeln würde; eine Lehre,
welche die Hierarchie zerstören, alle Gewalt unter einander werfen, und die Kirche in die Verwirrung und Unordnung einer gänzlichen Anarchie
stürzen würde.

Die Apostel sind zu allen Nationen gesandt
worden. Sie sollten verkündigen, was sie gesehen
hatten. Sie sollten den ersten Grund zu der
Reli-

Religion Jesu Christi legen; ihre persönliche Untrüglichkeit beseitigte alle Ungereimtheiten des
Streites um den Vorzug. Allein die Sendung
ihrer Nachfolger konnte den nämlichen Umfang
nicht haben. Wir sehen auch, daß die Apostel
die Gerichtsbarkeit der Bischöfe beschränkt haben,
die sie für die Kirchen zu Ephesus, zu Perga-
mo, zu Thyatira, zu Sardis, zu Philadelphia,
zu Laodizien ꝛc. geweihet hatten. Die Konzilien
der ersten Jahrhunderte sonderten gleichfalls die
Bischöfe, welche die Gerichtsbarkeit ihrer Amtsgenossen an sich rissen, von der Gemeinschaft der
Gläubigen ab. Das Konzilium von Antiochien,
das erste und dritte von Karthago, und jenes
von Trient haben die Handlungen der Weihe
oder der Gerichtsbarkeit, welche ein Bischof ausser seinem Bezirke sich erlauben würde, für ungültig oder unerlaubt erkläret. Es ist daher ein
ausdrücklicher Irrthum, eine gebrandmarkte Ketzerey, zu der man uns bereden will, wenn man
uns mit entscheidendem Tone sagt, daß jeder Bischof eine unbeschränkte Gerichtsbarkeit empfangen habe; daß die Kirche keinen Bezirk habe;
daß sie nicht habe berechtiget seyn können, die
Gränzeintheilungen der Gerichtsbarkeit zu bestimmen. Versteht man unter dem Bezirke einen
Umfang des angebauten Erdreiches? Nein: denn
von diesem wird die französische Kirche bald nichts
mehr haben. Die Gewalt, der alles weichet,
hat es ihr entrissen: allein die Gewalt, die sich
an der Ueberzeugung zerstossen wird, kann ihr
ihre Glieder, die Gläubigen, aus denen der
Körper der streitenden Kirche besteht, nicht rauben: sie wird allzeit Unterthanen zählen; allzeit
wird sie die Gewalt, zu binden, und zu lösen,
ausüben, die Schlüsselgewalt, die Gewalt, die
Widerspänstigen, die zu ihrer Stimme taub sind,

von

von ihrer Gemeinschaft auszuschliessen: sie wird
allzeit jedem Hirten, vom ersten sowohl als vom
zweyten Range den Theil der Heerde, den er
regieren soll, anweisen, damit diese Heerde ihren
ächten und rechtmäßigen Hirten erkennen, und
ihn von dem reissenden Wolfe, der sie aufwürgen
will, unterscheiden könne.

Die öffentlichen Funktionaire, unsere getreuen Mitarbeiter, werden demnach nicht schwören, daß sie eine Lehre annehmen, und predigen
wollen, die von der Kirche schon tausendmal verworfen und verdammet worden ist. Sie werden
nicht schwören, daß der Bischof seine Gerichtsbarkeit einer Synode von Priestern abborgen
könne, die selbst der Synode des Metropoliten
unterworfen ist. Die Schlinge ist zu offenbar;
man wird sie durch das Keder nicht locken können, das man ihrer Eigenliebe vorwirft; sie
wollen in der Einigkeit des Glaubens und in der
katholischen Gemeinschaft verharren; und der
Glaube lehret sie, daß der Bischof mehr, als
die Priester, sey; daß seine Gerichtsbarkeit jener
der simpeln Priester nicht unterordnet seyn könne;
daß Luther, Kalvin und Richer mit dem Bannstrahle von der Kirche belegt worden sind, weil
sie die Lehre, die man geltend machen will, behauptet haben. Die Zeugnisse des Cyprians und
Augustins, auf die sich die Herren Administratoren berufen, werden Niemand irre führen.
Zwischen dem Ansehen, das zu Rathe zieht, zwischen dem Ansehen, das sich herabläßt, und zwischen einem unterordneten Ansehen obwaltet ein
unendlicher Abstand. Nun die heiligen Cyprian
und Augustin wollen ihre Gerichtsbarkeit nicht
jener ihrer Untergebenen unterwerfen; sie wollen
sie nur zu Rathe ziehen; sie wollen ihren Einsichten, ihrer Weisheit und ihrer Heiligkeit huldigen.

digen. Nein, meine liebe Brüder! Es wird
keinen Priester geben, welcher der Stimme seines
Gewissens getreu ist, der sich erkühnet, sich seinem Bischofe an die Seite zu stellen, um mit
ihm eine Gerichtsbarkeit auszuüben, die ihm nicht
mitgetheilet worden ist. Es wird keinen Gläubigen geben, der für seinen Richter, für seinen
rechtmäßigen Hirten einen Priester anerkennen
wolle, welcher es wagte, eine Gewalt auszuüben, die er nicht empfangen hat.

Die Gränzen dieses Briefes, meine liebe Brüder! erlauben uns nicht, alle Artikel der Verfassung zu durchgehen: ihr werdet in unserm Hirtenunterricht eine weitläufige Erklärung der
Hauptartikel, welche das Dogma und die Disziplin beeinträchtigen, auffinden: ihr werdet dort
sehen, was man von den Wahlen, und von den
Ursachen, welcher wegen man sie unterdrücket
hat, denken soll.

Wir bitten, wir beschwören im Namen Jesu
Christi die Herren Distriktsverwalter von Dax,
die Stimme ihres Hirten der Stimme einiger
treulosen Neuerer vorzuziehen, die alles verdunkeln, alles verunstalten, die ehrwürdigsten und
entscheidendsten Zeugnisse verhunzen, um Irrthümer zu beglaubigen, welche vormals den Weinberg des Herrn verwüstet haben. Wir beschwören sie, die Gränzen des Ansehens, das ihnen anvertrauet worden ist, nicht aus den Augen zu
lassen; dieß ist das sicherste Mittel, es in Achtung zu bringen.

Die Schrift, die sie verbreiten zu können
geglaubet haben, enthält zweifelsohne unfreywil-
lige Irrthümer,

Der Brief eines vorgeblichen Pfarrers von
der Nationalversammlung würde selbst eine Synode der Protestanten in Schrecken setzen; er
trägt

trägt die Irrlehre auf jeder Seite vor: er zerschmettert alle Ringe von jener geiſtgeheimen Kette, welche die Erbfolge der Apoſtel und die Hierarchie der Kirche an einander ſchlinget; er zertrennet ohne Scheu und ohne Rückſicht alle Bande der Unterwürfigkeit; er würdiget das rechtmäßigſte Anſehen gänzlich herab. Meine Herren! wir tragen kein Bedenken, mit Herzhaftigkeit und Freyheit euch zu fragen; wie habt ihr mit Bedacht eure Hand gegen die heilige Arche des Herrn ausſtrecken können? Wie habt ihr glauben können, daß es euch erlaubt ſey, die geheiligte Hinterlage, die euch niemals anvertrauet war, zu verletzen? Man verirret ſich, wenn man ſich eine neue Straße bahnen will; ihr habt es durch die traurige Erfahrung gelernet. Ich habe es bey dem Fuße des Altars beweinet, und beweine es noch; aber ich werde allzeit der Heerde, die mir anvertrauet worden iſt, die Gefahren zeigen, in die man ſie verwickelt; das gebietheriſche Geſetz der Pflicht wird mich über alles menſchliche Anſehen, und zeitliche Vortheile hinaus ſetzen.

Altarsdiener, meine getreuen Mithelfer in der Ausübung des heiligen Amtes! man drohet uns mit Anklägern, mit ſtrengen Richtern und Gewiſſensbiſſen. Wir können Verfolger haben; aber wir werden weder Ankläger, noch Richter haben, weil unſre Seele rein iſt. Wir werden weder zu der Stimme unſers Gewiſſens, noch zu dem Geſchreye unſerer Pflichten jemals taub ſeyn. Wir werden unſerm erſten Eid getreu ſeyn, Gott gehorſamen, und die Menſchen nicht fürchten. Die Drohungen machen nur den Strafwürdigen erblaſſen.

Wenn die, durch unſre Gelaſſenheit ermüdete Verleumdung und die aberwitzige Furcht Beſchimpfungen vorbereiten, werden wir ihnen nichts

an-

anders, als die Waffen der Geduld und des Gebethes entgegen setzen. Auf dem Scheidewege
des Meineides und der schrecklichen Aussicht des
Hungers werden wir nicht lange über die Wahl
schüchtern zaudern. Wir werden der Ewigkeit
entgegen sehen; wir werden unsere Blicke auf
das Grab werfen, worein man uns senken will;
wir werden dessen Tiefe mit kaltem Blute durch-
gründen. Ob wir schon dem grausamsten Tode
Preis gegeben sind; jenem langsamen Tode, den
der Abgang des Bedürfnisses verursachet, und
täglich erneuert, werden wir doch unseren Feinden selbst die Hochachtung abzwingen; wir werden ihnen das Muster friedliebender und gehor-
samer Schlachtopfer vorstellen; es wird keine
Klage unseren Lippen entwischen.

Was euch belangt, meine liebe Brüder! die
ihr auf dem Lande wohnet, derer Wohlfart uns
stets so nahe am Herzen lag, könnet ihr es uns
zum Verbrechen anrechnen, daß wir auf Kosten
unsers Blutes euch das kostbarste Gut, die Religion Jesu Christi, erhalten wollen? Könnet
ihr uns verstoßen, da wir uns zwischen euch und
den Feinden Jesu Christi stellen, um euch mit
dem geheiligten Schilde seiner Religion zu decken,
und um euere Aufrichtigkeit von den Schlingen
zu bewahren, die man ihr legen will? Werdet
ihr euch irre führen lassen, wenn man uns als
Verschworne, welche euch die Rechte, die ihr errungen habt, entreißen wollen, als Verräther
des Vaterlandes, die ein niederträchtiger Eigennutz betäubt hat, bey euch verleumdet? Nein,
meine liebe Brüder! die unzeitige Wuth unserer Feinde wird sich an jener Aufrichtigkeit, an
jener Freyheit, mit der wir uns auszeichnen,
zerstoßen, und scheitern. Ihr werdet euch erinnern, daß wir euch täglich sagten: seyd glückselig,

felig, und wir werden es mit euch feyn: daß
wir euch ohne Unterlaß wiederholten, daß ein
Chriſt ſich deſſen erinnern könne, was er geweſen iſt; aber daß er nicht dasjenige verwirre,
was er iſt. Ihr werdet an euerm Biſchofe, an eueren
Pfarrern, an den, ihrem Berufe getreuen Prieſtern nichts anders ſehen, als die alten Freunde.
Ihr werdet zu euch ſelbſt ſagen, daß euere wahren Freunde jene ſind, welche jene erhabene
Grundſätze der Gleichheit ſchon in Ausübung
brachten, ehe man ſie in ein Syſtem aufſammelte,
das vielleicht nirgends, als in dem Geſetze, reel
iſt. Ihr werdet zu euch ſelbſt ſagen, daß euere
ächten Freunde diejenigen ſind, die über euere
Bedürfniſſe ſorgfältig wachten; die denſelben vor-
beugten; die mit euch über euer Unglück weinten, weil ſie die Quelle euerer Thränen nicht
verſtopfen konnten. Ihr werdet ſagen, daß die
wahren Freunde des Volkes jene ſind, die in dem
Volke ihres gleichen und ihre Brüder lieben, und
ehren, und die niemals weniger das Volk um-
gaben, niemals weniger um deſſen Gunſt buhl-
ten, als ſeit dem die Stimmen des Volkes die
Pforte zu den Stellen und Würden eröffnen.

Ihr werdet, meine liebe Brüder! einige Schritte
zurück gehen, und euch erinnern, daß, wenn
der Klerus Güter gehabt hat, er ſie mit euch zu
theilen wußte; daß er nicht gerechnet hat, wann
euere Bedürfniſſe im höchſten Grade waren.
Ihr werdet euch ſelbſt fragen, ob die Kanzeln
der Wahrheit von unſeren Klagen über unſre Aus-
plünderüng, ſo ſtreng und ungerecht ſie auch iſt,
jemals ertönet haben? Ihr werdet auch mit Er-
ſtaunen euere Blicke auf unſre Liebe werfen, die
euch in einem Zeitpunkte zu bemitleiden wußte,
wo eine weiſe Vorſicht uns berechtigen könnte,
uns wider die Zukunft, die uns erwartet, vor-

zu-

zubewahre::. Ihr werdet vor dem auffallenden
Widerspruche zurück beben, den ihr zwischen unserm Widerstande und der Begierlichkeit, die
man uns zumuthet, entdecken werdet, weil diese
Widersetzlichkeit, uns alles raubet, da indessen
eine sträfliche Willfährigkeit die fertigsten Mittel
anbiethen würde, entweder die Ereignisse abzu-
warten, oder sie einzuflechten, wenn wir anders
auf diesen thörichten Gedanken kommen könnten.

Ihr werdet auch euere Augen mit Schmerzen auf unsere Altäre werfen; ihr werdet die
Trauer und den Schrecken sehen, welchen ihre
Blöße, die Zerstreuung der Diener und das
Einfache, oder die Einstellung des öffentlichen
Gottesdienstes verbreiten. Ihr werdet euch selbst
fragen, ob wir es gewagt haben, euch wider die
Vollziehung des Gesetzes zu bewaffnen; ob wir
euch nicht zu diesen Opfern durch alle Mittel
vorbereitet haben, die uns unser Friedensamt an-
both, und ihr werdet sagen: nein, wir glauben
nicht, daß unsere Priester diese blutigen Auftritte erneuern wollen, welche die Religion zu
keiner Zeit jemals befohlen hat, und die man
ihr ohne eine gotteslästerliche Verleumdung nicht
zur Last legen kann. Der Fanatismus, die barbarische Wuth der Rache, eine unsinnige Eifer-
sucht haben zu dem Blutbade der Bartholomäus-
nacht das Signal geben können; allein die Religion vergoß bittere Thränen! sie hat mit der Geschichte das allzeit kostbare Andenken jenes tugendhaften Soldaten, des Kommandanten in
der Stadt Bayonne, des Vikomtes von Orthe,
jenes Helden verewiget, welcher gewußt hatte,
Befehle abzuschlagen, die ihm sein Gewissen in
Vollziehung zu bringen nicht erlaubte.

So

So wahr ist es, daß es Fälle giebt, in denen eine gegründete Widersetzlichkeit das Ansehen erinnern soll, daß es sich zu weit über seine Gränzen gewagt habe.

Ja, meine liebe Brüder! ihr werdet mit uns die Urtheile der Religion beweinen; ihr werdet mit uns bey dem Throne des Ewigen euere Seufzer ausschütten; ihr werdet die Hand küssen, die uns schlägt. Wir beschwören euch ohne Unterlaß, Gott Opfer zu bringen, worüber er euch entschädigen kann. Wir stehen euch um euer Gebeth an, um uns zu helfen, unsere Drangsalen zu ertragen. Eure Hochachtung, eure Frömmigkeit werden unser Trost seyn.

Gegeben zu Dax den 19. Jenner 1791.

Aug. Bischof von Dax.

Hirtenbrief des Herrn Bischofes von Nancy, bey Gelegenheit des Eides, an die Geistlichkeit und Gläubigen. ꝛc.

Ludwig, Heinrich de la Fare ꝛc.

Ist wohl je eine Zeit gewesen, meine lieben Brüder! wo die Diener des Herrn mit mehr Wahrheit jene herzbrechende Worte des großen Apostels haben wiederholen können: wir sind sehr betrübet, und unser Herz fühlet immerwährenden Schmerz: ein Strom der Thränen benetzet meine

meine Wangen, und vermenget sich diesen Augenblick mit den Buchstaben, die euch meine
Gesinnungen überbringen werden. Der Arm des
Allmächtigen ist über die gallikanische Kirche ausgestrecket; er hat zugelassen, daß ihr die Menschen das fürchterlichste Joch aufbürdeten, und
endlich nichts anders beabsichtigten, als ihre
Hirten der Verfolgung oder dem Abfalle Preis
zu geben. Dem Abfalle! liebe Brüder! begreifet
ihr, wie wir, den ganzen Gräuel davon? Seine
gottesräuberische Verwegenheit marktet mit der
Religion, verräth die Pflichten, die sie auflegt,
verläugnet den Glauben, und entehret ihn.
Redliche, aber irre geführte Seelen! wer hat
euch so bezaubern können, daß ihr die Lüge für
die Wahrheit ansehet? Urtheilet selbst, werden
wir euch mit dem Apostel sagen, ob wir mehr
dem Gesetze der Menschen, als dem Gebothe
Gottes gehorchen sollen? Wenn Fleisch und Blut,
wenn Absichten des Eigennutzes und der Klein-
müthigkeit fähig gewesen wären, uns den Entschluß abzulocken, würden wir zweifelsohne der
verdorbenen und frechen Welt, dessen Gunst man
nur auf Kosten der Gnade Jesu Christi erkau-
fet, gefallen haben. Allein das Gewissen eines
ächten Christen kann mit dem Glauben nicht
paktiren und handeln; sollte er auch sehen, daß
ihn alle menschliche Hilfe verlasse, muß sich dennoch seine Zunge bis auf den letzten Hauch weigern, einen Eid zu schwören, den schon seine
Neuigkeit anklaget, bis der untrügliche Ausspruch
der Kirche den Fluch wider ihn schleudert.

Dieß ist demnach die Ehrerbiethung, welche
die so gepriesene Duldung dieser Afterphiloso-
phie, die heut zu Tage ganz Frankreich umstür-
zet, allen religiösen Meinungen versprochen
hatte! Der Friede schmeichelte auf ihren Lippen;
aber

aber der unausſöhnliche Haß thronte in ihrem
Herzen. Sehet, wie ſie gekommen iſt, mit ge-
waffneter Hand, unter ununterbrochenen Flüchen
des Volkes, deſſen Wuth ſie angefachet hatte,
von den katholiſchen Kirchendienern einen Eid zu
fordern, den ihr Glaube verſcheuet. Sie be-
gnügte ſich nicht, über Leute, welche der Titel
allein, daß ſie Franzoſen und Bürger ſind, hätte
beſchützen ſollen, alle Angſt und alles Elend verbreitet zu haben; ſie fordert auch über ihre un-
ſchuldigen Häupter die ſtets blutdurſtigen Dolche jener wilden Horden auf, die ſie anführet,
und die nach ihrem Befehle wetteifern, das ganze
Königreich mit Morden und Laſtern ungeſtraft
zu überſchwemmen.

Wir, die wir von einer unſeligen Rotte der
Gottloſen zum Schlachtopfer beſtimmet ſind,
haben es ſchon voraus geahndet, und troß unſers Widerſtandes uns gezwungen geſehen, uns
zu entfernen, um ihnen die Laſter zu erſparen.
Wenn wenigſtens die Beſchimpfungen, die
man uns bereitete, dem Vaterlande und der
Monarchie den verdunkelten Glanz hätte zurück
geben können; wenn der Friede, die Wohlfart
und die wahre Freyheit auf dieſen Koſten in unſeren verwüſteten Provinzen wären hergeſtellet
worden; wenn wir durch unſere vergänglichen
Leiden die Heiligung euerer Seelen hätten gewinnen, oder uns zuſichern können; jener, der
die Herzen durchforſchet, ſey mein Zeuge, o!
keine Gefahr würde unſern Eifer erſchüttert haben; wir würden, wenn es nöthig geweſen wäre,
der ſtrengſten Behandlung getrotzet haben; ſelbſt
das Opfer unſers Lebens würde uns nichts ge-
koſtet haben. Allein in dieſer unſeligen Zeit der
Verblendung und der Anarchie, in dieſem verworrenen Jahrhunderte, wo nichts ſo verdächtig
iſt,

ist, als die Tugend, wo nichts mehr ein Laster
ist, als die Treue gegen die Religion, hat der
Altarsdiener, wie es scheint, das Recht verloren,
mit Frucht für das Heil seines Volkes zu leiden;
die Wuth, die seine Tage abkürzen wird, wird
ihn auch bis in das Grab verfolgen, und sich
aus allen Kräften bestreben, alles Gift der Ver=
leumdung über seine Asche auszuschütten.

Grosser Gott! welch traurige Lage eines Vol=
kes, welches niederträchtige Rebellen täglich mit
verfluchten Grundsätzen tränken? Zu welchen Aus=
schweifungen läßt es sich nicht mit Gewalt hin=
reissen? Die Religion wird verunglimpfet, die
Tempel gesperret, ihre Diener verbannet, der
Thron umgestürzet, der Adel vertilget, die Rich=
terstühle zerstöret: es giebt keine Sitten mehr,
keine Finanzen, keine Handlung, keine Armeen,
und bald auch keine Nation mehr; denn wer
kann sie auf dem steilen Rande des Abgrundes
einhalten, wohin die grossen Nationen nur ein=
mal fallen, und zwar ohne Hoffnung, sich jemals
wieder herauszuwinden?

In Mitte so vieler Unglücke, die sich vermeh=
ren, auf einander drängen, anhäufen, und der
Einbildung, von der man heut den grösten Miß=
brauch machet, nur das Bild der Zerstörung
und der Grabmale vorlegen, welche Hilfe übriget
noch den gläubigen Seelen? Keine andere, meine
liebe Brüder! als daß sie dem Himmel eine hei=
lige Gewalt anthun, um die Ruthe seines Zor=
nes noch einzuhalten. Ach! weil sie angekommen
sind, jene unseligen Zeiten, von denen die Schrift
redet, wo Leute ohne Grundsätze die Wahrheit
verwerfen werden, um falschen Lehren und eiteln
Neuheiten anzuhangen, erwachet, gerechte See=
len, zu den Gefahren euers Glaubens; versam=
melt euch, wir beschwören euch, um euere recht=

IX. Theil.　　　M　　　mäßigen

mäßigen Hirten herum; schließet euch mehr, als
jemals, an sie: fliehet diejenigen, welche unter
Schafsfellen verhüllet zu euch kommen, inwendig aber reissende Wölfe sind; ihre Sendung
stammet nicht von dem Stuhle des heiligen Petrus ab, von jener ersten Quelle, von der alle
geistliche Gerichtsbarkeit ausgehen soll: ihr Amt
wird unter euch nur den Tod verbreiten; sie werden nur zerstreuen, nicht aber sammeln.

Welche Wunden für die Kirche! Bethet ohne
Unterlaß; beweinet sie. Wenn euch die bewaff-
nete Gewalt aus den Tempeln verjaget, werden
euch wenigstens Grüfte und Höhlen, wie den
ersten Christen, übrigen. Suchet dort wenn es
nöthig ist, euere Freystätte; lasset sie von eueren
anhaltenden Wünschen und Seufzern ertönen,
um zu Gunsten Frankreichs und aller derjenigen,
die uns verfolgen, den Gott der Barmherzigkeit anzuflehen; begehret von ihm für euern Oberhirten die Stärke, den Eifer und die Frömmigkeit, von der er euch das Geboth und Beyspiel
seyn soll; begehret sie für alle treue Kirchendiener, die, wie er, verdammet sind, weit von
der, ihrer Sorge anvertrauten Heerde entfernt
zu leben, und zu dulden: o daß sie, diese Leiden, die Standhaftigkeit euers Glaubens erhalten, oder in Sicherheit setzen könnten!

Unser Glaube, meine liebe Brüder! wird
unerschütterlich bleiben, gleichwie die ewige Wahrheit, die ihm zum Grunde dienete. Ach! wer
will uns, nach dem schönen Spruche des Apostels, von der Liebe Jesu Christi trennen? Trübsal
oder Angst? Hunger oder Durst? Kälte oder
Blöße? das Schwert oder die Verfolgung? Ist
aber dieß nicht vielmehr der Beweggrund einer
reinen Freude, und die Krone unsrer Ehre? O!
wie glückselig sind wir, wenn man an uns, mit
dem

dem gekreuzigten Gott, den wir predigen, diese seichten Züge der Aehnlichkeit erblicket!

Und ihr, meine liebe Mitarbeiter! ihr, derer evangelisches Betragen, das in den günstigern Zeiten unsre Erbauung gewesen ist, heut zu Tage vor dem Herrn unser Trost ist, erfreuet euch mit uns, daß ihr würdig geachtet werdet, für den Namen Jesu etwas zu leiden. Lasset uns in allem uns selbst, wie getreue Diener Gottes, sanftmüthig und geduldig erweisen, in vielfältigen Trübsalen, Bedürfnissen und Aengsten, in Mitte der Verfolgung, in Ehre und Unehre, durch bösen Ruf und gutes Gerücht. Lasset uns großmüthig beharren auf dem Wege des Herrn, so lange die Züchtigung, die er uns zuschicket, anhalten wird, und unsere Augen auf Jesum Christum, den Anfänger und Vollender unsers Glaubens werfen; lasset uns aufrichtig und standhaft der unsterblichen Glorie zueilen, mit der er sich unsre Beharrlichkeit zu krönen anheischig gemacht hat!

O daß der Vater der Lichter gebe, daß wir keinen Schiffbruch von einem aus unseren Brüdern in dem geheiligten Amte zu beweinen haben! Allein wenn einer zu finden seyn sollte, den das strenge Urtheil Gottes seinem verkehrten Sinne Preis gäbe, so ist es unsre Pflicht, uns mit aller Stärke des Eifers zu bewaffnen, die Gläubigen wider die Verführung vorzubewahren, zur Zeit und Unzeit diese abtrünnige Diener zu strafen, zu bitten, zu beschwören, zu überzeugen, und wenn es möglich ist, sie zu der ächten Lehre wieder zurückzuführen. O daß sie, ungeachtet ihrer Verirrung, nicht fürchten, zu uns zurückzukehren! Unsere Arme werden allzeit gegen sie ausgestrecket seyn, um sie aufzunehmen, und wenn schon unser Mund gezwungen wird,

ihnen

ihnen den Fluch zu geben, so wird doch unser Herz nicht aufhören, sie zu bedauern, sie aufzusuchen, und an sich zu ziehen, bis daß die Mauer der Trennung, die sie selbst aufgeführet haben, niederfällt, und bis daß sie sich in dem Schooße der katholischen, apostolischen und römischen Kirche wieder vereinigen, ihren Abfall verfluchen, ihre Irrthümer abschwören, und das Aergerniß ihres Verbrechens durch eine hinlängliche Buße wieder gut machen.

Gegeben den 8. Jenner
1791.

A. L. H. Bischof von Nancy.

Brief und Erklärung des Herrn Bischofes von Nancy an die Herren Administratoren. ꝛc.

Meine Herren!

Wenn ich, wie die Hirten, der ersten Kirche, vor dem Richterstuhle der Menschen erscheinen sollte, um dem Glauben meiner Väter ein öffentliches Zeugniß zu geben, und die ewigen Wahrheiten, die ich zu lehren, und zu vertheidigen verbunden bin, mit meinem Blute zu versiegeln, würde ich in Mitte der Heerde, die mir anvertrauet worden ist, diesem rühmlichen Zeitpunkte ohne Furcht entgegen gesehen haben. Allein die Verfolgung, welche der Haß des Namens Jesu Christi

Chriſti heut zu Tage wider den franzöſiſchen
Klerus aufkeimen machet, vergönnet ſeinen Dienern die Ehre eines der Religion nützlichen Mar-
todes nicht. Nur unbekannte und ſtrafbare
Meuchelmorde können ihr Antheil ſeyn. Sie trotzen würde eine Vermeſſenheit ohne Vortheil für
die Religion ſeyn; ihnen aber zuvorkommen habe
ich für meine Pflicht gehalten.

Ich ſchmeichle mir, daß ihr mir ſo viele
Achtung ſchenket, um nicht zu zweifeln, welches
meine Antwort auf die Aufforderung zu dem
neuen Eide, den man von dem Klerus verlanget,
ſeyn würde. Ich weis es! die Bosheit iſt ihr
ſchon vorgekommen, und die Verleumdung erwartet ſie, um ſie mit ihrem Gifte zu beſtecken;
was liegt aber an den eiteln Urtheilen der Menſchen, wenn um nichts anders zu thun iſt, als
dem Urtheile Gottes zu entgehen?

Es giebt Umſtände, wo der Diener Jeſu
Chriſti, nach dem Beyſpiele des Apoſtels, nicht
fürchten ſoll, den Beſchuldigungen der Bosheit
und der Verleumdung die Liebe ſeines Charakters und die Standhaftigkeit ſeiner Grundſätze
entgegen zu ſetzen. Die Pflicht, ich darf es ſagen, iſt allzeit die unveränderliche Regel meines
Betragens geweſen, und es wird vielleicht der
dringendſte Zufall, in dem ich mich befinden
kann, ſeyn, wo ich ſie verkennen ſoll. Bisher
hat mir Gott die Gnade angedeihen laſſen, daß
ich ihr getreu entſprochen habe, theils da ich dem
Monarchen und den Repräſentanten des Volkes
das heilige Wort angekündiget, und auch mit
Gefahr, zu mißfallen, ein wahres Bild von dem
Elende des Volkes, und von der unumgänglichen
Nothwendigkeit unſrer heiligen Religion zu der
Ehre und der Wohlfart der Reiche entworfen
habe; theils da ich in Mitte der Deputirten

Frank-

Frankreichs die geheiligten Rechte Jesu Christi
oder seiner Kirche, und die Vortheile der Armen
vertheidigte; theils da ich in meinem Kirchensprengel, wohin ich zurück gekehret bin, um meine
geschwächten Kräfte zu erholen, meine Amtspflich-
ten erfülle, ermahne, tröste, allen alles zu werden verlange, und um die Freyheit für mich
und meine Mitarbeiter bitte, die Ausübung der
heiligen Verrichtungen, die meinem Amte ankleben, fortzusetzen.

Dieses Betragen, meine Herren! überzeuget
euch, wie ich mich heut zu Tage benehmen
werde. Die dem Klerus angetragene Wahl ist
nichts anders, als die Verfolgung oder der Abfall. — Schon vom Anfange an hatte ich das
grausame System, das der Kirche drohte, vor-
gesehen, angekündiget, und bestritten; und um
die Gläubigen, so viel es in mir ist, wider dessen Gefahren vorzubewahren, habe ich eine deutliche Entwicklung von den Grundsätzen der ächten
Lehre über die Gränzen kund gemacht, welche
die weltliche Macht von der geistlichen scheiden.
Da ich mich demnach auf diese erste Arbeit berufe, und an die wahrhaft apostolischen Erklärungen anschließe, welche die Bischöfe der französischen Kirche von allen Seiten her haben ertönen lassen, so glaube ich mich aller Untersuchung für jetzt entbehren zu können, und unter-
werfe mich mit gänzlicher Ergebung allem, was
dem göttlichen Willen zuzulassen, oder zu befehlen beliebig seyn wird. Ich beschränke mich
nun auf folgende Erklärung.

1. Ich erkläre, als Bürger und Diener einer
Religion, welche den Gehorsam gegen die welt-
lichen Mächte prediget, in allem, was von ihrer
Gerichtsbarkeit abhängt, daß ich allzeit mit dem
Beyspiele der vollkommensten Unterwürfigkeit ge-
gen

gen das Gesetz vorleuchten werde; daß ich dem
Kaiser allzeit geben werde, was des Kaisers ist,
so lange er von mir nichts fordern wird, was
mich hindert, Gott zu geben, was Gottes ist.

2. Ich erneuere alle meine Erklärungen, und
vorigen Protestationen wider alle Dekrete der
Nationalversammlung, die sich einen Eingriff
auf die Religion und die Kirche erlauben, und
erkläre, darauf zu beharren, gleichwie auch auf
allen Grundsätzen, die ich über die Gränzen der
zwey Mächte in der Schrift erkläret habe, die
den Titel hat: welchen Einfluß soll die Nationalversammlung auf die kirchlichen und
religiösen Umstände haben?

3. Folgsam erkenne ich niemals ein anders
Ansehen als jenes der Kirche, und werde es nie-
mals erkennen, über alles, was die geistliche
Regierung belangt.

4. Ich werde stets glauben, und lehren, daß
der Pabst, in dessen Gemeinschaft ich zu leben,
und zu sterben verlange, Kraft göttlichen Rechtes in der ganzen Kirche einen Primat der Gerichtsbarkeit inne habe, den er nach der Vorschrift der kanonischen Rechte ausüben muß.

5. Ich kann, und soll nicht in der weltlichen Macht eine Gewalt, die sie sich anmasset,
zulassen, die Erzbisthümer, bischöflichen Sitze
und Pfarren zu errichten, und zu unterdrücken,
aus eignem Ansehen neue Bezirkseintheilungen
der Kirchensprengel und Pfarrspiele abzustecken,
und einige Titel der Benefizien zu errichten,
oder aufzuheben.

6. Weil das Ansehen der Kirche meinen bischöflichen Sitz dem Erzbisthume von Trier an-
geheftet, und unterworfen hat, so ist sie allein
berechtiget, mich davon zu befreyen, und Seine
Churf. Durchlaucht von Trier haben auch aus-
drück-

drücklich erkläret, daß Sie sich wider die Dekrete der Nationalversammlung, was die bürgerliche Verfassung des Klerus betrift, und
vorzüglich wider die Verfügung setzen, welche
die französischen Bischöfe, seine Suffraganen,
seiner Gerichtsbarkeit entreissen. Ich kann, und
will demnach mich nicht von seinem Metropolitansitze trennen, um mich mit einem andern zu
vereinigen.

7. Bis mein Sitz auf kanonische Weise mit
der geistlichen Gerichtsbarkeit über die Pfarren
des Departements von der Meurte, die zu meiner alten Diozes nicht gehören, nicht wird ver-
sehen seyn, kann und will ich nicht einige Gerichtsbarkeit dort ausüben. Alle Handlungen,
die ich mir erlauben wollte, würden mich der
Anmaßung belangen, und ursprünglich ungültig
seyn, den Fall der äussersten Nothdurft allein
ausgenommen.

8. Ich kann weder zu der Unterdrückung
des Kapitels meiner Kathedralkirche mitwirken,
noch folgsam Vikaren ernennen, um es zu ersetzen, wenn die Kirche diese Unterdrückung nicht
berechtiget, und die Wiederherstellung dieser Vikaren nicht verordnet.

9. Ich erkläre jeden Priester, der vermessen
genug wäre, es zu wagen, sich ohne kanonische
Einsetzung in die Ausübung einer geistlichen Gerichtsbarkeit, deren rechtmäßiger Titular sein
Amt nicht freywillig niedergelegt hat, einzudrängen, als einen Eingedrungenen, als die Schande
der Kirche, das Aergerniß der Gläubigen; als
einen der ohne Sendung und Charakter, folglich
unfähig ist, die geistliche Gerichtsbarkeit, die er
an sich gerissen hat, gültig in Ausübung zu
bringen.

10. Ich

10. Ich werde, wie es meine Pflicht fordert, alles thun, was in meiner Gewalt ist, damit die Gläubigen von meinem Kirchensprengel der geistlichen Hilfsmittel, die ihnen niemals nöthiger waren, nicht beraubet werden; ich werde Sorge tragen, sie der ächten Lehre stets zu erinnern, und ihre unveränderlichen Grundsätze den vereinigten Kräften der Ketzerey und des Unglaubens entgegen zu setzen.

Dieß ist, meine Herren! die Erklärung die mein Gewissen mich zu thun verbindet. Ich thue sie, als wenn sie die letzte Handlung meines Lebens wäre; und die Ueberzeugung, die ich von der Reinigkeit der Beweggründe und von der Gründlichkeit der Grundsätze, die mich regieren, habe, werden mich keine Mühe, keine Verfolgung und keine Gefahr fürchten machen, um die Wahrheit derselben zu bezeugen, oder zu unterstützen.

Gegeben den 8. Jenner
1791.

A. L. H. Bischof von Nancy.

Hirtenbrief des Herrn Bischofs von Chalons
am Fluſſe Marne an die Geiſtlichkeit
und Gläubigen ſeines Kirchenſprengels.

Anton, Julius von Klermont-Tonnere ꝛc.

Mitten unter den Uebeln, welche die Religion drücken, werdet ihr, meine liebe Brüder!
zweifelsohne euch verwundern, daß ihr die Stimme euers Hirten nicht höret. Zweifelsohne werdet ihr fragen, warum wir in eben dem Zeitpunkte, wo ihr am meiſten des Troſtes und Lichtes benöthiget ſeyd, uns den Aengſten, die
euch beunruhigen, Preis geben, und ein zag-
haftes Stillſchweigen halten, da uns alles ein
Geſetz vorſchreibet, eurer Frömmigkeit Muth ein-
zuflöſſen, und euern Glauben zu unterſtützen?
Laſſet uns, meine liebe Brüder! einem ſol-
chen Vorwurfe vorkommen. Und wie könnten
wir eine Heerde feige verlaſſen, die uns ſo vieler
Titel wegen ſo lieb und werth iſt? Wie könnten
wir vorzüglich einer Stadt vergeſſen, die ſich mit
der Ehre groß weis, die erſte Erklärung für die
Beybehaltung ihres Sitzes von ſich gegeben zu
haben, und die noch mehr, als jede andere,
ſeufzet, alle jene religiöſen Einrichtungen, die
ihre ſchönſte Zierde waren, verſchwinden zu ſehen,
um für ſie das Elend, den Verfall und den Tod
zu verbreiten.
Erlaubet uns demnach, unſern lebhaften
Schmerz in euren Schooß auszugieſſen. Ach iſt
dann jener prächtige Tempel, der nicht minder
ſeines Alterthumes, als ſeines Vorranges wegen
ehr-

ehrwürdig war, in eine wüſte Einöde umgeſchaf=
fen? Iſt jene prieſterliche Schule zerſtreuet, die
wir ſeit mehreren Jahren unter unſeren Augen
blühen geſehen haben? Haben jene junge Zög=
linge keinen Vater, keine Stütze mehr, derer Un=
terhalt unſre angenehmſte Freude und unſre hei=
ligſte Pflicht ausmachte? Wer hat dann die Ma=
jeſtät der Zeremonien und den Pracht des heili=
gen Gottesdienſtes eingeſtellet? Wer hat die erſten
Mitarbeiter in unſerm biſchöflichen Amte zu dem
Elende verdammet? Wer hat ſie unter dem Na=
men der Freyheit ihres Standes entſetzet, nach=
dem man ſie unter dem Namen des Eigenthumes
ihrer Güter beraubet hatte? Ach! wie ſind doch
alle dieſe ehrwürdigen Denkmale der alten Fröm=
migkeit vernichtet worden? Wenn es fremde,
feindliche oder ſiegende Nationen wären, welche
die Verwüſtung und Trauer über das Heilig=
thum verbreitet hatten, könnten wir etwa noch
eine Linderung für den Schmerz, der uns quält,
finden; allein daß es unſere Brüder in der Ge=
ſellſchaft, ja unſere Kinder in dem Glauben ſind,
dieß iſt, was unſre Betrachtung, unſre Betrüb=
niß und unſre Verwunderung verbittert.

Welche Unheile und Zerſtörungen umzingeln
uns von allen Seiten! Wenn plötzlich der Erfolg
ſo vieler traurigen Neuerungen unſeren Augen wäre
vorgelegt worden; wenn man Kraft eines ſchnellen
Geſetzes auf einmal die bey allen Nationen in Ehren
gehaltenen Kirchengüter eingezogen, alle Titula=
ren ausgeplündert, von einem Ende des König=
reiches bis zu dem andern alle Stiftungen ver=
nichtet, mehr als 50 Biſchöfe von ihren Sitzen
vertrieben, alle Klöſter unterdrücket, die evange=
liſche Vollkommenheit als widernatürlich verban=
net, alle jene prächtige Kirchen umgeſtürzet,
von denen die meiſten älter ſind, als der Thron,

und

und schen vor der Nation bestanden; wenn man dieses verheerende Gesetz mit der feyerlichen Verweigerung, die katholische Religion, zu der sich der Staat bekennet, für die Religion des Staates zu erklären, vollendet hätte, wer, meine liebe Brüder! wir fragen euch, wer aus euch würde nicht mit Furcht und Schrecken durchdrungen worden seyn? Ja wer aus euch würde nicht die Möglichkeit dieser unseligen Unternehmungen bezweifelt haben? Indessen was euch in seiner ganzen Zusammenfassung mit Furcht erfüllet hätte, hat vielleicht in seiner allmählichen Verwüstung ganz schwach auf euch gewirket. Mit welcher Kunst hat man euch dazu vorbereitet? Welche Stuffen haben euch zu jener sogenannten bürgerlichen Verfassung des Klerus geführet, die das Maaß seiner Drangsalen vollends anfüllet, und seinen gänzlichen Umsturz vorbereitet.

Wir wollen uns hier, meine liebe Brüder! nicht ausdehnen auf die wesentlichen Grundsätze der Kirche, die schon in der Erklärung der zur Versammlung deputirten Bischöfe, oder auf jene, die in dem Hirtenbriefe unsers ehrwürdigen Amtsgehilfen, des Herrn Bischofes von Boulogne, untersuchet sind, den wir euch als eine Ergänzung des Unterrichtes senden. Ihr werdet daraus ersehen, daß Religionsdiener in keiner Hinsicht Anwälde des Volkes seyn können; daß die Kirche von ihrem göttlichen Stifter das Recht empfangen hat, sich selbst zu regieren; daß diese himmlische Gewalt nicht nur die Glaubensartikel, sondern auch die Ordnung der Disziplin bestimmet; daß die gesetzgebende Gewalt, wie die Dogmen und Moral ihr zugehöret; daß, wenn man sie des Rechtes, ihre äußerliche Regierung anzuordnen, beraubet, man ihr auch das Mittel ent-

entreißt, sich zu verewigen; daß die weltliche
Macht eben so wenig berechtiget ist, die äusserliche Regierung einzurichten, als sie fähig ist,
den Grund selbst der Religion zu bewahren, und
daß also die neue Verfassung des Klerus, weil
sie von der bürgerlichen Macht allein ausgeht,
nur widerrechtlich in ihren Grundsätzen, und
ungültig in ihren Wirkungen seyn kann.

Allein, meine liebe Brüder! was würde er-
folgen, wenn sie unter dem Namen der bürgerlichen Organisation des Klerus in der That die
geistliche und göttliche Verfassung desselben ver-
nichtete, und wenn man mit den Worten auch
die Natur der Dinge abänderte, und sich wirklich in das Innere des Heiligthumes eindrängte,
da man nur das Ausserliche anzuordnen vorwen-
det? Wir wissen es zweifelsohne, daß man, um
die Frömmigkeit der Gläubigen zu gutem zu haben, ihnen nur von pur weltlichen Einrichtungen, welche den Glauben nicht beeinträchtigen,
vorschwäzt? Aber wie! ist die Nothwendigkeit
der kanonischen Einsetzung nach der einzigen
Form, welche die Kirche vorschreibet, nicht eine
katholische Glaubenswahrheit? Ist die Obergewalt der Bischöfe über die unterordneten Diener
nicht eine katholische Glaubenswahrheit? Ist das
ausschliessende Recht der Oberhirten, zu lehren,
und die geistliche Gerichtsbarkeit auszuüben,
nicht eine Glaubenswahrheit? Ist der Primat,
den der Nachfolger des heiligen Petrus ausübet,
nicht eine Glaubenswahrheit, jener Primat, der
nicht einen leeren Titel, sondern eine wahre
Oberaufsicht und Regierung in sich einschließt,
und der ihn nur in dieser Hinsicht auf den Gipfel der Hierarchie setzet, um ihn zu dem obersten
Vorsteher und Regierer der allgemeinen Kirche
zu machen? Was thut indessen die neue Verfassung

ſung des Klerus? Sie ernennet aus vollem Rechte
die Vikaren der Biſchöfe; ſie verlegt nach
Willkühr die geiſtliche Gerichtsbarkeit auf diejenigen, die ſie nicht haben, und entreißt ſie jenen,
denen die Kirche ſie ſchon anvertrauet hat; ſie
überträgt das biſchöfliche Anſehen, und ſelbſt das
Lehramt an eine Verſammlung von Prieſtern;
ſie verunſtaltet die kirchliche Regierung, da ſie
dieſelbe in eine republikaniſche Form umſchaffet,
die weſentlich ihrem Geiſte der Unterordnung
und Einigkeit entgegen ſteht; ſie beraubet den
Pabſt, den Mittelpunkt der Einigkeit und das
Oberhaupt aller Hirten, der Regierung der Kirche; ſie zerſtöret dieſe wunderbare Eintheilung
der verſchiedenen Stuffen der hierarchiſchen Ordnung, und dringet eine ganz neue Regierung
auf, die auch nicht in dem bürgerlichen Fache
beſtehen könnte, weil jeder Körper, der weder
Untergebene, noch Obere hat, nothwendig den
unheilbaren Grundſatz ſeiner Trennung in ſich
enthält.

Man hat nicht ermangelt, meine liebe Brüder! dieſe unerhörte Eingriffe mit dem Schminke
gewißer Ehrbezeugungen zu übergleißen; aber
dieß geſchieht nur, um deſto zuverläßiger den
Zweck zu erreichen. Man behält dem Pabſte die
Eigenſchaft des Oberhauptes der Kirche; aber
ohne Thätigkeit und ohne Ausübung: man räumet
den Metropoliten ihren Vorrang ein; aber man
verändert ihn in ein erbetteltes und fruchtloſes
Recht: man giebt den Biſchöfen und Hirten einen
Unterricht zu, der aber nicht jener iſt, den ihnen
die Kirche ertheilet. Man fordert von ihnen
bey ihrer Einſetzung einen Eid über den katholiſchen Glauben; aber nur durch eine allgemeine
Erklärung, worunter man alle Ketzereyen verhüllen kann: man verlanget von den neuen Biſchöfen

schöfen ein Schreiben an den Pabst zum Zeichen
der Gemeinschaft; aber deſſen Inhalt iſt willkührlich, und eben ſo unbeſtimmt, wie der Eid, und
kann auch von jedem ſchismatiſchen Biſchofe auß-
geſtellet werden. Man bleibt demnach ſtets der
Kirche unterworfen, und höret ſie nicht; man
läßt ihr von Rechtes wegen ein Anſehen, und
entreißt ihr in der That gänzlich alles Recht;
man will lieber die Spaltung begünſtigen, als
ſie ſchlechterdings erklären, und lieber allmählich
die Bande der Einigkeit unvermerkt auflöſen,
als ſie mit Gewalt zerreiſſen; und auf ſolche
Weiſe erſchüttert man deſto ſtärker das Gebäude,
je weniger die Streiche, die man ihr beybringt,
geradezu, und je mehr verborgener ſie ſind.

Urtheilet nun, meine liebe Brüder! ob alle
neue Kirchengeſetze ſich nur auf ſimple Bezirkseintheilungen der Diözeſen beſchränken, wie man
uns ohne Unterlaß wiederholet; urtheilet, ob dieſe
Gränzbeſtimmungen, die nicht geſchehen können,
ohne die Gewalt der Kirche zu zertheilen, die
Kirche nichts angehen; ſaget, ob die ganz göttliche Leitung der Seelen und der Gewiſſen,
ohne kanoniſche Formen, alſo den Lokal- und
Symmetriumſtänden könne unterworfen werden;
machet endlich den Spruch nach eurer natürlichen Aufrichtigkeit, ob wir, ohne unſer Gewiſſen
zu verrathen, zu einer ſogenannten bürgerlichen
Verfaſſung mitwirken können, deren geringſter
Fehler dieſer iſt, daß ſie uns von einer urſprüng-
lich untüchtigen Macht vorgelegt wird; von der
man kein Beyſpiel in der ganzen Uebergabe auf-
weiſen kann; die offenbar der gegenwärtigen Diſziplin der ganzen katholiſchen Welt widerſpricht,
und die durch ihre ungewöhnlichen Formen, und
durch ihr Geweb ohne Zuſammenhang eine fruchtbare

bare Quelle sowohl der Uebel für den Staat, als
der Aergernisse für die Kirche seyn würde.

Hier biethet sich eine für euch meine liebe
Brüder sehr wichtige Bemerkung an; nämlich
daß der Handel der Kirche das ganze katholische
Volk beeinträchtige; daß die Vorzüge des Pabstes
mit den Rechten des geringsten Gläubigen verflochten sind; daß, da wir unser heiliges Ansehen
behaupten, wir euren eignen Glauben vertheidigen; daß euere Bischöfe euch zugehören, wie
euer Glaube, wie eure Taufe, wie das Blut
euerer Väter, die sich dazu bekennet haben; daß
man euch die Richter eurer Lehre und die Väter
eurer Moral nach Willkühr nicht entreissen könne,
ohne über euch die unbilligste Grausamkeit auszuüben, und daß diejenigen, die sich die unselige
Gewalt erlauben wollten, mit eurer Religion
anzuordnen, euer heiligstes und höchstes Eigenthum, nämlich euere Grundsätze und euer Gewissen verletzen würden.

Sohin, meine liebe Brüder! sehet ihr ganz
natürlich, welches Betragen ihr in diesen traurigen Umständen äussern sollet. Man weist euch
neue Hirten an; fraget, wer sie euch sendet.
Man errichtet neue Bisthümer; fraget, wer sie
gründet. Wenn man euch sagt, daß es die
Kirche sey, so höret nur die Stimme der Kirche.
Wenn man vorgiebt, daß ihr es seyd, so schwöret eine Gewalt, die ihr nicht habt, und ein
Recht ab, das alle Rechte verschlingen würde,
weil das erste und vornehmste Recht dieses ist,
daß ihr versichert seyd, daß ihr keine falsche
Propheten habt, die euch verführen; daß die
Hirten, die euch anleiten, keine eingedrungene
sind, und daß ihr niemals diese kostbare Gewißheit haben werdet, wenn ihr sie nicht von der
Kirche, und durch sie von Jesu Christo erhaltet.

Es

Es giebt noch eine andere Schlinge, meine
liebe Brüder! und es ist von erheblichster Wichtigkeit, wider sie euern Glauben vorzubewahren.
Man giebt vor, daß diese seltene Neuerungen
nichts anders beabsichtigen, als die Wiederherstellung der alten Gesetze, und den Rückweg zu dem
ursprünglichen Stande der Kirche. Eben so
haben zu allen Zeiten die Ketzer gesprochen. Eben
so brüsteten sich die vorgeblichen Reformatoren
der letzten Jahrhunderte, daß sie die apostolischen
Zeiten wieder aufblühen machten. Aber doch,
in welchem Zeitlauf hat man wichtige Veränderungen in der Kirche ohne ihre Mitwirkung und
wider ihren Willen unternommen? Welche Gewalt kann diese Gesetze wieder aufleben machen,
als jene, die sie abgestellet hat? Ist es nicht ein
Widerspruch, wenn man die Kirche zwinget,
Gesetze aufzugreifen, die sie geglaubet hat, abändern zu müssen? Ist es auch wohl wahr, daß
die neue Verfassung mit der Regierung der ersten
Jahrhunderte übereinstimme? Ist es wahr, daß
man je jene Volksversammlungen gesehen habe,
wo der Heid, der Jud, der offenbare Atheist
dem katholischen Volke Hirten setzen? Und können
wohl die wärmsten Vertheidiger der neuen Lehre
auch nur ein einziges Beyspiel von einer so an-
stößigen Diszeplin aufweisen?

Und in der That, was will man sagen, wenn
man sich anstellet, als wolle man die ersten Jahrhunderte aufblühen machen? Wie! muß man die
Altäre ausplündern, um sie ehrwürdiger zu machen, oder die heiligen Religionsdiener herab-
würdigen, damit sie mehr fruchten? Wie! hat
die in ihrem Ursprunge schwache und dunkle
Kirche durch die Regierung über ein großes Königreich kein Ansehen und keine Majestät erringen
können? Geschieht es dann im Ernste, daß man

IX. Theil.   N   uns

uns der Zeit der Katakomben erinnert? Ge=
schieht es um der Religion des Staates willen,
deren Fahne auf der Krone der Monarchen schim=
mert, daß man jene Tage der Trauer wieder auf=
leben machen will, wo sie ihre Siege nur nach
der Zahl ihrer Märtyrer aufzählte? Sollte es
dann wahr seyn, daß sie unter den katho=
lischen Königen verfolget werde, wie es ihr
unter den heidnischen geschah, oder daß sie nur
deßwegen so großen Fortgang gewonnen, und so
herrliche Eroberungen gemacht habe, um nach
achtzehn Jahrhunderten zu den Verdemüthigungen
und zu den Drückungen ihrer Wiege zurückzu=
kommen?

Gestattet noch, daß wir euch fragen, meine
liebe Brüder! verlanget ihr ernstlich, die Kirche
von Jerusalem wieder aufleben zu sehen? Wollet
ihr einen Theil eurs Erbes zur Unterstützung
der Armen zu unseren Füßen legen? Wollet ihr
aufrichtig, daß ich das alte Ansehen unsers Am=
tes aufgreife? Erlaubet ihr uns, daß wir auf
euere Sitten, auf eure Familie und auf das Be=
tragen, mit dem ihr den Pflichten eurer Religion
entsprechet, ein wachsames Auge haben; daß wir
euer Fasten anordnen; daß wir euch die kano=
nischen Bußen auflegen; daß wir euch endlich
mit jener heiligen Strenge strafen, welche den
apostolischen Eifer auszeichnete? Zweifelsohne,
so groß auch gegenwärtiges Verderbniß ist, sollen
wir die ersten seyn, die mit ihrem Beyspiele vor=
leuchten, und das Urtheil muß allzeit von
dem Hause Gottes anfangen. Allein wie
wird es möglich seyn, daß der Hirt der Heerde
zu einem Muster werde, wenn die Heerde kein
Muster und keine Regel mehr haben will? Wo
werden unsere Vaterspflichten seyn, wenn wir
keine Kinder mehr haben? Und sind wir dann
nicht

nicht berechtiget, in dieser Hinsicht über euere
Verfügungen durch die unerhörten Aergerniffe,
die jetzt die ganze Oberfläche des Königreiches be-
mackeln, den Spruch zu thun? O Schmerz!
o Betrübniß ohne Gränzen! das Sittenverderb-
niß ist zur Politik und zum Systeme geworden:
die Religion wird auf den öffentlichen Schaubühnen durchgelaffen: die Entheiligung des Tempels
ist gesetzmäßig: die gottesläfterlichen Auftritte
werden allenthalben erneuert: alle Straßen Sions
weinen: der anbethungswürdige Körper Jefu
Christi wird täglich Beschimpfungen ohne Beyspiel Preis gegeben: die Kanzeln des Irrthumes
werden wieder hergestellet, und die Güter, welche
sie zu unterhalten bestimmet sind, werden allein
als unverletzlich erkläret: dem Patriarchen der
Gottlofen wird auf den Trümmern der Tempel
ein Denkmal von der Nation errichtet; und bey
allem diesen Verfahren, das alle ächte Gläubigen
in einen Abgrund der Betrübniß versenket, erkühnet man sich, uns von der Rückkehr zu dem
ursprünglichen Geiste der Kirche zu reden! Meine
liebste Brüder! ist es dann unser Eifer, der sich
verirret, oder die Welt, die in dem Wannwitze
herumtaumelt? Sind es die Hirten, die sich betrügen, oder die Schafe, die keine Hirten mehr
wollen? Und welch häßlicher Unsinn ist es nicht,
wollen, daß wir Apostel sind, da ihr uns laut
sagt, daß ihr Heiden seyn wollet? Laffet euch
dann, meine Herren! durch diesen Geist der Unruhe und Neuerung nicht blenden, der unter dem
Vorwande, alles zu verbeffern, nichts weniger
beabsichtiget, als alles zu zerstören. Laffet uns
in dem Geiste des Christenthumes uns erneuern,
der nur gar zu sehr geschwächet ist; aber laffet
uns auch in der Ordnung bleiben, welche die
Vorsicht ausgezeichnet hat. Laffet uns gedenken,

daß

daß Gott keine andere Mittel , die Kirche zu re-
formiren gewählet hat, als eben die Kirche selbst.
Begehret mit uns ein Nationalkonzilium; dieß ist
der einzige Weg , den uns die heiligen Kanonen
anweisen; der einzige, der dem ursprünglichen
Geiste der Kirche gleichförmig ist. Da werden
alle unsere alten Pflichten in das Gedächtniß
zurückberufen werden; da werden sowohl die Rechte
Gottes als des Kaisers mit Vorsicht untersuchet
werden; da werden alle Opfer, welche die Liebe
des Friedens fordert, und alle Abänderungen bewilliget werden, die sich mit dem Gewissen vertragen. Wenn man uns, meine Herren! ein
Mittel, das mit den Kanonen wie mit der immer
fortgepflanzten Uebung aller Jahrhunderte übereinstimmet, verweigern wollte, so würde es eben
soviel seyn, als wenn man sagte, daß man nicht
die Wiedergeburt der Kirche, sondern ihren Verfall suche; daß man nicht die Fortsetzung der
Mißbräuche, sondern die Wiederherstellung der
heiligen Regeln befürchte, und daß man lieber
sehe, daß sie in der Dienstbarkeit und in dem
Stande der Verdemüthigung sich härme, als daß
sie sich zu ihren alten Tugenden und zu ihrer
ersten Stärke erschwinge.

Und dennoch, meine Herren! berufen wir
uns vergebens auf dieses Nationalkonzilium, dem
alle Distrikte des Königreiches mit Sehnsucht
entgegen sehen. Diese wirksame Versammlung ,
welche unsre Unterwürfigkeit als Bürger mit unserm Ansehen als Bischöfe so gut ausgleichet,
wird uns ohne Barmherzigkeit abgeschlagen; und
weit entfernt, sie uns zu vergünstigen, legt man
sie uns vielmehr zum Verbrechen. Man duldet,
daß ein dunkler Richterstuhl, ein kirchlicher Aus-
schuß, seine höchsten Gesetze der ganzen Kirche
Frankreichs aufdringe; und damit diesem unerhörten

hörten Wagestücke nichts ermangle, müssen die
Hirten gewungen werden, ihnen durch einen neuen
Eid zu unterzeichnen. Die Verweigerung, ihrem
Stande meineidig zu seyn, soll wie eine Empörung behandelt; alle Wiedererklärung, mit Ver-
achtung des Naturrechts, wie das schändlichste
Laster bestrafet werden, und zur Schande der
Verfassung selbst soll man die Bürger bis in ihr
Gewissen verfolgen. Man wird ohne Rücksicht
auf die Aengsten der gottesfürchtigen Seelen ihre
Meinungen durchforschen, und durch eine bey-
spiellose Ungerechtigkeit uns in die harte Nothwendigkeit versetzen, entweder unsre Ehre, oder
unsern Unterhalt zu verlieren; entweder unter
dem Schwerte des Elendes zu sterben, oder unsern
Grundsätzen treulos zu werden.

Können wir uns nicht beklagen, meine Herren! daß eine so barbarische Unterdrückung mit
der Verfassung im Widerspruch zerfalle? Erkennet ihr da die so berufenen Rechte des Menschen?
Ist dieses da die so oft und durch so viele Laster
erkaufte Freyheit? Sollte man also die heilige
Würde unsers Apostolats entehren? Und dennoch
wird es jetzt wahr, daß selbst die Gewissensrichter
für sich kein Gewissen mehr haben können. Mein
Gott! vielleicht würde es der christlichste Helden-
muth seyn, wenn wir in der Stille deine unerforschlichen Urtheile anbetheten, und zu den Füßen
deines Kreuzes mit Demuth die bittern Verach-
tungen legten, mit denen es dir beliebt hat deine
Kirche heimzusuchen; allein wenn es eine Zeit
giebt, wo man sich Gott überläßen, und dulden
muß, so giebt es auch eine Zeit, wo das Schweigen ein Verbrechen ist? Wenn es nur um uns
zu thun wäre, könnten wir in der Stille so viele
Ungerechtigkeiten und Beschimpfungen verschlu-
cken; aber es ist um unser Volk zu thun, es ist
um

um die Seelen zu thun, die uns anvertrauet sind;
sollten wir sie der bevorstehenden Gefahr, die den
Glauben bedrohet, nicht erinnern? Wenn wir zur
Zeit der Ruhe schwach gewesen sind, wenn wir in
den Tagen des Glückes Fehler begangen haben,
so ist nun die Zeit sie gut zu machen und auszu-
löschen. Bey grossem Unglücke muß der Glaube
erwachen, und wieder aufleben. O wie glückselig sind wir, meine Herren! wenn der Gewinn
unsrer Liebe neue Beschimpfungen sind, und
wenn wir zum Lohne unsers Eifers verdienen
können, für den Namen Jesu zu leiden!

Allein es däucht uns zu hören, daß diese
Apostel der Freyheit sehr befremdet, daß wir
uns wider die tyrannischen Befehle, die man
unseren Gewissen aufdränget, sträuben; daß sie
uns beschuldigen, daß wir das Volk aufwickeln,
da wir die ersten sind, die mit dem Beyspiele der
Unterwürfigkeit in dem zeitlichen Fache vorleuchten; daß wir Feinde der Verfassung sind, da
wir versprochen haben, ihr in allem getreu zu
verbleiben, was die Religion nicht wesentlich beeinträchtiget; daß wir unsere geheiligten Eigen-
thümer bedauren, weil wir seufzen, daß wir die
Väter der Armen selbst in Arme verwandelt
sehen; daß wir die Wiederherstellung der alten
Mißbräuche verlangen, weil wir Katholiken und
Franzosen zu bleiben suchen; daß sie uns wie Empörer und Rebellen belangen, weil wir jene rechtmäßige Wiedererklärungen einlegen, welche der
gewaltsamste Despotismus niemals untersagt hätte.
Und welche Empörer, welche Rebellen, meine
liebe Brüder! sind jene Leute, die stets sagen:
Plündert uns aus; nehmet unsere Güter, unsre
Ehre, unsre Freyheit, unser Leben selbst; alles
gehöret euch zu; lasset uns aber unsern Glauben
und unser Gewissen.

Und

Und wir sagen es euch noch, meine liebe Brüder! weit sey von uns jeder Eid, der dem Eide bey unsrer Weihe widerspricht; weit sey von uns jene schändliche Feigheit, die uns unsre Heerde zu verlassen zwingen würde, ohne jene Macht zu begrüßen, die sie uns anvertrauet hat. Sie allein kann das geistliche Band trennen, das sie allein geschlossen hat. Wir haben unsre Gerichtsbarkeit nicht von dem Staate empfangen; der Staat kann sie uns auch demnach nicht nehmen. Die Rechte der Nation sind nicht die nämlichen mit jenen der Kirche, und man kann zweifelsohne dem einen treu seyn, ohne der andern meineidig zu werden. Wir beharren desto unerschütterlicher auf jenem Entschluß, den wir keiner eigennüzigen und ehrgierigen Absicht verdenken können. Was haben wir dann anders bey der Ausübung unsers Amtes zu erwarten, als ohne Unterlaß entgegen gesetzte Schwierigkeiten und Widersprüche? Allein je mehr Beschwernisse und Gefahren es uns in diesem Zeitpunkte aufbürdet, desto gebietherischer spornet uns unser Herz an, uns denselben ohne Furcht Preis zu geben; und wir können vor Gott bezeugen, daß es uns an dem Tage seines Unglückes und seiner Verdemüthigung noch weit lieber ist, als es jemals zur Zeit seiner Erhebung und seines Ruhms gewesen ist.

Ihr wisset, meine liebe Brüder! daß das Haupt des Staates es sich nicht erlaubet, über Gegenstände, die ausser seinem Wirkungskreise sind, den Spruch zu thun, und sich an das Oberhaupt der Kirche gewandt hat. Wir erwarten seine entscheidende Antwort. Wir werden ohne Zaudern einem Ausspruche unterzeichnen, der durch die Anhängigkeit der französischen Kirche ein geheiligtes Gesetz wird, dem jeder Katholik

Ehrer=

Ehrerbiethung und Treue schuldig ist. Wenn der
heilige Stuhl, um grösserm Unglücke vorzubeugen,
der Nachgiebigkeit sich bedient, ohne seine Grundsätze zu benachtheiligen, so sind wir zu allen
Opfern bereit. Die Trennung wird uns zwar
schmerzlich fallen; sie wird aber wenigstens rechtmäßig seyn, und wir werden uns in unsrer
Ruhestätte mit dieser wonnevollen Befriedigung
trösten, daß wir den Frieden mit unseren
Pflichten, und unsre Liebe gegen euch mit
unsrer Ehrfurcht gegen die Kirche ausgeglichen
haben.

Bisher, meine ehrwürdige Brüder! seyd
ihr noch stets mit der geistlichen Gerichtsbarkeit,
zu deren Verwahrer euch die Kirche aufgestellet hat, bekleidet: wir sehen euch allzeit für
unsern priesterlichen Senat an. Man hat euch
der Ausübung euerer Amtsverrichtungen mit
Gewalt berauben können; man hat euch aber
das Recht dazu nicht entreissen können. Ach!
wenn es euch nicht mehr erlaubet ist, euere
Wünsche in Gegenwart des Volkes zu opfern,
seufzet wenigstens vor Gott. Benetzet öfters
euere Wangen mit den Thränen zwischen dem
Vorhofe und Altare, wenn ihr in dem Heiligthume nicht mehr bethen könnet; und in der
traurigen Unthätigkeit, in der ihr schmachtet,
lehret wenigstens der schönsten und kostbarsten
Pflicht mehr als jemals zu entsprechen, nämlich, euch in allem als das Beyspiel des Klerus
und als die Erbauung des Kirchensprengels zu
betragen und zu zeigen.

Und ihr, eifrige Hirten! unsere liebste Mitarbeiter! nun ist der Zeitpunkt angebrochen, wo
ihr euch um euer Haupt herum versammeln sollet,
um dem neuen Sturme, der über euere Häupter
rollet, die Stärke euerer Grundsätze und die
Stand-

Standhaftigkeit euers Glaubens entgegen zu
setzen. Mit welchem Troste haben wir gesehen,
daß eine große Zahl unserer Amtsgehilfen selbst
unserm Unterrichte zuvorgekommen ist, und wett-
geeifert hat, uns die Reinigkeit ihrer Lehre und
ihrer Gesinnungen auf eine feyerliche Art kund
zu machen! Solltet ihr noch zaudern, ihrem
Beyspiele zu folgen? Unglückselige Religionsdiener, die jemals vergessen würden, daß man mehr
Gott, als den Menschen gehorchen müsse! Wenn
einige einzelne Hirten, ohne Charakter und ohne
Sendung, kein Bedenken tragen sollten, ihre
Pflichten aus Furcht oder Unwissenheit zu verrathen, so kennet ihr den unerschütterlichen
Felsen, an den ihr euch halten müsset. Da,
sagt Jesus Christus, wo der Körper ist, da
werden sich auch die Adler versammeln.
Sehet, was aus den Aesten wird, die von dem
Stamme abgeschnitten sind. Gedenket allzeit,
daß sich eure Ehre von der Ehre eurer Oberhirten nicht trennen läßt; daß eure wahre Unabhängigkeit vollkommen von der Unterordnung
abhänge, und daß sie, gleich dem Episcopat,
plötzlich würde vernichtet seyn, wenn sie sich
von dem Hauptstuhle absönderte: ihr würdet
nur ein erbetteltes und verächtliches Amt begleiten, wenn man jemals durchsetzen könnte, euch
von dem Episkopat loszureissen.

Wir wenden uns wieder an euch, liebe Diozesanen! denn ihr seyd es, und wir werden allzeit
euer Bischof seyn; wir werden stets die Pflicht
aufhaben, das Brod des göttlichen Wortes euch
auszuspenden, und allzeit vor Gott für die Hinterlage der heiligen Lehre verantwortlich seyn.
Vereiniget auch ihr euch mit uns, um diesem
Strome der Neuerungen, der den alten Glauben
des Königreiches zu verschlingen drohet, mit
allen

allen Kräften euers Eifers entgegen zu arbeiten.
Ach! wenn ihr ein Bedenken habt, uns zu glauben, so glaubet wenigstens der Freude und dem
Triumphe der Gottlosen, die sich ganz laut groß
machen, ihre Absicht durchgesetzet zu haben.
Sollten sie dann diesen widersinnigen Entwurf
ausgehecket haben, eine ganze Nation dem Un-
glauben Preis zu geben? Oder wollten sie uns
eine neue Religion geben? Oder sollten sie uns
glauben machen, daß diejenige, zu der wir uns
bekennen, durch ihre unreinen Hände weit heiliger und weit nützlicher werden wird? Und gewiß, meine liebe Brüder! wo will man uns hin-
führen? Glaubet man, daß wir bessere Bürger
seyn werden, wenn wir stärkere Vernünftler,
mehr unruhig in unseren Untersuchungen, hitzigere
Kritiker in den Meinungen sind? Handelt jenes
Volk vernunftmäßig, das, um das grosse Geschäft
einer neuen Staatsschöpfung durchzusetzen, damit
anfängt, daß es das Ansehen der Religion vernichtet? Sollte jenes Reich auf unerschütterliche
Pfeiler gegründet seyn, das sein Schicksal mit
dem Glauben nicht verflechtet? Wenn das Ansehen
der Nation nicht mehr existirt; wenn alle Quellen des Zuflusses verstopft sind, glaubet man wohl,
daß es kein anders Mittel mehr gäbe, die öffentliche Sache zu retten, als uns gottlos, und zu
allen Religionen gleichgültig zu machen? Höret
einen grossen Bossuet: „ Man entnervet die Religion, sagt er, wenn man sie abändert, und
man nimmt ihr einen gewissen Nachdruck, der
allein fähig ist, die Völker einzuhalten. Sie
haben in dem Innersten ihrer Herzen, ich weis
nicht, was unruhiges, welches ausbricht, wenn
man ihnen diesen nothwendigen Zaum nimmt;
und man giebt ihnen alle Gewalt in die Hände,
wenn man ihnen erlaubet, sich zu Beherrschern
ihrer

ihrer Religion aufzuwerfen. " Hohe Gedanken,
wovon wir die traurige Wahrheit nur gar zu
sehr erfahren! Man spricht zu uns schon von
der Entheiligung des Ehestandes, von dem Aergernisse der Ehescheidung, von der Herabwürdi-
gung des katholischen Priesterthumes; gottesräuberische Entwürfe! Wenn also die alten Gränzen durchbrochen sind, weis man sich nicht mehr
einzuhalten. Dieß ist das große Unheil der religiösen Neuerungen, daß man nämlich allzeit sich
von einem Abgrunde in den andern stürzet, bis
daß das ganze Gebäude einfällt, und nichts mehr
übriget, als eine steile Tiefe.

Meine liebe Brüder! es ist Zeit, die Augen
zu öffnen. Wenn die Vernunft; wenn der Glaube
schweigt, so unterrichtet uns wenigstens durch
euer Unglück. Sehet, wohin euch die Verachtung der Religion geführet hat; sehet, auf was
jene philosopische Grundsätze abzwecken sollten,
die seit fünfzig Jahren dieses Königreich heimlich
untergruben. Es ist demnach die Masque dieser
so menschlichen Philosophie für immer abgerissen,
die nichts anders beabsichtigte, als alles zu überwältigen, um eine Verfolgerinn zu werden.
Staunet, wie die Vorsicht, um sie vor den Augen
aller Nationen zu entehren, zugelassen hat, daß
sie ihr Reich durch die niederträchtigste Unduldsamkeit begann; durch jene Unduldsamkeit, die
zwinget, nichts zu glauben, und das Jahrhundert, welches voll des Lichtes und der
Vernunft seyn will, an schwärmerischer Bar-
barey die Jahrhunderte der Unwissenheit und
des Aberglaubens übertroffen hat. Verscheuet
demnach die Reize dieser stolzen Vernünftler,
derer verheerende Systeme alle Reiche umgestos-
sen haben. Kehret zu jenen unveränderlichen
Grundsätzen zurück, mit denen euere theuersten
Vor-

Vortheile verflochten sind: in der Moral, Gott und den Nächsten lieben: in der Religion, Jesus Christus und seiner Kirche: in der Politik, der Gehorsam gegen die Gesetze und die Liebe gegen den König, diese zweyte Religion des französischen Königreiches. Sehet den ganzen Begriff der christlichen Lehre, meine liebe Brüder! erkennet keine andere an; es ist die Lehre euerer Väter; es ist die Lehre, die sie durch 15 Jahrhunderte eingeweihet haben; es ist die Lehre aller grossen Männer, welche die Ehre und der Glanz dieser Monarchie gewesen sind; und es ist noch die Lehre, ohne welche alle unsere Heilsmittel schlimmer, als die Uebel selbst werden würden.

Gegeben zu Paris den
14. Jenner 1790.

A. J. Bischof von Chalons.

Hirtenbrief des Herrn Bischofes von Tarbes ꝛc.

Franz von Gain ꝛc.

Ich habe niemals einen lebhaftern Schmerz und mehr quälende Empfindungen gefühlet; niemals ist mein Herz grausamer zernaget worden, als seit dem Augenblicke, wo mich gebietherische Umstände gezwungen haben, mich von meiner Heerde zu entfernen.

Zwei=

Zweifelsohne habt ihr mir die Unbilde nicht angethan, an meiner Liebe gegen euch zu zweifeln, und noch weniger zu gedenken, daß ich euch habe verlaßen wollen: ja, meine Brüder! ich kann mich rühmen, seit dem Tage, wo mir die Kirche, ungeachtet meiner Unwürdigkeit, die so ehrwürdigen als fürchterlichen Verrichtungen des bischöflichen Amtes anvertrauet hat, waret ihr allzeit der erste Gegenstand meiner Sorge: ich habe Gott an dem Tage, wo ich die heilige Oelung empfangen, versprochen, euch alle meine Arbeiten, alle meine Neigungen solange zu widmen, als ich mit der Sorge für euere Seelen durch die Kirche beladen seyn werde, und ich werde meinem Eide getreu seyn: die Verdemüthigungen, die Verläumbdungen, die Drohungen, die Verfolgungen der Feinde der Religion werden meine Liebe gegen alle meine Diözesanen nur mehr entflammen, und meinen Eifer für ihr Heil nur mehr anfachen: durch Duldung, ohne Widerspruch, der Ungerechtigkeit der Menschen, und ihrer Beschimpfungen, werde ich meine Fehler gut machen, meine Sünden abbüßen, und Gnade vor dem Herrn erlangen.

An dem Tage der Trübsalen, in dem Schooße des Unglückes wird mein Glaube gereiniget werden, meine Hoffnung aufleben, meine Liebe thätiger werden, und ich werde die Stärke und den Muth auffinden, die mir nöthig sind, um die Lehren des katholischen Glaubens zu vertheidigen, und euch wider die zahllosen Uebel in Sicherheit zu stellen, welche euch die Gottlosigkeit seit langer Zeit schon vorbereitet hat.

Wenn Beweggründe der Weisheit, wenn jener Geist der Mäßigung, von dem ich euch stets die deutlichsten Zeugnisse gegeben habe; wenn

wenn die Furcht, Unruhen, obschon wider meinen Willen, in meiner Diözes anzuzetteln; wenn die Hoffnung, sie wider die traurige Spaltung, die sie bedrohet, und wider den Schandfleck, mit dem sie der Glaube brandmarken will, vorzubewahren; wenn auch die einzige Versicherung, die unselige Epoche dieser unglücklichen Begebenheit aufzuhalten, meine Abwesenheit rechtmäßig und auch nothwendig gemacht haben; wenn mein Zutrauen auf die unendliche Barmherzigkeit des Gottes unserer Väter mich noch hoffen läßt, daß die Zeit und die Ueberlegung die Gläubigen zu den ächten Grundsätzen, zu dem Mittelpunkte der Einigkeit und des Gehorsames, wieder zurückführen werden, und daß sie endlich jene Binde ihren Augen abreissen werden, die sie so lange Zeit verhindert, die Wahrheit zu unterscheiden, und die Freunde und Geleitsmänner zu erkennen, die ihnen Gott gegeben hat, um sie auf die heilsame Weide zu führen, und sie auf dem Wege seiner Gebothe zu leiten; wenn meine Kirche, die mir von den ältesten und ansehnlichsten in diesem Königreiche ist, ohne Besteckung bleibet; wenn die rechtmäßige Nachfolge ihrer Hirten, von ihrer Stiftung an bis auf diesen Tag, durch die gottesschänderische Eindringung eines Afterhirten nicht unterbrochen wird, so werde ich zweifelsohne den liebsten aus meinen Wünschen erfüllt haben; und wenn ich mich in meinen Hoffnungen getäuscht habe, so werdet ihr wenigstens der Reinigkeit meiner Absichten Gerechtigkeit widerfahren lassen.

Möchte doch, meine liebe Brüder! meine Abwesenheit keinem aus euch zu einem Gegenstande des Klagens, oder zu einem Vorwande des Verzagens dienen! Mein Herz ist mitten unter

unter euch; meine Stimme wird sich allzeit hören lassen, um euch zu verkündigen, was ihr glauben und beobachten sollet: niemals wird euch meine Liebe Miethlingen und Hirten ohne Sendung Preis geben. Wenn die Gewalt oder die Rathschläge nicht der menschlichen Klugheit, sondern jener Weisheit, die von dem Geiste Gottes ausgeht, mich verhindern, mitten unter euch zu leben, so werde ich mich dennoch euch genug nähern, um aufgelegt zu seyn, euch alle geistliche Hilfsmittel, zu derer Ausspender mich Gott aufgestellet hat, anzubiethen, und um euch durch meinen Unterricht und durch mein Beyspiel in diesen verworrenen Zeiten zu unterstützen.

Da ich allzeit bereit bin, in meinen Kirchensprengel zurückzukehren, werde ich mich eilends dahin begeben, sobald ich gedenken kann, daß meine Gegenwart kein Signal einer Unordnung seyn wird; und wenn mein Leben euch eure Ruhe, euer Wohl, und vorzüglich eure aufrichtige Zurückkehr zu der Religion wieder herstellen könnte, mit welcher Freude, meine Brüder! würde ich dieses Opfer darbringen!

Dieß sind, meine liebe Brüder! und dieß werden allzeit die wahren Gesinnungen euers Bischofes seyn: diese Gesinnungen überzeugen euch, daß ich das Stillschweigen nicht halten werde, und daß die Wahrheit in meinem Munde nicht werde in einem Zeitpunkte gefangen bleiben, wo ein Ansehen, welches euern Gehorsam auf Kosten desjenigen, den ihr Gott schuldig seyd, nicht fordern kann, euch den Vortrag machet, ein mit Irrthümern vergiftetes Gesetzbuch anzunehmen, und das die Kirchendiener zwingen will, die Grundsätze der heiligen Religion abzuschwören; die sie bis auf den letzten Blutstropfen zu ver-

vertheidigen sich durch einen Eid anheischig gemacht haben.

Ich hoffe nicht, daß man mir meine Mäßigung und meine Liebe zu dem Frieden zu einem
Verbrechen beymessen könne. Man zwinget mich,
die ganze Wahrheit zu sagen, und ich werde
kein Bedenken haben, sie hören zu lassen: es
ist in gegenwärtiger Lage keine dringendere und
wesentlichere Pflicht für mich, als euer Unterricht; ich werde dieser geheiligten Pflicht entsprechen; ach! möchten doch meine Lehren euern
Glauben unveränderlich bestimmen!

Vergebens, meine Brüder! würde man einen
Richterstuhl aufrichten, wo man euern Bischof
und diejenigen von seinen Mitarbeitern, die
ihrem Gott getreu seyn werden, vorzuladen sich
erkühnte; vergebens würde sich der widersinnigste
Despotismus durch seine Drohungen und Acht-
erklärungen bestreben, euern rechtmäßigen Hirten zum Stillschweigen zu verdammen, und
durch blendende Liste die göttliche Gewalt, zu
lehren, sich ausschliessend anzumassen; vergebens
würden die weltlichen Administratoren eine ver-
haßte Untersuchung ausüben, um zu verhindern,
daß die Wahrheit nicht zu euch komme, und in
das Gewissen der Bischöfe, euerer Lehrmeister
und Richter in dem Glauben eindringe, um
dort erdichtete Verbrechen, und vorzüglich einen
Schwärmgeist aufzuspüren, den ihr Betragen
niemals hat vermuthen lassen, und dem ihre
Feinde selbst nicht glauben: alle ihre Bestrebungen
werden fruchtlos seyn: das Blendwerk wird
verschwinden; diese Freyheit, die euch so theuer
steht, und die ihr nicht geniesset, wird nicht
allzeit auf eine Gesellschaft von einigen Schwär-
mern und Feinden eurer Wohlfahrt, die sich
wider den Herrn und dessen Christus verschworen

ren haben, beschränket bleiben; wir werden jene
Freyheit der Kinder Gottes beybehalten, welche
die Menschen nicht rauben können, und euer
Bischof wird allen Uebeln trotzen, wenn er nur
sein heiliges Amt erfüllen kann, nämlich das
Amt, euch aufzuklären, euch wider die Irrthümer einer falschen Philosophie unsers Jahrhundertes vorzubewahren, und zu verhindern, daß
ihr in den fürchterlichen Abgrund, den man
unter euern Füssen ausgrabt, hinein stürzet.

Es hat sich, meine liebe Brüder, zwischen der
gallikanischen Kirche und der Nationalversammlung eine Untersuchung angezettelt, die euch nicht
gleichgültig seyn kann, weil sie euer Heil nothwendig beeinträchtiget. Der Gegenstand dieser
Untersuchung, welche den meisten unter euch nur
aus den aufwieglerischen Schriften einiger Schriftsteller und Feinde der Wahrheit, der öffentlichen
Ordnung und der Religion bekannt ist, beschränket sich auf eine ganz einfache Frage, auf eine
Erkundigung über Thatsachen.

Hat die Nationalversammlung, da sie die
bürgerliche Verfassung des Klerus abgeschlossen,
sich einen Eingriff auf das geistliche Ansehen erlaubet?

Die Nationalversammlung versichert alle Franzosen in einer arglistigen Zuschrift, die nur fähig
ist, euch eine falsche Sicherheit einzuflössen, daß
sie sich niemals die Rechte, die ihr nicht zugehören, habe anmassen wollen; daß sie nur über
einen Gegenstand, den sie unter ihrer Gerichtsbarkeit zu seyn glaubet, den Spruch gethan,
und daß sie allzugrosse Ehrerbiethung gegen die
katholische Religion hege, als daß sie sich den
geringsten Einfluß auf einen Gegenstand, welcher
der geistlichen Macht ihrer Diener unterworfen
ist, anmassen sollte.

IX. Theil.   O   Die

Die gallikanische Kirche hält die Absichten der Nationalversammlungen in Ehren, versichert aber alle Franzosen, und beweiset ihnen augenfällig aus der heiligen Schrift, aus der Uebergabe, aus der steten, unverbrüchlich gehaltenen und immer erneuerten Beobachtung aller Jahrhunderte, aus den Entscheidungen der Konzilien und aus der Vernunft selbst, daß die neue Verfassung des Klerus Gegenstände von einer: pur geistlichen Ordnung unwiederruflich abgeurtheilet habe; daß mehrere von ihren Dekreten den Grundsätzen unsers Glaubens widersprechen, und daß auch mehrere nichts anders beabsichtigen, als Neuerungen in der Kirchendisziplin aufzudrängen, die die Kirche verwerfen soll, weil sie weit entfernt die Disziplin der ersten Jahrhunderte aufleben zu machen, dieselbe nur verunstalten können.

Es läßt nicht schwer, meine liebe Brüder, eure Meinung über eine Untersuchung von so erheblicher Wichtigkeit zuverläßig zu bestimmen, wenn ihr Aufrichtigkeit genug habt, um sie mit kaltem Blute in der Stille der Leidenschaften und Vorurtheile zu prüfen.

Und erstlich bin ich berechtiget, von eurer Unpartheylichkeit zu hoffen, daß ihr mit jener Mißbilligung einhalten werdet, mit der man wider den großmüthigen und fast einhelligen Widerstand, mit dem sich die französischen Bischöfe einer Verfassung widersetzen, die ihr Gewissen ihnen anzunehmen nicht erlaubet, auf eine so ungerechte als thörichte Weise loszieht. Ihr könnet ohne Untersuchung und auf das simple Wort der Verwaltungskörper nicht behaupten, daß diese Widersetzlichkeit strafwürdig sey, weil sie sich, nach ihrem Ausspruche, auf ein pur bürgerliches Gesetz bezieht: ihr selbst würdet vermessen

meſſen und ſtrafwürdig ſeyn, wenn ihr die Diener einer heil. Religion, welche auf eure Ehrerbiethung, Liebe und Dankbarkeit ſo vielen An-
ſpruch machen können, als Rebellen und Störer
der öffentlichen Ruhe bey eueren Mitbürgern belangen ſolltet. Ihr würdet nicht minder ſträf-
lich ſeyn, wenn ihr jenen ſo entehrenden Sar-
kaſmen, jenen ſo ſittenloſen Unbilden, jenen ſo
gottlos angedichteten Verleumdungen, welche die
Ruchloſigkeit wider ſie zu verbreiten nie unter-
läßt, ſolltet Beyfall zugeklatſchet haben.

Es iſt Zeit, daß ihr die Augen eröffnet, und
daß ihr endlich erkennet, daß man ſchon lange
eure Aufrichtigkeit zu gutem hält ; daß man
nichts anders beabſichtige, als euere Oberhirten
herabzuwürdigen, ſie verdächtig zu machen, und
die öffentliche Achtung gegen ſie zu vernichten,
um euch allmählig daran zu gewöhnen, die Religion und ihre Grundſätze mit den Gegenſtänden
unter einander zu werfen, gegen die man euern
Haß und eure Verachtung anfachen will.

Biſchöfe, welche die unerhörteſte und unge-
rechteſte Ausplünderung mit einer Ergebenheit
übertragen haben, welche ihr anzuſtaunen gezwungen wurdet; Biſchöfe, welche, da ſie Richtern, die zugleich ihre Feinde ſind, übergeben
werden, ihnen nur die vollkommenſte Unterwürfigkeit gegen den göttlichen Willen entgegen ſetzen;
Biſchöfe, die ſich der Wuth der Rebellen, den
Drangſalen des Elendes und dem Tode ſelbſt
Preis geben, und die ſich nur ihre Ehre, ihr
Gewiſſen und die Gefahren der Pflicht, die ihnen
auferlegt iſt, eure Heiligung zu bearbeiten, vorbehalten; ſolche Biſchöfe, meine Brüder! verdienen gehöret zu werden; ſie allein ſind zweifelsohne berechtiget, euch die ewigen Wahrheiten zu
verkündigen.

O 2

Ich

Ich war wirklich aufgelegt, dieser wichtigsten Verbindlichkeit meines Amtes zu entsprechen, und den Plan zu einem Unterrichte zu entwerfen, der mir der schicklichste schien, alle euere Zweifel zu beseitigen, uud euch zu dem Gehorsame anzuhalten, den ihr der Kirche schuldig seyd, als ich den Hirtenunterricht des Herrn Bischofes von Boulogne erhielt. Ich habe ihn mit ungetheilter Aufmerksamkeit gelesen, und ich trage kein Bedenken, die Arbeit, die ich zu eurer Erbauung schon bereitet hatte, zu unterlassen, und dieses vortrefliche Werk aufzugreifen. Es ist die Frucht der Wachen und des aufgeklärten Eifers eines Bischofes, der sich alle Liebe und Achtung sowohl bey seinen Amtsgenossen und Diozesanen durch seine apostolischen Tugenden, als bey der Sorbonne durch seine geselligen Eigenschaften und durch seine tiefe und ausgebreitete Gelehrsamkeit errungen hat.

Ich mache es mir demnach zur Pflicht, allen Grundsätzen, die in diesem Unterrichte vorgetragen werden, mit Herzen und Munde anzuhängen, und ich weise euch auf ihn an, mit dem Zutrauen, daß ihr die wichtigen Wahrheiten mit ernster Betrachtung durchdenken werdet, die in einem Werke klar entwickelt sind, wo es unmöglich ist, den liebvollen Eifer eines heiligen Bischofes und die einfache und sittsame Beredsamkeit eines wahren Gelehrten zu verkennen.

Es übriget mir noch, daß ich, um den Verstand desselben euch zu erleichtern, die vollständige Erklärung der Grundsätze über das geistliche Ansehen euch vor Augen lege, damit ihr die glückliche Entwickelung der Beweise, die diesen Grundsätzen zur Stütze dienen, begreifen, und sie auf die verschiedenen Artikel der sogenannten bürgerlichen Verfassung anwenden könnet.

Es

Es ist eine Glaubenslehre, meine liebe Brüder! daß es auf Erden zwey Mächte gebe, denen
ihr gehorchen müsset, und daß Gott selbst die
weltliche und geistliche Macht aufgestellet hat.

Die weltliche Macht ist in Rücksicht auf alle
Gegenstände, die unter ihrem Wirkungskreise
stehen, vollkommen unabhängig, und wir alle
sind ihr eine fertige Unterwerfung ohne Vorbehalt schuldig; kein Vorwand würde unsern Ungehorsam entschuldigen können: das religiöse
Gefühl dieser nothwendigen Unterwürfigkeit ist
in das Herz aller Bischöfe und Hirten eingegraben: es ist dem Herzen aller guten Bürger und
aller ächten Christen eingepräget, und es ist die
geheiligte und unwandelbare Regel ihres Betragens.

Nein, meine liebe Brüder, die Bischöfe werden euch niemals die Sprache der Häupter der
Rebellen predigen; sie werden niemals euere
Pflichten von eueren Rechten absöndern; sie werden niemals suchen, euern getäuschten Schwärmgeist mit reizenden Versprechen, die sie nicht
bewerkstelligen könnten, und mit der schmeichelnden Hoffnung einer vollkommnen Gleichheit, die
niemals existiren kann, zu unterhalten; ihr werdet von uns nur friedfertige Rathschläge und
Beyspiele des Gehorsames erhalten: wir werden
nicht unterlaßen, euch die Achtung gegen das
Eigenthum, die Liebe zu dem Frieden, die heilige
Verbrüderung, die alle Menschen vereinigen soll,
den Abscheu wider alle Verunglimpfungen, die
nichts anders beabsichtigen, als die Gesellschaft
zu trennen, und Brüder wider Brüder zu bewaffnen, die gegenseitige Vertheidigung, die
Ehrerbietung und Unterwürfigkeit zu verkündigen,
die ihr eueren Vorgesetzten, und allen, die eine
Würde begleiten, schuldig seyd: wir werden euch
keine

keine andere Grundsätze lehren, als jene, die
einen vollkommnen Christen, einen getreuen Unterthan, einen ächten Bürger bilden, der würdig
ist, ein Vaterland zu haben: wir werden euch
nur mit jener Liebe gegen eure Könige unterhalten, mit der sich die französische Nation stets
ausgezeichnet hat; und wir werden euch fragen,
aus welch einem Unglücke der König, der uns
beherrschet, dieser so gute König, der mehr, als
alle seine Vorfahren insgesammt, für die Wohlfahrt und Freyheit seiner Völker gethan hat,
der unglückseligste Monarch sey, und warum alle
Tage einer Regierung, die so ruhig hätte seyn
sollen, mit Unruhen und Trübsalen verbittert
werden?

Die geistliche Macht ist in den Gegenständen, die ihrem Ansehen unterworfen sind, eben
so unabhängig, als die weltliche. Jesus Christus, der einzige Ursprung aller geistlichen Gewalt, hat gewollt, daß sie nur von demjenigen
ausgeübet werden könnte, denen er sie anzuvertrauen sich gewürdiget hat. Diese Gewalt hat
er weder den Kaisern noch den Königen, weder
den Nationalversammlungen noch den Verwal-
tungskörpern eingeräumet; nur seinen Aposteln
und den Bischöfen, ihren Nachfolgern, hat er
diesen erhabenen aber fürchterlichen Vorzug vergünstiget.

Es ist eine Glaubenslehre, daß Jesus Christus, da er seinen Aposteln befohlen, die hohen
Lehren der Religion, die er gestiftet hatte, zu
verbreiten, und ihre Sakramente auszuspenden,
sie auch mit der Gewalt bekleidet hat, Gesetze
zur Regierung der Kirche abzufassen, und die
Uebertreter derselben mit geistlichen Strafen zu
belegen:

Es

Es ist eine Glaubenslehre, daß Jesus Christus, um seine Kirche für immer von der Gefahr vorzubewahren, von dem Schwarme der menschlichen Meinungen dahin gerissen zu werden, einen höchsten, immer anhaltenden, allzeit sichtbaren und untrüglichen Richterstuhl aufgestellet habe; daß der Pabst und die Bischöfe von Gott selbst als die Richter ernannt worden sind, um diesen Richterstuhl zu bilden; daß ihre Entscheidungen, wenn sie von dem Stuhle des heiligen Petrus ausgehen, und nachmals von den zerstreuten Bischöfen angenommen werden, das Gewicht einer unwandelbaren Regel unsers Glaubens erhalten, und daß wir ihnen eine vollständige Unterwerfung des Herzens und des Verstandes nicht verweigern können, ohne uns von dem Schooße der Kirche, ausser welcher kein Heil zu hoffen ist, zu trennen.

Es ist eine Glaubenslehre, daß die rechtmäßige Gewalt dieses Richterstuhles sich nicht nur auf alles, was die Dogmen und Moral beeinträchtiget, sondern auch auf dasjenige erstrecket, was mit der geistlichen Hierarchie, mit der Ausübung der Gerichtsbarkeit und der Disziplin in Verbindung steht.

Es ist eine unläugbare Wahrheit, daß die Kirche allzeit die Fülle des Ansehens gehabt habe, das nöthig ist, um über alle Gegenstände in Rücksicht auf die rechtmäßige Gewalt den Spruch zu thun.

Es ist gleichfalls eine unumstößliche Wahrheit, daß sie allzeit das Recht ausgeübet habe, sich selbst zu regieren, und alle Regeln vorzuschreiben, die sie zu ihrer innerlichen und äusserlichen Polizey für nöthig erachtet hat. Niemand hat ihr, vor Luther und Kalvin, dieses Recht, das ihrer göttlichen Verfassung anklebet, streitig ge=

gemacht. Sie hat dieses Recht, nicht wider das Wissen der Mächte der Erde, sondern in ihrer Gegenwart, mit ihrer Bewilligung und unter ihrem Schutze genossen. Die mächtigsten Fürsten haben oft ihre Untüchtigkeit in allem, was die Regierung der Kirche belangt, anerkannt, und ihren Unterthanen mit dem Beyspiele der Unterwürfigkeit gegen die Gesetze vorgeleuchtet.

Es ist eine auf die Thatsachen gegründete Wahrheit, daß die Kirche über die Errichtungen und Unterdrückungen der Pfarren allzeit den Ausspruch gethan hat. Sie ist es, welche die Metropolitansitze errichtet, und den Metropoliten die Gerichtsbarkeit ertheilet, sie ist es, die alle Titel der Benefizien eingesetzet; sie ist es, die dem Pabste die Gewalt, die Bischöfe einzuführen, vorbehalten; sie ist es, die vormals die nämliche Gewalt den Metropoliten und Provinzialkonzilien eingeräumet hat; sie ist es endlich, die allein heut zu Tage die nämliche Gewalt dem Pabste entziehen kann.

Die Nationalversammlung ist demnach nicht berechtiget, durch eine simple Handlung ihres Willens und ohne Mitwirkung der Kirche die Bezirkseintheilung der Kirchensprengel nach Willkühr abzuändern; eine große Zahl davon zu unterdrücken; alle Titel der Benefizien aufzuheben; Bisthümer und Erzbisthümer zu errichten; ihnen eine Gerichtsbarkeit, die zweifelsohne eine geistliche Gewalt ist, zuzutheilen; von den Metropoliten, die sie beybehalten, oder neu aufstellen will, zu fordern, daß sie die Bischöfe einsetzen, und also ein Recht ausüben, das sie nicht haben, und das ihnen die Kirche allein geben kann.

Die Nationalversammlung hat sich demnach einen Eingriff auf eine wahrhaft geistliche Gerichts-

richtsbarkeit erlaubet, die dieser Ursache wegen
unter ihrer Gewalt nicht steht, und ausser dem
Bezirke ihrer Herrschaft liegt.

Es ist eine Glaubenswahrheit, und der Kirchenrath von Trient hat es erkläret, daß die
Kirche nur diejenigen unter ihre rechtmäßigen Hirten zähle, die von ihr die kanonische Sendung
und Gerichtsbarkeit empfangen haben; daß der
für eine Diozes geweihte Bischof ausserhalb der
Gränzen seines Bezirkes nur in dem Falle der
äussersten Noth eine Gewalt habe, und daß alle
Amtsverrichtungen, die er sich ausser seiner
Diozes erlauben würde, aus wesentlichem Mangel der Gewalt ungültig oder unerlaubt wären.
Die Vereinigung eines Bisthumes oder einer
Pfarre mit der andern setzet der Gewalt des
Bischofes oder Pfarrers, der die Vereinigung
annimmt, nichts bey, wenn sie nicht von dem
rechtmäßigen Ansehen der Kirche bewirket
wird.

Aus dieser allzeit reinen Quelle muß man die
neue Gewalt, deren der Bischof oder Pfarrer
benöthiget ist, herleiten. Wer sich demnach erkühnte, in dem Umfange dieses neuen Bezirkes
die Handlungen des heiligen Amtes auszuüben,
ohne von der Kirche dazu berechtiget zu werden,
der würde ein eingedrungener Miethling seyn.

Die weltliche Macht kann das Band, das
die Hirten mit der Heerde vereiniget, nicht
trennen. Der Bischof ist von der Kirche auf
seinen Posten gesetzt worden, und keine weltliche Macht kann ihn zwingen, ihn abzutreten.

Urtheilet nun selbst, meine liebe Brüder, ob
die Gränzeintheilung der Erzbisthümer, der
Bisthümer und Pfarren nur eine weltliche topographische Handlung sey, wie man stets vorgiebt,
um eure Täuschung zu verewigen, und ob es
nicht

nicht augenfällig ist, daß sie mit der neuen Austheilung der Gewalt, die nur von der Kirche
ausgehen kann, eine wesentliche Verbindung
habe?

Es ist eine Glaubenslehre, daß die Bischöfe
von Jesu Christo gesetzet sind, seine Rechte zu
regieren; daß ihnen unmittelbar die Sorge über
die Heerde aufgetragen sey, und daß sie dafür
Gott strenge Rechenschaft erstatten müssen; daß
die Bischöfe mehr als die Priester sind, und
daß die Gewalt, die sie begleiten, ihnen mit
den Priestern nicht gemein sey. Also hat der
Kirchenrath von Trient deutlich entschieden,
und er giebt jenem den Fluch, der diese Wahrheit verwerfen wird. Es ist auch eine Glaubenswahrheit, daß die Kirche berechtiget sey,
die Weihe von der Sendung, die ursprüngliche
Gewalt von der Ausübung derselben abzusöndern.

Die Versammlung hat demnach die Bischöfe
von den Priestern nicht gänzlich abhängig machen, und verordnen können, daß sie ohne Gutachten und Ueberlegung ihres Senats nichts
thun können.

Zweifelsohne sollen die Bischöfe die Weisheit und Erfahrung zu Rathe ziehen, und diese
Pflicht wird ihnen allzeit am Herzen liegen;
aber ihnen steht es zu, das Urtheil zu fällen.
Die Synode soll ihnen guten Rath mittheilen;
aber der Bischof kann niemals zu einem simpeln
Vollzieher des Willens der Synode herabgewürdiget werden, und noch minder unter der Vor-
mundschaft der von ihm gewählten Vikaren und
Verwahrer seines eignen Ansehens stehen.

Ferner kömmt es der Kirche zu, die Priesterschaft der Bischöfe zu bestimmen. Die Ka-
thedralkapitel, diese alten und ehrwürdigen Körper,
diese

diese Verwahrer der Ueberlieferung ihrer Kirchen
und der Gerichtsbarkeit bey erledigtem Sitze,
die zu dem öffentlichen Gebethe verpflichtet sind,
sind der ächte Rath, den die Kirche den Bischöfen zugetheilet hat; und diese können ihnen
eine Gerichtsbarkeit, die sie überlebet, nicht entreissen, um sie den von ihnen gewählten Vikaren
einzuräumen. Die Kirche muß den Vortheil
oder die Muthlosigkeit dieser der Religion so
theuren Körper abwiegen, und sie, nach der
Vorschrift ihrer Weisheit, in der Uebung der
Gerichtsbarkeit und der Gewalt, die sie ihnen
anvertrauet hat, ersetzen, wenn sie es für gut
befindet, dieselben zu unterdrücken.

Es ist eine von der Kirche in allen Jahrhunderten anerkannte und von dem Konzilium
zu Trient bestätigte Wahrheit, daß sich ein Priester ohne kanonischen Titel, oder ohne Begnehmigung des Bischofes in das Amt, das Wort
Gottes zu verkündigen, und Beicht zu hören,
nicht eindrängen könne; daß er die Sakramente,
die er mittheilet, entehre, und daß er in die
wider die eingedrungenen Miethlinge geschleuder-
ten Strafen verfalle.

Die Versammlung hat demnach nicht verordnen können, daß jeder für die Diozes geweihte,
oder in dieselbe aufgenommene Priester ohne Gutachten des Bischofes die Amtsverrichtungen eines
Vikars erfüllen könne. Ihre Weisheit hätte sie
die traurigen Folgen einer solchen Verfügung
sollen fürchten machen, vorzüglich wenn sie sich
zu betrachten gewürdiget hätte, daß die von
einem durch den Bischof nicht begnehmigten
Priester ertheilten Lossprechungen schlechterdings
ungültig sind.

Es ist eine Glaubenswahrheit, daß der Pabst
der Nachfolger des heiligen Petrus, das sichtbare

bare Oberhaupt der Kirche sey, und daß er vermöge göttlichen Rechts nicht allein einen simpeln
und nußlosen Primat der Ehre, sondern auch
der Gerichtsbarkeit habe, den er in der ganzen
katholischen Kirche ausüben kann und soll; daß
er, nach der Sprache eines Boßuets, der Verwahrer der Disziplin sey, und unter dem Ansehen der heiligen Kanonen alle Kirchen mit einem
vollen und höchsten Ansehen regieren solle.

Die Versammlung hat demnach alle Bande,
welche die gallikanische Kirche mit dem heiligen
Stuhle verflechten, nicht zerreissen, die nothwendigen Verbindlichkeiten, die zwischen dem
Haupte und den Gliedern, zwischen den Schafen
und den Oberhirten obwalten soll, vernichten,
und sie auf einen simpeln Brief beschränken können, den jeder neugewählte Bischof an den
Pabst zum Zeichen der Gemeinschaft und der Einigkeit in dem Glauben schreiben mag.

Es ist eine auf Thatsachen gegründete Wahrheit, meine liebe Brüder, die in den kostbarsten
und ächtesten Schriften verzeichnet ist, daß in
jenen glücklichsten Zeiten, zu denen man uns
zurück führen will, in jenen blühendsten Tagen
der ersten Kirche, wo die Bischöfe durch die
Wahl ernannt worden sind, der Klerus den
Haupteinfluß dabey gehabt hat.

Es ist imgleichen eine gewisse Thatsache, daß
das Volk seine Pfarrer niemals erwählet hat.
Mithin könnte das Volk nur Kraft einer ausdrücklichen Bewilligung der Kirche ein Recht
erhalten, das sie manchmal den Patronen aus
Erkenntlichkeit vergünstiget hat.

Aber, meine liebe Brüder! welches war jenes
Volk, das die Kirche bey der Wahl der Oberhirten zu Rathe zog, und um deßen Stimme sie
sich bestrebte? Es war ein heiliges Volk, das nur
ein

ein Herz und eine Seele hatte, dessen einzige
Begierde, einziges Interesse, einziges Ziel war,
einen tadellosen Bischof zu haben, einen Mann
nach dem Herzen Gottes.

Wird man es wohl wagen, die Wahlart
der ersten Kirche mit jener, welche die Versammlung durch ihre Dekrete geltend machen
will, gegen einander zu halten? Würde man nicht
die Kirche unter der Last der grausamsten Unterdrückung seufzen machen, und sie zwingen,
ihre Diener, ihre Verwahrer und Vertheidiger
aus den Händen ihrer geschworensten Feinde,
aus den Händen der Protestanten, Lutheraner,
Juden, Deisten, Atheisten zu empfangen, derer
verheerende Lehrgebäude in ihrem Schooße schon
so viele Abfälle, so viele Unruhen und Drangsalen haben aufkeimen gemacht?

Soll ich zu euch, meine Brüder, von der
gänzlichen Unterdrückung der geistlichen Ordens-
stände reden? Gereicht es zu größerer Ehre Gottes, daß eine Versammlung, die aus Katholiken
besteht, verordne, daß das feyerliche Gelübd, die
evangelischen Räthe zu befolgen, und nach der
Vollkommenheit zu streben, widersinnig sey?
Zerstöret man aus der Absicht, den Glauben
unter euch wieder aufleben zu machen, jene gottseligen Häuser, jene Freystätte der Buße, wo
die frommen Seelen so vielen Trost und so
mächtige Verwahrungsmittel wider die Gefähren
der Welt und wider das Aergerniß unsers Jahrhunderts fanden? Welches Gefühl der Billigkeit
oder Menschheit hat jenes gebietherische Gesetz
zur Feder vorsagen können, entweder in die
Welt, der man auf ewig entsaget hatte, wieder
zurückzukehren, oder mit denjenigen unter einem
Dache zu leben, die mancherley Lebensarten angewöhnet sind, und derer Regierung sich mit
jener

jener nicht ausgleichen kann, unter der man zu leben und zu sterben angelobet hatte?

Ich habe euch, meine liebe Brüder, die wahren und unveränderlichen Grundsätze der katholischen Kirche entwickelt, und mit jenen der bürgerlichen Verfassung gegen einander gehalten? Die Kirche hat jene heiligen Grundsätze in ihrer ganzen Reinigkeit stets erhalten, und wird niemals dulden, daß man sich erkühne, ihre Lehren, die sie binnen 17 Jahrhunderten eingeweihet hat, ummodle oder verbunze.

Urtheilet nun, was ihr von jener Zuschrift denken sollet, welche die Versammlung allen Departements zugeschicket hat, damit sie in allen Munizipalitäten des Königreiches kund gemacht werde?

Urtheilet, ob sie ohne Ungerechtigkeit die Forderungen der gallikanischen Kirche abschlagen, und ihre dringende Bitte, über einen so wichtigen Gegenstand den Ausspruch des heil. Stuhles zu erwarten, hat verweigern können?

Urtheilet, ob sie, mit Verachtung jener Freyheit der Meinungen, die sie so feyerlich eingeweihet hat, wovon alle Sekten Mißbrauch machen, und die man nur den Bischöfen und denjenigen zum Verbrechen anrechnet, die Muth genug haben, ihnen nachzuahmen, mit Verachtung jener heiligen Zärtlichkeit des Gewissens, welche die größten Tyrannen, wenn wir die Verfolger der Kirche ausnehmen, zu beunruhigen allzeit gefürchtet haben; urtheilet, sage ich, ob sie, ohne ihren konstitutionellen Grundsätzen Gewalt anzuthun, von allen Bischöfen und andern geistlichen Funktionairen, unter der Straff, ihrer Pfründen entsetzet zu seyn, den Eid hat fordern können, aus allen ihren Kräften eine
Ver-

Verfassung handzuhaben, die den Grundsätzen und Verordnungen der Kirche widerspricht?

Werdet ihr es nun wagen, den großmüthigen Widerstand fast aller französischen Bischöfe zu tadeln, sie als euere Feinde anzusehen, und vor euren Richterstühlen als Störer der öffentlichen Ruhe zu belangen?

Wie lange, meine liebe Brüder! werdet ihr noch die Augen zu dem Lichte schliessen? Wie lange werdet ihr die blinden Werkzeuge der Verfolger des Christenthumes seyn? Werdet dann ihr niemals einsehen, daß alle, in derer Adern noch ein ächtes Franzosenblut wallet, Sklaven sind, und daß die Freyheit, oder vielmehr die Ausgelassenheit nur denen vergünstiget werde, die jene scheußlichen Schandthaten einrathen, oder in Vollziehung bringen, welche die französische Nation entehren, und nichts anders beabzwecken, als sie unter ihren eignen Trümmern zu begraben?

Meine Brüder! höret die Stimme euers Bischofes; er hat euch niemals betrogen, sondern allzeit aufrichtig geliebet; erwartet von ihm nicht, daß er seinem Amte untreu werde, und durch eine feige und strafbare Nachgiebigkeit in den Umsturz des Glaubens, den er lehren soll, einwillige, und daß er sich mit einem Meineide gegen seinen Gott und gegen seine Religion entehre. Nein, ihr werdet ihm nie einen ähnlichen Vorwurf machen können: so lange ihm noch ein Athem des Lebens übriget, wird er euch die Sprache der Wahrheit zu reden Muth genug haben. Wenn die Tyranney seinem Eifer ein unüberwindliches Hinderniß entgegen setzet, wenn sie es waget, ihn seines Amtes zu entsetzen, um einen Miethling einen Afterhirten einzudringen, dem die Schafe nicht zuge zugehören, wird er euch allzeit sagen, daß er allein nur rechtmäßiger Hirt sey; daß er allein das Recht habe, euch in dem Religionsfache zu regieren; daß der entscheidende Charakter eines wahren Katholiken in der innersten Vereinigung mit seinem Bischofe bestehe; daß die Weigerung eine Verfassung, welche das Gebäude Jesu Christi zerstöret, aufzugreifen, in keinem Falle die Strafe der Entsetzung verdienen könne; daß im Gegentheile diese Weigerung eine Pflicht sey; daß ein auf eine kanonische Weise durch die Kirche eingesetzter Bischof nur von ihr recht= mäßig, und nach einem Urtheil, das ihn eines wirklichen Verbrechens überzeugt zu seyn erklä= ret, abgesetzet werden könne; daß das Dekret der Versammlung euch nicht berechtigen könne, die Bischöfe und Hirten, welche den Eid ver= weigern, so zu betrachten, als ob sie ihre Aem= ter freywillig abgelegt hätten; daß ihre freywillige Abdankung schlechterdings nöthig sey, bevor es erlaubt ist, ihnen Nachfolger zu ernennen, und daß sie dieselbe nie von sich geben werden, wenn die Kirche nicht dafür hält, daß euer geist= licher Vortheil dieses Opfer ihrer Unterwerfung fordere.

Ich werde euch stets sagen, daß die von einem Eingedrungenen über eure Seelen in dem ganzen Bezirke meines Kirchensprengels ausge= übte Gewalt nichtig und ungültig sey; daß ihr von dem Zeitpunkt an, wo ihr einen Bischof und Hirten ohne Sendung und ohne Gerichts= barkeit anerkennet, die unselige Spaltung, in die man euch seit so langer Zeit schon zu stürzen verlanget, vollends vollbringet, und daß ihr euch von der Kirche trennen werdet, ausser der kein Heil zu hoffen ist.

Man

Man wird sich auch bestreben, euch dadurch
irre zu führen, daß man euch beybringe, daß
die Bischöfe strafwürdig sind, weil sie dem Gesetze nicht gehorchen; weil ihr Ungehorsam die
Haupturstache der Spaltung ist. Aber wir haben
euch bewiesen, daß unsere Widersetzlichkeit billig ist,
und ihr selbst wisset, daß es besser sey, vielmehr
Gott als den Menschen zu gehorsamen; daß es
niemals erlaubt ist, mit dem Irrthume zu mark-
ten, oder zu paktiren, und daß, wenn manchmal zeitliche Absichten das Opfer unserer Güter
und unsers Lebens fordern, es dennoch nichts
gebe, was das Opfer der Pflichten und des Gewissens rechtfertigen könne.

Und ihr, katholische Verwalter, denen euere
Mitbürger die Pflicht aufgebürdet haben, ihre zeitlichen Vortheile zu besorgen, solltet ihr, ich
frage euch, einem Gesetze gehorchen, das ihre
Unterdrückung befehlen würde? Ist wohl ein
einziger unter euch, der eine Handlung einer so
auffallenden Tyranney in Ausübung bringen
wolle? Und wer sollte es wagen, euch zu schelten? Das Gesetz, welches man den Bischöfen
vorlegt, streitet wider das Gesetz Gottes, und
niemals ist eine Widersetzlichkeit billiger gewesen,
als die ihrige ist: sie werden unterdrücket, und
sie verkündigen indessen den Frieden; ihr könnet
daran nicht zweifeln.

Werdet ihr ihren pur leidenden Widerstand
mißbrauchen? Werdet ihr die ewigen Vortheile
euerer Brüder, euerer Freunde, euerer Mitbürger einigen zeitlichen Ansprüchen aufopfern?
Werdet ihr euch weigern, die Stimme der Kirche
zu hören, und wird eine falsche Philosophie
noch länger die Binde vor eueren Augen heben?
Ach! lasset uns den Urtheilen Gottes zuvorkommen, und weil wir, ihr und ich, bald vor sei-

IX. Theil.   P   nen

nen Richterstuhl werden gefordert werden, um
unserer Pflichten wegen ohne fernere Appellation
gerichtet zu werden, hüten wir uns, das Heil
Frankreichs und die künftigen Geschlechter
durch unsre Zwietracht auf das Spiel zu setzen;
sondern lasset uns vielmehr mit Ehrfurcht und
als gelehrige Kinder den Ausspruch der Kirche
erwarten.

Und ihr, meine liebe Brüder, die ich stets
in meinem Herzen tragen werde, erlaubet mir,
euch zu fragen, was habt ihr zu eurer Wohlfart
gewonnen, seit dem ihr die täuschenden Versprechen der Menschen den zuverlässigen und salbungsvollen Verheissungen der Religion vorge-
zogen habt? Was habt ihr gewonnen, seitdem
ihr euch selbst überlassen, ganz stolz auf eine
Freyheit, von der ihr weder den Gebrauch,
noch die Gränzen erkennet, nur euerm Interesse,
eueren Leidenschaften und eurer Eigenliebe Weihrauch gestreuet habt? Was habt ihr seit dem
Tage gewonnen, wo ihr von dem lockenden
Keder einer anscheinenden Freyheit irre geführet
alles herabgesetzet habt, was ihr ehevor in Ehren
hieltet; da ihr alle Ehrenstellen und alle Stände
unter einander geworfen; alle Bande der Gesellschaft getrennet, und diejenigen, derer unerschöpfliche Wohlthätigkeit ihr so oft erfahren
habt, euerer Verachtung und Wuth Preis gegeben habt? Was habt ihr endlich seit dem Zeitpunkte gewonnen, wo ihr euer Herz so erhärtet
habt, daß ihr mit kaltem Blute, und etwa auch
mit einer barbarischen Lust die entehrende Geschichte jener Entheiligungen, jener Gewaltthä-
tigkeiten, Empörungen und Todschläge anhöret,
welche die ersten Tage eurer so genannten Freyheit erfolget sind, und die noch dieses so blühende
und glückselige Reich entstellen?

Fürch=

Fürchtet ihr nicht, daß die rächende Strafruthe der schweren Hand Gottes endlich über
euch und euere Kinder gezücket werde? Fürchtet
ihr euch nicht, daß jene Plagen, mit denen er
manchmal die Erde gezüchtiget hat, euere Städte
und Länder verheeren werden? Fürchtet ihr
nicht, daß das Gebeth und Seufzen jener
Kirche, deren Altäre ihr verlasset, und jener
Religionsdiener, die ihr verunglimpft, welche
aber sich allzeit bestreben werden, euch mit Gott
auszusöhnen, seinen Zorn reizen können? Es ist
noch Zeit, meine Brüder! der Zeitpunkt der
Barmherzigkeit ist noch nicht verflossen: ich beschwöre euch im Namen Jesu Christi, um eures
ewigen Heileswillen, euerm Gott, seiner heiligen
Religion und euerm rechtmäßigen Hirten getreu
zu verbleiben.

Altarsdiener, die ich meinen getreuen Mitarbeitern beygezählet hatte, ach! soll ich auf
eure Gelehrigkeit nicht Rechnung machen? Sollet
ihr meine Stimme nicht anhören? Welche Freude
würde das Herz euers Bischofes durchströmen,
wenn er euern Rückweg zu den ächten Grundsätzen vernehmen sollte! Euer Abfall hat seine
Betrübniß auf das Aeusserste gebracht; eure
Reue aber würde sein Trost und seine Ehre
seyn.

Ich weis alles, was man sich erlaubet hat,
um euch irre zu führen; ich weiß, daß der
Mensch, der sich verirret, des Mitleidens würdig ist; und daß die Beharrlichkeit in dem
Irrthume allein nicht zu entschuldigen sey. Ich
weis, daß man euch das heroische Betragen der
Oberhirten und der meisten von eueren Amtsgenossen verhüllet hat. Man hat euch nicht gesagt, daß fast alle Pfarrer, die als Deputirte
auf der Nationalversammlung waren, sich es

zur

zur Pflicht gemacht hatten, in die Fußstapfen
der Bischöfe einzutreten; daß eine grosse Zahl
von jenen, die ein Augenblick der Schwachheit
dahin gestimmet hatte, den Eid zu schwören,
ihn feyerlich widerrufen haben; daß man fast
in allen Städten des Königreiches kaum einige
Widerspänstige auffinde; daß mehrere Kirchensprengel das trostvolle Beyspiel einer fast einhelligen Weigerung vor Augen legen; daß fast
alle Vorsteher der Erziehungshäuser, die Pro-
fessoren in der Theologie fast auf allen hohen
Schulen, die ihrem Stande getreuesten Religiosen, die in der Wissenschaft der Heiligen
vorzüglich bewanderten Missionarien, endlich die
aufgeklärtesten, tugendsamsten Kirchendiener den
Anfällen der Philosophie unsers Jahrhundertes
eine eherne Mauer entgegen gesetzet haben.

Man hat sie euch verborgen, und man würde
zweifelsohne erröthet seyn, sie euch zu ent-
hüllen, jene verkapperte Ränke, jene meineidige Reize, die man oft verschwendet hat, um
die Schwachheit der einen zu mißbrauchen, und
den Ehrgeiz und die Begierlichkeit der andern
anzufachen.

Ich wollte wünschen, ich könnte euch die so
auffallenden Beyspiele so vieler getreuen Diener
vor Augen stellen, denen ihr zweifelsohne nachzuahmen nicht verweilen würdet. Wenigstens
sey mir erlaubet, eurer Verehrung jenen meinen
ehrwürdigen Metropoliten, meinen Vorgesetzten
in der Hierarchie, den Herrn Erzbischof von
Auch vorzustellen, den ich mich rühme zum Freunde
zu haben.

Durch den geläutersten Glauben mit Gott,
mit dem Stuhle des heiligen Petrus, und mit
seinen Amtsgenossen in der bischöflichen Würde
durch die nämlichen Gesinnungen vereiniget,

frey

frey von allen menschlichen Leidenschaften, in
Mitte der Verfolgungen, die auf ihn losstür-
men, in dem Glauben unerschütterlich, aber
allzeit ruhig, allzeit friedfertig bittet er für seine
Verfolger, und bekennet laut vor ihnen den
Glauben Jesu Christi. Er sammelt auch schon
den Lohn seines Eifers, weil er das Glück hat,
die meisten Pfarrer seines Kirchensprengels unter
seinen Nachfolgern zu zählen.

Sollte ich so vielen Zeugnissen zu Gunsten
der Religion auch die Bischöfe und Pfarrer der
Diözesen dieses Metropolitansitzes noch beysetzen!
Gieb mir, o mein Gott, etwas von jenem gött-
lichen Feuer, das sie entflammet, von jenem
Eifer, der ihren Muth anfachet, und von jener
Resignation, die sie so würdig machet, Gott,
den Engeln und den Menschen ein angenehmes
Schauspiel vorzustellen!

Auf was wartet ihr, um in den Schooß der
Kirche zurückzukehren, ihr, meine Mitarbeiter,
die ich noch meine Freunde nennen will? Werfet euere Augen um euch herum, und sehet, ob
diejenigen von eueren Mitbrüdern, die ihrem
Berufe getreu geblieben sind, auf euere Hochachtung durch ihre Talente und Tugenden nicht
allzeit einen Anspruch haben machen können?
Erwartet ihr etwa, daß die Feinde der Religion
ihre Bosheit vollends ausgeübet haben? Sie verhüllen heut zu Tage ihre gottlosen Plane nicht
mehr; und schon erkühnen sie sich zu sagen, daß
euere Schwachheit ihre Kräfte verstärke. Erwartet ihr, daß die Kirche wider die meineidigen
Religionsdiener die Strafen, in die sie verfallen
sind, laut ankündige? Seyd ihr entschlossen, in
dieser grausamen Herzensquaale, die alle euere
Tage verbittern wird, zu leben; oder hat man
euch geantwortet, daß ihr die Gewissensbisse nie
empfinden werdet?   Ist

Iſt das Zutrauen auf euern Privatgeiſt gnüglich gegründet, um euch dahin zu ſtimmen, die Entſcheidungen der Biſchöfe und der meiſten Pfarrer des Königreiches zu verachten? Habt ihr mit euerm Gewiſſen einen unwiederruflichen Vergleich getroffen, und hat es euch verſprochen, auch auf dem Todsbette über die Gültigkeit der Sakramente, die ihr ausſpenden werdet, euch nicht zu beunruhigen? Könnet ihr mit trocknem Auge, ohne Mitleiden, ohne Empfindung die beweinenswürdige Lage euerer Pfarrkinder anſehen, die der Spaltung Preis gegeben, und durch eure Hartnäckigkeit in dem Irrthume von der Kirche getrennet ſind, welches Unglück ihr dennoch mit Ehre nicht abwenden könntet?

Ach, meine Freunde! wenn ihr durch die Verſprechen getäuſchet, durch die Drohungen ſchüchtern gemacht, und durch den Scheineifer der Neuerer irre geführt worden ſeyd; wenn die Furcht, Hunger und Durſt zu leiden, euch dahin geſtimmet hat, vor dem Idole einer mäſſigen Beſoldung das Knie zu beugen; wenn ihr geduldet habt, daß in dem Verbalprozeß euers Eldes von den nöthigen Beſchränkungen, die ihr gemacht habt, und die ihr kund machen ſollet, keine Meldung geſchehen ſey; wenn ihr euch von dem Rathe einiger Sektirer, welche die Kirche duldet, und die ſich in ihrem Schooße nur verbergen, um das göttliche Anſehen der Oberhirten und vorzüglich des Pabſtes heimlich zu untergraben, habt dahin reiſſen laſſen; wenn ihr durch ihr anſcheinendes Anſehen und durch ihre angenommene Mäßigung betrogen geglaubt habt, den Umſtänden weichen zu können; wenn es euch ſchwer gedäucht hat, in Mitte des Angriffes der Leidenſchaften und der Aufwallung der Meinungen die Wahrheit zu unterſcheiden:

alle

alle diese Entschuldigungen, alle diese Vorwände
verschwinden heut zu Tage: der Unterricht und
die Beyspiele sind euch zu Hülfe gekommen.

Ihr wisset nun, daß der Pabst die bürgerliche Verfassung des Klerus verworfen habe,
und daß jenes sogenannte Breve, das man allenthalben verbreitet hat, das Werk der Religionsfeinde und eines von jenen Mitteln sey, derer
man sich bedienet hat, um euch zu verführen.
Ihr wisset, daß die französischen Bischöfe ihm
fast einhellig anhängen, und alles berechtiget
euch, zu glauben, daß die Entscheidung des
heil. Stuhles die Grundsätze, zu denen sie sich
bekannt haben, feyerlich beglaubigen werde.
Möchte doch dieser Anspruch die irre gefährten
Schafe und Hirten zu dem Mittelpunkte der
Einigkeit wieder zurückführen, und sie für immer
mit den süßen Banden der Liebe Jesu Christi
an einander schlingen!

Ich schliesse, meine liebe Brüder! mit jenen
Worten des heil. Paulus an die Gal. Kap. 1 8.
Nein, es giebt kein anders Evangelium. —
Wenn aber wir, oder ein Engel vom Himmel euch ein anders predigen würde, ausser
dem, welches wir euch geprediget haben,
der sey verflucht.

Wir wollen dann nicht mehr, meine Brüder!
der Stimme der Kirche die Dekrete der Mächte
der Erde entgegen setzen: ihre Untüchtigkeit ist
nicht mehr zweifelhaft; und wenn sie auf der
Forderung eines Gehorsames, den man ihnen
nicht schuldig ist, beharren, so lasset uns ihnen
unsere Güter und unser Leben, aber nur Gott
allein unsern Gehorsam opfern! Lasset uns alle
unsere Wünsche vereinigen, um von dem Gott
eines Klodoväus und heil. Ludwigs zu erflehen,
daß er die katholische, apostolische und römische
Re-

Religion in diesem Königreiche erhalte; daß er es
von den Uebeln der Spaltung, die es bedrohen,
vorbewahre, und daß er in den Herzen aller
Franzosen jene brüderliche Liebe wieder aufleben
mache, ohne welche weder eine wahre Religion,
noch eine gut geordnete Gesellschaft bestehen
kann, ohne welche der Mensch in seinem Nächsten nur einen fürchterlichen Feind sieht; ohne
welche kein Eigenthum wider die Gewalt ge-
sichert, und kein Ansehen mächtig genug ist,
dem Gesetze Ehrfurcht zu verschaffen; ohne welche
endlich keine Nation, keine Familie und kein
einzelner Mensch auch nur auf einen Augenblick die Ruhe auf Erden sich versprechen, oder
einen Anspruch auf das ewige Erbe machen
kann.

Gegeben zu St. Sebastian
Den 3. Horn. 1791.

Franz Bischof von Tarbes.

Hirtenunterricht des Herrn Bischofes von
Dax über die Regierung der Kirche.

Karl, August le Quien de Laneufville ꝛc.

Wir haben uns bisher begnüget, meine liebe
Brüder! unsere Wünsche bey den Füssen des
Altares auszuschütten; wir haben in der Stille
geseufzet, so lange wir geglaubet haben, daß wir
schweigen können, ohne die wesentlichen Pflichten unsers Amtes zu verrathen; allein, wie ein
heil. Hilarius sagt, es ist eben so gefährlich,
allzeit schweigen, als es gefährlich ist, niemals
schweigen. Welche Vorwürfe müssen wir uns
nicht an dem Tage des Herrn machen, wenn
wir unsre Stimme nicht hätten ertönen lassen,
um die geheiligte Hinterlage der ewigen Wahrheiten zu erhalten, das geistliche Ansehen, das
Jesus Christus seiner Kirche eingeräumet hat,
handzuhaben, und die Gläubigen, derer Heil
uns anvertrauet ist, wider die Gefahr der Verführung der eiteln Neuerungen vorzubewahren.

Gott, der unsere reinen Absichten weis, ist
uns Zeuge, daß wir nichts anders beabsichtigen,
als unseren Pflichten zu entsprechen, und euch
in den eueren zu unterrichten; daß wir nichts
beabzwecken, als die Wahrheit, für die wir alles
zu opfern bereit sind.

Als Jesus Christus die Welt dem Joche der
Religion, zu der er den Grund im Judenlande
gelegt hatte, unterwerfen wollte; als er diese
Bürde zwölf armen Fischern auflegte, die
keine

keine andere Waffen als die Wissenschaft des
Kreuzes ihres göttlichen Lehrmeisters hatten,
hat er diesem neuen Reiche, dieser allgemeinen
Hierarchie, eine Verfassung geben müssen, die
dessen Stiftung und Verewigung in Sicherheit
stellen konnte.

In der That, meine liebe Brüder! dieser
geistliche Körper, den man die streitende Kirche
Jesu-Christi nennet, hat von seinem göttlichen
Stifter eine Regierung empfangen, deren Form
unwandelbar ist, eine Regierung, die von allen
weltlichen Mächten unabhängig ist, eine solche
Regierung, die sich mit allen politischen Regierungsformen vertragen könnte.

Jesus Christus hat vor seiner Himmelfahrt
seine Jünger zu sich berufen. Er wählet einen
aus ihnen; er drückt ihm jenen Charakter der
Stärke ein, den das große Werk, zu dem er ihn
bestimmet, erfordert. Petrus ist der erste, welcher den Sohn Gottes in der Person Jesu Christi
laut anerkennet. Die Liebe des Petrus gegen
seinen Meister überwiegt die Liebe aller andern
Jünger; er soll jener starke Felsen seyn, auf
den Jesus Christus seine Kirche bauen wird; er
soll jener Felsen seyn, den die Pforten der Hölle
niemals überwältigen werden. Jesus Christus
wird dem Petrus die Schlüssel des Himmelreiches,
die Gewalt zu binden und zu lösen übergeben;
er wird ihm die Wache über seine Heerde anvertrauen. Petrus soll seine Brüder bekräftigen.
Alles soll dem Stuhle des Petrus unterworfen
seyn, Könige und Völker; alles wird der Aufsicht des Petrus untergeben, die Schafe und
Lämmer, die Hirten und Heerden.

Sage man nur nicht, spricht Bossuet, daß
dieses Amt des Petrus mit ihm abgestorben sey.
Was einer ewigen Kirche zur Stütze dienen soll,

kann

kann kein Ende haben. Petrus wird allzeit in seinen Nachfolgern leben; Petrus wird allzeit auf seinem Stuhle den Spruch thun.

Der Fürst der Apostel prediget den Glauben zu Jerusalem und zu Antiochien; er geht nach Rom, dahin seinen Sitz zu verlegen. Diese stolze Stadt soll der Sitz des Petrus seyn. Rom, sagt der heil. Prosper, der Stuhl des Petrus, das unter diesem Titel das Haupt des Hirtenordens in der ganzen Welt geworden ist, unterwirft sich durch die Religion, was es durch die Waffen nicht hat überwältigen können.

Die Kirche von Rom, der Stuhl des Petrus und seiner Nachfolger, wird der Mittelpunkt der Einigkeit der allgemeinen Kirche: sie ist der Stamm, wo sich die Verheissungen, das Priesterthum und der Gottesdienst Jesu Christi erhalten, und woher sie sich verewigen. Man muß demnach mit dem französischen Klerus bekennen, daß der Stuhl von Rom die Fülle der apostolischen Gewalt inne habe.

Jesus Christus, nachdem er seiner Kirche ein sichtbares Haupt gegeben hatte, hat ihm auch Diener beygesellet. Er hat ihnen die nämliche Gewalt ertheilet, die er dem Petrus eingeräumet hatte, dem sie untergeordnet sind. Wie mich mein Vater gesandt hat, so sende ich euch; gehet hin; lehret alle Völker 2c. Er theilet allen den nämlichen Geist mit: Nehmet hin den heil. Geist; welchen ihr die Sünden vergeben werdet, denen sind sie vergeben, und welchen ihr sie behalten werdet, denen sind sie behalten. Er verspricht allen den nämlichen Beystand: Ich werde mit euch seyn bis an das Ende der Welt.

Die Gewalt, die Jesus Christus den Aposteln mittheilet, hatte er auch dem Petrus gegeben, wodurch er eine Obergewalt über diejenigen empfangen

pfangen hat, die dieſe Gewalt nur nach ihm und
insgeſammt erhalten haben. Die Verſammlung der
Apoſtel iſt demnach ihrem Haupte untergeordnet, und
macht die Verſammlung der Biſchöfe entſtehen. *)
Jedem Biſchof iſt einem Theile der Heerde, ihn zu regieren, vorgeſetzet. Jeder Biſchof weihet Prieſter und
andere Diener, die er zu verſchiedenen Handlungen
des evangeliſchen Amtes anſtellet, und in die ſonder-
heitlichen Kirchen einführet. Er räumet ihnen
einen Theil der Gewalt des Prieſterthumes, deſſen
Fülle er hat, ein. Wir haben ein ſichtbares
Haupt, welches, wie ſich ein heiliger Auguſtin
ausdrücket, die ganze Kirche vorſtellet; wir haben
Biſchöfe, welche die Regierung mehrerer Kirchen
empfangen; wir haben den Biſchöfen untergeordnete
Diener, denen eine einzelne Kirche anvertrauet iſt.
Sehet, meine liebe Brüder, die Regierung, die Jeſus
Chriſtus für die ſtreitende Kirche eingeſetzet hat.
Durch dieſe geiſtliche Leiter wird die Erde mit dem
Himmel verbunden, und das evangeliſche Amt mit
dem Amte Jeſu Chriſti vermenget.

Die mit dem heiligen Stuhle vereinigten Biſchöfe ſind die Geſetzgeber, die Jeſus Chriſtus
ſeiner Kirche gegeben hat. In ihre Hände hat er
alle zur Regierung dieſes geiſtlichen Körpers nöthige Gewalt hinterleget. Ihnen hat er jenes
geiſtliche und zweyſchneidende Schwert anvertrauet, um ſich deſſen wider die Widerſpänſtigen
zu bedienen, die vermeſſen genug ſind, ſeine
Heerde zerſtreuen zu wollen. Den mit dem Stuhle
Petri vereinigten Biſchöfen hat er geſagt: Ihr
ſeyd das Licht der Welt; wer euch höret, der
höret mich: wer euch verachtet, der verachtet
mich: ich werde mit euch ſeyn bis an das Ende
der Welt; wenn er euch nicht höret, ſo ſaget es
der Kirche, und wenn er die Kirche nicht höret,
ſo

*) Episcopi, qui in apoſtolorum locum ſucceſſerunt.
Conc. Trid. ſeſſ. 23.

so sehet ihn für einen Heiden und öffentlichen
Sünder an.

Die Verheiſſungen eines Gottes können weder
betrügen, noch vereitelt werden. Das auf dieſe
Verſprechen gegründete Gebäude kann nicht erſchüttert werden. Die Kirche wird allzeit die
Hinterlage der Lehre und Moral Jeſu Chriſti erhalten. Ihre Verfaſſung iſt unveränderlich.

Das jüdiſche Volk zieht aus Aegypten aus;
es erkennet ſeinen Schöpfer. Es höret und gehorchet ſeiner Stimme, und geht dem verſpro-
chenen Lande zu. Es findet bey jedem Schritte
Feinde, die es überwindet, und die allzeit wieder
aufleben. Seine Reiſe wird durch einheimiſche
Treuloſigkeiten und Empörungen unterbrochen.
Gott, das unſichtbare Haupt ſeines Volkes, ver-
läßt es nicht. Iſrael wird ſeine ſowohl einhei-
miſchen als fremden Feinde beſiegen. Es wird
die Wüſte durchkreuzen, und in dem verheiſſenen
Lande anlangen. Dieß, meine liebe Brüder, iſt
ein Vorbild der Kirche Jeſu Chriſti.

Alle Mächte der Erde werden ſich wider die
aufblühende Kirche verſchwören. Sie wird ſie
an ſich ziehen, *omnia traham ad me*, Juden,
Griechen, Heiden, Barbaren. Sie wird in
ihrem Schooße ausartende Kinder nähren, welche das Eingeweid ihrer Mutter durch Spaltungen Irrthümer und Aergerniſſe zernagen werden. Dieſe Wunden werden aber nie tödtlich
ſeyn; Jeſus Chriſtus, das unſichtbare Haupt
der Kirche iſt allzeit mit ihr, allzeit bey den mit
dem Stuhle Petri vereinigten Biſchöfen. Das
Biſchofthum, das nur eines iſt, wird entweder
in den Konzilien, oder durch ſein ſichtbares Oberhaupt, deſſen Dekrete es beſtätiget, den Spruch
thun. Die Ketzerey wird zerſtreuet, das Aergerniß
gehoben werden; die Kirche wird das Schwert,
mit

mit dem sie bewaffnet ist, nur niederlegen, nachdem sie die irre geführten Schafe wird zur Einigkeit zurückgeführet, oder von der Heerde abgeschnitten haben. Wunderbare Verfassung der
Kirche Jesu Christi, wodurch alles stark ist, weil
alles göttlich ist; weil alles vereiniget ist; Und
gleichwie jeder Theil göttlich ist, also ist auch
das Band göttlich; und die ganze Zusammenfassung ist so, weil jeder Theil mit der Stärke des
Ganzen wirket.

Eine Verfassung, welche jene heilige Hierarchie
bildet, die alle Theile vereiniget, um sie mit einem
einzigen Ganzen, mit dem Mittelpunkte der Einigkeit zu verflechten; jene Hierarchie, die in der
Regierung der Kirche eine solche Zusammenstim-
mung einführet, daß dasjenige, was durch das
Oberhaupt der Kirche, oder durch einen einzelnen
Bischof nach der Regel und in dem Geiste der
katholischen Einigkeit geschieht, auch durch das
Bischofthum und durch die ganze Kirche gewirket
wird.

Eine Verfassung, welche jene Hierarchie bildet, die der Kirchenrath von Trient uns wie
ein wohlgeordnetes Kriegsheer vorstellet. „Wie
schreckbar bist du also, o heilige Kirche! wenn
du mit dem heil. Petrus an deiner Spitze, und
mit dem Stuhle der Einigkeit ganz vereiniget,
heranrückest; die stolzen Häupter und allen Hochmuth, der sich wider die Wissenschaft Gottes em-
pöret hat, zu Boden stürzest; deine Feinde mit
der ganzen Schwere deiner geschlossenen Schaaren
in die Enge treibst; sie zugleich sowohl mit dem
ganzen Ansehen der vergangenen Zeiten, als mit
dem ganzen Fluche der künftigen unterdrückest;
die Ketzereyen zerstäubest, und sie manchmal in
ihrer Geburt erstickest." *)

Allein

*) Bossuet serm. de unit. Eccles.

Allein was würde nach der Meinung gewiffer Neuerer diefes Kriegsheer werden, vor dem alle Mächte der Erde verschwinden, gleichwie eine Wolke ohne Waffer von einem heftigen Winde zerstäubet wird? Was würde es anders feyn, als eine häßliche Verfammlung von feindlichen Partheien, wenn deffen höchftes Oberhaupt nur das Anfehen eines Repräfentanten hätte; wenn es nur durch die oft zu fchwachen und oft unmächtigen Waffen des Gebethes und der Ermahnung die Ordnung, die Difziplin und Untergebung handhaben könnte? Was würde diefes Kriegsheer werden? Wo würde deffen Stärke feyn, wenn die befondern Häupter keine andere Gemeinfchaft mit dem höchften Oberhaupte unterhalten könnten, als durch fruchtlofe Formen der Wohlanftändigkeit? Wo würde deffen Stärke feyn, wenn die befondern Häupter all ihr Anfehen erft von der Vereinigung der Glieder, aus denen diefes Heer befteht, entlehnen follten?

Man fagt uns, daß der Nachfolger Petri in der Kirche nur einen Primat des Vorranges und der Ehre habe; daß feine höchfte Gerichtsbarkeit nur in Ermahnen und Vorftellen beftehe. Man befchuldiget den Pabft eines Eingriffes, wenn er fich Difpenfen vorbehält. Man will nicht, daß der Stuhl Petri der höchfte Richterftuhl fey, vor welchem alle diejenigen vollends follten abgeurtheilet werden, die zu der Stimme ihrer unmittelbaren Hirten taub gewefen find.

Man würdiget das Anfehen der Bifchöfe herab; man befchränket es auf den Erfolg der Berathfchlagungen einer Synode aus Prieftern. Wenn man dem Bifchofe bey einer Vifitation freye Hände läßt, fo genießt er diefe Freyheit nur Vorfehungsweife. Man verunftaltet die

mo-

monarchiſche Regierung der Kirche; man ſchaffet
ſie in eine demokratiſche um, die ſtracks in eine
Anarchie abarten würde, wo unter allen ein
ewiger Krieg herrſchet.

Waren wir dann vorbehalten, meine liebe
Brüder, um euch wider die zauberiſche Blen-
dung einer Lehre vorzubewahren, die der Kirche
Wunden geſchlagen hat, welche noch bluten?
Jeſus Chriſtus ſah den offenbaren Krieg vor,
den man dem ſichtbaren Haupte ſeiner Kirche erklären würde, als er das Anſehen des Petrus
und ſeiner Nachfolger mit ſo deutlichen Worten
feſtſetzte, welche die höchſte Gewalt, eine wahre
thätige Gewalt ausdrücken und auszeichnen; die
Gewalt der Schlüſſel, die Gewalt zu binden und
zu löſen, die Gewalt ſeine Brüder zu beſtätigen,
die Heerde zu weiden, die faulen Glieder von
dem Leibe der Kirche abzuſchneiden. Wenn dieſe
Gewalt, dieſes Anſehen nicht einen Primat der
Gerichtsbarkeit anzeiget, ſo ſage man uns, mit
welch’ deutlichen Worten Jeſus Chriſtus dieſen
Primat hätte ausdrücken können? Beſtimmen uns
doch die Neuerer, welche ihn in den angeführten
Stellen nicht anerkennen wollen, klärere Formeln! Wird der Geiſt der Finſterniſſe das
Licht erſchaffen? Wird er das Licht verdunkeln,
das uns ſeit dem Anbeginne der Religion ſchim-
mert? Laſſet uns den Glauben unſerer Väter,
die Uebergabe und Konzilien zu Rathe ziehen.

Der heil. Pabſt Clemens, ein Jünger des
heil. Petrus zeiget ſich der Kirche von Korinth
als das höchſte Oberhaupt, das berechtiget iſt,
die Uneinigkeiten, welche dieſe Kirche trennten,
zu unterſuchen. In dem zweyten Jahrhunderte
glaubet Marzion, daß er nur von dem Pabſte
Anizetus könnte losgeſprochen werden; er kömmt
daher aus der Provinz von Pontus, um die Los-
ſpre-

sprechung zu erstehen. Der heil. Cyprian erkennet das Ansehen des Pabstes an, auch da er sich
ihm zu widersetzen scheint. Die ersten Ketzereyen
empfangen den tödtlichen Streich von dem römischen Stuhle. Die Irrthümer der Donatisten,
Arianer, Nestorianer 2c. werden zuerst von dem
Stuhle des Petrus verdammet. Wenn sich die
orientalische Kirche versammelt, so haben in
ihren Versammlungen die Gesandten des Pabstes
den Vorsitz.

Bossuet greift mit wenigen Worten die Zeugnisse des Alterthumes auf. „Dieß ist jener
Stuhl, sagt er, der von den Vätern so sehr gepriesen wird, wo sie in die Wette das Fürstenthum des apostolischen Stuhles, das vornehmste
Fürstenthum, die Quelle der Einigkeit, und in
dem Sitze des heil. Petrus den erhabenen Grad
des priesterlichen Stuhles, die Mutterkirche,
welche die Leitung aller andern Kirchen in Händen hat, das Haupt des Bischofthumes, woher
der Strahl der Regierung kömmt, den vornehmsten Stuhl, den einzigen Stuhl, in welchem
allein alle die Einigkeit erhalten ist, so hoch erhoben haben. Ihr höret in diesen Worten den
heil. Optatus, Augustin, Cyprian, Irenäus,
Hieronymus, Prosper, Avitus, Theodoretus,
den Kirchenrath von Chalzedon und die andern,
Afrika, die Gallier, Griechenland, Asien, den
Aufgang und Niedergang mit einander vereiniget."

Die Sprache der Konzilien ist eben so entscheidend. Der zweyte Kirchenrath von Nizäa
hat seinen Urkunden einen Brief des Pabstes
Adrians, als ein Dekret, das von dem höchsten Stuhle des heil. Petrus ausgegangen ist,

IX. Theil.　　Q　　ein-

eingetragen. *) Das Konzilium von Sardika ordnet mehr als vier Jahrhunderte vor den so genannten unterschobenen Dekretalen die Form an, sich an den heil. Stuhl zu wenden. Das Konzilium im Lateran 649. entscheidet ausdrück lich den Primat der Gerichtsbarkeit des Pab stes. **) Das allgemeine Konzilium von Lyon nen net den Pabst den Vorgesetzten der allgemeinen Kirche, *rector universalis Ecclesiæ*, den Regierer der Heerde des Herrn, *Gregis domini director*. Lasset uns endlich den Kirchenrath von Florenz hören Kap. 4.: „Wir thun den Ausspruch, daß der Pabst der Nachfolger des heil. Petrus, des Fürsten der Apostel, der Statthalter Jesu Christi, das Oberhaupt der ganzen Kirche, der Vater und Lehrer aller Gläubigen sey, und daß unser Herr Jesus Christus ihm in dieser Person des heil. Petrus die Völle und ganze Gewalt, zu weiden, *pascendi*, zu regieren, *regendi*, die allgemeine Kirche zu verwalten, und die heiligen Kanonen und Entscheidungen der allgemeinen Konzilien zu lehren eingeräumet habe.

Der Starrsinn und die Verblendung des Irrthumes allein können so deutliche und ent scheidende Zeugnisse verkennen. Nicht minder hat auch der französische Klerus im Jahre 1655. die Neuerer verdammet, die dem Pabste einen Primat der Gerichtsbarkeit streitig machen: „Derjenige ist kein Katholik, welcher zweifeln wollte, ob der Pabst das Haupt, der Hirt und Lehrer aller Christen, nach der Sprache des Konziliums von Florenz sey, und ob er in dieser Eigenschaft in gewissen Fällen und nach den

Rechts-

*) Unde & ipfe B. Petrus apoftolus Dei juffu ecclefiam pafcens nihil indiffolutum dimifit.
**) Super omnes ab ipfo, qui propter nos incarnatus eft Deus, poteftatem accipiens & facerdotalem au-Moritatem.

Rechtsformen der Regierung aller Diözesen,
und allen Hirtenhandlungen, die nöthig sind,
Vorsehung thun könne; weil dieß eine Wahrheit
ist, zu der wir uns alle bekennen." Die Versammlung vom Jahre 1682, welche dieses Glaubensbekenntniß in einem Zeitpunkte erneuert, wo
sie ihre Freyheiten vertheidiget, fürchtet ganz
und gar nicht, sie auf das Spiel zu setzen; sie
glaubet im Gegentheile, sie nicht besser in Sicherheit stellen zu können, als wenn sie den
Primat der Gerichtsbarkeit in dem Pabste anerkennet.

Der Sitz von Rom, meine liebe Brüder,
der Stuhl Petri ist der Felsen, an dem sich
die Mächte der Hölle zerstossen werden. Denn
der Nachfolger des heil. Petrus würde das
Oberhaupt, das Jesus Christus seiner Kirche
gegeben hat, nicht seyn, wenn er nur einen
Primat des Vorranges und der Ehre hätte; er
würde nicht jener Mittelpunkt der Einigkeit
seyn, der, um die Stärke des Körpers zu versichern, die Kräft aller Theile zusammen halten
soll: Mithin der Irrthum, den wir bestreiten,
untergräbt dieses wunderbare Gebäude, das
unser göttlicher Lehrmeister auf sein Leiden und
auf seine Verdienste aufgeführet hat; er stürzet
jene heil. Hierarchie um, die Jesus Christus den
Feinden seines Namens und seiner Lehre entgegen gesetzet hat; eine Hierarchie, die in einer
wahren Unterordnung der Mächte bestehen soll;
eine Hierarchie, die das Konzilium von Trient
als eine Glaubenswahrheit ansetzet, und in der
es uns die Ordnung und die Austheilung der
kirchlichen Gerichtsbarkeit zeiget.

Sollte die französische Kirche, dieser schöne
Antheil der katholischen Kirche, diese alte Tochter, diese geliebte Tochter der römischen Kirche,

Q 2   sich

ſich von ihrer Mutter trennen, nachdem ſie
fünfzehn Jahrhunderte mit ihr in der innerſten
Vereinigung und Gemeinſchaft gelebt hat? Nein,
meine liebe Brüder! wir werden an unſeren
Stirnen jenes Brandmaal der Verwerfung nicht
tragen, wovon der heil. Judas vorgeſagt hat,
„daß Spötter kommen werden, die nach ihren
Gelüſten auf dem Wege der Bosheit wandeln
werden. Dieß ſind Leute, die ſich ſelbſt trennen;
dieß ſind fleiſchlich geſinnte, die keinen Geiſt
haben.“

Die franzöſiſche Kirche wird keine abgeſon-
derte, keine Partikularkirche bilden, die ihren
Gliedern keinen andern Weg, als den weiten
Weg des Verderbens eröffnen kann, gleich jenem,
den die Spaltungen in England und in Deutſch-
land unter Wikleff, Luther, Kalvin und ihren
Lehrjüngern eröffnet haben. Sie wird in der
Einigkeit beharren. Sie wird mit allen katholiſchen Kirchen in dem Nachfolger des heiligen
Petrus jene Gerichtsbarkeit anerkennen, auf die
Jeſus Chriſtus ſein unerſchütterliches Gebäude
gegründet hat. Die Biſchöfe werden ſich an die
Erbfolge der Apoſtel anſchließen; ſie werden
niemals die Hand, die ſie geweihet hat, verkennen.

Allein es iſt nicht genüglich, um die Einigkeit zu erhalten, daß man den Mittelpunkt der-
ſelben anerkenne; man muß auch die Strahlen,
die ſich mit ihm vereinigen, unterſcheiden. Es
iſt nicht genüglich, dieſes erſchreckliche Kriegsheer, dem die heil. Schrift die lehrende Kirche
vergleichet, zu unterſcheiden; man muß auch die
Partikulärhäupter anerkennen, die unmittelbar
dem höchſten Oberhaupte unterworfen ſind. Wenn
der ſimple Gläubige, wenn der Laye den Glauben desjenigen bekennen ſoll, der ihm das Brod
des

des Lebens bricht, der ihn wieder gebohren, und der Heerde Jesu Christi zugesellet hat, so muß auch dieser Hirt von einer Partikularkirche mit dem Bischofe vereiniget, und ihm unterworfen bleiben, von dem er den priesterlichen Charakter oder seine Sendung empfangen hat.

Die Regierung der Kirche klebet dem Pabste und der Erbfolge der Apostel an, die keine andere, als die bischöfliche Gemeinde ist, wie sich das Konzilium von Trient ausdrücket. Den Aposteln und den Bischöfen, ihren Nachfolgern, hat Jesus Christus die Gewalt zu lehren, zu binden und zu lösen, anvertrauet; dem Petrus und den Aposteln hat er seinen Beystand bis an das Ende der Welt versprochen. Mithin bilden die mit ihrem Haupte vereinigten Bischöfe die lehrende Kirche; sie machen die allgemeinen Konzilien aus; sie allein sind berechtiget, in diesen Kirchenversammlungen die Stimme zu geben; und ihre Aussprüche, in den Dogmen, in der Moral und in der allgemeinen Kirchenzucht sind eben so viele Glaubenslehren.

Jeder Bischof übet in seinem Kirchensprengel eine Gerichtsbarkeit aus, die er von Gott hat; eine Gerichtsbarkeit, die, obschon sie dem Oberhaupte der Kirche untergeordnet ist, dennoch in keinem Falle einer Diözesan = oder Metropolitan = Synode unterworfen seyn kann. Der Bischof kann seine Gerichtsbarkeit nicht von einer Versammlung entlehnen, wo alle Glieder nur eine Gerichtsbarkeit haben, die ihm untergeordnet ist, und von ihm ausgeht. Die Zusammenfassung dieser Glieder giebt ihnen keine grössere Ausdehnung der Macht; sie räumet ihnen nicht die Fülle des Priesterthumes Jesu Christi ein, das der Bischof in seiner Weihe empfängt, und das er den simpeln Priestern nicht mittheilet.

Wollte

Wollte man etwa jene Lehre der ursprünglichen Verträge und Vergleiche, welche die
höchste Gewalt, die gesetzgebende Macht, der
Vereinigung der Glieder der Gesellschaft einräumet, und dem Haupte nur die vollstreckende
Gewalt überläßt, auch auf die geistliche Regierung der Kirche verlegen? Dieses vorgebliche
Recht der Nationen kann das Recht der Kirche
Jesu Christi nicht seyn. Die Hypotes der Verträge räumet der Gemeinde die höchste Gewalt
ein; diese Gemeinde stellet sich selbst ein Haupt
auf, dem sie einen Theil dieser Gewalt giebt.
Allein diese Hypotes setzet eine Gesellschaft voraus,
die sich ein Haupt wählet. In der Kirche existirte niemals ein Priesterthum, eine Gesellschaft
aus Priestern, vor dem Priesterthume Jesu Christi,
vor der Weihe und Sendung der Apostel. Jesus Christus, der höchste Priester, der heilige
Petrus, sein Statthalter auf Erden, die Apostel haben ihre Sendung von Gott empfangen;
sie haben ihre geistliche Gewalt unabhängig
von den Lehrjüngern, die sie eingeweihet hatten,
ausgeübet. Mithin kann das Priesterthum, die
Synode, die gesetzgebende Gewalt, die dem
Bischofthume anklebet, nicht, wie eine Nation
zurücknehmen, um sie insgesammt, *in corpore*,
in Vollziehung zu bringen, und dem Bischofe
die vollstreckende Macht zu überlassen. Die Regierung der Kirche ist eine vollkommne Monarchie,
die Gott unmittelbar auf Hauptgesetze gegründet hat, die niemals abgeändert werden
können.

Wenn eine weltliche Regierung existirte, die
das unmittelbare Werk der Allmacht wäre, wie
es die Monarchien des alten Gesetzes waren,
so würde es in einer solchen Regierung nur einen
König und Unterthanen geben; einen König, der
nur

nur Gott von seiner Verwaltung Rechenschaft
zu erstatten hatte, und Unterthanen, welche die
Abstellung ihrer Beschwerden nur durch ehrer-
biethige Vorstellungen fordern könnten.

Es ist demnach unläugbar und eine Wahrheit, die der Glaube lehret, daß die bischöfliche
Gerichtsbarkeit einer Synode von Priestern nicht
untergeordnet werden könne. Luther, Kalvin und
alle Erzketzer haben dem Pabste und den Bischöfen nur deßwegen ihr Ansehen entrissen, um
es auf die Gesellschaft der Priester und der
Gläubigen zu verlegen, und die Kirche in jene
Anarchie zu stürzen, die alles unter einander
wirft; die alles zerstöret; die alles rechtmäßige
Ansehen vernichtet. Dieß wird allzeit der
Weg der Neuerer und der Häupter der Partheyen
seyn.

Der Llguist Richer gesteht in seinem Buche,
unter dem Titel: von der kirchlichen und politischen Gewalt, dem Pabste und den Bischöfen nur die vollstreckende Gewalt zu, „weil die
ganze Gesellschaft berechtiget ist, sich selbst zu
regieren; weil ihr, und nicht einer einzelnen
Person die Gewalt und die Gerichtsbarkeit ist
eingeräumet worden.“ Richer war dieser Grundsätze benöthiget, um seine Empörung zu unterstützen. Seine Lehre ist durch eine Bulle des
Pabstes und durch die Konzilien zu Sens
und Aix verdammet worden. Richer hat wiederrufen.

Es läßt sich demnach die Regierung der Kirche
nur in einer wahren Unterordnung der Gewalt
auffinden. Der Pfarrer schließt sich an seinen
Bischof, als seinen unmittelbaren Obern an;
der Bischof erkennet nach der alten und allgemeinen Disziplin seinen Metropoliten; der Metropolit unterwirft sich in einigen Provinzen den
Pri-

Primas, der mit dem römischen Stuhle in
Briefwechsel steht. Diese Austheilung und dieser
Unterschied der Macht, der jeden Theil des
Gebäudes Jesu Christi an sein Ort setzet, versichert dessen Verewigung. Dieser Unterschied
der Macht ersticket den Keim der Spaltungen,
die sich zwischen den Arbeitern, welche der
Hausvater berufen hat, seinen Weinberg zu bearbeiten, anzetteln könnten. Diese Unterordnung
der Gewalt sichert jedem Theile der Heerde Jesu
Christi eine väterliche Aufsicht zu, die sich auf
alle Bedürfnisse erstrecket. In dieser Unterordnung der Gewalt besteht endlich jene heilige
Hierarchie, die uns der Kirchenrath von Trient
als einen Glaubensartikel vorlegt. Can. 6.
seff. 23.

Die Erzketzer haben diese Grundsätze der
kirchlichen Regierung erst alsdann verkennet,
als es ihnen nöthig war, um ihre neue Lehre
in Schwang zu bringen. Die Neuerer der
letzten Jahrhunderte trugen kein Bedenken, sich
über die Anarchie, welche ihre Kirchen ver-
wüstete, zu beklagen. Luther behandelte seine
Lehrjünger mit einem Despotismus, der sie ganz
aus der Fassung brachte; sie haben das Joch
abgeschüttelt, um sich zu Häuptern neuer Sekten
aufzuwerfen; sie selbst wurden bald zu Despoten.
„Die reformirten Kirchen, sagt Melanchton,
werden von Demagogen regieret, die weder
Frömmigkeit, noch Zucht anerkennen. Sie
stürzen uns in eine Anarchie, welche alle Uebel
zugleich in sich begreift." Melanchton sah die
Nothwendigkeit der Unterordnung ein; daher
sagt er in einem Schreiben an den Kalvin:
„Unsere Leute stimmen einmüthig überein, daß
die kirchliche Polizey, wo man die Bischöfe als
Obere von mehrern Kirchen und den Bischof
von

von Rom als das Haupt über alle Bischöfe an=
erkennet, erlaubet sey. — Die Kirche muß An=
führer haben, um die Ordnung zu erhalten,
um über diejenigen, die zu dem Kirchendienste
berufen sind, und über die Lehre der Priester
zu wachen. — Also, daß, wenn es keine solche
Bischöfe gäbe, man solche haben müßte. Die
Monarchie des Pabstes würde auch vieles bey=
tragen, um die Einigkeit der Lehre unter den
Völkern beyzubehalten. "

In der Kirche giebt es eine Regierung.
Wir haben diese Wahrheit bisher erwiesen. Sie
ist aber auch unabhängig von den menschlichen
Mächten. Das evangelische Gesetz, das Jesus
Christus in Judenland verkündiget hat, ist von
den Aposteln unter den Völkern ausgebreitet
worden. Es hat sein Reich über die Kronen
der Kaiser errichtet, ohne sie zu zerstören. Es
ist von Osten gegen Westen zum herrschenden
Gesetze geworden. Die evangelische Verfassung
hatte binnen den drey ersten Jahrhunderten so
viele Feinde zu bestreiten, als viele Mächte man
auf Erden zählte; sie hat alle besieget, da sie
den Gehorsam, den man ihnen schuldig ist,
predigte; sie hat die Weisheit der Welt verei=
telt. Diese göttliche Verfassung hat gewußt,
die Grausamkeit der Tyrannen, welche die Erde
mit dem Blute ihrer Lehrjünger tränkten, zu er=
müden; sie hat dieselbe entwaffnet, und ihnen
das Joch des Kreuzes aufgebürdet; sie hat den
dicken Schleyer zerrissen, der dem Menschen sei=
nen Schöpfer verhüllte; sie hat jene Menge der
falschen Götter wieder in ihr Nichts verscheuet,
woraus sie die Leidenschaften gezogen hatten.
Sie hat also die Finsternisse zerstäubet, welche
die Erde bedeckten.

Die evangelische Verfassung hat sich nur
durch

durch Ueberzeugung geltend gemacht; sie ist ohne
Hülfe der menschlichen Mächte in Gang gekommen. Die Kirche Jesu Christi, die frey und
unabhängig gebohren worden ist, muß auch frey
und unabhängig in den Schooß ihres göttlichen
Stifters zurückkehren. Das in seiner Lehre allzeit
reine, in seiner Moral allzeit heilige, in seiner
Disziplin allzeit weise Gesetz des Evangeliums
hat alle menschliche Verfassungen überlebet; es
muß alle Revolutionen überleben, welche die
Mängel der Verfassungen, die nur das Werk
der Menschen sind, mit der Zeitfolge nach sich
ziehen. Die Dauer der Kirche ist mit jener
der Zeit verflochten. Ihre Regierung muß demnach von der Veränderung der Meinungen,
von dem Triebe der Leidenschaften und von der
falschen Weisheit der Welt unabhängig seyn.
Es haben auch alle weltliche Regierungen, die
sich dem Körper der Kirche beygesellet haben,
allzeit die Demarkationslinie anerkannt, welche
die zwey Mächte von einander scheidet.

Die ersten Kaiser hatten nie vergessen, daß,
wenn das Reich Jesu Christi nicht von dieser
Welt ist, es auch nur den Dienern dieses göttlichen Gesetzgebers zustünde, Gesetze für dessen
Regierung abzufassen. Das Priesterthum, sagt
der Kaiser Justinian, ist errichtet worden, um
alles, was den Gottesdienst belangt, zu regieren; und das Reich, um alles Zeitliche anzuordnen. Die Verfügung der Kaiser Arkadius
und Honorius, die allzeit in diesem Königreiche
beobachtet worden ist, will, daß, so oft die
Religion in Frage steht, man die Bischöfe einberufen soll. Die Erklärung der Urkunde:
*Quomodo oporteat episcopos & cæteros clericos
ad ordines perduci*, lehret uns, welchen Einfluß die Kaiser bey der Abfassung der Gesetze
für

für die Kirchendiſziplin haben können. „Warum,
ſagt ſie, menget ſich der Kaiſer in geiſtliche
Dinge ein, indem er weis, daß ſie zu ſeinem
Fache nicht gehören?‟ Die Antwort iſt klar
und entſcheidend. „Nicht um Geſetze vorzuſchreiben; ſondern um die heiligen Regeln anſehen zu
machen, und wider diejenigen, die ſie nicht
beobachteten, Strafen zu fällen, oder er geht
Kraft des päbſtlichen Anſehens zu Werke. ‟

Eben ſo beſtrebten ſich auch ſtets die Könige
von Frankreich dieſe Demarkationslinie in Ehren
zu halten. Klodoväus ließ ein Konzilium zu
Orleans einberufen; er gab ihnen vollſtändige
Gewalt, alle Regeln, die ſie für die Diſziplin
nöthig erachteten, zu machen. Karl der Groſſe,
Ludwig der Sanftmüthige, Karl der Kahle,
Childebert haben in ihren Kapitularien und
Verordnungen der Kirchen die ſchönſten Beyſpiele
von ihrem Eifer für alles, was zu ihrer Ehre
beytragen könnte, und von ihrer Treue, ihre
Unabhängigkeit handzuhaben, hinterlaſſen. Wenn
die Gränzen gegenwärtigen Unterrichts es erlaubeten, alle Verfügungen der franzöſiſchen Könige von Klodoväus an bis auf den frommen
Monarchen, der uns beherrſchet, zu durchgehen,
würdet ihr, meine liebe Brüder! ſehen, daß ſie
der Kirche allzeit einen Schutz, der von aller
Beherrſchung weit entfernet war, haben angedeihen laſſen. „Mein Wille iſt, ſagt Ludwig
der Fromme, daß ihr durch unſern Beyſtand
unterſtützet, und durch unſre Macht geſtärket,
wie es die gute Ordnung erheiſchet, dasjenige
ausführet, was eure Gewalt erfordert: die königliche Macht, die ſonſt allenthalben und billig
zu herrſchen verlangt, will hier nur dienen. ‟

Dieß iſt die Sprache der chriſtlichen Fürſten,
und iſt es allzeit geweſen. Sie haben zu allen
Zeiten

Zeiten anerkannt, daß die Kirche Jesu Christi, die bis an das Ende der Welt bestehen soll, in ihrer Regierung keinen von jenen verheerenden Grundsätzen dulden könne, welche der irdischen Politik erlauben, die Epoche des Verfalles der zeitlichen Regierungen zu berechnen. Wenn aber die Regierung der Kirche den Mächten der Erde nicht unterworfen seyn kann, so kann sie sich mit jeder Regierungsform vertragen.

Soll eine in ihrem Urheber, in ihren Lehren und in ihrer Moral ganz göttliche Verfassung mit den menschlichen Reichsgesetzen nicht bestehen können? Nein, meine liebe Brüder! der Schüler des evangelischen Gesetzes ist unter den Despoten ein Sklav; er trägt seine Ketten, ohne sich zu empören. Er vergießt sein Blut unter dem Heide, der ihn seinen falschen Göttern opfert; er beklagt sich nicht unter der Demokratie; die evangelische Verfassung flößt keinen Eigensyn, keinen Schwindelkopf ein, die mit dieser Regierungsform nothwendig verflochten sind. Sie ist mit der Aristokratie weder argwöhnisch, noch gebietherisch. Sie schreyt den Monarchen stets zu, alle unbeschränkte Gewalt weit von sich zu verscheuen, sich mit seinen Unterthanen zu umgeben, und nur durch die Gesetze, durch die Liebe, durch die Ueberzeugung und durch das Zutrauen zu regieren. Der Schüler des evangelischen Gesetzes ist allenthalben ein gelehriger Unterthan, allenthalben der Bürger; er liebt allenthalben sein Vaterland.

Jesus Christus hat es ihm zu einem strengen Gebothe gemacht, und ihm mit seinem Beyspiele vorgeleuchtet. Er war seinen leiblichen Eltern unterthan, und zeichnete sich durch seine Liebe gegen sein Vaterland Judäa aus. Er reisete umher, that viel Gutes, und machte die Kranken gesund. Er konnte sich der Thränen nicht enthal-

halten, als er an die Uebel dachte, welche die
Stadt Jerusalem und das jüdische Volk bedroh=
ten. Man schleppte ihn zu dem schmählichsten
Tode, und er wollte nicht, daß man ihn be=
weinte, sondern vielmehr jene, die ihn unbillig
tödteten. Er ist in allem der weltlichen Macht
unterworfen; er bezahlet den Zoll; er will, daß
man dem Kaiser gebe, was des Kaisers ist; er
stößt diejenigen von sich, die ihm den Vortrag
machten, sich das Ansehen der Magistrate anzu=
massen; er antwortet; daß er nicht zum Richter
oder Schiedsmann gestellet sey, um die Erbschaft
zu theilen. Ob er schon die Allmacht in seinen
Händen hatte, bedient er sich derselben nur, um
das Uebel gut zu machen, das der heilige Petrus
einem Soldaten, der ihn ergrief, angethan
hatte. Sein Evangelium ist voll von den Ge=
bothen, die er seinen Jüngern ertheilet hat, un=
tergeben zu seyn.

Die Apostel und Gläubigen der ersten Jahr=
hunderte haben die Lehren, die ihnen ihr gött=
licher Meister gegeben hatte, nicht vergessen.
Jesus Christus hatte sie wie Schafe mitten unter
die Wölfe gesandt; sie sind geduldig wie Lämmer.
Der heil. Paulus will für die Juden, die ihn
verfolgen, zum Fluche seyn; er stellet für sie im
ganzen Griechenlande eine Sammlung an. Nir=
gends erregen die Apostel Empörungen; sie ver=
meiden die Zusammenkünfte, die stürmisch werden
können. Allenthalben predigen sie die Unter=
würfigkeit gegen die Mächte der Erde. Alle
Gewalt kömmt von Gott; jeder Mensch muß
demnach den Mächten der Erde gehorchen; dieß
ist ihre Moral. Sie sterben unter der Hand
der Henker, indem sie dieselbe verkündigen, und
ihren Schülern einflößen. Die durch drey Jahr=
hunderte anhaltenden Verfolgungen machen sie
die=

dieselbe nicht vergessen. Tertullian trägt kein
Bedenken, in seiner Schutzrede zu sagen, daß
es keine bessere Bürger als die Christen gebe.
Er rühmet sich, daß man der Angriffe wegen,
die wider die Kaiser gewagt worden sind, keinen
einzigen Christen, ungeachtet der unmenschlichen
Behandlungen, mit denen man ihnen begegnet
ist, schuldig befunden hat. Und dieß kam nicht
aus Unvermögenheit her. „ Mangelten uns
wohl, fraget er, Kriegsheere, wenn wir als
öffentliche Feinde zu Werke gehen wollten? Wir
erscheinen seit kurzer Zeit auf Erden, und wir
füllen schon euere Städte, euere Inseln, euere
Schlösser, euere Versammlungen ꝛc. an. “ Es
geschah nicht aus Schwachheit. „ Wer einem
gewaltsamen Tode entgegen zu sehen weis, der
ist nicht schwach; sagt Bossuet; der Thron des
Ansehens ist in dem heiligsten und sichersten
Orte aus allen errichtet, nämlich in dem Gewissen, wo Gott selbst seinen Thron hat; dieß
ist der zuverläßigste Grund der öffentlichen
Ruhe. “

Welche Regierung, meine liebe Brüder!
sollte eine nach den vorgetragenen Grundsätzen
gebildete Verfassung der Freyheit und Unabhängigkeit wegen schüchtern machen können?
Oder vielmehr welch weise Regierung sollte sich
nicht die evangelische Verfassung zu ihrem Haupt-
pfeiler erwählen? Welch menschliche Verfassung
sollte nicht ein Gesetz zu ihrer Stütze aufgreifen,
welches die Ungenügsamkeit und die Unvollkom-
menheiten der bürgerlichen Gesetze ersetzet; ein
Gesetz, das ohne Unterlaß über den Fürsten, über
seinen Thron, und über seine gesetzgebende Macht
wachet; ein Gesetz endlich, welches dem Menschen
Alles, was ihn stolz machen kann, entziehet, um
ihm das Nichts, aus dem ihn die Hand Gottes
her-

hervorgezogen hat, und die Bestimmung zu zeigen, die auf ihn wartet?

Wir sehen auch, wie sich weltliche Mächte an die Verfassung Jesu Christi anschliessen. "Zorobabel (ein Vorbild der weltlichen Macht) wird die Herrlichkeit tragen, und auf seinem Throne sitzen, und herrschen; er wird Priester auf seinem Throne seyn, und unter diesen beyden werden Anschläge des Friedens seyn." Zachar. VI, 13. Diese Weissagung ist bey der Entstehung unsrer heiligen Religion nicht in Erfüllung gegangen. Jesus Christus will den Fürsten der Erde beweisen, daß sein Reich nicht von dieser Welt sey; aber die Könige sollen endlich dem Lichte die Augen öffnen; jene, die die Erde richten, sollen lernen. Das Priesterthum und das Reich werden sich vereinigen. Dieses Bündniß wird die Wege des Herrn erweitern, sagt der heil. Gregor. Der Friede wird in der Kirche herrschen. Das Schwert, das ihre Propheten tödtete, wird sie beschützen und vertheidigen. Die Waffen der Kirche, die nicht zwingen können, werden Kräft der Waffen der Mächte der Erde siegen. Die Gesetze der Kirche werden die Gesetze des Staates seyn. Die Kirchendisziplin und ihre Kanonen werden einen Theil des bürgerlichen Gesetzbuches machen.

Die ersten christlichen Kaiser lagern sich um die heil. Arche, um die Kirche Jesu Christi herum; sie unterstützen sie; sie vertheidigen sie. "Ich habe das Schwert Konstantins, sagte ein heiliger König von England zu dem versammelten Klerus, ihr habt das Schwert des heil. Petrus: Lasset uns Hand in Hand schlagen, Schwert mit Schwert vereinigen; das königliche Schwert wird euch nie ermangeln." Der Kaiser Heinrich II. schrieb an einen Pabst: "Ich kann dir nichts versagen,

indem

indem ich dir alles in Jesu Christo schuldig bin.
Alles was deine väterliche Macht in der Kirchen-
versammlung zur Herstellung der Kirche verordnet hat, lobe ich; ich billige es, ich bekräftige
es als dein Sohn; ich will, daß es den Gesetzen
einverleibet werde; daß es einen Theil des allgemeinen Rechtes ausmache, und so lange, als
die Kirche bestehe."

Die französische Kirche ruhet schon seit vierzehn
Jahrhunderten auf dieser kostbaren Eintracht des
Priesterthumes und des Reiches, als auf dem
stärksten Grundpfeiler. Der heil. Remigius
sieht in den französischen Königen die beständigen
Beschützer der Kirche und der Armen, der heil.
Avitus Bischof von Vienne ein neues Licht für
den ganzen Occident. Anastasius II. glaubte in
dem neubekehrten Frankreich eine eiserne Säule
zu sehen, welche Gott zum Schutze seiner Kirche
aufrichtete.

In der That, meine liebe Brüder! die Religion Jesu Christi erstrecket sich über das ganze
französische Reich. Unsere Kaiser verbreiten allenthalben das Licht des Glaubens, wo sie ihre sie-
genden Waffen herumschwingen. Allenthalben
hinterlassen sie zuverläßige Zeugnisse ihrer kind-
lichen Frömmigkeit gegen unsere allgemeine
Mutter.

Wenn sich die Finsternisse mit ihren Irrthümern in den Schooß des Lichtes eindrängen
wollen; wenn der Geist der Welt seine Zerstörung über das Heiligthum der Altarsdiener
verbreitet, versammeln unsere Könige die Oberhirten; in ihren Konzilien wird alles wieder
hergestellt; die Glaubenslehren, die Moral werden wider die Eingriffe vertheidiget, die sich der
Systemgeist und das Verderbniß der Sitten erlauben. Die Disziplin wird nach den alten
Ka-

Kanonen wieder eingerichtet; sie erhält wieder
ihre ganze Stärke und ihren Nachdruck. Die
Akten von diesen Konzilien werden von unseren
Königen bestätiget, und alle Artikel, welche die
Disziplin betreffen, werden in Reichsgesetze um-
geschaffen.

Welch' andere Reich hat in seinem Schooße
so viele allgemeine Kirchenversammlungen, so
viele National = und Provinzial = Konzilien, wie
das französische, gesehen? Sind sie nicht eben
so viele Zeugen, die zu Gunsten der Eintracht
unserer Könige mit dem Priesterthume sprechen?
Jener nachdrückliche Schuß, den die Päbste in
der Frömmigkeit unserer Fürsten stets aufge-
funden haben, und jene edle Großmuth, die
ihnen in den Päbsten nur Martyrer der Freyheit und Unabhängigkeit, und dem Stolze einiger Fürsten durch die Schmeichelei aufgewürgte
Schlachtopfer vorgelegt hat, zeugen sie nicht
auch zu Gunsten dieser Eintracht des französischen
Reiches mit dem Priesterthume?

Jene in dem Schatten des Schußes unserer
Könige und ihrer Wohlthätigkeit errichteten
Denkmaale; jene der Dürftigkeit und der leidenden
Menschheit eröffneten Freystätte; jene Stiftungen,
die nichts anders beabsichtigen, als die ersten
Schritte des Menschen zu unterstützen, und die
ersten Strahlen seiner Vernunft nach der Kennt-
niß der Pflichten, welche ihm die Gesellschaft
und die Religion auflegen, zu richten; alle jene
Klöster des männlichen sowohl als des weiblichen
Geschlechtes, welche die Ehre der Religion in
ihren Tagen des Triumphes, und ihr Trost zur
Zeit ihrer Trauer gewesen sind; alle diese kostbare, unter dem Schilde der Religion und
ihrer Diener von unseren Königen gemachten
Hinterlagen, beweisen sie nicht der ganzen Welt

IX. Theil.　　　R　　　　die

die Einigkeit des französischen Reiches mit dem
Priesterthume?

Warum sollten wir nicht, meine liebe Brüder!
die Verläumder des Glaubens unserer Väter und
unserer Könige auffordern? Warum sollten wir
sie nicht fragen, was sie sagen wollen, wenn sie
behaupten, daß zwey Regierungen in einem
Staate nicht Platz haben; daß die Kirche stracks
den Thron umstürzen würde; wenn sie sich zur
Seite des Königs ihren Sitz errichtete? Ohne
alles zu wiederholen, was wir gesagt haben,
um die Existenz der kirchlichen Regierung, ihre
Unabhängigkeit und ihre Uebereinstimmung mit
jeder andern Regierung, die auf weise und dauer-
hafte Gesetze einen Anspruch machet, zu beweisen,
werden wir sie nicht zu einem ewigen Stillschweigen verdammen, indem wir ihnen ein Reich zeigen, das seit mehr als vierzehn Jahrhunderten
nur von katholischen Fürsten regieret worden ist;
indem wir ihnen den französischen Thron zeigen,
den seit mehr als acht Jahrhunderten die nämliche Regierung, eine ununterbrochene Erbfolge
der Fürsten inne hatte, welche allzeit durch ihre
Macht die schwachen Hände, die wir gegen den
Himmel strecken, unterstützet, und die allzeit
geglaubt haben, ihre Ehre und die Wohlfart
ihrer Unterthanen in der Vereinigung mit dem
heil. Stuhle und dem Bischofthume aufzufinden?
Ja, meine liebe Brüder! Frankreich will noch
jenes von Gott geliebte und gesegnete Königreich
seyn; es will noch jene eiserne Säule seyn, die
zum Schutze der Kirche aufgerichtet ist: dieß ist
der Wunsch des gottesfürchtigen Monarchen,
der uns regieret; seine Tugenden, sein Unglück
selbst erlaubet uns nicht, es zu bezweifeln. Dieß
ist der Wunsch aller Franzosen, und die Gewalt
vermag nichts wider die Ueberzeugung.

Es

Es gewinnt demnach das Ansehen, daß der
französische Thron unter der Regierung der Religion Jesu Christi an der Dauer jenes Felsens
Theil genommen hat, auf den unser göttliche
Lehrmeister seine Kirche gebauet hatte. Wenn
dieser Thron in der langen Zeitfolge der Jahrhunderte erschüttert worden ist; so geschah es,
weil die Vorsicht zuließ, daß in Frankreich oder
in den benachbarten Ländern verwegne Sekten
aufstanden, welche ihre falsche Weisheit mit dem
Schminke der Reform und der Philosophie über-
gleißten, und mit einer Hand die Eintracht des
Priesterthumes und des Reiches zu zerreissen sich
bestrebten, um mit der andern den Thron und
den Altar umzustürzen.

Wir werden, meine liebe Brüder, nicht zu
den alten Ketzereyen vorrücken, welche dieses
Königreich verwüstet haben. Der Gang des
Irrthumes ist stets der nämliche. Wir wollen
nur Luther und Kalvin betrachten. Luther er-
scheint unter dem Scheintitel eines Reformators.
Es sind nur die Mißbräuche, denen er den
Krieg ankündiget; es ist nur die reine Moral
des Evangeliums, die er wieder aufleben machen
will; es ist die alte Disziplin, die er wieder
herzustellen vorgiebt; es ist die vollkommne Auferstehung des alten Christenthumes, auf die er
bedacht ist. Er will die Thronen von allen Eingriffen der Kirche reinigen; er will die Kronen
von der Dienstbarkeit befreyen, mit der die
Päbste sie drücken. Er will den Völkern die
heiligen Rechte wieder zurückgeben, die sie weder
jemals verlaßen, noch verlieren konnten: Es
soll den Königen an seinem Werke der Gottlosigkeit daran liegen, denn er fachet ihre Begierlichkeit an; er übergiebt ihnen das Erbe der
Armen, und die dem Gottesdienste und dem

R 2   Un-

Unterhalte der Altarsdiener gewidmeten Güter.

Das Volk führet er durch die schmeichel-
haftesten Aussichten irre. Die Schwachen machet er durch die Zurüstung der Gewalt furcht-
sam. Er gesellet sich alle diejenigen bey, welche
der Trieb zur Unabhängigkeit und eine falsche
Freyheit gar leicht zur Aufruhr stimmen. Er
trennet alle Bande, die das Priesterthum mit
dem Reiche, das Volk mit der Kirche, und die
Unterthanen mit ihren Fürsten vereinigen; er
ist gleich einem Strome, der keinen Damm hat;
er reißt alles um, was er antrifft, Altäre,
Throne, Fürsten, Unterthanen.

Er packt das Christenthum in seinem Grunde
an; er will jenen festen Felsen sprengen, auf
den Jesus Christus seine Kirche gebauet hat.
Er wagt es, jene apostolische Erbfolge zu. unterbrechen, welche das Priesterthum Jesu Christi
verewigen soll. Er erkennet die Zeugnisse unserer
Väter in dem Glauben nicht mehr an; das
Ansehen der Konzilien verachtet er; er nimmt
keine andere Glaubensregel an, als seinen Pri-
vatgeist. Alsdann übertrifft er sich selbst; er
vermischet den Hirten von dem ersten Range mit
dem Hirten von dem zweyten Range, diesen mit
den Layen; diese vorgebliche Republik machet
die Regierung seiner Kirche aus; die Träume einer
ausschweifenden Einbildungskraft verkauft er für
Glaubensartikel; seine Moral trägt das Gepräge
des Verderbnisses seines Herzens. Nachdem er
das Heiligthum des lebendigen Gottes in dessen
Grunde und Pfeilern angefallen hat, untergräbt
er auch dessen Stützen und Zierde; er hat Jesu
Christo, seiner Religion, dem Evangelium und
dessen Grundsätzen, der Kirche und ihren nöthigen
Dienern einen öffentlichen Krieg angekündiget;

er

er erkläret ihn auch ihren Mithelfern und den evangelischen Räthen; er vernichtet die Ordens-stände, um seinen Abfall zu rechtfertigen.

Die Vorsicht, die stets über oie Bedürfnisse der Kirche wachet, hatte der Laulichkeit und dem Sittenverfalle jene Anachoreten und Mar-tyrer der Buße entgegen gesetzet, die sich weder durch die Strenge der Gebothe, noch durch die lä-stige Ausübung der evangelischen Räthe schüchtern machen lassen. Die Kirche hatte Freystätte für die furchtbare Tugend eröffnet, die sich in der Welt nicht sicher zu seyn glaubet, und dessen Gefahren fliehen will; sie hatte der Buße ein Zufluchtsort bereitet, um die Laster gut zu ma-chen, zu denen sie die Welt verleitet hat. In diesen Freystätten, in der Ruhe und Stille der Einsamkeit haben die heiligen Athanasius, Au-gustin, Gregor von Nazianz, Basilius, Epipha-nius, Hieronymus, Chrysostomus die Vorurtheile der Welt und dessen Irrthümer und Leiden-schaften zu überwinden angewöhnet, und jene siegende Waffen geschmiedet, mit denen sie die Feinde der Kirche zu Boden geschlagen.

In diesen Zufluchtsorten, wohin die Zer-streuung und Unruhe der Welt nicht dringen kann, sind allenthalben die berühmtesten Schulen entstanden. Da sind die Werke des Alterthumes aufgesammelt, und durch getreue Hände abge-schrieben worden. Da hat die Kirche ihre Dis-ziplin und ihre Uebergabe wieder gefunden. Da haben die Wissenschaften ihre Meisterstücke und ihre Muster, und die Reiche ihre Sitten und ihre Jahrbücher bearbeitet. Könnte man so viele Titel verkennen? Allein der Irrthum hält nichts in Ehren; er verbessert nichts; er zerstöret alles. Alle diese Denkmale werden von Luther aufgeopfert,

opfert, um seinen Abfall zu beschönen. Auf dem
Felde des Herrn sieht man nichts mehr, als
dürre Beiner, von denen der Prophet Ezechiel
redet. Von dem Tempel des lebendigen Gottes
übrigen nur die Trümmer. Die Wuth dieses
brüllenden Löwen soll ersättiget werden. —
Nein, meine liebe Brüder! es sind noch Schlachtopfer aufzuwürgen. Er hat die Fürsten und
Völker wider das Priesterthum bewaffnet. Er
will Könige wider Könige, Völker wider Völker,
Familien wider Familien, die Braut wider den
Bräutigam bewaffnen. Er will alles zertrennen,
was Gott vereiniget hat.

Als Luther von Leo X. vorgeladen wurde,
antwortet er ihm, daß er hoffe, bald an der
Spitze von 20000 Soldaten vor ihm zu erscheinen. Er schmiedet eine Ligue in Deutschland;
er drohet Gregor von Sachsen, durch die Waffen
ihn und alle diejenigen zu tödten, welche die
Reformation zu verwerfen Muth genug hätten;
er ließ dem Kaiser Karl V. von mehrern Fürsten
den Krieg erklären. Sollen wir die Uebel wieder
rügen, in die die Gewaltthätigkeit der Reformirten Frankreich verwickelt hat? Lasset uns
einen Bossuet hören. „Kaum hatte die Parthey
ihre Stärke gefühlet, als sie bedacht war, die
Person der Könige zu gewinnen, und den Katholiken Gesetze vorzuschreiben. Man fachte den
Krieg in allen Städten und Provinzen an; man
berufte von allen Seiten die Fremden in Frankreich, als in ein erobertes Land; und man stellte
dieses blühende Königreich, das der Ruhm des
Christenthumes war, an den Rand seines Verfalles.

Der Reformationsplan beabsichtigte nichts
anders, als Frankreich in Republiken und Bünd-
nisse zu zertheilen: dieß war die Politik des
Jurieu

Jurieu in seinem 16. Schreiben. Das Volk kann, nach der Lehre dieses Hauptes der Parthey, in gewissen Fällen seine höchste Gewalt selbst wider die Könige ausüben. Ein einzelner Mensch kann sich wider die öffentliche Macht bewaffnen, und wider sie durch alle Mittel vertheidigen. Dieß sind die Grundsätze, welche die Dolche des Jakobs Clemens und der Liguisten geschärfet haben; dieß sind die Grundsätze, die den Schwärmgeist eines Richers, Jakob Almain, Johannes Major rege gemacht haben; Grundsätze, welche das Reich in die Anarchie dahin gestürzet, und welche die Kirche zu allen Zeiten verfluchet hat. Dieß, meine liebe Brüder! ist die Geschichte aller berüchtigten Ketzereyen, von dem Manichäismus an bis auf die Irrlehren, welche die Spaltungen in England und Deutschland haben aufkeimen machen. Alle waren mit der Empörung verflochten; ihre Tritte sind allzeit mit dem Blute der Könige und der Völker gefärbt gewesen. Die Religion Jesu Christi befiehlt den Königen, zu herrschen, und den Unterthanen, zu gehorsamen: sie ist das stärkeste Band des geselligen Bündnisses.

Die Kirche Jesu Christi hat eine Regierung, die von den weltlichen Mächten unabhängig ist; die sich mit allen weltlichen Regierungsformen verträgt, und in der That vertragen hat. Wir haben euch, meine liebe Brüder! diese wichtigen Wahrheiten bewiesen; wir wollen noch einige Folgen davon herleiten, die euch nicht gleichgültig seyn können.

Es ist nur ein Glaube, eine Taufe, eine Kirche, außer welcher kein Heil zu hoffen ist. Alle Glieder der Kirche müssen die nämliche Lehre bekennen, und an den nämlichen Sakramenten Theil nehmen. Eine einzige geoffenbarte Wahrheit

heit verkennen, einen einzigen Glaubensartikel,
eine einzige Entscheidung der Kirche in Glaubenssachen oder in der Moral läugnen, ist eben soviel, als die Einigkeit trennen, aus dem Schooße
der wahren Kirche treten, und sich auf den
weiten Weg des Verderbens begeben. Nun lehret
uns der Glaube, daß der Pabst, das sichtbare
Haupt der Kirche einen Primat der Gerichtsbarkeit und des Ansehens habe. Man würde
demnach die Einigkeit trennen, und den ersten
Ring von jener geistlichen Kette, die die Erde
mit dem Himmel verbindet, zerreissen, wenn
man dem Pabste nur einen Vorrang der Oberaufsicht, der Ermahnung und der Ehre zugestehen
wollte.

Der Glaube lehret uns, daß in der Kirche
ein höchster Richter sey, dessen Aussprüche untrüglich und unverbesserlich sind, weil sie von
dem heil. Geiste eingegeben werden. Diesem
Richterstuhle stehet der Pabst vor; er besteht
aus den Nachfolgern der Apostel, aus den Bischöfen, welche in den Konzilien den Ausspruch
thun, oder der Entscheidung des päbstlichen
Stuhles anhangen.

Der Glaube lehret uns, daß der Bischof in
seiner Weihe eine Gewalt des Ordens und der
Verwaltung empfange, welche die simpeln Priester nicht haben, und daß er sie von einer Synode
aus Priestern nicht entlehnen könne.

Der Glaube lehret uns, daß der für eine
Diozes geweihte Bischof ausser dem Bezirke seines Sprengels keine Gewalt habe, ausgenommen in dem Falle der äussersten Noth. Mithin
würden alle Handlungen, die ein Bischof sich
ausserhalb seiner Diozes erlaubte, aus Mangel
der Gewalt ungültig und nichtig seyn. Dieß
ist die Lehre des ersten Konziliums von Karthago,

des

des dritten ebenallda , des heil. Gregors des
Grossen, und des Konziliums von Trient. Die
Vereinigung eines Bisthumes mit dem andern,
oder einer Pfarre mit der andern legt der Gewalt des Bischofes oder des Pfarrers nichts bey,
wenn sie nicht von einem rechtmäßigen Ansehen
unternommen wird. Ein Bischof oder Pfarrer
kann eine neue Gerichtsbarkeit nur von jener
Gewalt empfangen, die ihm seine erste Sendung
gegeben hat. Die neue Macht muß von dem
nämlichen Stamme ausgehen, von der nämlichen Quelle herfliessen. Mithin würde ein
Bischof oder ein Pfarrer, der von der weltlichen Macht einen neuen Bezirk erhielt, und
seine Amtsverrichtungen in demselben ausüben
wollte, ohne von der Kirche dazu berechtiget zu
seyn, ein eingedrungener Miethling seyn, der
die Heerde, die er anführen wollte, nur zerstreuen könnte.

In den ersten Jahrhunderten der Kirche
versammelte der Bischof die Priester, die er
weihete, zu sich; er stellte jeden aus ihnen zu
den Handlungen an, zu denen er sie fähig
glaubte. Nachdem die Frömmigkeit der Gläubigen die Hauskapellen und Kirchen vermehret
hatte, sind die Priester mit Anweisung der Titel
geweihet worden; allein seit dem eilften Jahrhunderte hat die Kirche die Weihe von der
Sendung, die ursprüngliche Gewalt von der
Ausübung derselben abgesondert. Seit dieser
Epoche kann ein Priester weder predigen, noch
Beichthören, ohne Approbation, oder ohne einen
kanonischen Titel, der ihm eine Sendung ertheilet hat. Dieß ist die Lehre der Kirche und
des Konziliums von Trient. Sess. 23. c. 15,
Wiklef lehrte, daß die Priester und Diakonen
seine Sendung des Pabstes oder ihres Bischofes

pönöthig haben, um zu predigen. Dieser Satz ist in dem Konzilium zu London im Jahre 1382. und zu Kostnitz verdammet worden. Der Priester Travers hat im Jahre 1744. diese Lehre wieder erneuert; sie ist aber von dem Klerus in Frankreich und von der hohen Schule zu Nantes verfluchet worden. Ein Priester, der sich ohne Sendung in die heil. Amtsverrichtungen zu predigen und Beichtzuhören eindrängete, würde die Sakramente, die er ausspendete, entheiligen; er würde sich alle Strafen zuziehen, mit denen die Kirche die Anmasser und Entehrer der heiligen Geheimnisse belegt. Wir müssen demnach mit der Kirche glauben, daß ein Bischof oder Pfarrer die Gerichtsbarkeit, die er durch die Weihe erhalten hatte, oder den Titel zu einer Diozes oder Pfarre nur durch eine freywillige Abtretung, die von der geistlichen Macht angenommen wird, verlieren könne. Wir müssen glauben, daß alle Vereinigungen oder Unterbrückungen der Erzbisthümer, Bisthümer und Pfarren von jener Gewalt geschehen müssen, die allein den Metropoliten, Bischöfen und Pfarrern, die beybehalten worden sind, und die Vereinigung annehmen, die neue Gewalt geben könne. Wir müssen demnach mit dem ganzen Alterthume, mit den Aposteln, den Vätern der Kirche, den Konzilien und christlichen Fürsten glauben, daß die Bezirkseintheilung der Metropolitansitze, der Bisthümer und Pfarrspiele nicht eine pur weltliche, topographische Wirkung sey, weil sie eine nothwendige Verbindung mit einer neuen Austheilung der geistlichen Gewalt hat, die nur von der Kirche ausgehen kann.

Die Regierung der Kirche, meine liebe Brüder! ist niemals eine willkührliche Regierung

gewesen; eine Regierung, die sich nach den Leidenschaften und dem täglichen Vortheile schicket.
Das Urtheil des Bischofes ist durch die weislich
festgesetzten Formen einem Metropoliten, einem
Primas unterworfen. Die Regierung aller Kirchen rücket stuffenweise ununterbrochen vor biß
zu dem ersten apostolischen Stuhle.

Zweifelsohne erfordert es die Ordnung einer
weisen Regierung, daß ein Bischof von einem
aufgeklärten Senat umzingelt werde, mit dem
er sich über die wichtigern Geschäfte, und die
das Seelenheil beeinträchtigen, berathe. Der
Bischof fand diesen Senat in seinem Kathedral-
kapitel auf. Wenn diese alten Körper an der
Regierung der Kirchensprengel mit dem nämlichen Einflusse nicht mehr Theil nahmen, waren sie dennoch die Verwahrer der Uebergabe
ihrer Kirchen; der Bischof konnte in den öffentlichen Zeremonien und dem Gottesdienste nichts
abändern, ohne ihr Gutachten eingeholet zu
haben. Sie gehörten zur Hierarchie, weil sie
bey erledigtem Stuhle die bischöfliche Gerichtsbarkeit in Ausübung brachten. In dieser Hinsicht können die Kapitel der Kathedralkirchen
ohne Mitwirkung der geistlichen Gewalt, die
allein sie ersetzen kann, nicht unterdrücket werden.
Selbst der Bischof ist nicht berechtiget, diesen
Körpern eine Gerichtsbarkeit, die ihn überlebet,
zu entziehen, um sie einem Vikar einzuräumen,
dessen Auftrag durch den Tod desjenigen ver-
fällt, der ihn gemacht hat. Die Kirche allein
hat demnach das Recht, über den Nutzen oder
über die Nutzlosigkeit der Kapitel zu entscheiden,
und sie in der Ausübung ihrer Gerichtsbarkeit
zu ersetzen, wenn sie glaubet, sie unterdrücken zu
müssen. Hätte aber die Kirche auf dem Felde
des Herrn, wie unfruchtbare Pflanzen, jene
Kör=

Körper ausreuten können, die ohne Unterlaß
beschäftiget sind, Gott durch das öffentliche
Gebeth den Tribut der Anbethung und des Lo-
bes, der Erkenntlichkeit und der Liebe zu zinsen,
die wir seiner Allmacht und seinen Wohlthaten
schuldig sind? Nein, meine liebe Brüder! wir
haben kein Bedenken, es euch zu sagen; die
Kirche würde die Pforte des Hauses Gottes nie
geschlossen haben. Sie würde das feyerliche
Geständniß unsers Glaubens, das göttliche Offizium, niemals unterbrochen haben. Sie würde
seine brennende Lampe nie ausgelöschet haben,
die in dem Heiligthume stets brannte, entweder
um uns über unsere Pflichten aufzuklären, oder
uns mit jenem heiligen Feuer zu entflammen,
das Jesus Christus auf die Erde gesandt hat.
Die Kirche würde den reichesten Kanal der
Bitten, mit denen das Volk seinen Gott ansieht,
und der Gnaden, die Gott über sein Volk ausgießt, nicht verstopfet haben. Das öffentliche
Gebeth, die göttlichen Tagzeiten, die Majestät
und Feyerlichkeit des Gottesdienstes sind Heilsmittel, welche die Kirche den Gläubigen allzeit
angedeihen lassen wird.

Die Kirche hat allzeit die Nutzbarkeit der
Synoden anerkannt. In diesen Versammlungen
haben die Hirten der Partikularkirchen von
ihrem Betragen in ihrem ganzen Amte Rechenschaft erstattet. Bey diesen Räthen, wo der
Bischof mit seinem Klerus vereiniget war, sam-
melten sie die Einsichten auf, derer sie bemüßiget
waren, um der Erhabenheit ihres Berufes zu
entsprechen. Allein in diesen Synoden waren
die simpeln Priester der Züchtigung des Bischofes,
wie dieser selbst den Provinzialkonzilien unterworfen, aus derer Wiederherstellung die französische Kirche seit mehr als einem Jahrhunderte
ver=

vergebens dringet. Das Bischofthum, sagt der
berühmte Boßuet, verbessert sich dadurch, daß
es sich versammelt. Der Name allein eines
Konziliums, sagte die versammelte Klerisey im
Jahre 1670. erhebet die Bischöfe über die Beschaffenheit eines Menschen. Sie beschäftigen
sich nur mit himmlischen Dingen, wenn sie gedenken, daß der heil. Geist mitten unter ihnen
sey, und daß sie als seine Organen reden
sollen.

Wenn die Provinzialkonzilien hergestellet
werden, so werden die Einsichten und Tugenden
die Fackel des Glaubens wieder anzünden; die
Moral wird ihre Reinigkeit, die Disziplin ihre
Stärke und Gleichförmigkeit, die Unterordnung
ihre Herrschaft wieder erhalten. Wir werden
auch aus dem Schooße der Klöster Muster der
Tugend, große Theologen, berühmte Prediger;
aufgeklärte Führer der Jugend herausgeben
sehen. Die heilige Arche wird wieder von jenen
eifrigen Seelen umgeben werden, welche über
die Aergernisse die bittern Thränen vergießen,
und durch ihre Seufzer die Streiche der göttlichen Rache abwenden, oder einhalten werden.
Die weltliche Macht wird diese Stiftungen, die
alten Denkmäle der Frömmigkeit und Wohlthätigkeit unserer Väter wieder unter ihren Schutz
nehmen. Wir werden allzeit glauben, trotz des
aufrührerischen und ärgerlichen Geschreyes der
neuartigen Philosophie, die keine Glückseligkeit
jenseits des Grabes sieht; wir werden mit einem
heil. Paulus und dem Kirchenrath von Trient
glauben, daß das Gelübd der Keuschheit möglich, und Gott angenehm sey; wir werden glauben, daß die Selbstverläugnung, das Opfer
seines Willens, die Verachtung der Güter der
Welt, die Armuth des Herzens und des Geistes
nicht

nicht Tugenden sind, die über die menschlichen
Kräfte hinausgesetzet sind, weil Jesus Christus
diese Grundsätze in seinem Evangelium eingeweihet hat; weil sie die Konzilien angepriesen
haben, indem sie die mannichfältigen Regeln der
Ordensstände gebilliget; weil sie die Kirche begnehmiget, da sie so viele Stifter und Glieder
der Ordensstände der Zahl der Heiligen eingereihet hat.

Wenn die Fürsten der Erde den feyerlichen
Gelübden keine bürgerliche Wirkungen mehr angedeihen lassen, können sie dadurch die durch die
feyerliche Angelobung schon geschlossenen Bande
nicht zertrennen. Ein Gott gemachtes Versprechen kann nicht wiederrufen werden. Wenn eine
äusserliche Gewalt die Ordensmänner von der
Ausübung ihrer Pflichten, denen sie ihre Regel
unterwirft, abhält, wird sie sich an jener innerlichen Gewalt zerstossen, an der Ueberzeugung,
die ihren Sitz in dem Gewissen hat. Der Re-
ligios wird stets mit der Kirche glauben, daß
ihn seine Gelübde in allen Stücken verbinden,
die er erfüllen kann, ohne ein Rebell zu werden.
Wenn er von den Obern, die ihm sein Institut
gab, abgesondert wird, wenn er die heilige
Salbung des Priesterthumes empfangen hat,
wird er ohne Führer nicht bleiben; er wird in
den Bischöfen Hirten und Häupter finden.

Die Kirche Jesu Christi muß sich verewigen.
Ihre Regierung ist demnach von den weltlichen
Mächten unabhängig. Alle Gesetze sowohl der
allgemeinen als sonderheitlichen Disziplin müssen
demnach von der geistlichen Gewalt ausgehen.
Die Oberherrschaft der weltlichen Macht über
die Kirche ist ein von den Konzilien verdammter
Irrthum. Wir haben uns auf die glückseligen
Wirkungen der Vereinigung der zwey Mächte
be-

berufen. Die Kirche soll mithin ihre Gesetze
der Partikulardisziplin mit den Gesetzen der Regierung, in die sie aufgenommen wird, abwiegen.
Allein die Eintracht theilt nicht Befehle mit;
sie unterjochet nicht. Die französische Kirche
hat ihre Freyheiten und Gebräuche, welche
unsere Könige allzeit geschützet haben; Freyheiten,
die in dem Rechte bestehen, sich nach der Vorschrift der alten Kanonen zu regieren. Wenn
die französische Kirche einige Opfer darbringen
kann, wird sie dem Verlangen der weltlichen
Macht nachgeben, wenn es den weislich festge-
sezten Regeln nicht entgegen steht; den Regeln,
die man nicht vernichten könnte, ohne die Einigkeit der Lehre, die Reinigkeit der Moral
und die Gleichförmigkeit des Gottesdienstes Preis
zu geben.

Es kann nützlich seyn, daß Titel ohne Funktionen, oder auch jene, denen Aemter ankleben,
entweder unterdrücket, oder vereiniget werden.
Die Kirche hat diese Titel errichtet; sie allein
ist berechtiget, sie zu unterdrücken. Die Stiftungen sind heilige Hinterlagen. Sie kann dieselbe nur nach untersuchter Sache abtreten.
Sie muß dieselbe schützen, und ihnen folgen bis
auf eine neue Bestimmung, wenn es die Noth
erheischet, jene abzuändern, welche sie von den
Stiftern hatten.

Der Glaube lehret uns, daß die Bischöfe,
die ihre Titel von dem Pabste erhalten, seine
wahren und rechtmäßigen Bischöfe sind. Conc.
Trid. can. 9. sess. 23. Die gegenwärtige Disziplin, meine liebe Brüder! ist diese, daß ihr
keine andere Hirten anerkennen sollet, als jene,
die von dem Nachfolger des heil. Petrus gesandt worden sind, bis daß die Kirche eine
andere

andere Form, die erledigten Stellen zu besetzen, bestimmet habe.

Wenn man in den, von den Alten gebahnten, Weg eintreten will, warum soll man einen andern eröffnen, der ihnen unbekannt war? Das Alterthum wußte nur um die Wahlform vermittelst der Metropoliten und Provinzialbischöfe. Das Volk wurde zu diesen Wahlen nur zugelassen, um das Zeugniß von dem Leben und den Sitten der vorgeschlagenen Subjekte abzulegen. Der heil. Cälestin will auch, daß man das Volk, welches sich bey den Wahlen einfindet, unterrichte; aber er will nicht, daß dessen Stimme entscheidend sey. Die Kanonisten sagen, „daß es eigentlich der Metropolit und die Bischöfe von der Provinz waren, die da wählten; daß das Verlangen des Volkes weder das Bischofthum, noch das Recht dazu ertheilte, und daß es nicht so fast eine Wahl, als eine simple Bitte war."

Die Pfarrer sind niemals durch die Wahl befördert worden. Als bey den Weihen auch die Titel angewiesen wurden, hat die nämliche Handlung, welche den priesterlichen Charakter eingedrücket, auch die kanonische Sendung und den Titel zu einer Kirche ertheilet. Die Kirche gab nachmals die Weihe ohne Anweisung des Titels. Die Bischöfe thaten den Pfarren durch eine Partikularsendung Vorsehung. Wenn sie ihre Rechte zu Gunsten der Patronen beschränkte, geschah es, um das Gedächtniß dieser ehrwürdigen Titel zu verewigen, die den Altarsdienern einen Gehalt verschaften, welcher der Nation nichts kostete. Es ist eine Ausnahme, welche die Regel bestätiget, weil sie das Werk der geistlichen Gewalt war. Es ist eine Ausnahme, die den Mißbräuchen, die den Eifer und die Wach-
sam-

samkeit der weltlichen Macht angefachet hatten,
die Pforte eröffnete. Haben aber nicht auch die
Wahlen eine Menge schlimmer Folgen hervor-
gebracht? Das allzeit vorsichtige Gesetz wird
nicht ermangeln, den Wahlmännern zu empfehlen, unter den Geistlichen diejenigen zu wählen,
die sich vor andern durch ihre Tugenden und Talente auszeichnen. Dieß ist das Gesetz der Rechts-
form, sagt ein Publizist, welche die Vernunft
zu allen Zeiten vorgeschrieben, aber die Ränke,
die Kabale und Leidenschaften allzeit zu vereiteln gewußt hätten. Die Kirche ward endlich
gezwungen, die Wahlen zu verbannen.

Die Gränzen dieses Unterrichtes erlauben
uns nicht, meine liebe Brüder; alle Artikel zu
durchgehen, welche die Gerichtsbarkeit der Bischöfe und der andern Religionsdiener beeinträchtigen. Aber ihr könnet weder euch betrügen,
noch betrogen werden, wenn ihr der Stimme
euerer Hirten gehorchet, die euch nur lehren
werden, was das Evangelium, was die Uebergabe, die bis zu den Aposteln vorrücket, was
die Kirche stets gelehret haben.

Seelenhirten! wir alle, die wir das göttliche Amt der Seelsorge aufhaben! Lasset uns
nicht vergessen, daß die Lehre eine von unseren
ersten Pflichten sey; daß sie eine Pflicht der Gerechtigkeit sey, welche die unsrer Sorge anvertrauten Gläubigen von uns zu erwarten das
Recht haben. Kein menschliches Gesetz kann
unser Stillschweigen entschuldigen. Die Offenbarung der Wahrheit wird die öffentliche Ordnung niemals stören. Uns, als seinen Dienern
hat Jesus Christus vorzüglich gesagt: ihr werdet
euch für mich erklären; ihr werdet für mich arbeiten; ihr werdet meine Zeugen vor den Menschen seyn; *& vos testimonium perhibebitis.*

IX. Theil.   S   Auch

Auch bey verworrenen Zeiten dürfen wir uns
auf Kosten Gottes und seiner Religion nicht klug
betragen. Der Herr ehret diejenigen, die
ihn ehren, und verachtet jene, die ihn verachten. I. Reg. II, 0. Durchsehet, sagte
Mathathias auf seinem Todbette zu seinen Kindern, durchsehet alle Geschlechter; ihr werdet
sehen, daß diejenigen von unsern Vätern, die
grosse Ehre und einen ewigen Namen erlanget
haben, sie dem Eifer und Muth zu danken hatten, mit dem sie die Sache Gottes vertheidiget
haben.

Die falsche Weisheit wird eure Mäßigung
rühmen können; sie wird euch Lob sprechen;
aber dieses Lob wird dem Lichte eines Blitzes
gleichen; es wird euch auf einen Augenblick verblenden, um euch in die dicksten Finsternisse ein-
zuhüllen. Dieses Lob wird euch straks zwischen
die Schande und den Dolch der Gewissensbisse
stellen.

Die Verläumdung wird wider euern Eifer
ihre vergifteten Pfeile abschleudern. Dieß sind
die Waffen der Lüge und des Irrthumes: sie
sind nur für diejenigen tödtlich, die sich derselben bedienen. Sie wird euch niederträchtige
Seelen und Miethlinge schelten, die den Gütern,
welche man ihnen nimmt, nachlaufen; aber diese
Pfeile werden stumpf werden, ehe sie euch berühren. Wenn man aufgelegt ist, das vornehmste
aus allen Gütern, das Leben, für die Wahrheit
aufzuopfern, so weis man auch, die andern vergänglichen Güter zum Opfer darzubringen. Wir
haben Güter vertheidiget, die wir ewig zu seyn
glaubten. Wir haben nicht unsere Güter, sondern jene der Kirche, das Erbe der Armen be-
schützet; aber wir haben mit einem heil. Ambrosius
gesagt: „Wenn der Kaiser die Kirchengüter will,

so kann er sie nehmen. Wir widerseßen uns nicht.
„Nehme er sie uns, wenn er will; wir geben
sie ihm nicht; aber wir verweigern sie ihm auch
nicht.„

Der Eifer, den Jesus Christus von uns fordert, ist kein unbescheidener Eifer; es ist ein
Eifer, der die Unwissenheit aufkläret; der die
Schwachheit unterstüßet, der die gar zu große
Leichtgläubigkeit warnet; der die falsche Sicherheit der Gleichgültigkeit für die Sache Gottes
beunruhiget; ein Eifer, der die Kräfte des See-
lenfeindes entnervet. Dieser Eifer verträgt sich
gar wohl mit jener ehrwürdigen Unterwürfigkeit,
die wir der weltlichen Macht schuldig sind.
Könnten wir vergessen, daß wir vorzüglich zur
Zeit, wo das Ansehen Gefahr läuft, uns dem
Volke als dessen Muster zeigen sollen, die auf
den Spitz jenes Berges gestellt sind, von dem
die heil. Schrift redet, daß wir sie um den Thron
des Ansehens reihen sollen, um den allgemeinen
Mittelpunkt, den Gott gesetzet hat, um die öffentliche Ordnung, den Frieden und die Eintracht
unter den Menschen aufrecht zu erhalten? Lasset
uns stets wiederholen, „daß jeder Mensch der
höhern Macht unterworfen sey; denn es ist keine
Macht als von Gott, und alle sind von Gott
verordnet worden. Derowegen, wer der Macht
widerstrebt, der widerstrebt der Anordnung Gottes; daß man sich nothwendig unterwerfen müsse,
nicht allein der Strafen wegen, sondern auch
wegen des Gewissens.„ Lasset uns ohne Unterlaß wiederholen, daß Jesus Christus, als er zu
den Juden sagte, gebt dem Kaiser, was des
Kaisers ist, nicht untersuchet habe, wie die
Macht des Kaisers entstanden sey; er wollte,
daß man die Anordnung Gottes und den Grund

der

der öffentlichen Ruhe in ihrem Ansehen in Ehren halten sollte.

Lasset uns den Völkern sagen, daß die höchste Gewalt sie durch den Eid an die Verfassung des Staates anschliessen könne; aber daß dieser Eid nur eine gottlose Formel sey, wenn er nicht mit Heiligkeit, in der Wahrheit und Gerechtigkeit geschieht, *& jurabis, vivit dominus, in veritate, in judicio & justitia.* Jerem. IV, 2. Durch uns, und vorzüglich durch unser Beyspiel sollen die Gläubigen lehren, daß, gleichwie es weder eine Weisheit, noch eine Klugheit wider Gott gebe, also auch kein Eid wider die Vortheile Gottes und seiner Religion geschworen werden könne, weil man vielmehr Gott, als den Menschen gehorchen muß. Altarsdiener! Lasset uns nie vergessen, daß wir in unsrer Weihung einen Eid geschworen haben, der in keiner Gelegenheit zurück genommen werden kann. Wir werden demnach schwören, den Verordnungen des Fürsten in allem getreu zu seyn, was mit der weltlichen Macht in Verbindung steht; aber wir werden ihm mit Muth und Freyheit sagen: daß sich seine Gewalt auf die geistlichen Gegenstände nicht erstrecke; daß ihm Gott den Scepter nicht wider Jesum Christum und dessen Kirche anvertrauet habe; wir werden ihm mit den Aposteln sagen: Wir können nicht, *non possumus.* Dieser Widerstand wird keine Empörung seyn. Man ist kein Rebell, wenn man dem Ansehen nur entwaffnete Hände vorlegt. Man ist kein Rebell, wenn man duldet, ohne sich zu klagen. Wir werden mit dem heil. Ambrosius, als er sich der Kaiserinn Justina widersetzte, der Gewalt nur die Geduld und das Gebeth entgegen setzen. Wenn man kein Bedenken trägt, da wir uns versammeln, um unsere Seufzer und unsere

Wünsche

Wünsche vor dem Throne des Ewigen auszu‐
schütten, uns als Rebellen, die von dem Gesetze
verbothnen Zusammenrottungen anzetteln, und
die nichts anders als Aufruhren beabsichtigen,
anklaget, werden wir wieder mit einem heiligen
Ambrosius sagen, den man des nämlichen Lasters
bey der Kaiserinn belangte: „Wir haben auch
eine Gegenwehre, aber in dem Gebethe der Ar‐
men. Diese Blinden, diese Höckerichten, diese
Lahmen, diese Greise sind weit stärker, als die
muthigsten Soldaten. Dieß sind unsere Kräfte;
dieß sind unsere Armeen.“

Diener des lebendigen Gottes, Mittler zwi‐
schen Gott und den Menschen! lasset uns seinen
Zorn entwaffnen; lasset uns seine Barmherzigkeit
anflehen; lasset uns Thränen über den Verfall
der Religion vergießen; lasset uns die beweinen,
welche sich auf den weiten Wegen des Verderbens
verirren. Begehren wir Muth, Standhaftigkeit
und Beharrlichkeit für die Gerechten. Setzen
wir uns mitten unter allen, wie Aaron zwischen
den Todten und Lebendigen stund. Der rächende
Arm des Herrn wird besänftiget werden; der
Herr wird sein Schwert fallen lassen, und die
Plage aufhören. *)

„Aber ihr, meine Christen, da ihr uns in
die Fußstapfen unserer Vorfahren treten sehet,
was ist noch übrig, als daß ihr euch durch eine
treue Uebereinstimmung mit unsrer Versammlung
vereiniget, und uns mit eurem Gebethe helfet?
diejenigen, die unterrichten, sagt ein heil. Petrus
Chrysol. empfangen sehr oft das Licht von den‐
jenigen, die zuhören. Alles, was in der Kirche,
auch durch die Hirten Gutes geschieht, sagt der
heil. Augustin, wird durch das geheime Seufzen
jener

---

*) Stans Aaron inter viventes & mortuos pro populo
deprecatus est & plaga cessavit. Num. XVI, 48.

jener unschuldigen Tauben gewirket, welche auf
der ganzen Erde zerstreuet sind.

„Einfältige Seelen, Seelen, die ihr vor den
Augen der Menschen, und hauptsächlich vor
eueren Augen verborgen seyd; die ihr aber Gott
kennet, und die auch Gott kennet, bethet ohne
Unterlaß für die Kirche, bittet, zerfliesset in
Thränen vor dem Herrn: bethet alle zusammen,
daß, was sich endigen soll, bald sein Ende er-
reiche. Zittert auch sogar vor dem Schatten
der Trennung: erinnert euch der Unglückselig-
keit der Völker, die, weil sie die Einigkeit entzweyet haben, sich selbst in so viele Stücke zerrissen, und in ihrer Religion nichts mehr, als
die Verwirrung der Hölle und den Schrecken
des Todes sehen. Ach! laßt uns Acht haben,
daß dieses Uebel nicht überhand nehme. Schon
sehen wir unter uns allzuviele von jenen Frey-
geistern, die ohne die Religion, ohne ihre Grundfeste, ohne ihren Ursprung oder Zusammenhang
zu wissen, lästern, was sie nicht wissen, und sich
in dem, was sie wissen, verderben. Wolken ohne
Wasser, Lehrer ohne Lehre, denen ihre Verwegenheit für alles Ansehen und ihre übereilten Entscheidungen für alle Wissenschaft sind: Bäume,
die doppelt gestorben, und aus der Wurzel gerissen sind; erstlich gestorben, weil sie die Liebe
verloren; aber doppelt gestorben, weil sie auch
den Glauben verloren; und gänzlich ausgerissen,
weil sie auf beyden Seiten gefallen sind, und
an der Kirche mit keinem Faser mehr halten:
irrende Gestirne, die sich mit ihren neuen und
abgeleiteten Wegen rühmen, ohne darauf zu
denken, daß sie bald verschwinden müssen. Lasset
uns diesen Flattergeistern, diesen Reizungen der
Neuigkeit, den Felsen, worauf wir gegründet,
das Ansehen unsrer Erblehre, wo alle vergangene

Zei-

Zeiten eingeschloffen find, und das Alterthum, welches uns mit dem Ursprunge der Dinge ver= einiget, entgegen sehen. Laffet uns in den Fuß= stapfen unserer Väter fortgehen; aber laffet uns auch in den alten Sitten wandeln, gleichwie wir in dem alten Glauben wandeln wollen.‟ *)

Gegeben zu Dax den 27.
Dez. 1790.

Th. Aug. Bischof von Dax.

———————————

Hirtenbrief des Herrn Bischofes von Glan= deve an die Geistlichkeit. ꝛc.

Unter den Bitterkeiten, meine liebe Brüder und Mitarbeiter! die es Gott beliebet hat, über die letzten Tage unsrer Wanderschaft *) aus= zuschütten, ist eine, die unserm Herzen am em= pfindsamsten fällt, daß wir sehen, daß sein Ge= setz auch von denen verlaffen worden ist, die er zu deffen Bewahrern und Dienern aufgestellet hatte. Meine Seele hat für Schmerzen ge= schmachtet, und ist in Ohnmacht gesunken, ***) als wir, nachdem wir alle Mittel erschöpfet, die uns unsre Hirtensorge eingab, um euch wi= der die Gefahren der Verführung und wider eure eigne Schwachheit vorzubewahren, vernommen ha=

*) Bossuet serm. de unit. Eccles.
**) Dies peregrinationis meæ parvi & mali. Gen. XLVII, 9
***) Defectio tenuit me . . . pro derelinquentibus legem tuam. Psal. CXVIII, 13.

haben, daß mehrere von euch dem Sturme gewichen, und der Anfechtung unterlegen sind,
indem sie einen Eid geschworen haben, welcher
der Lehre der Kirche und den heiligsten Rechten
der Hierarchie entgegen steht.

Indessen sey weit von mir jeder bittere Vorwurf, jede verdrüßliche Beschuldigung! Der
Apostel lehret uns, daß uns der Herr unter
den Menschen ausgewählet, und uns als
Priester aufgestellet hat, um diejenigen zu
bemitleiden, die sich aus Schwachheit oder
Unwissenheit verirren, weil wir selbst mit
Schwachheit umgeben sind. *) Es ist uns
daher leid, daß wir euch strafbar befinden.
Unser Herz richtet zu eueren Gunsten, und wir
glauben gerne, daß, wenn man eure Religion
durch verfängliche Trugschlüsse und anscheinende
Vorwände hat überraschen können, man es doch
vergebens gewagt hätte, die Reinigkeit euerer
Grundsätze zu vergiften, und euern Glauben zu
untergraben.

Nein, ihr habt in einem Augenblicke nicht
vergessen, meine liebe Brüder! was ihr frühzeitig
gelernet habt, und was ihr andere zu lehren
verpflichtet seyd; daß Jesus Christus den Bischöfen allein die Gewalt eingeräumet habe, seine
Kirche zu regieren; **) daß sie aus göttlichem
Rechte die Vorsteher der Priester sind; daß alle
in dem Pabste einen Primat der Ehre und der
Gerichtsbarkeit über die ganze Kirche anerkennen; daß endlich nur diejenige eine wahre Sendung sey, die von Jesu Christo seinen Aposteln
ertheilet, auf uns durch eine ununterbrochene
Erbfolge übertragen, und Kraft der ihr als

Hier-

*) Hebr. V, 1 & seq.
**) Act. XX, 28.

Hirten über einen Theil unsrer Heerde von uns
aufgestellet worden seyd.

Nein, ihr habt nicht schwören wollen, die
Unterdrückung unsers bischöflichen Stuhles handzuhaben, und euern rechtmäßigen Hirten zu verlassen, um euch einem Bischofe zu unterwerfen,
und zu gehorchen, der seine vorgebliche Sendung
und sein Ansehen nur von der weltlichen Macht
hätte. Wie sollten wir diese Uneinigkeit, diese
Trennung, die euch in die unselige Spaltung
stürzen würde, mit den Zeugnissen des Zutrauens
und der Neigung versöhnen können, die ihr uns
seit mehr als zwanzig Jahren beständig geschenket habt?

Nein, ihr habt nicht schwören wollen, die
Zergliederung und selbst die Aufhebung euerer
Pfarren handzuhaben, welche die Liebe zu eueren
Schafen und der Eifer, von dem ihr für ihr
Heil beseelet seyd, euch so nahe ans Herz legte.
Nein, ihr vorzüglich, unsere geliebten Söhne,
die wir der Kirche gebohren, und zu ihrem
Priesterthume durch die Auflegung unserer Hände
erhoben haben; ihr, die wir als die Hoffnung
unsers Kirchensprengels, als die Freude und
Krone unsers Bischofthumes ansahen, ihr habt
euch der Ehrerbietung und dem Gehorsame nicht
entziehen wollen, den ihr uns an dem Fuße des
Altars geschworen hattet; noch weniger aber
habt ihr alle Bande der Einigkeit und Gemeinschaft mit euerm Oberhirten und Vater in Jesu
Christo zertrennen wollen.

Nein, meine liebe Brüder! ihr habt nicht
mit einem Eide versprechen wollen, euch aus
allen eueren Kräften der Wiederherstellung jener
ehrwürdigen Körper, die Tag und Nacht mit
dem Lobgesange Sions beschäftiget sind, so vieler
geheiligten Freystätte, die der Unschuld und der
Buße

Buße eröffnet sind, und so vieler religiösen Uebungen entgegen zu setzen, welche so fähig sind, die Majestät des Gottesdienstes zu verherrlichen, und die Frömmigkeit der Gläubigen zu unterhalten, und zu ernähren. Nein, ihr habt weder ohne Unterschied jenen Schwarm der Dekrete, die ihr kaum erkennet, annehmen, noch denjenigen zum voraus und ohne Vorbehalt unterschreiben wollen, welche die neue Verfassung vollenden sollen.

Unterdessen ist dieß dennoch die vermessene Verbindlichkeit, die ihr geschlossen, und zu deren Bürge ihr den Gott der Wahrheit aufzurufen kein Bedenken getragen habt. Sehet da den Abgrund, in den ihr euch gestürzet habt, bevor ihr dessen Tiefe ergründet hattet.

Es ist unsre Pflicht, meine liebe Brüder! und die Liebe Christi drängt uns, euch eine hilfreiche Hand zu reichen, um euch aufzuhelfen. O uns Glückselige! wenn wir euch mit der Gnade Gottes zu einer so geschwinden als nothwendigen Buße zurück führen können!

Der Irrthum, sagt ein heil. Augustin, ist eine traurige Folge der Menschheit; aber darinn beharren ist dem Satan eigentlich, *errare humanum est: perseverare diabolicum.* Nur großmüthige Seelen sind aufgelegt, ihre Fehler einzugestehen, und ihre Selbstliebe zu besiegen, um auf den rechten Weg wieder zurück zu kommen, und der Wahrheit zu huldigen.

Daher hat man gesehen, daß im vierten Jahrhunderte die Väter des Konziliums zu Rimini, die durch die Liste der Arianer hintergangen worden, in die Wette eiferten, ihre Unterzeichnung, die sie einer mit dem Gifte der Irrlehre angesteckten Formel gegeben hatten, zu wiederrufen, und ihre unverletzliche Anhängigkeit an

den

den nizänischen Glauben laut zu verkündigen. Um eben diese Zeit erkannte der mehr als hundertjährige Oſius! dieſer eifrige Vertheidiger der Gottheit des Wortes, die Schlinge, die ihn von dem groſſen Athanaſius trennte, und machte vor ſeinem Tode das Aergerniß ſeiner Gebrechlichkeit gut, indem er die Lehre des Arius und ſeiner Anhänger feyerlich verfluchet hat. Der gelehrte Theodoretus, Biſchof zu Cyrus, der ſich anfangs durch das gar zu enge Bündniß mit dem gottloſen Neſtorius irre führen ließ, iſt von ſeinen Abwegen in die Gemeinſchaft des heil. Pabſtes Leo zurückgekehret, wodurch er die Lobſprüche des heil. Gregors des Groſſen, verdienet hat. Eines der glänzendſten Lichter der Kirche, der heil. Auguſtin, nachdem er die zahlloſen Schriften, die er ſeit ſeiner Bekehrung und in dem Laufe ſeines Biſthumes verfaſſet, unterſuchet, und alles, was ihm tadelnswürdig ſchien, beſeitiget hatte, erröthete nicht, dieſer langen und läſtigen Arbeit den Titel: Buch der Retraktationen, zu geben. Wenn wir auf unſere Zeiten zurück gehen, ſo hat ſich Fenelon einen unſterblichen Namen errungen, da er die Kanzel der Wahrheit beſtieg, um ſeine vollkommenſte Unterwürfigkeit gegen den Ausſpruch der Kirche ſamt der Verdammung ſeines Buches kund zu machen. Auch mehrere von eueren ehrwürdigen Mitbrüdern, die in dem Schooße der Verſammlung wohnen, und anfangs durch die falſchen Erklärungen und von der Aufrichtigkeit ihrer Abſicht betrogen worden ſind, nachdem ſie die Worte dieſes traurigen Eides, und deſſen Ausdehnung durchdacht hatten, haben ihre Reue durch die feyerlichſten und deutlichſten Wiederrufe ausgezeichnet. Selbſt in dieſen Tagen der Trauer und der Trübſal hat der Vater der

Erbarmniſſe uns den Troſt gegeben, zu ſehen,
wie einige von unſeren Mitarbeitern dem drin-
gendſten Anhalten ſtandhaft widerſtanden, und
einige andere, nachdem ſie gefallen ſind, dem
menſchlichen Anſehen getrozet, und durch einen
ſo großmüthigen als erbauenden Wiederruf ihren
Fall gut gemacht haben.

Da ich euch, meine liebe Brüder ſo rührende
Beyſpiele vor die Augen lege, kann ich nicht
auch an euch jene merkwürdige Worte des heil.
Ambroſius, die er dem Kaiſer Theodoſius er-
wiedert hat, wenden: Weil du ihm in ſeinen
Vergehungen gefolget biſt; ſo folge ihm auch in
ſeiner Buße, *quem ſecutus es errantem, ſequere
pænitentem?* Wenn ihr zu dem Eindrucke der
Gnade gelehrig ſeyd, ſo ergreifet mit Begierde,
wie jene ehrwürdige Hirten, das einzige Ret-
tungsmittel, das euch nach dem Schiffbruche
noch übriget. Höret den heil. Geiſt, der euch
jene Worte der geheimen Offenbarung zurufet:
Sey eingedenk, um was du dich gebracht haſt;
thue Buße, und verrichte deine erſten Werke,
*memor eſto, unde excideris, age pænitentiam,
& prima opera fac.* *)

Sehet mit Schrecken, meine liebe Brüder!
wie ihr plötzlich von der hohen Stuffe des Ruh-
mes, die euer Amt vor Gott und den Menſchen
ehrwürdig machte, herabgefallen ſeyd. Eilet,
die Mackel eurer Treuloſigkeit auszulöſchen, und
machet jenen Geiſt des Glaubens und des Eifers
wieder aufleben, der den Anfang euers Prieſterthumes ausgezeichnet hatte. Fürchtet euch ſelbſt
die Augen zu verbinden; forſchet der Quelle
des Uebels nach; fraget euer Herz um die wahre
Triebfeder euers Betragens. Hat die Gewinn-
ſucht, die der Apoſtel die Wurzel alles Uebels
neu-

*) Apocal. II, 5.

kennet, keinen Theil daran? War der Geist des Eigennutzes, dieser Aussatz, der alle Stände anfrißt, nicht das Orakel, das ihr befraget habt, und das euch endlich nach langem Streite zu einem so strafbaren Schritte gestimmet hat? Wie, wenn euch ehrgeizige Aeltern, gleich jener Mutter der Zebedeer, die ersten Stellen in der Kirche, als den Preis und Lohn euers schändlichen Abfalles vorgezeiget hätten? Gleich als wenn ihr, die ihr in der Schule Jesu Christi erzogen worden, und dessen Lehre dem Volke so oft verkündiget habt, auf einen Augenblick seine so deutlich in dem Evangelium verzeichneten Aussprüche hättet vergessen können: Derjenige, der sich erhöhet, wird erniedriget werden; Wehe euch, die ihr euern Trost und euer Glück in den vergänglichen Reichthümern suchet! Was wird es dem Menschen nützen, wann er die ganze Welt gewinnt, an seiner Seele aber Schaden leidet? *)

Ach! es ist Zeit, daß ihr, meine liebe Brüder! zurückkehret, und das Aergerniß euers Falles durch ein feyerliches und ächtes Geständniß wieder gut machet. Verweilet nicht, ich beschwöre euch durch die Liebe Jesu Christi, die Kirche durch einen Schritt zu trösten, den sie von eurer Religion erwartet, den euer Gewissen fordert, und dem euer Volk selbst Beyfall zujauchzen wird. Denn ihr habt noch nicht vergessen, welch ein Schrecken euere Schafe überfallen hat, als sie euch diesen widerreligiösen Eid mit einer zitternden Stimme aussprechen gehöret haben.

Seit dieser traurigen Epoche könnet ihr es euch nicht verheelen, wie viel ihr von jener Hochachtung und von jenem Vertrauen verloren habt,

*) Matth. XXIII, 12. Luc. VI, 24. Marc. VIII, 36.

habt, welche den süssesten Trost euers Amtes
ausmachten. Die Liebe gegen diese treue Heerde
meine liebe Brüder! die Liebe gegen euch selbst
verbindet euch, die Herzen wieder zu erobern,
die bereit sind, zu euch zurückzukehren, um sie
desto sicherer Gott zu gewinnen, und ihm zuzu-
führen. Euer Wiederruf wird eure Traurigkeit
in Freude verwandeln, und der Himmel wird
an eurer Freude Theil nehmen. Bewaffnet euch
daher, mit Stärke und Großmuth, und zeiget
euch über alle menschliche Betrachtung, und
über allen Eigennutz und Gewinnsucht erhaben,
um in diesem entscheidenden Zeitpunkte nichts
anders, als das ewige Heil eurer Seele vor
Augen zu haben, und den grausamen Unruhen
vorzukommen, welche vielleicht in kurzer Zeit
der Anblick des Grabes verursachen wird. Möchte
doch das Opfer einiger zeitlichen Vortheile euer
feiges Verbrechen wieder gut machen! Kann
man die Ruhe des Gewissens, und den Frieden
der Seele, der nach dem Spruche des Apostels
allen Verstand übertrifft, *) zu theuer erkaufen?

Wie ehrwürdig wird euch, meine liebe Brüder! diese Uneigennützigkeit vor den Augen der
Religion machen? Wie würdig ist sie für den
Diener eines Gottes, der die Armuth in dem
Evangelium selig spricht, und sie durch sein
Beyspiel eingeweihet hat? Oder kann er irgends
seinen Schatz sicherer, als in dem Himmel hin-
terlegen? Wenn man ihn um einen Glauben
fraget, so zeiget er ihm eine Vorsicht, deren
wohlthätige Hand stets offen steht, um alle Geschöpfe mit Segen zu erfüllen. Voll des Ver-
trauens auf die väterliche Sorge Gottes wirft er
alle.

*) Philip. IV, 7.

alle Unruhe in deſſen Schooß, und fürchtet nicht,
von ihm verlaſſen zu werden.

Möchte er uns doch, meine liebe Brüder!
in dieſem Augenblicke die Gnade angedeihen
laſſen, ſie zu unterſtützen, und, wie wir es verlangen, den ſchlechten Unterhalt zu erſetzen!
Wir werden wenigſtens das Wenige, das man
uns noch läßt, großmüthig mit unſeren lieben
und tugendſamen Mitarbeitern theilen. Wir
werden in unſerm demüthigen Gemache, das
wir allen Pallaͤſten der Welt vorziehen, die
Nahrung und Kleidung finden, mit denen
der Apoſtel will, daß wir uns begnügen ſollen; *) und wir werden ihnen Dank wiſſen,
wenn ſie dieſes ſchwache Zeugniß unſrer aufrichtigen Neigung annehmen. Könnte eine reinere
Freude für einen Vater ſeyn, als ſich von ſeiner Familie umgeben ſehen! Da werden wir
mitten unter den Uebeln, welche die Kirche
kränken, den Herrn preiſen, daß er der ganzen
Welt das erhabenſte Beyſpiel einer wahrhaft
apoſtoliſchen Standhaftigkeit in ſo vielen vor-
nehmen Prälaten und großmüthigen Hirten gegeben hat, derer wegen wir uns rühmen, ob
wir uns ſchon unwürdig erachten, an ihren
Arbeiten und Leiden Theil zu nehmen. Da werden wir unſere Wünſche und Gebethe vereinigen,
um von ſeiner Barmherzigkeit den Frieden und
das Heil des Vaterlandes und die Wohlfart des
Reiches zu erflehen.

Glaubet nicht, meine liebe Brüder! daß der
Schritt, zu dem wir euch ermahnen, und der
unentbehrlich iſt, eure Vaterlandsliebe im ge-
ringſten beſchädige. Jeſus Chriſtus hat uns gelehret, alle Pflichten zu vereinigen, indem er
befohlen, dem Kaiſer zu geben, was des Kai-
ſers

*) I. Tim. VI. 8.

fers ist, und Gott, was Gottes ist. Die Ehre
des Christenthumes besteht hierinn, daß es getreue
Unterthanen und ächte Bürger bilde. Alles,
was die Religion nicht zur Stütze und zum
Bürgen hat, wird nach langem oder kurzem
zerfallen, und der Eid, den man fordert, welchen Beweggrund er immer haben mag, bestätiget diese Wahrheit.

Bekennet demnach laut, meine liebe Brüder!
eure Ehrerbietigkeit gegen die Gesetze, eure
Liebe gegen den König, und eure unverletzliche Anhängigkeit an das Vaterland. Erzeiget
euch bey jeder Gelegenheit als eifrige Vertheidiger desselben. Aber um ihm mit Nutzen zu
dienen, sondert niemals, nach dem Ausspruche
des heil. Geistes, die Liebe des Friedens von
der Ehrerbietung gegen die Wahrheit, *pacem
& veritatem diligite.* Seufzet, daß ihr sie so lange
gefangen gehalten habt; und wie wäre es zu
wünschen, daß eure fertige und öffentliche Rückkehr auch diejenigen zur Pflicht zurückführte,
die euer Beyspiel hat verirren gemacht.

O Timotheus, schrieb der Apostel an seinen
geliebten Jünger, und wir mit ihm an euch,
bewahre, was dir vertrauet ist; vermeide
alle eitle Neuheit, *) und alle falsche Lehrgebäude, welche eine stolze Philosophie ausgehecket hat, um die Glaubenswahrheiten unsrer
heiligen Religion zu bestreiten, und deren Grund
zu untergraben: sey ein Vorbild der Gläubigen in dem Worte, in dem Wandel, in der
Liebe, im Glauben und in der Keuschheit.
Begieb dich auf das Lesen heiliger Bücher, und ihre Betrachtung soll deine liebste und
ernsthafteste Beschäftigung seyn. Bleib standhaft

*) I. Tim. VI, 20.
**) I. Tim. IV, 12.

haft und unerschütterlich in der Ergebenheit
gegen das sichtbare Oberhaupt der Kirche, gegen
den Statthalter Jesu Christi auf Erden, und
gegen den Körper der Oberhirten. Endlich ehre
dein Amt durch ein regelmäßiges Betragen, und
durch wahrhaft priesterliche Sitten Auf diese
Art, sagt ein heil. Cyprian von den Gefallenen
wird euer Fall mit der Hilfe Gottes euch nur
mehr Muth und stärkern Glauben einflössen, der
der Kirche desto grössere Freude bringen wird,
je mehr ihr sie betrübet habt, und ihr werdet
nicht nur die Verzeihung, sondern auch die
Krone verdienen: *Qui sic Deo satisficerit —
exauditus & adjutus a domino, quam contri-
staverat nuper, lætam faciet ecclesiam; nec
jam solum Dei veniam merebitur, sed coronam:*

Gegeben zu Glandeve den
10. Merz 1791.

Heinrich Bischof zu Glandeve.

IX. Theil.   T   Ver-

Verordnung des Herrn Bischofes von St.
    Diez.

Ludwig, Martin von Chaumont ꝛc.

Der Feind des Friedens und der Wahrheit
hat endlich seine Absicht, ungeachtet unsrer
Wachsamkeit und Sorge, durchgesetzet, und auf
dem Acker des Hausvaters Unkraut ausge-
säet. Die in diesem Königreiche vormals so
fruchtbare und glorreiche, nun aber gefangene
und in ihren treuesten Dienern verfolgte Kirche
scheint den gottesfürchtigen Seelen nur ein
Schauspiel der Traurigkeit und des Schmerzens
vorzustellen, indem ihre Bischöfe und Priester
zerstreuet herumirren, durch die strengsten Gesetze
von ihren Amtsverrichtungen vertrieben, und in
die Nothwendigkeit versetzet sind, entweder ihren
Posten zu verlassen, oder ihr Gewissen zu verrathen.

Ja, meine liebe Brüder! dieses erhabene
Amt des Apostolats, zu dem uns die göttliche
Barmherzigkeit und das Ansehen der Kirche berufen hat, ist uns durch ein Urtheil, das von
dem Willen der Menschen ausgieng, entrissen:
die äusserlichen Verbindlichkeiten, die unsre
Pflichten und unsere öffentlichen Amtsverrichtungen mit dem Wohl euerer Bestimmungen verflochten, sind uns untersagt, und keiner aus
der Zahl der evangelischen Arbeiter, welche die
Vorsicht unseren Arbeiten zugesellet hatte, kann
in der bürgerlichen und politischen Ordnung das

unveräusserliche Recht, über seine Heerde zu
wachen, beybehalten, wenn er nicht der Einigkeit des Glaubens entsaget, und sich von unsrer Gemeinschaft und von der Gemeinschaft
mit dem Statthalter Jesu Christi absöndert,
dem wir uns allzeit anschliessen werden, als
dem sichtbaren Oberhaupte aller Hirten und
Gläubigen, die an den nämlichen Sakramenten
Theil nehmen, und in der Hoffnung der nämlichen
Belohnung leben.

Ach! meine liebe Brüder! je dringender die
Gefahr ist, die euch drohet; je mehr sich die
Ausgelassenheit und der Hochmuth bestrebet, die
ächte Frömmigkeit zu verdrängen, desto mehr
sind wir verbunden, über eure Sicherheit zu
wachen, die Stimme in Sion zu erheben,
und in der heiligen Stadt das klägliche
Geschrey unsers billigen Schmerzens hören
zu lassen. Da die Uebel und Drangsalen, die
euch allenthalben umzingeln, sich unsrer schmachtenden Seele vorstellen, seufzen wir zwischen
dem Vorhofe und dem Altare über die Gefahren,
denen euer Glaube ausgesetzt ist, wir beschwören den Gott Jakobs, sich seiner alten Erbarm-
nisse zu erinnern, und die Finsternisse, welche
die Oberfläche der Erde zu verhüllen scheinen,
zu zerstreuen; wir bitten ihn um die wankende
Arche, alle getreue Israeliten und wahre An-
bether zu vereinigen, die fähig sind, durch ihre
Standhaftigkeit und durch die Stärke ihres
Beyspieles das betrübte, und so zu sagen, ver-
finstere, und in dem Gemenge aller falschen Lehren, welche die Welt auf den
Trümmern der Wahrheit errichten will, ver-
grabene Christenthum zu unterstützen. Welch
andere Gesinnung könnten wir fühlen, meine
liebe Brüder! da wir unter den Uebeln, die

T 2   uns

uns drücken, sehen, wie die Religion vor den
Richterstuhl der Welt geschleppet wird, um Abänderungen zu leiden, die nur den Werken der
Menschen zukommen können; da wir sehen, wie
das Erbe des Herrn unfruchtbar zur Freystätte
des Irrthumes und zur Beute der Völker wird,
die sich wider Gott, und das Ansehen, das ihn
auf Erden vorstellet, verschworen haben.

Wir werden demnach unter uns jene Tage
der Zwietracht und der Trennung, jene stürmische
Zeiten wieder aufleben sehen, wo der stolze und
auf seine Siege trozende Irrthum den Athanasen und Chrysostomen nichts übrig läßt, als
die traurige Hülfe, sich von ihren Kirchen zu
entfernen, und durch die Flucht dem Haße und
den Unternehmungen ihrer Verfolger zu entwei-
chen. Es sind schon eingedrungene Hirten, welche
die Kirche nicht anerkennet, weil sie ihnen keinen
Theil ihres Ansehens mitgetheilet hat, an die
Stelle derjenigen gesetzet worden, die euch im
Namen Jesu Christi die heiligen Wahrheiten des
Evangeliums ankündigten, und die euch im
Namen seiner Braut die Heils = und Trostmittel
des Glaubens ausspendeten; abtrünnige Diener,
welche den Schein der Frömmigkeit borgen, um
sich groß zu machen; derer Grundsäze allzeit
mit dem Gewinne vergesellschaftet sind; derer
Glauben sowohl als Betragen sich nach den Um-
ständen richtet, und mit einer strafwürdigen
Gefälligkeit der Veränderung der menschlichen
Meinungen folget: ehrgeizige Leute, die allzeit
aufgelegt sind, ihr Gewissen der Begierlichkeit
aufzuopfern, und die nach den Ehren und Würden des Heiligthumes streben, ohne von der
Anordnung des Himmels dazu berufen zu seyn:
in Ränken geübte, und von einem übermüthigen
Zutrauen verführte Menschen, die mit einer

gott=

gottlosen Vermessenheit das heilige Priesteramt
an sich reissen, und sich zu Führern der Seelen
aufwerfen: Leute, mit einem Worte, die nicht
erröthen, die heilige Strenge der kanonischen
Regeln nach dem Triebe der Leidenschaften und
der Vortheile, welche die Gesellschaft beunruhigen, zu lenken. Dieß sind, meine liebe Brüder!
die Hirten, welche der Systemgeist und die
Neuerungssucht euch aufstellen; diese sind es,
in derer Hände eine Macht, die sich auf die
geistliche Regierung der Kirche nicht erstrecket,
die Schlüsselgewalt hinterleget, jenes Recht zu
binden und zu lösen, das nur den Amtsgenossen
der Apostel und ihren rechtmäßigen Nachfolgern
in der kirchlichen Ordnung anvertrauet worden
ist. Diese sind die Diener einer neuen, unseren
Vätern unbekannten Religion, die keinen andern
Titel haben, noch haben können, um in dem
heiligen Orte zu sitzen, als jenen, den die durch
die Gewalt unterstützte Anmaßung ertheilet,
und welche euch in der Ordnung des Heiles
und in der Ausspendung der Sakramente anzuerkennen das Gewissen niemals erlauben wird.

Da sie von einem Ansehen gesandt sind, das
keine Gewalt über die Gewissen hat, so ist ihr
Amt in dem Himmelreiche lediglich unbekannt: die Quellen jenes lebendigen Was-
sers, das bis in das ewige Leben empor
springt, *) sind ihnen schlechterdings geschlossen;
ihr Eifer und ihre Talente, ihre Tugenden und
selbst ihre Gerechtigkeit, weil sie den Gehorsam
und den Glauben nicht zum Grunde haben, sind
aus dem Buche des Lebens ausgelöschet, und
alle ihre Wege führen zum Tode. Das in den
Wundern so mächtige als fruchtbare Wort Gottes wird durch das Organ dieser Hirten keine
Frucht

*) Joan. IV, 14.

Frucht der Gerechtigkeit und Heiligkeit bringen:
wenn sie die Sprachen der Engel reden sollten,
müßten wir euch mit Jesu Christo von ihnen
sagen: Hütet euch vor den falschen Propheten, die in Schafsfellen zu euch kommen,
inwendig aber reissende Wölfe sind. *) Da
ihre Trennung von der Kirche so groß ist, wie
der Abstand, der zwischen der Lüge und der
Wahrheit, zwischen dem katholischen Glauben
und der Irrlehre obwaltet, wird das Sakrament
der Wiederversöhnung aufhören, in ihren Händen eine Quelle der Gnaden und des Trostes
für büssende Seelen zu seyn; die Urtheile, die sie
auf Erden fällen, werden in dem Himmel nicht
bestätiget werden, und der Sünder, der ihnen
seine Verirrungen und Schwachheiten zu leicht-
sinnig entdecket hat, wird von ihrem Amte nur
einen gefährlichen Frieden und eine falsche Sicherheit einerndten, die nicht fähig ist, ihm die
Gerechtigkeit mitzutheilen. Sie werden im Namen des Herrn wahrsagen, die heil. Schrift
auslegen, die erhabenen Wahrheiten erklären;
allein der Herr wird ihnen seine Orakel nicht
anvertrauet haben. Sie werden anbauen, pflanzen; aber das Thau des Himmels wird ihre Arbeiten nicht fruchtbar machen, weil Jesus Christus der Kirche allein alle Gewalt im Himmel
und auf Erden gegeben hat, und weil derjenige,
der ihr Ansehen verkennet, vor den Augen Gottes nur ein Heid und Ungläubiger ist, dessen
Gebeth er verwirft und verscheuet.

Da sie in dem Schooße eben dieser Kirche
ernähret und erzogen worden sind, so haben sie
von ihr den heil. Charakter des Priesterthumes
unter der feyerlichsten Bedingung empfangen,
niemals von dem Gehorsame und von der Treue
ab-

*) Matth. VII, 15.

abzuweichen, die sie den Oberhirten angelobet
haben, derer Fußstapfen sie folgen, derer Glauben sie anhangen, und derer Lehre sie in allem
zu Rathe ziehen sollen, was das Betragen der
Heerde beeinträchtiget. Diejenigen, die wider
diese heil. Verbindung handeln, trennen sich selbst
von der Gemeinschaft der Kirche, deren Einigkeit sie zerreissen; sie sind lahme Glieder, in denen die Lebensgeister ihren Umlauf nicht mehr
haben; sie sind den dürren Zweigen gleich, die
noch dem Stamme des Baumes eingepfropfet
sind, ohne von seinem fruchtbaren Safte genähret,
oder von seinen dicken Blättern überschattet zu
werden. Sie können einen Anschein der Einigkeit mit der Braut Jesu Christi beybehalten;
aber sie sind der Frucht ihres Gebethes und der
Gnade ihrer Sakramente beraubet; sie sind in
ihrer Hinsicht todt, und der traurige Gegenstand
ihrer Seufzer und Thränen.

Das Reich Jesu Christi wird demnach, meine
liebe Brüder, weit von uns fliehen, um in fremden
Landen sich fest zu setzen. Diese ehevor von den
Heiligen bewohnten Gegenden, wo eine Menge
gottseliger Denkmale uns der Tugenden und der
Frömmigkeit unserer Väter erinnern; dieses pri-
vilegirte Land, wo die auf dem Throne sitzende
Religion unter dem Schutze der Gesetze und einer
sanften und friedfertigen Regierung so herrlich
blühete; dieses christlichste Königreich, wo das
Licht des Evangeliums seinen ganzen Glanz erhalten, und das in den letztern Jahrhunderten
die kostbare Gnade gehabt hatte, die Neuerungen
und Irrthümer zu verwerfen; dieses seit den
apostolischen Zeiten in dem Glauben getreue Königreich wird demnach an der Spaltung des stolzen Samariens Theil nehmen, und durch seinen
Abfall der Ungläubigen Zünfte vermehren, die
sich

sich wider Jerusalem verschworen, und den gottlosen Plan ausgehecket haben, ihren Weihrauch
und ihre Opfer anderswohin als in einen einzigen Tempel zu bringen, den der Gott Davids
und Salamons als den einzigen Ort auf Erden
gewählet hatte, wo er die Huldigungen und
Gebethe seines Volkes aufnehmen wollte.

Dieß sind, meine liebe Brüder die schmerzen-
den Gedanken, die uns zu schaffen geben; dieß
sind die Uebel, die wir in Bitterkeit unsrer Seele
beweinen. Ueber euch, über die Treulosigkeit
unsers unseligen Vaterlandes vergiessen wir blutige Thränen, gleichwie vormals die gottseligen
Israeliten, als sie an dem Ufer der Flüsse Baby-
lons sassen. Das Andenken des heil. Syons
zwinget unserm mitleidigen Herzen ganze Ströme
der Zähren ab, und der Schmerz, der unsere
Seele durchdringet, hält alle Freudengesänge
ein, welche in den blühenden Tagen unserer
Freyheit die triumphirende Kirche mit der streitenden vereinigten.

Vergebens würde man sich bestreben, um die
billigen Schmerzen und Gesinnungen, die wir
euch vortragen, auf euer Herz unwirksam zu
machen, die Reinigkeit unserer Absichten zu verleumden, und euch überzeugen zu wollen, daß
die Sprache der Wahrheit und Frömmigkeit,
die wir in eueren Ohren ertönen machen, nur
eine heuchlerische und verstellte Sprache sey,
wodurch wir die eurer Ruhe und euerm Wohl
nachtheiligen Plane verhüllen; daß die Hartnäckigkeit euers Bischofes eine weit andere
Absicht, als die Religion, zum Grunde
habe. Gott ist unser Zeuge, daß unser Mund
mit unserm Herzen ohne Verstellung vollkommen
übereinstimme, und daß wir zu ihm mit dem
Propheten sagen können: Herr du siehst
alle

alle meine Wünsche, und mein Seufzen ist dir nicht verborgen. Psal. XXXVII, 10.

Wie wären wir zu bedauern, meine liebe Brüder! wenn in einem Zeitpunkte, wo wir Muth genug haben, die stärksten Prüfungen und eine vollständige Ausplünderung zu dulden, menschliche Beweggründe, oder unbillige Leidenschaften uns jene Opfer abgezwungen hätten, die der Glaube allein fordern kann, und die die Welt nicht im Stande ist zu vergelten! Zweifelt nicht; ihre Gunst oder Mißgunst können mit den erheblichen Vortheilen, die auf uns wirken, nichts gemein haben: die allenthalben den einfältigen Gläubigen gelegten Schlingen, die Pflicht, unsre Wachsamkeit nach eueren Bedürfnissen abzuwiegen, das Verlangen, euch in dem Schafstalle zu erhalten, euer Heil, und der Wunsch, mit Jesu Christo sagen zu können: Keiner von denen, die du meiner Sorge anvertrauet hast, ist aus meiner Schuld oder Nachläßigkeit verloren gegangen; Dieß, meine liebe Brüder! (wir können es mit Wahrheit sagen) ist der einzige Vortheil, der uns beseelet; unsre Aufrichtigkeit verbürget es euch: und wenn unsere Gesinnungen und Verfügungen euch minder bekannt wären, würdet ihr wohl glauben, daß, nach den Rathschlägen der Vorsicht, sich die Stimme euers Hirten habe hören lassen, um euch irre zu führen? Und wie könnte ein Diener des Evangeliums, der im Namen der Religion, die er zum Zeugen aufruft, zu euch redet, der in den Augen und in der Gegenwart Gottes, welchen er in Ehren hält, zu euch redet, wie könnte er, sage ich, um euch zu täuschen, und irre zu führen, sich einer Sprache bedienen, die sein Herz verfluchen würde? Wie sollte er sich erkühnen, die Vortheile

theile des Himmels mit jenen der Erde zu vermengen, und alles, was die Religion am heiligsten und durchdringendsten hat, zur Vertheidigung und Erhaltung einiger zeitlichen Vortheile aufzugreifen, derer Blendwerk der Gedanke
der Ewigkeit zerstäubet, und die unendlich von
dem abstehen, was der Glaube zu hoffen, oder
zu fürchten vorleget?

Die Welt kann uns richten; dieß ist das
Schicksal der Verkündiger des Evangeliums;
und wir, weit entfernt, uns über ihre Ungerechtigkeiten zu beklagen, sollen sie als die herr-
lichsten Vorzüge unsers Apostolats ansehen. Mit
diesen Gesinnungen der Ergebenheit haben wir
unsrer Pflicht, die wir aufhaben, entsprochen,
und geglaubet, daß wir die Frömmigkeit der
ächten Gläubigen trösten, und ihren Gewissen
alle nothwendigen Hilfsmittel dadurch anbiethen
müssen, daß wir die Gewalt und Sendung unserer lieben Mitarbeiter erweitern.

Wir erklären demnach, 1. daß wir über alle
Geistlichen und Gläubigen unsers Kirchensprengels die geistliche Gerichtsbarkeit, die uns von der
Kirche über sie ist anvertrauet worden, in Rücksicht auf ihre Gewissen und auf ihr Heil beybehalten; jene Gerichtsbarkeit, die unsrer Person
anklebet, und die von dem Ansehen allein, das
sie gegeben hat, wieder kann entzogen werden.

2. Daß jeder anderer Hirt, der unsere Amtsverrichtungen ausüben wollte, nichts anders als
ein Abtrünniger und ein eingedrungener Miethling seyn könne, und in der That sey, gleichwie jeder anderer Geistliche, der eine Pfarre
annehmen würde, deren Titel weder durch den
Tod, noch durch eine freywillige Abtretung
ledig wäre.

3. Daß

3. Daß jede Lossprechung, die ein solcher Hirt giebt, ursprünglich ungültig sey, aus Mangel der Gewalt, den Todesfall allein ausgenommen. Eben so verhält sich die Lossprechung, die ein Priester ertheilen wollte, der weder von uns, noch von unseren Generalvikarien die Begnehmigung hätte, Kraft deren er Beichthörte.

4. Daß die Herren Pfarrer, die man abgesetzet hat, weil sie entweder den Eid verweigert, oder ihm Bedingnisse beygesetzet haben, welche ihre Pflichten eines Bürgers mit der Unterwürfigkeit gegen die Kirche ausgleichen können, fortfahren werden, im Gewissensgerichte alle Gewalt auszuüben, die sie von uns Kraft der kanonischen Einsetzung erhalten.

5. Daß wir imgleichen alle simple Approbationen, die wir in der letzten Generalsynode zugestanden oder erneuert haben, verlängern, zu Gunsten der Welt- oder Ordensgeistlichen, die sich an die Einigkeit der katholischen Kirche halten, in der Gemeinschaft mit uns und dem heiligen Stuhle, dem wir als dem Mittelpunkte des Christenthumes anhangen, seyn und verbleiben werden; wir wiederrufen auch alle Approbation, die wir jemals einem Geistlichen gegeben haben, welcher eine andere Gerichtsbarkeit, als die unsre auch im äusserlichen Gerichte anerkennen wollte.

7. Daß die Herrn Pfarrer, Vikaren und andere oben gerügte Beichtväter diese ganze Gewalt in dem ganzen Umfange unserer Diözes auch in jeder Pfarre, ohne Ausnahme einiges Falles oder einiger Person ausüben können.

8. Daß jeder Priester, der Kraft der Gewalt, die ihm in den obigen Artikeln vergünstiget worden ist, das heilige Richteramt ausüben

übet, alle Gattungen der Personen, auch der
Religiosen, von allen Fällen und Zensuren lossprechen, die simpeln Gelübde abändern, im Gewissen davon befreyen, die aus Mangel heim-
licher und verborgener Hindernisse ungültigen
Ehen rehabilitieren, und auch in denselben dis-
pensiren könne, jedoch mit der Beobachtung,
daß sich die ganze Gewalt nur auf die Gegenstände erstrecken könne, die aus ihrer Natur zu
dem innerlichen Gerichte ausschließend gehören.

9. Daß in den Fällen, wo es die Umstände
und die Nothwendigkeit erfordern, es jedem von
uns begnehmigten Priester erlaubt sey, die Beichten in besondern Häusern, auch des andern Geschlechtes, in den Rücksicht die allgemeine Regel
in diesem Falle eingestellet ist, zu hören.

10. Daß alle Gläubigen von ihren Beicht-
vätern die Erlaubniß erhalten können, an allen
Fasttagen des Jahres Fleischspeisen zu genießen.

Zum Ueberflusse erklären wir, daß, wenn
nach diesen oben angezeigten Verfügungen einige
geistliche oder weltliche Personen glaubten, daß
der Fall sey, sich an uns zu wenden, sie ihr
Begehren oder ihre Zweifel dem Herrn Abt
Senones, unserm Generalvikar, vortragen können, welcher die Gerichtsbarkeit, die uns zugehöret, und die wir auf ihn ausdrücklich verlegen, in dem ganzen Bezirke unsers Kirchensprengels ausüben wird.

Gegeben zu St. Diez den
18. Merz 1791.

B. L. M. Bischof zu St. Diez.

Hirtenunterricht des Herrn Bischofes von Digne.

Meine Brüder! ich rede zu allen; ich bin allen ein Schuldner, den Weisen und denen, die sich könnten verirret haben. Ich ehre die einen, und bemitleide die andern. Ich will nicht vieles von meinem Schmerzen reden; er durchdringet alle meine Seelenkräfte; mein Leib muß ihm fast unterliegen. Ich bedaure weder die unbillig geraubten Güter, noch die verlornen Zeugnisse der Ehrerbietung und Hochachtung, welche die Gläubigen dem Bischofe ihrer Religion schuldig sind. Ich kenne mich zu gut, als daß ich meine Person von meiner Würde nicht unterscheiden solle: sie ist es nicht, was ich suche, oder bedaure, sondern ihr seyd es, *non vestra, sed vos.*

Wir haben zu euch im Namen Gottes von eueren Pflichten gegen euern König, den besten aus allen Menschen geredet. Man mißbrauchte schon seine Güter, um euch irre zu führen. Ihr habt uns angehöret; ihr habt den rechten Weg gesehen, den wir euch auszeichneten; aber als Diener des Evangeliums haben wir den gefährlichsten Leidenschaften, die den Menschen seit seinem Falle so sehr eingenommen, nicht schmeicheln können. Eine verführerische Stimme hat euerm Stolze, eurer Liebe zur Unabhängigkeit, eurer Begierde und eurer Rachsucht wegen der wider euch begangenen Verbrechen, die weder unternommen, noch in Anschlag jemals gekommen waren, liebkoset. Auf diese Art und durch eben diese Mittel ist ein Theil der Engel ver-

verführet worden, und durch die nämliche Lüge
ist unser erster Vater gefallen: man sagte ihm,
er würde durch seinen Ungehorsam Gott gleich
werden.

Ihr habt nicht mehr jene Freunde um euch,
die euch wider den Feind anführten und ver-
theidigten; die euch wider den Geiz des Pach-
ters, wider die Gewalt des Straßenräubers,
wider die Ränke des gierigen Advokaten, auch
oft wider die Noth schützten. Sie waren ge-
brechliche Menschen, wie ihr, die mit ihren
Rechten, mit ihren Reichthümern groß thun
könnten; die aber aus ihrer Natur, aus Selbstliebe und viele aus Tugend wohlthätig gewesen
sind. Glaubet ihr, daß ihr mit ihnen auch die
Hoffart, den Stolz und die Ansprüche verbannet habt, die sich von der Obermacht, welche
die Stärke, die Fertigkeit oder das Talent mit-
bringt, niemals trennen lassen? Sehet euch an;
sehet um euch herum.

Seyd ihr, oder glaubet ihr euch aufrichtig
glückseliger, seitdem ihr das Recht habt, zu
sagen, daß Niemand mehr sey, als ihr; daß
Niemand über euch sey? Ihr könnet es sagen;
aber es ist nicht möglich, daß ihr es gedenket.
Der Arzt, der euch heilet, oder die Schmerzen
lindert, der Priester, der euch tröstet, der
Rechtsgelehrte, der euch rächt, der Reiche oder
Baumeister, der euch Arbeit verschaft, der Wohl-
habende, der euch leihet, oder das Nöthige giebt;
alle diese sind in den verschiedenen Hinsichten
mehr als ihr; ihr hänget von ihnen ab. Dieses
vorgebliche Glück ist nur die Wirkung einer Betäubung; es liegt nur auf eueren Lippen, dringet aber nicht weiter hinein. Wie solltet ihr
lange und wahrhaft durch eine Täuschung, die
ihr einsehet und erkennet, glückselig seyn? Die
Kö-

Könige können nicht sagen, daß sie nicht mehr
als ihr sind; und dennoch sind sie mehr als die
Armen abhängig. Das Brod ist das nothwen-
digste; aber nicht das einzige nothwendige. Wenn
der Fürst gut, und sehr gut ist, so mißbrauchen
ihn die niederträchtigsten, ich sage, die boshaf-
testen Leute; sie belauern sein Volk, sie kränken
es, sie plagen es, und werfen ihm endlich Fesseln an.

Die Religion lehrte euch, euern König,
euer Land, eure Regierung zu lieben, und ihnen
des Gewissens wegen, *propter conscientiam*, zu
gehorchen. So lange ihr dem Evangelium getreu geblieben wäret, hätte man nur die Mißbräuche abstellen können; und dieß haben wir
alle verlanget. Allein man konnte nicht alles, wenigstens vermittelst eurer Hände untereinander werf-
en und vernichten. Um den Thron zu untergraben,
und alles zu verheeren; um alle Gewalt an sich zu
reissen, hat man, anstatt den Mißbräuchen der Gewalt
Gränzen zu setzen, anfangen müssen, zuerst die
Grundsätze eurer Religion in euren Gemüthern
zu ersticken; und man hat es zu thun auch nicht
unterlassen, indem man euern Gott und dessen
Diener mit Verläumdungen überhäufte; diese
letztere (es ist wahr) waren auch Menschen,
derer Mängel man leicht unter Vergrösserungsgläsern den Augen vorstellen, und denen man
auch falsche und angedichtete Verbrechen beymessen kann. Der Mensch ist aus seiner Natur
zu allen Irrthümern und Verirrungen, die nur
möglich sind, aufgelegt; einer von den gemeinsten Fehlern ist dieser, daß man das Uebel, das
man sagen höret, leicht glaubet.

Nachdem man die Diener euers Gottes allenthalben entehret, und mit Verleumdungen über-
schüttet hatte, hat man stracks kein Bedenken
mehr

mehr getragen, euch zu sagen, daß sie euch nur
Lügen predigten; daß sie euere Gewissen nur
ihres Vortheiles wegen beunruhigten: alsdann
ist der Thron und das Ansehen euers Gottes,
wie der Thron und das Ansehen euers Königes
in eurer Meinung vernichtet worden, und in
eueren Augen nichts anders mehr gewesen, als
eitle von Betrügern erdichtete Fantome, um
euch allmählich zu unterjochen, und euch die
Ausschweifungen der Unterdrückung und des
Elendes tragen zu lernen. Man hat euern
Verstand verrücket, und euer Herz verführet,
indem man alle Leidenschaften zu Hülfe genommen; alle sind durch diese Verschwörung rege
geworden: man hat gewußt, in euch neue, die
euch bisher unbekannt waren, aufkeimen zu
machen: ist das nicht der Geist, der Zweck und
die Absicht von dem, was man euch zu lesen
und zu hören vorgelegt hat? Man hat nicht
nur unsre heilige Religion, sondern auch den
Glauben an einen Gott, der das Laster strafet,
und die Tugend belohnet, aus eueren Herzen
gerissen. Dieses nennet man die Rebolution
des Verstandes. Man hat sich erkühnet, laut
zu sagen, und ihr habt es ohne Widerwillen
angehöret, daß alles, was wir euch als Glaubenslehren über die Gerechtigkeit und Urtheile
Gottes, über die Sakramente, über die Messe,
über die Hölle, über das Fegfeuer predigen,
nichts als Märchen sind; daß die von der gesunden Vernunft und wahren Religion empfohlenen
Tugenden, die Treue in dem Versprechen, die
Heiligkeit des Ehestandes, die Unterwürfigkeit
der Frauen, der Kinder, der Untergebenen nur
Vorurtheile sind. Dieß ist die Folge eines gottlosen Grundsatzes; denn, wenn es keinen Gott
giebt, der das Laster strafet; wenn es keine
Seele,

Seele, kein anders Leben giebt, warum soll mar sich Gewalt anthun? Etwa aus Furcht der Menschen? Man kann sie täuschen oder verführen. Was hat man zu fürchten? Einen Augenblick, und nichts mehr; auch nicht die Meinung, die sonst den Gottlosen so starken Einhalt that; der Sohn eines hingerichteten Meuchelmörders wird nicht minder ein Kapitain, ein Maire, ein Bischof oder Deputirter seyn.

Ich bitte Gott und euch, meine Brüder! um Verzeihung, daß ich meine Feder und euere Ohren also beflecke; aber ich habe es gelesen; ich habe es, wie ihr, hören können; und wie soll ich euer Vater im Herrn, euer sowohl dem Stande, als der Pflicht nach bester Freund mich fürchten, euch selbst zu vergiften, da ich euch das so tödliche als grausame Gift entdecke, das man mit einer höllischen List bereitet hat, und das man euch unter den eueren Leidenschaften schmeichelndsten Gestalten auftischet?

Der heil. Paulus wollte zum Fluche für seine Brüder werden; ich kann mich zwar zu dieser brennenden und ganz göttlichen Liebe nicht erschwingen, ich soll euch aber lieben, und ich fühle es, daß ich euch zärtlich liebe.

Betrachtet den Weg, den ihr durchgelaufen seyd; versammelt euch auf einen Augenblick; überdenket ein wenig eure Leidenschaft, oder diejenige, die man euerm Herzen eingeflößet hat; fraget euch, was aus einem großen Königreiche, aus einer Provinz, aus einer Stadt, aus einem Dorfe, aus einer Familie ohne Gott, ohne Religion, oder wo nur eine von Menschen geschmiedete Religion herrschet, werden könne? Man kann von einer falschen Religion zu einer andern ebenfalls falschen übergehen; aber ein

IX. Theil.   U   Christ

Chriſt, welcher der ſeinigen entſaget, wird keine
mehr haben.

Kein Sterblicher hat das Recht oder die
Gewalt, den Menſchen ihre Pflichten gegen
Gott, ihre Glaubenslehren, und ihre religiöſen
Gebräuche vorzuſchreiben, wenn er ihnen nicht
ehevor beweiſet, daß er eine göttliche Sendung
habe, zu ihnen im Namen Gottes zu reden.
Dieß iſt, was Moyſes dem jüdiſchen Volke
durch die zahlloſen Wunder, derer er der Werkzeug war, und durch das auf dem Berge Sinai
gegebene Geſetz, und was Jeſus Chriſtus bewieſen hat, der gekommen iſt, das alte Geſetz zu
erfüllen, welches ſeine Macht und Kraft nur
von den Verdienſten der zukünftigen Erlöſung,
die durch die Propheten und durch das alte
Geſetz ſelbſt vorgeſagt und vorbedeutet worden
iſt, hergeleitet hat. Dieſer Jeſus, der Sohn
Gottes, wahrer Gott und wahrer Menſch, der
mit dem Vater und dem heil. Geiſte nur ein
Gott iſt, hat ſeine Sendung, oder vielmehr
ſeine göttliche Gegenwart durch das Wunder
bewieſen, das ſich ſeit der Erſchaffung der Welt
durch die Propheten fortgepflanzet hatte, welche
die Ankunft desjenigen, deſſen Name die Quelle
aller Gnade und alles Heiles war, verkündiget
haben; durch das Wunder ſeiner Geburt in dem
Fleiſche ſeines Lebens und ſeines Todes; durch
das Wunder der Erhaltung der Welt, der Stiftung der Kirche, in der wir das Glück hatten,
gebohren zu werden, einer Geſellſchaft ohne Beyſpiel, ohne Nachahmung, welche auf Erden
Erkenntniſſe und Tugenden verbreitet hat, zu
denen ſich ein Menſch, der ſich ſelbſt überlaſſen
iſt, nicht erſchwingen kann, wie da ſind die
Liebe zu den Feinden, die Demuth, die Begierde
nach Leiden: ein Gott allein hat ſie befehlen können;

ein

ein Gott allein kann die Natur so weit erheben, um sie in Ausübung zu bringen.

Das Evangelium lehret den Menschen, daß zu allen Zeiten und in jedem Orte sein Gott nicht nur durch seine Unermeßenheit gegenwärtig, sondern auch Zeuge der verborgensten Bewegungen des Herzens und der Gedanken sey; daß er auf jede Handlung, auf jede Begierde, die man ihm zu gefallen, hat, einen unendlichen Werth schlage; daß er nicht nur stets bereit sey ihn anzuhören, ihn zu erhören; dieser Gott, der unser Bruder geworden ist, und sich so nennet, schreyet uns ohne Unterlaß zu: Kommet alle zu mir, die ihr mit Lastern, mit Bitterkeiten, mit Gewissensbissen beladen seyd; alles wird verschwinden, sobald ihr euch euerm Erlöser nähert: er ist es, der uns das Geheimniß der Gemeinschaft der Gebethe gelehret; der uns antreibet, zu der Fürbitte der Heiligen, zu dem Gebethe und guten Werken unserer Brüder, die trotz euren Gotteslästerungen wider sie, die wesentlichste und für die christliche Gesellschaft wichtigste Handlung erfüllen, unsre Zuflucht zu nehmen. Lasset jeden für sich bethen, saget ihr, Niemand wird nach den Werken des Nächsten gerichtet werden. Diese Worte enthalten eine in sich gewisse Wahrheit; aber in dem gottlosen Sinne, den ihr ihnen gebet, ist es ein barbarischer Grundsatz, den die Heiden selbst verabscheuten; ein der Offenbarung, ich sage, auch der Vernunft widriger Grundsatz; giebt es denn nicht unter den Menschen eine natürliche Gemeinschaft der Arbeiten, der Einsichten, des Fleißes, der Hülfe? Sind sie einzeln, was ist schwächer, als sie? Sind sie vereiniget, was ist stärker, als sie? Nur der wichtigste Vortheil allein verdienet, daß seinet-

wegen

wegen das allgemeine Geſetz abgeändert werde.
Und die allgemeinen, eifrigen, beſtändigen Gebethe, die von der Unſchuld und Liebe beſeelet
werden; Worte, die von dem heiligen Geiſte in
den Mund gelegt, und ohne Unterlaß im Namen
des Volkes wiederholet werden, könnten ſie nicht
über euch die Barmherzigkeit Gottes herabziehen,
der ſich ſelbſt gewürdiget hat, dieß als ein Mittel vorzuſchreiben, das bey ihm alles vermag?
Wenn ihr ſo gedenket, ſo werfet die Maſque
weg; ihr ſeyd keine Chriſten mehr. Jene Einrichtungen ſind abgeartet, es iſt wahr; wer von
uns kann ſich keinen Vorwurf machen? Allein
die Haupturſache des Verfalles iſt die eiferſüch-
tige und feindliche Gottloſigkeit geweſen, die
gleichſam die Konzilien abgeſchaffet, und das
Anſehen der Oberhirten vernichtet hat; wir werden
unſere Fehler bekennen, aber von dieſem wenigſtens ſind wir frey.

Unſer göttliche Lehrmeiſter hat uns unſrer
Schwachheit angemeſſene Mittel gegeben, uns
auf dem Wege des Heils aufrecht zu erhalten,
oder auf denſelben wieder zurückzuführen, und
uns von den Gewiſſensbiſſen wieder zu befreyen.

Die Sakramente machen uns ſeine Güte hand-
greiflich und unſeren Sinnen fühlbar. Nein,
niemals wird der Menſch, niemals wird der
Chriſt ſich den Trieben des Zornes Preis geben,
ohne daß nicht eine Menge Gnaden, die ihn ein-
laden, oder erſchrecken, an ihn verſchwendet
worden ſind; der Himmel iſt mit Sündern an-
gefüllet, die alles der Barmherzigkeit zu ver-
danken haben: die Hölle iſt nur von rebelliſchen
Starrköpfen voll, die ihrem Gewiſſen, deſſen
Ermahnungen und dem heil. Geiſte ſelbſt Gewalt
angethan haben, um ſich da hinein zu ſtürzen,
und die erſchrecklichen Hinderniſſe zu durch-
bre-

brechen. Da werden sie Gott in Ewigkeit haffen;
da werden sie der unversöhnliche Gegenstand der
Gerechtigkeit seyn, weil sie die Barmherzigkeit
verachtet, und von sich gestoßen haben.

Der Mensch gewordene Sohn Gottes, dessen
lebendiger Leib und Seele in unseren Tempeln
wohnen, die in unseren letzten Zeiten so sehr
entheiliget werden. Unser Gott opfert sich da
sichtbarlich unsrer Liebe auf; sein Wort versichert uns davon. Seit der Epoche Jesu Christi
bis auf unsere Tage hat eine ununterbrochene
Folge von den heiligsten und gelehrtesten Menschen, die ganze Kirche dieses Geheimniß stets
angebethet, und unseren Glaubenswahrheiten
und Sakramenten mit der demüthigsten sowohl
als aufgeklärtesten Unterwürsigkeit gehuldiget.
Erkühnet ihr euch wohl, ihnen unsere Neuerer
entgegen zu halten? Werfet einen Blick auf ihr
Alter, auf ihre Studien, auf ihre Sitten: ihr
ganzes Leben ist nichts anders gewesen, als ein
Gemenge von Planen und Ränken, um ihren
Ehrgeiz, ihre Begierde und alle Leidenschaften
zu ersättigen. Wer sind jene Leute, die euch
verführet haben, und sich für euere Lehrer aufwerfen? Standen sie bey euch vor diesem Zeit-
laufe in einigem Ansehen? Würdet ihr ihnen
auf ihr Wort etwas anvertrauet haben? Gebet
euch selbst Antwort; denn ihr würdet nicht
Muth genug haben, laut zu reden. Die
Kühnheit, die Straflosigkeit, die Kunst, den
Leidenschaften zu schmeicheln, sind das Verdienst
der berühmtesten von ihnen; und um ihnen zu
folgen und zu dienen, verlasset ihr die Religion
euerer Väter, entehret ihr Andenken und ihre
Asche, schwöret euern Gott ab, und verfolget
euere Hirten, euere wahren, aufrichtigen und
oft nützlichen Freunde. Es ist eine Betäubung,

eine

eine Vernunft, in der ihr nicht lange berum
taumeln könnet, deren Folgen, aber lange an,
halten werden.

Euere politischen Vortheile beeinträchtigen
uns zwar nicht; aber eben deßwegen, weil man
sich derselben bedienet, um euch irre zu führen,
sind wir berechtiget, davon zu sprechen. Es sind
noch nicht zwey Jahre, daß das Schicksal eurer
Provinz von andern mit meineidigen Augen an,
gesehen wurde. Euere Anlagen, die allzeit lästig
sind, waren verhältnißmäßig weit geringer, als
jene des innern Frankreiches. Die anhaltenden
Arbeiten auf eueren Straßen, und an den Ufern
euerer Ströme waren eine Wohlthat der Armen,
die ihr Brod dadurch gewannen. Die Kriegs-
und Handlungshäfen, der Schiffbau und die
Zeughäuser, machten ungeheure Summen um-
kehren, die in andern Provinzen geborget, und
in dem Vaterlande bey euch verzehret wurden.
Euere Verwaltung samt ihren Mißbräuchen war
überhaupt liebreich, menschlich, väterlich: ihr
nanntet es euere Freyheiten; sie lagen jedem
guten Bewohner der Provence am Herzen; euere
Departements werden nicht ohne Mißbräuche
seyn; sie werden niemals euere Staaten, euere
Bedinge und Verträge in Ehren halten. Da
ihr dem Senate von Paris unterworfen seyd, so
habet acht, daß ihr nicht in dessen Ungnade ver-
fallet: euere von euch weit entfernten Repräsentanten werden oft Anlaß bekommen, euere Ge-
wohnheiten, euere Sitten, euere Landesgewächse
und Kultur zu vertheidigen; wenn man ihre
Forderungen nicht begünstigen wird, so übriget
euch nicht einmal euer Name mehr, um euch
zu vertheidigen.

Euer Parlament bestand aus Landsmännern,
denen daran lag, eure Hochachtung zu gewinnen;

nen; fie kannten euch; fie fchützten euch wider
den Geift des Betruges und wider euch felbft;
(ihr feyd ein wenig zur Gewaltthätigkeit aufge=
legt) fie legten hundert Streite durch Schieds=
richter bey, bis ein einziger durch gerichtlichen
Ausfpruch entfchieden wurde. Euer Klerus war
arm, und daher fleißiger und mitleidiger. Euere
Bifchöfe brachten fremde Reichthümer zu euch;
fie dienten zu rathen und zu unterftützen; es
waren wenige unter ihnen, die nicht etwas Gutes
thaten oder unternahmen.

Man hat fich euerer Hände bedienet, um
alle euere Inftitute zu zerftören und zu vertilgen:
laffet uns fehen mit welchem Vortheile. Die
Güter des Adels und des Klerus follen gleich den
andern zahlen. Es ift nicht offenbar, daß dieß
billig fey in Rückficht auf diejenigen, die ein
Gut, das ihnen zugehörte, gegeben oder verkauft
hätten, mit der Angelobung, daß der Erwerber
die ganze Anlage auf diefes Gut, der Verkäufer
aber nichts bezahlen follte. Wenn man euere
Streite wider den Buchftaben der Titel entfchied,
würdet ihr nicht zufrieden feyn. Aber ich, euer
Bifchof habe euch von der Kanzel, in Gegen=
wart der ganzen Verfammlung verkündiget, daß
der Adel und der Klerus von der Provence frey=
willig allen ihren Freyheiten, die im Gelde be=
ftanden, entfagten; es war damals eine bekannte
Sache; es ift nicht nöthig gewefen, jemand zu
tödten.

Ferner anftatt einer Anlage, die fich auf
den Werth deffen, was man in drey Tagen ge=
winnet, belauft, feyd ihr Aktivbürger; ihr wer=
det, fagt man euch, die Männer zu allen Stel=
len erwählen. Gott weis, wie gut fich mehrere
aus euch auf die Stellen und Männer verftehen.
Ihr glaubet wohl, daß weder die Arme, noch
die

die Unwiſſende, noch auch die tugendhafteſten
Bürger den ſtärkſten Einfluß haben werden; es
werden aber allzeit die in Ränken geübten Menſchen, Marktſchreyer, Großſprecher, das iſt,
Leute vorwiegen, die ihr nicht viel achtet: ihr
werdet ſehen, daß Ränke, Käufe, Verkäufe,
Täuſche, Verſprechen den Platz der Stimmen
einnehmen: das öffentliche Intereſſe wird allzeit
zum letzten ſtehen. Eine Stimme zu einem Maire
wird man für ein Verſprechen zu einem Rathe,
zu einem Richter, Pfarrer, Deputirten, Wahl-
manne, Biſchofe bezahlen; wer weis, ob das
Geld nicht auch einiges Recht zur Wahl haben
wird? Hieraus werden Vorwürfe, Klagen, un-
verſöhnlicher Haß folgen. Sehet, was auf euch
wartet, vorzüglich, nachdem man den einzigen, alle
dieſe heimliche Laſter einhaltenden Zaum wegge-
worfen hat, nämlich die Religion.

Laſſet uns wieder auf dieſen Hauptpunkt zurück kommen: wir haben mit ihm auch weltliche
Gegenſtände verbunden; aber haben wir dadurch
unſern Vortheil aus den Augen verloren? Die
Religion, die in eurer Meinung gänzlich durch
die teufliſchen Liſte der Feinde Gottes und des
Königs herabgeſetzet iſt, läuft Gefahr, vollkommen aus Frankreich verbannet zu werden. Wir
wollen uns erklären.

Unſer Herr, der Gottmenſch, hat eine wahre
Religion auf Erden geſtiftet; er hat ſie mit ſeinem Blute verſiegelt; er hat zu ſeinen Apoſteln
geſagt: Prediget das Evangelium allen Geſchöpfen,
in allen Orten, zu allen Zeiten bis an das Ende
der Welt; lehret ſie alles beobachten, was
ich euch befohlen habe. Es iſt klar, daß der
Herr nicht allein zu ſeinen Apoſteln, die damals
lebten und gegenwärtig waren, ſondern auch
zu denjenigen redete, die ſie aufſtellen ſollten,
um

um ihre Sendung fortzupflanzen; dadurch setzte
der Herr die Verfassung seines Reiches auf Erden
fest; eines Reiches, das kein Ende haben wird,
denn auf den kurzen Streit wird eine ewige
Belohnung folgen. Er hat seinen Aposteln und
ihren Nachfolgern vorgesagt, daß sie würden ge-
hasset, verachtet, mit Ruthen gestrichen, von
ihren Sitzen verstoßen werden; daß die Völker
und Magistrate es sich zum Verdienste rechnen,
und behaupten würden, daß sie Gott gehorchen,
wenn sie dieselben zu dem Tode schleppen. Alles
dieß liest man deutlich in dem Evangelium,
wodurch der Herr erkläret hat, daß die Apostel
und ihre Nachfolger, ob sie schon der bürgerlichen Macht in den weltlichen Dingen unterworfen seyn sollen, dennoch in den religiösen
Gegenständen, die einen Theil seiner von ihm
selbst der Kirche vorgeschriebenen Gesetze ausmachen, ihr nicht gehorchen müssen; denn wenn
sie ihr in dieser Hinsicht auch hätten gehorsamen
müssen, würden sie von den Magistraten nicht
unbillig verfolget, und gestrafet worden seyn.
Dieß ist die Ursache, warum er, obschon alle
Gewalt auf Erden von Jesu Christo ausgeht,
weil er der wahre Gott ist, gesagt hat: Mein
Reich ist nicht von dieser Welt; das ewige Heil
und die Hölle sind Gegenstände von einem so
erhabnen Vortheile, daß alles, was weder zu
dem einen beyträgt, noch von dem andern vorbewahret, vor den Augen der ewigen Wahrheit
nichts ist. Was das Evangelium befiehlt oder
verbiethet, kann eben so wenig mit den menschlichen Einrichtungen verglichen werden, als das
geringste Thier mit dem Menschen, die Seele
mit dem Leibe, der Schöpfer mit dem Geschöpfe.
Das Evangelium gebiethet den Fürsten und
Mächten in allem zu gehorsamen, was ihm nicht
offen-

offenbar entgegen steht. Es giebt kein bürger=
liches Gesetz, dem ein Christ nicht im Gewissen
zu folgen verbunden ist, wenn es seiner Religion
nicht widerspricht. Merket aber, daß man uns
täuschen will, wenn man die Verfassung des
Klerus ein bürgerliches Gesetz nennet. Wenn es
nur ein bürgerliches und nicht ein unsrer Re=
ligion wesentlich und augenfällig entgegen gesetztes
Gesetz wäre, würden wir die ersten seyn, die ihm
gehorchten.

Die Güter, welche der Klerus eben sowohl,
wie jeder von euch seine Erbschaft, besaß, war
der Rock und das Kleid der Kirche: die welt=
liche Macht hatte anfangs nur den Mantel ge=
fordert; wir hatten ihr auch den Rock überlassen;
also befahl das Evangelium, das dieses Unter=
nehmen mißbilliget. Hat sich einer von uns be=
waffnet? Hat er wider diese offenbare Ungerech=
tigkeit zur Aufruhre geblasen? Hat er es ge=
wagt, sich zu vertheidigen? Wir konnten damals
wenigstens reden, schreiben, vor euch rechten;
man hat aber das Schaf, das man schor, kaum
blöcken gehöret, weil es nur um das Zeitliche
zu thun war. Wenn es aber auf unsre und eure
Seele ankömmt, haben wir alles für uns zu be=
fürchten. Der Ewige kann seinen Glauben in
unbekannte und wüste Länder verlegen; er kann
sie mit Bewohnern und Anbethern erfüllen; alle
christliche Königreiche können wieder in die Fin=
sternisse zurück fallen, ohne seiner Glückseligkeit
einen Abtrag zu thun; aber unsre Glückseligkeit,
unsre Seele, unser ewiges Heil, meine liebe
Brüder! ist der Vortheil, an dem uns alles ge=
legen ist. Die Schafe sollen sich wie Löwen
zeigen, die mit dem Schwerte des göttlichen
Wortes bewaffnet sind, die Flammen der Liebe
verbreiten, und mit der Macht ihres und euers
Got=

Gottes bekleidet sind; ihr könnet keinen andern
wählen; er wird es allzeit im Himmel, auf
Erden, und unter der Erde seyn; und wir,
meine liebe Brüder! werden bis in den Tod sein
Gesandter, sein Diener bey euch, euer einziger
rechtmäßiger Bischof seyn. Wir sollen euch die
Wahrheit sagen; die Todten schreyen sie euch
aus ihren Gräbern zu; wir werden euch sagen,
daß durch die sogenannte bürgerliche Verfassung
des Klerus die Kirche Jesu Christi untergraben,
und für euch vernichtet wird: sie kann, gleich
der Wahrheit und der Gerechtigkeit, nicht mehr
bestehen, wenn sie nicht mehr ganz ist. Wenn
ein Satz nicht wahr ist, so ist er falsch; wenn
eine Handlung nicht gerecht ist, so ist sie ungerecht. Es würde nicht mehr Jesus Christus das
Haupt dieser neuen Verfassung seyn, sondern die
Menschen, die sie ohne Sendung weder geben,
noch die apostolische Erbfolge der Hirten fortpflanzen können. Die Kanäle, die ausschließend
bestimmet sind, die Gnade, die den Sakramenten anklebet, zu verbreiten, sind unterbrochen,
und von der Quelle getrennet. Gott hat nicht
versprochen, mit eueren Magistraten zu seyn,
um seine Kirche zu regieren: er würde zweifelsohne das nämliche Versprechen den Vorgesetzten
der Völker gemacht haben, welche vormals katholisch waren, von der Kirche aber getrennet
worden sind; und nach diesem Irrthume würden
wir so viele getrennte und widersprechende Kirchen zählen, als es verschiedene Regierungen
giebt. Sehet nun, ob ihr in dieser Lage eure
Mutter erkennen werdet.

Lasset uns mit einander das Glaubekenntniß
wiederholen: Ich glaube an den heil. Geist,
eine heilige, allgemeine, christliche Kirche,
Gemeinschaft der Heiligen, Ablaß der Sünden

den 2c. Was habt ihr bisher durch diese Worte verstanden? Wie hat man sie euch erkläret? Welche Kirche, welche Einigkeit und Heiligkeit, welche Gemeinschaft der Heiligen, welcher Ablaß der Sünden, welch ein heil. Geist wäre es, dessen Beystand und Einsprechungen nach der wandelbaren und widersprechenden Willkühr der Mächte der Erde beschränket, gemäßiget und umgemodelt seyn würden?

Ihr sehet wohl, daß man die rechtmäßigen Kirchendiener, die wahren Zweige des grossen und einzigen Stammes der Wahrheit, nur deßwegen vernichtet, damit man das Ansehen über die Religion an sich reisse, das ist, damit man sie verunstalte und vertilge. Der Entwurf und die Mittel, die Altäre und den Thron umzustürzen, sind die nämlichen; und wenn dieses wahr ist, wie wir es euch mit allem Ansehen und mit aller auf Thatsachen gegründeter Wahrheit ankündigen, wie sollten euere Hirten stumme Hunde ohne Herz werden, um wenigstens euch zu ermahnen und aufzuwecken? Schneidet, tödtet auf Erden; Gott läßt es zu, der uns schlägt, indem er euch straft: er wird uns aber in der Ewigkeit gnädig seyn; denn wir werden mit Jesu Christe, mit seiner Kirche und seinem Statthalter, dem Pabste, vereiniget bleiben.

Sehet ihr nicht die Werke der Hände der Menschen? Sie scheinen selbst die Elemente zu bezwingen; aber es ist nur ein Sturm; ihr dürfet nur einen Augenblick abwarten, und sie sind nicht mehr. Wendet euch, meine Brüder, zu den immerwährenden Dingen, die mit der Welt, mit dem ersten Menschen angefangen haben, und die sich nur mit dem lezten endigen werden. Ein Schöpfer, ein Gott in drey Personen, ein Erlöser, eine Religion, eine unverän-

änderliche Kirche, die einzige, die zu Gott führen kann. Es ist eine Glaubenswahrheit, daß
der Adam, die Patriarchen, die Propheten, alle
Heiligen, die Gott sehen, und alle diejenigen,
die ihn in seiner Glorie sehen werden, bis auf
den letzten, zu eben dieser Kirche gehören, von
der man euch trennet. Nur durch Jesum Christum, durch seinen Namen und in seiner Kirche
hat man das Heil gefunden, und nur da wird
man es finden. Ihr habt das Gute und das
Böse, das Leben und den Tod vor Augen,
und zwar für die Ewigkeit: wählet nun.

Dieser Ursachen wegen erklären wir euch,
daß wir bisher die Unterrichte, die wir allen
schuldig waren, nur an die Herren Glieder
unsers Departements in mehreren Briefen gerichtet haben, welche beweisen, daß es unmöglich sey, die Verfassung des Klerus in Vollziehung zu bringen, und mit unserm Eide zu versiegeln, ohne meineidig zu werden, und Gott
schwerlich zu beleidigen. Es ist bekannt, daß
man ohne Unterlaß noch Zusätze und Abänderungen machet. Allein alles zum voraus beschwören und unterzeichnen, was man über
einen solchen Stoff schreiben kann, würde man
nicht dadurch seine Seele und den Namen Gottes der Gefahr aussetzen? Wir haben ihnen geschrieben, daß weder sie selbst, die Magistrate,
noch ihr, meine liebe Brüder! noch minder die
Geistlichen diesen unnöthigen und gottlosen Eid
schwören können, den kein Katholik anerkennen,
ihm anhängen, ihn in Vollziehung bringen,
und noch weniger zur Wahl eines vorgeblichen
neuen Bischofes von Digne mitwirken kann,
ohne sich von unsrer Gemeinschaft, von der
Gemeinschaft des Pabstes, der französischen
Bischöfe, der katholischen Länder, und aller
ꝛc.

gelehrten und frommen Priester und Gläubigen
abzusöndern. Wir haben ihnen geschrieben,
daß wir ihren neugewählten Bischof, wenn er
sich erkühnen sollte, das Amt anzunehmen, als
einen eingedrungenen, offenbar schismatischen
und exkommunizirten Miethling belangen würden. Wir sagen es heut zu euch allen, mit
einem vor Schmerzen beklemmten Herzen, aber
mit einer Herzhaftigkeit, die unsre Pflicht und
Ueberzeugung fordern, die sich auf den Glauben,
auf den Eckstein der Kirche, der Jesus Christus
ist, gründen.

    Gegeben in unserer Freystätte
      den 13. Horn. 1791.

          Franz Bischof von Digne.

Schreiben des Herrn Bischofes von Bayeux an die Pfarrer seiner Diözes.

Ich vernehme, meine Herren! mit nicht min-
dern Schmerzen als Verwunderung, daß, um
euch ein Mißtrauen auf meine Lehre einzuflößen,
und euch abzuhalten, euer Betragen nach derselben einzurichten, einige übel gesinnte Leute
durch mancherley geflissentlich verbreitete Gerüchte
euch zu bereden suchen, daß ich nicht allein der
Verfasser der Verordnung, die ich euch in meinem Namen zugesandt hatte, nicht sey, sondern
auch daß ich aus Furcht einiges Mißverständnißes

den

den Entschluß gefaßt habe, ihre Kundmachung zu wiederrufen. Eine Verleumdung, die man in öffentlichen Schriften niederzuschreiben nicht erröthet ist; eine Verleumdung, deren Urheber und Absicht ich weiß; deren Schlinge ihr aber leicht hättet entdecken können, wenn ihr von euerm Bischofe und dessen Herzhaftigkeit die Hochachtung, die er verdiente, würdet gehabt haben. Ja, meine Herren! dieses Werk ist das meinige; kein anderer als ich hat es bearbeitet. Ich habe es gethan, um die Kirche, ihre Hierarchie, ihre Disziplin und ihren Glauben zu vertheidigen. Ich habe es gethan, um mein Volk wider die Grundsätze vorzubewahren, die ihren Glauben schüchtern machen könnten. Ich habe es gethan; und ich werde niemals die dort enthaltene Lehre verkennen; sondern ich will sie, wenn es nöthig ist, auf den Dächern, wie es das Evangelium befiehlt, verkündigen.

Ich merke gar wohl, daß man sich bestrebet, mich meinem Volke verdächtig zu machen, um sein Zutrauen auf meine Lehre, seine Liebe gegen meine Person zu entnerven, und etwa auch dessen Beschimpfungen wider mich anzufachen. Leute, welche der Stolz dahin gestimmet hatte, daß sie aus der Klasse meiner Lehrjünger ausgetreten sind, um sich als Feger meiner Lehre aufzuwerfen, werden nicht unterlassen ihm zu sagen, daß mein Zweck sey, nicht das Volk zu unterrichten, sondern es wider die Mächte, die euch euere Erbe entreissen, aufzuwickeln; nicht es wider die Gefahren seines Glaubens zu bewahren, sondern es zu Gunsten unserer Vorzüge und Ehren zu bewaffnen; nicht es durch eine Sprache der Frömmigkeit zu erbauen, sondern durch eine vermummte Liebe mit unserm Unglücke zu verflechten. Wenn man sie höret, so ist mein Eifer eine Heucheley,

meine

meine Schriften sind aufwieglerisch, meine Absichten strafwürdig, und meine Seufzer über das
Unheil der Kirche nur Begierden nach meinem
alten Eigenthum. Um mich ihm noch verhaßter
zu machen, erkühnen sie sich, mich als einen
Feind einer Revolution, die es glücklich machen
soll, anzuklagen; mich, der ich von Herzen
wünschte (Gott sey mein Zeuge) daß ich diesen
Augenblick auf Kosten der theuersten Opfer, auch
meines Lebens selbst dessen Glück beschleunigen
könnte; mich, der ich, nach der Vorschrift meiner Religion, von meinen Pflichten gegen die
Mächte durchdrungen, nie unterlassen habe, meinem Volke den Unterricht und das Beyspiel zu
geben; mich, der ich, nachdem man mich gezwungen hat, mich wider eine Verordnung, die
ich nur durch ein strafbares Stillschweigen in
Ehren halten konnte, zu erklären, allen andern
mit einer fertigsten Unterwürfigkeit gehuldiget
habe. Mit derley Strafreden und Verleumdungen, die sich ein ehrlicher Mensch zu erlauben
erröthen würde, die aber fast allzeit auf ein
einfältiges und leichtgläubiges Volk die Wirkung
machen, die man sich davon verspricht, hat
man seine Absicht durchgesetzet, und es beredet,
daß es sein Hirt, sein Vater, und, was man
auch sagen mag, sein bester Freund verrathe und
betrüge. Lasset uns trachten, meine Herren! es
über den wichtigsten Vortheil seines Glaubens
aufzuklären. Wohlan, gottesfürchtiges Volk!
Du würdest vielmehr unsre Stütze als unser
Gegner seyn, wenn man dich nicht glauben
machte, daß die Kirche nicht dabey beeinträchtiget sey. Aber wie? Ein Dekret, das ihre Gewalt vernichtet, das die Verfassung, die sie von
Jesu Christo und seinen Aposteln empfangen hat,
untergräbt, das den Bischof seinem Klerus un-
ter-

terwirft, das den Primat des Petrus verkennet, von dem uns der Glaube lehret, daß er sich über alle Kirchen, über alle Bischöfe, und über das ganze Christenthum erstrecke, sollte die Kirche nicht beeinträchtigen? Lasset uns, meine Herren! den Bemühungen ihrer Feinde jenen fürchterlichen Schild entgegen setzen, der seit 18 Jahrhunderten die Pfeile des Irrthumes und des Unglaubens allzeit vereitelt hat, und lasset uns, wie die Starken Israels, uns mitten in den Streit wagen, um die bedrohte Arche zu retten. Lasset uns herzhaft den Glauben vertheidigen, wider welchen sich in dieser Zeitlage alle Mächte der Hölle bewaffnen, und wir werden trotz der Hölle und ihrer Anfälle ihn für dieses Königreich erhalten, welchem die Gottlosigkeit den ruhmwürdigen Titel des christlichsten Königreiches zu entreißen sich bestrebet.

Weit sey von uns, daß wir ihn durch einen Eid verrathen, den Gott, die Ehre und das Gewissen zu schwören uns verbiethen. Weit sey von uns, daß wir uns durch Drohungen schüchtern machen, oder durch Versprechen überraschen lassen. Lasset uns dem Beyspiele jener tugendhaften Prälaten, derer einmüthige und herzhafte Standhaftigkeit die fürchterliche Zurüstung nicht erschüttert hat, und jener großmüthigen Hirten folgen, derer Eifer selbst die Gegenwart des Todes nicht hat entnerven können. Weit sey von uns, daß wir in die Fußstapfen jener Miethlinge eintreten, die mehr von dem Verlust ihres Gehaltes, als von dem Untergange ihrer Seele erschrecket werden; die gelehriger zu den Eindrücken der Furcht, als zu dem Gefühle der Pflicht sind, und die nicht erröthen, ihre Lippen zu entheiligen, da sie ihn aussprechen. Lasset uns ihr Schicksal nicht beneiden: sie haben zwar

IX. Theil.　　　　X　　　　durch

durch ihre Ehrverletzung dem Elende entwischen
können; aber die Schande und die Verachtung
werden sie allenthalben verfolgen.

Wir hoffen, uns bald mit euch zu vereinigen;
indessen seufzen wir über die Hindernisse, die bisher dem Vorhaben entgegen gekreuzet haben,
das wir hatten, da wir euch verliessen, uns
euch bald wieder zuzugesellen. Ich ermahne
euch zu der Geduld und zu jener weisen Unerschrockenheit, welche die Helden der Religion,
wie jene des Krieges bildet. Bittet Gott für
mich, der ich des Muthes, um ihren Streit
aufzunehmen, mehr als ihr benöthiget bin, weil
ich ihm mehr ausgesetzet bin. Bittet ihn, daß
er mir die Gnade angedeihen lasse, euch ein
würdiges Muster der priesterlichen Standhaftigkeit zu seyn, gleichwie ihr für mich durch eure
unerschütterliche Anhänglichkeit an den Glauben
der Kirche ein Gegenstand des Trostes waret.

Gegeben zu Paris den
13. Jenner 1791.

Jos. Dom. Bischof von Bayeur.

Hirtenunterricht des Herrn Bischofes von Bayeux.

Wir Joseph Dom. von Cheylus ꝛc.

Niemals, meine liebe Brüder! ist die französische Kirche, dieser Antheil der Kirche Jesu Christi, die sich zu allen Zeiten durch ihren Glanz auszeichnete, heut zu Tage aber durch ihre herzhafte und einhellige Standhaftigkeit einen unsterblichen Ruhm erringet, von so vielen Ungewittern erschüttert, oder fühlbarern Prüfungen unterworfen worden, als jene sind, die in diesem Augenblicke den Gegenstand ihrer Thränen und Seufzer ausmachen; und niemals hat sie das Zutrauen und die Hochachtung der Nation sowohl durch ihr Betragen, als durch ihre grossen Opfer, die sie bewilliget, mehr verdienet.

Ihr wisset es, meine liebe Brüder! daß ihre Deputirten, sobald sie zu der von der Nation so eifrig verlangten Zusammenkunft der Stände berufen worden, von allen Theilen des Reiches zusammen gelaufen, und nur mit Gewaltsbriefen erschienen sind, die alle ihre Wünsche für die öffentliche Wohlfart sowohl, als auch die gänzliche Abtretung ihrer Privilegien, die im Gelde bestanden hatten, ausdrücken; eine Abtretung, die von der Liebe des Vaterlandes ausgieng, und deren Belohnung die Ausplünderung ihres Erbes war. Was hat sie damals dieser Ungerechtigkeit entgegen gesetzet? Anfangs Gründe, auf die man noch nicht geantwortet hat; denn

Truge

Trugschlüsse sind keine Antwort: nachmals ein
Stillschweigen, das weit edler ist, und das ihr
weit mehr Ehre machet, als das Klagen und
Murren. Sie würde auch noch das Stillschweigen halten, wenn sich nicht ein neuer Schrecken
in dem Heiligthume verbreitete; wenn nicht die
Wohlgewogenheit, mit der man widerreligiöse
Dekrete begünstigte, und die Aufforderung ihrer
Diener, sie durch einen Eid zu versiegeln, und
aus allen Kräften handzuhaben, sie zwänge, es
zu brechen.

Ihre unerschütterlichen Bischöfe, die alle
von der Gesinnung, welche dem Schrecken trotzet,
beseelet sind, haben ihre Stimme in ganz Frankreich ertönen lassen, und Millionen der Hirten
und Priester haben durch ihren Muth geantwortet. In der That, wie hätten sie, ohne dem
Glauben abzusagen, sich den Dekreten unterwerfen können, die von einer pur bürgerlichen
Versammlung ausgiengen, welche, da sie im
Religionsfache kein Ansehen hat, sich dennoch
die Gewalt angemasset hat, die Regierung der
Kirche zu bestimmen; die Bischöfe und Pfarrer
abzusetzen; neue dafür aufzustellen; die Gränzen
ihrer Gerichtsbarkeit nach Willkühr zu erweitern, oder zu beschränken; ein grössers Ansehen
der Priesterschaft, als den Oberhirten einzuräumen; die Uebereinstimmung der Gerichtsbarkeit, welche zwischen dem Oberhaupte der Kirche,
und allen Kirchen der ganzen Welt herrschen
soll, zu unterbrechen; den Kapiteln der Kathedralkirchen die bischöfliche Gerichtsbarkeit bey
erledigtem Sitze zu entreissen, und sie auf den
ersten Vikar zu verlegen 2c. ?

Alle Gegenstände der Religion (ihr wisset
es, meine liebe Brüder! und das Evangelium
lehret es euch;) sind durch Jesum Christum von
der

der apoſtoliſchen Gewalt abhängig gemacht;
folgſam ſind nur die Biſchöfe und der Pabſt,
nicht aber eine Nationalverſammlung berechtiget,
über diejenigen den Spruch zu thun, die dieſe
Verfaſſung enthält, und die will, daß wir durch
einen Eid, der ein Abfall ſeyn würde, unter-
ſchreiben ſollen; eine Verfaſſung, die ſich unter
dem Namen bürgerlich verhüllet; die aber eben
jene iſt, welche die Kirche in dem Wiklef und
ſeinen Nachfolgern verdammet und verfluchet
hat.

Nichts deſto weniger ohne Rückſicht auf die
Beweggründe, welche die Verweigerung der
Biſchöfe, und die Unterrichte, in denen ſie
die Lehre der Kirche erklären, und in welchen
ſie nur die Sprache der Liebe reden, in die
Feder geben, und vollkommen rechtfertigen,
werden ſie allenthalben als aufrühreriſche Schriften angeklaget; man behandelt ſie ſelbſt wie
Aufwiegler; man fachet wider ſie die Wuth des
Volkes an, das man belauert, und das man
aufklären will; man ſtrafet ſie mit der Entſetzung
wider alle Regel und Billigkeit.

Aus den erſten Unterweiſungen in eurer
Kindheit, habt ihr, meine liebe Brüder, gelernet, daß die Kirche, welche euch durch ihre
Taufe von der Sklaverey des Satans losge-
riſſen hat, eine Geſellſchaft der Gläubigen ſey,
welche ſich zu dem nämlichen Glauben bekennen,
an eben denſelben Sakramenten Theil nehmen,
und durch das Anſehen der Biſchöfe und vorzüglich des Biſchofes von Rom, ihrem ſichtbaren Haupte, regieret werden; daß dieſe Kirche
aus Gliedern beſtehe, von denen einige, welche
die Gewalt haben, regieren, und die andern
gehorſamen ſollen, von denen einige Hirten und
die andern Schafe ſind; daß dieſe Hirten, ob
ſie

sie schon nicht die nämliche Gewalt haben, und
zu verschiedenen Funktionen bestimmet sind, dennoch alle samt den ihrer Sorge anvertrauten
Gläubigen nur einen und den nämlichen geistlichen Körper bilden, den Jesus Christus mit
seinem Geiste beseelet; gleichwie die Glieder des
menschlichen Leibes, obschon jedes seine sonderbare Bestimmung hat, einen und den nämlichen
Leib bilden, dem der Geist des Menschen das
Leben giebt. Dieß ist die Vergleichung des
heil. Paulus. Es sind zwar mancherley Gaben; sagt er, allein es ist nur ein Geist. Es
sind mancherley Aemter; allein es ist nur
ein Herr. Es sind auch mancherley Wirkungen; es ist aber nur ein Gott, der alles
in allem wirket. — Und gleichwie der Leib,
ob er schon viele Glieder hat, nur ein Leib
ist; alle Glieder des Leibs aber, wiewohl
ihrer viele sind, doch nur ein Leib sind,
also auch Christus (Das ist der geistliche
Leib der Kirche, dessen Haupt Jesus Christus
ist) denn wir alle sind durch einen Geist
zu einem Leibe getaufet worden. *)

Nun Jesus Christus hat seine Diener durch
die Sendung eingesetzet, die er seinen Aposteln
anvertrauet hatte, da er zu ihnen sagte: Mir
ist alle Gewalt im Himmel und auf Erden
gegeben worden. Darum gehet hin; lehret alle Völker, und taufet sie. — Lehret
sie alles beobachten, was ich euch befohlen
habe: und sehet, ich bin allzeit bey euch,
bis an das Ende der Welt. **) Diese Worte,
als die Titel des Apostolats, bestimmen auch
dessen Gewalt. Die Gewalt zu lehren, und
folg-

*) I. Cor. XII, 4, 5, 6, 12, 13.
**) Matth. XXVIII, 18, 19, 20.

folgsam alles zu entscheiden, was den Unterricht
seiner Lehre belangt; die Gewalt zu taufen, und
die andern Sakramente, die auch zu dem geistlichen Fache gehören, mitzutheilen; die Gewalt,
die Beobachtung der Gebothe Jesu Christi zu
bewirken, und folgsam Verordnungen zu machen,
um ihre Beobachtung handzuhaben; die Gewalt
das Ansehen, das die Apostel von Jesu Christo
erhalten hatten, andern zu übermachen, weil
die Verheißung, die Jesus Christus ihnen gethan hatte, mit ihnen bis an das Ende der
Welt zu seyn, nur in der Person derjenigen in
Erfüllung gehen konnte, die ihnen in dem Apo-
stolate nachfolgen würden. Und um ihnen die
Kraft der Gewalt, die er ihnen mittheilte, und
die Untrüglichkeit der Verheißungen, die er ihnen
that, recht fühlbar zu machen, sezte er voraus,
daß ihm alle Gewalt im Himmel und auf Erden
gegeben worden sey, und daß ihnen nichts unmöglich seyn würde, wenn sie in seinem Namen
zu Werke giengen. Nur durch das nämliche
Ansehen, durch welches Jesus Christus den Aposteln das Recht ertheilet, zu regieren, legt er
auch den Gläubigen die Pflicht auf, ihnen zu
gehorchen. Wer euch höret, sagt er in einer
andern Stelle, der höret mich; wer euch
verachtet, der verachtet mich, und wer mich
verachtet, der verachtet den, der mich gesandt hat. *) Und wieder: Wer die Kirche
nicht höret, den halt für einen Heiden und
öffentlichen Sünder. **)

Endlich um die Einigkeit ihrer Regierung
aufrecht zu erhalten, giebt er ihnen in der Person des heil. Petrus ein Haupt, durch jene viel

um-

*) Luc. X, 16.
**) Matth. XVIII, 17.

umfassende Ausdrücke, welche die Unveränder-
lichkeit der sonderbaren Gewalt, die er ihm
anvertrauet, ankündigen: Ich sage dir, du
bist Petrus, und auf diesen Felsen will ich
meine Kirche bauen, und die Pforten der
Hölle sollen sie nicht überwältigen. Dir
will ich die Schlüssel des Himmelreiches
geben; was du auf Erden binden wirst,
das soll auch im Himmel gebunden seyn. 2c. *)
Er giebt auch dem Petrus persönlich den Befehl, seine Brüder in dem Glauben zu stärken; und in seiner letzten Erscheinung auf Erden
nach seiner Auferstehung befiehlt er ihm ausdrücklich, seine Lämmer und seine Schafe zu
weiden, **) das ist, nach der Erklärung der
heil. Väter, nicht nur die simpeln Gläubigen,
sondern die Hirten selbst zu regieren.

Indessen müssen wir euch, meine liebe Brüder! die Anmerkung machen, daß die apostolische Gewalt, ob sie schon aus ihrer Natur
und in ihrer Quelle nur eine ist, sich dennoch
in zwey Sprossen theile; nämlich in die Gewalt
der Weihe und in die Gewalt der Gerichtsbarkeit. Die erste leitet ihre Gültigkeit von der
Weihe her, die der Kirchendiener empfangen hat,
ob er schon sich strafwürdig machen kann, da
er seine Amtsverrichtungen ausübet; zum Beyspiele, wenn ein Priester die heilige Messe läse,
ohne im Stande der Gnade zu seyn; oder wenn
ein Bischof die Weihen wider die Verordnungen
der heil. Kanonen mittheilte; würden sie zwar
sündigen; aber ihre Sünde weder die Gerechtigkeit der Messe, noch der Weihe entkräften.
Die zweyte Gewalt ist die Gewalt der Gerichtsbarkeit, welche der Bischof und der Priester

*) Matth. XVI, 18, 19.
**) Luc. XXII, 32. Joan. XXI, 16, 17.

zuverläßig in der Weihe empfangen, aber nur
auf eine unvollkommne Weise, weil die Gerichtsbarkeit so lange eingestellet bleibt, bis daß ihnen
die Kirche einen Theil der Heerde Jesu Christi
anweist, über die sie dieselbe auszuüben berechtiget seyn werden. Zum Beyspiele, die Lossprechung, die ein Priester ohne Sendung seines Bischofes ertheilte, würde nicht allein unerlaubet, sondern auch ungültig und ursprünglich
null seyn: imgleichen auch die Einsetzung, die
ein Bischof einem Pfarrer für einen fremden
Kirchensprengel geben würde; weil weder der
Pfarrer eine Gerichtsbarkeit über die Gläubigen, die er lossprechen wollte, noch der Bischof über den Kirchensprengel hätte, über
welchen er ihm die Einsetzung ertheilte.

Nun diese von Jesu Christo seinen Aposteln
ertheilte Gewalt haben sie auf ihre Nachfolger
mit einem gewissen Maaße der Macht, die sie
empfangen hatten, übertragen. Sie haben die
Fülle des Priesterthumes den Bischöfen ertheilet;
sie haben aber den Priestern und Diakonen nur
einen Theil davon gegeben, mit dem Rechte zu
den Handlungen, die sie bestimmet haben. Um,
der Verwirrung in der Regierung der Kirche
und dem Streite um die Gerichtsbarkeit in der
Ausübung der Gewalt vorzubeugen, haben sie
auch schon von der Wiege der Kirche an den
Bischöfen, die sie aufstellten, die sonderheitlichen
Heerden angewiesen, die sie regieren sollten.
Der heil. Paulus hat Kraft der Gewalt seines
Apostolats den Timotheus für Ephesus, den Titus
für Kreta geweihet, ohne einige Mitwirkung des
bürgerlichen Ansehens. Er wußte, daß das
Apostolat, welches er ausübte, da er die göttliche Sendung, die er nicht von den Menschen,
sondern von Jesu Christo empfangen hatte, mit-
theil

theilte, von den Fürsten der Erde unabhängig wäre. Die Nachfolger der Apostel haben fort-gefahren, das nämliche Ansehen mit der näm-lichen Unabhängigkeit auszuüben, da sie Bischöfe und Priester geweihet, und ihre Amtsverrichtungen auf die Gränzen eines Bezirkes, den sie ihnen anwiesen, beschränket haben. Wenn sie, um den Fortgang des Evangeliums zu beschleunigen, insgemein in den Hauptstädten bischöfliche Sitze errichtet haben, so geschah es nur, weil sie ihre Weisheit zu dieser Wahl gestimmet hatte, nicht, weil sie Kraft eines Reichsgesetzes dazu gehalten waren.

Dieß war der Ursprung der Bezirkseinthei-lungen der Diözesen und Pfarrspiele, an denen die weltliche Macht niemals einen Theil hatte, ausgenommen um die Regeln der Kirche zu schützen; und als es ehrgeizige Männer wagten, die Edikte der Fürsten zu mißbrauchen, um ihre Gerichtsbarkeit über die Gränzen, die ihnen vorgeschrieben waren, auszudehnen, hat sie ihrer Vermessenheit stets Einhalt gethan. Der eilfte Kanon des Konziliums von Chalzedon fället wider sie die Strafe der Entsetzung, *) der neunzehnte belegt sowohl den Bischof, der einen Kleriker aus einer fremden Diözes aufnehmen würde, als auch den Kleriker mit dem Fluche. **)

Der

---

* Pervenit ad nos, quod quidam præter ecclesiasticas ordinationes, affectantes potentiam, per pragmati-cum sacrum unam provinciam in duas dividant, & ex hoc inveniantur duo metropolitani episcopi in una eadem provincia. Statuit ergo S Synodus, de-inceps nihil tale attentari a quolibet episcopo, eos vero, qui tale aliquod attentaverint, cadere de proprio gradu. Conc. chalced. can. 11.

**) Quicumque episcopus ... ad alium pertinentem clericum susceperit, placuit S Synodo & eum, qui suscepit, & eum, qui susceptus est, tam diu ex-communicatos manere, quamdiu ipse clericus ad propriam non reverterit ecclesiam. Ibid. can. 19.

Der Pabst als Bischof von Rom und Nachfolger des heil. Petrus, hat allein die Fülle der apostolischen Gerichtsbarkeit über alle Kirchen der Welt, die er regieren soll, beybehalten.

Folglich, obschon mehrere Hirten die bischöfliche Gewalt inne haben, bleibt dennoch diese Gewalt allzeit einig; *) und der Körper dieser Hirten mit jenem der Gläubigen, die sie regieren, bildet diese einzige und nämliche Kirche, wie ihr es in diesen Worten des Glaubensbekenntnisses ausdrücket; ich glaube eine einzige, heilige, apostolische Kirche. Daher folget die priesterliche Einigkeit aus der kirchlichen Hierarchie, das ist, aus der Kette, welche die Priester und andere Diener mit dem Bischofe verflechtet, und sie ihm unterwirft; die Priester aber, die unterordneten Diener und die Bischöfe selbst dem Stuhle des heiligen Petrus, welcher ihr Mittelpunkt ist, unterordnet; gleichwie die allgemeine Kirche aus der Kette entspringet, welche den Körper der Hirten mit dem Körper der simpeln Gläubigen verbindet, und sie dem Unterrichte und dem Ansehen der Hirten unterwirft.

Man zerreißt demnach diese Kette, wenn man nicht glauben will, was die Kirche lehret; und dieß ist das Laster der Ketzerey. Man trennet sie, wenn man sich ihrer Regierung entziebt, oder Hirten aufstellet, die sie nicht gesandt hat; und dieß ist das Laster der Spaltung. Diese zwey Laster, die eine Empörung wider ihr göttliches Ansehen sind, sind auch in dem Religionsfache die grösten aus allen; gleichwie

---

*) Deus unus est, & Christus unus, & una ecclesia ejus, & fides una, & plebs in solidam corporis unitatem concordiæ glutino copulata. S. Cyprian. de unit. fidei circa finem.

wie in der weltlichen Ordnung der Aufstand
wider das bürgerliche Ansehen das größte Verbrechen ist. Nun diese Meineidige, welche die
Einigkeit trennen, treten von der Kirche aus;
sie werden nicht nur Fremdlinge in Rücksicht auf
sie, sondern auch ihre Feinde; sie verfallen in
ihren Bann; weil sie die Kirche nicht mehr für
ihre Mutter haben, können sie auch nicht mehr
Jesum für ihren Vater haben, der nur eine
einzige Braut anerkennet, und sie haben daher
kein Heil zu hoffen. *)

Kraft dieser Einigkeit, die aus allen Gläubigen und aus allen Hirten nur einen einzigen
und den nämlichen Körper bildet, theilet sich
die Gewalt Jesu Christi, die seine Diener ausüben, durch das Haupt der Kirche den Bischöfen, durch die Bischöfe den unterordneten
Dienern mit, und der von dem Pabste bis in
die äussersten Theile der Welt gesandte Priester
lehret im Namen der Kirche; die priesterlichen
Amtsverrichtungen, die er ausübet, sind Handlungen des Priesterthumes, das Jesus Christus
seiner Kirche ertheilet hat; mithin lehret die
Kirche allein; die Kirche entscheidet; die Kirche
spendet die Sakramente aus; die Kirche setzet ihre
Diener ein, und auch wieder ab; nicht weil
ihre Diener ihre Amtsverrichtungen als Repräsentanten des Körpers der Gläubigen ausüben,
oder Kraft einer Seydung oder Gewalt, die sie
von ihnen empfangen haben, sondern in dem
Verstande, daß, da die Hirten und Gläubigen
nur

*) Qui relinquit ecclesiam, alienus est, profanus est,
hostis est, jam non potest Deum habere Patrem,
qui Ecclesiam non habet Matrem. S. Cypr. de unit.
Eccles.
   Christus sponsus est unius Ecclesiæ, sicut in can-
ticis canticorum ipse testatur, qui cum unam laudat,
exteras damnat. Optat. Milev. de unit. Eccl. L 1.
circa med.

nur einen Körper ausmachen, die priesterlichen
Handlungen, ob sie schon von Jesu Christo seinen Dienern vorbehalten sind, obschon sie nur
durch sie ausgeübet werden können, und ihre
Kraft nur von der unmittelbaren Sendung, die
sie empfangen haben, berleiten, in der That
Handlungen der allgemeinen Kirche sind; gleichwie man in aller Wahrheit sagt, daß der menschliche Körper sehe, rede, verstehe, obschon diese
Handlungen nur gewißen Organen des Leibes
eigen sind, und weil sie ihnen nicht durch Befehl anderer Glieder, sondern durch die Bestimmung ihres Schöpfers zugeeignet werden.

Vermittelst eben dieser Einigkeit finden nicht
nur alle Glieder der Kirche in ihrer Mitte alle
geistliche Hilfsmittel auf, die Jesus Christus in
ihre Hände hinterleget hat; sondern sie nehmen
auch wechselseitig an ihren Gebethen und guten
Werken Kraft der Einigkeit, die sie mit einander verbindet, Theil; gleichwie alle Aeste an
dem Safte des Stammes, dem sie eingepropfet
sind, Theil nehmen, um in der Gnade und an
den Verdiensten zu wachsen, bis alle Glieder,
die den geistlichen Leib Jesu Christi ausmachen
sollen, durch ihre gänzliche Vereinigung zu dem
Maaße des vollkommnen Menschen gelanget
sind. *) Dieses lehret uns auch das apostolische
Glaubenssymbolum durch die Gemeinschaft
der Heiligen. Welchen Dank sollet ihr nicht,
meine liebe Brüder, der göttlichen Barmberzig-
keit sagen, welche ohne euern Verdienst euch in
dem Schooße dieser Kirche hat lassen gebohren
werden, welche euch Jesu Christo, ihrem Bräutigame eingeweihet, und den unauslöschlichen
Charakter der Kinder Gottes eingedrücket hat;
welche, sobald sich euer Verstand entwickelt,
euch

*) Ephes. VI, 11, 12, 13.

euch lehret, ihn zu kennen und zu lieben; welche
euch täglich mit der Milche der Schwachen
und mit dem Brode der Starken nähret? Jener
Kirche, wo Jesus Christus, der höchste Hirt
euerer Seelen, sich selbst täglich euch zur Speise
giebt; wo er ohne Unterlaß mitten unter euch
durch das Meßopfer sich opfert, und auch ihr
ihn seinem Vater aufopfert, um den göttlichen
Segen, dessen Mittler und Quelle er zugleich
ist, über euch herabzuziehen. Jener Kirche,
wo ihr jenen Seelenfrieden genießet, den die
Welt nicht geben kann; wo ihr von den Verheißungen, die sie euch nicht entreißen kann,
versichert werdet; wo ihr auch durch die Gebethe, durch die Tugenden, durch die Beyspiele
und das Verdienst der ächten Kinder Gottes
unterstützet werdet. Wie schätzbar soll euch das
geheiligte Priesterthum jener Hirten seyn, derer
Licht euch aufkläret, derer Weisheit euch leitet;
die als Diener der Versöhnung euch in den
Sakramenten die himmlischen Gaben mittheilen,
die euch heiligen, die euch salben, die euch
Muth machen! Wie weit gefährlicher sind jene
ungerechte Verleumder, die das Priesterthum
durch die Verachtung, die sie euch gegen ihre
Diener einflößen wollen, bey euch verhaßt machen wollen, damit es euch nutzlos werde!

Allein diese Altarsdiener, die sich gegen die
Sünder, die von wahrer Reue durchdrungen
sind, stets mit Nachsicht betragen, sind manchmal verpflichtet, den verstockten Sündern mit
Schärfe zu begegnen, und auch den Kirchenbann wider sie zu schleudern, der die erschreck-
lichste Strafe aus allem in Rücksicht auf das
Heil ist; eine Strafe, wodurch sie die Kirche
von dem Schafstalle Jesu Christi absöndert, und
die Mittheilung der Hülfsmittel, die sie von
den

den Gebethen, Verdiensten und guten Werken
der Gläubigen empfangen könnten, unterbricht;
wodurch sie dieselbe der Gnade der Sakramente,
die ihnen nur den Tod bewirken können, beraubet, und sie von Jesu Christo, von seinem Reiche,
von seinen Versprechen ausgeschlossen zu seyn
erkläret; sie verstoßt dieselben von ihren Altären,
gleich Zweigen, die, wenn sie einmal von dem
Stamme getrennet sind, den Geist des Lebens
von ihm nicht mehr empfangen können, und
überläßt sie endlich dem Satan.

Allein wie weit beweinenswürdiger würde
das Schicksal derjenigen seyn, die sich dem
Geiste der Hoffart Preis geben, und sich freywillig von der Kirche trennen wollten, weil sie
entweder ihren Glauben abschwören, oder ihre
Sendung sich anmassen, oder sich ihrer Regierung entziehen, um sich einer andern zu unterwerfen! Wir kommen auf jenen Zeitpunkt,
meine liebe Brüder! und er ist ganz nahe, wo
zwey Bischöfe sich euch vorstellen, und um euer
Zutrauen und Liebe buhlen; der eine ist der Gesandte der Menschen, der andere ein Gesandter
Jesu Christi; der eine kömmt Kraft der Dekrete, welche die Kirche verwirft, der andere
ist mit ihrer Sendung schon lange angelanget;
der eine wird von ihr verkennet, weil er weder
die Gewalt euch zu lehren, noch euch zu regieren hat, der andere hat die Himmelsschlüssel,
die Gerechtigkeit seines Handels und den Glauben der Kirche; der eine begreift das Geheimniß des Buches des Lammes nicht, der andere
hat von der Macht, die es versiegelt hat, den
Verstand von dessen Geheimnissen empfangen;
der eine hat die Stärke für sich, die ihn vertheidiget, den Schrecken, der ihn begleitet, und
das Volk, das man irre führet und aufwiegelt,

der

der andere wird verfolget, etwa auch in die Acht erkläret. — Doch still! die Jahrhunderte der Tyrannen sind vorübergegangen; lasset uns unsere Wünsche zu dem Himmel schicken, daß sie nicht wieder kommen.

Wir berufen uns nicht zu unseren Gunsten, meine liebe Brüder! auf die vielen Jahre, binnen welchen wir bey euch das Apostolat ausgeübet haben; wir haben weit stärkere Titel, um den Hirten zu beseitigen, den die Spaltung euch aufdringen wird, und den man, um das Aergerniß zu vollenden, Kraft einer widerrechtlichen Wahl, folgsam einer gottesräuberischen Weihe auf meinen Stuhl setzen will. Um euch aufgelegt zu machen, den Religionsdiener zu erkennen, dem die Kirche die Sorge über euere Seelen anvertrauet hat, und den ihr allein für euern gesetzmäßigen Bischof aufnehmen sollet, dürfen wir euch nur auf die Grundsätze, die wir euch entwickelt haben, zurückführen.

Wir haben euch schon gesagt, und wir wiederholen es, daß die Kirche durch die Vereinigung der Hirten mit den Gläubigen, die sie regieren sollten, einig sey; daß der Körper der über sie aufgestellten Hirten durch die göttliche Einrichtung einig sey, die die Priester und andere Diener ihren Bischöfen und alle dem Pabste unterordnet, dermaßen, daß alle sich durch das allgemeine Haupt an die allgemeine Kirche anschließen, und daß durch diese Verbindung die apostolische Gewalt, deren Quelle in der Sendung Jesu Christi liegt, ob sie schon nicht in dem nämlichen Maaße von allen ausgeübet wird, dennoch in allen Hirten die nämliche sey: mithin wird der Bischof, den der Pabst

Pabst eingesetzet hat, und den er erkennet, der einzige und wahre Bischof seyn. *)

Wer nicht zur Thüre hineingeht, son-dern anderswo hinein steigt, der ist ein Dieb und ein Mörder, sagt der Weltheiland; wer aber zur Thüre hinein geht, der ist ein Schafhirt. Demselben macht der Thür-hüter auf, die Schafe hören seine Stimme, er ruft seinen eignen Schafen mit Namen, und führt sie heraus, und sie folgen ihm nach. — Ich bin die Thür; der durch mich hineingeht, der wird selig werden, und Weide finden. Ein Dieb aber kömmt nur, damit er stehle, würge und zu Grunde richte. Nun durch Jesum Christum in den Schafstall eingehen ist nichts anders, als durch die Pforte eingehen, die er selbst seiner Kirche eröffnet hat; es ist nichts anders, als Kraft der Gewalt, welche von den Aposteln auf ihre Nachfolger übergehen sollte, zugelassen werden; denn weil die Erben des Apostolats allein die Verwahrer der pur geistlichen Gewalt sind; weil sie allein die Pflicht aufhaben, sie auf ihre Nach-folger zu übertragen, so haben sie auch allein das Recht, die Art vorzuschreiben, wie sie über-tragen werden soll. Mithin würde der Bischof, den der Pabst nicht eingesetzet hätte, der doch

allein

*) Episcopatus unus est, cujus à singulis pars tenetur. Ecclesia quoque una est, quæ in multitudinem la-tius incremento fæcunditatis extenditur..., Rami arboris multi, sed robur unum tenaci radice fun-datum; & cum de fonte uno rivi plurimi defluunt, numerositas licet diffusa videatur exundantis copiæ largitate, unitas tamen servatur in origine. Ab ar-bore frange ramum, fructus germinare non poterit, a fonte præcide rivum, præcisus arescet.
    S. Cypr. de unit. Eccl.

IX. Theil.   Y

allein Kraft der gegenwärtigen Kirchendisziplin, adie keine menschliche Macht abändern kann, dazu berechtiget ist, nicht durch die Pforte eingehen; mithin würde er nicht der wahre Hirt, sondern ein Miethling seyn; mithin würde er keine Gewalt haben, die Heerde Jesu Christi zu regieren. Und von wem solle er diese Gewalt empfangen haben? Von den Repräsentanten der Nation? Allein diese Repräsentanten, die nur den Rang der simpeln Layen in der Kirche haben, sind schuldig, mit der Gelehrigkeit der Schafe der Stimme der Kirche zu folgen, wie sollten sie berechtiget seyn, ihr die Hirten zu geben? Sollte es ein anderer Bischof seyn? Allein aus welcher Macht könnte dieser Bischof den Pabst des Rechtes, das er genießt, berauben? Aus welchem Ansehen, da er nur eine, auf seinen Kirchensprengel beschränkte Gerichtsbarkeit hat, könnte er eine Gerichtsbarkeit, die er selbst nicht hat, über eine andere Heerde ertheilen? Sollte es etwa Kraft einer von den Bürgern unternommenen Wahl geschehen, die, neben dem daß sie keine Gewalt hätten, auch von der Kirche nicht nur durch ihren Bann, sondern auch durch den Unterschied der Religion getrennet seyn könnten? Will man, daß wir die Regierung jener schismatischen Kirchen aufgreifen, wo nicht minder das Volk das Recht ausübet, seine Diener einzusetzen und abzudanken, als auch in seinen Wahlen das Recht hat, die Wahlmänner zu beseitigen, die seiner Religion nicht anhängen.

Der neue Bischof wird daher ohne Gewalt der Gerichtsbarkeit seyn; er wird sie daher weder den Pfarrern, die er einsetzet, noch den Priestern, die er approbiret, mittheilen können. Weil weder die einen noch die andern die Schlüssel

ſel des Himmelreiches haben, werden ſie ihn
weder euch eröffnen, noch ſchlieſſen können.
Sie werden Diſpenſen ertheilen, und ihr werdet nicht diſpenſiret ſeyn; ſie werden euch los-
ſprechen, und ihr werdet nicht losgeſprochen
ſeyn; ſie werden eure Ehen ſegnen, und ihr
werdet nicht verehlichet ſeyn; ſie werden euch
unterrichten, und ihr Unterricht wird ohne Anſehen ſeyn; weil ſie von der Kirche nicht geſandt ſind, in ihrem Namen nicht lehren, Kraft
ihres Anſehens nicht befehlen; und folgſam, weil ſie
weder das Recht euch zu unterrichten, noch euch
zu regieren haben, werden ſie euch die Pflicht
nicht auflegen können, ihnen zu gehorſamen.
Mithin wird das Volk, das ſie auſſer dem
Schafſtalle an ſich gezogen haben, keine Weide
mehr finden.

Das öffentliche Amt, das ſie ausüben werden, weil es durch die Unterbrechung der Kette,
die ſie zerriſſen haben, ohne Kraft iſt, wird nur
ſchiſmatiſche Geſellſchaften bilden; und wie auſſer
der Heerde Jeſu Chriſti herum irrende Schafe,
wird es dem Bannfluche der Kirche mit ſeinem
Biſchofe, der ſich von ihr getrennet hat, unterworfen ſeyn, ohne daß eine menſchliche Macht
weder jenes noch dieſen losbinden, oder in Rückſicht auf den eingedrungenen Hirten das geiſtliche Anſehen, das er von ihr nicht empfangen
hat, erſetzen könne.

Da dieſe ſchiſmatiſchen Geſellſchaften ſich von
der allgemeinen Kirche, die allein die Verſprechen des Beyſtandes des heiligen Geiſtes empfangen hat, unabhängig gemacht haben, wird
jede ihre eigne Diſziplin und Regierung nach
Willkühr einrichten; ſtracks werden ſie ſich in
mehrere Sekten theilen, weil ſie keinen Mittelpunkt der Einigkeit, kein vorwiegendes Anſehen,

Y 2 das

das allen befehlen kann, mehr haben werden;
stracks werden sich allmählich alle Irrthümer
einschleichen, weil sie keine zulängliche Gewalt
mehr haben werden, ihnen Einhalt zu thun,
nachdem sie die Leitung der allgemeinen Kirche
verworfen haben. Auf diese Weise hat die englische
Kirche, nachdem sie sich getrennet, stracks ihren
Schooß allen Sekten eröffnet.

Weil wir durch das Ansehen des Oberhauptes der Kirche in unseren Sitz eingesetzet worden
sind, habt ihr uns allzeit als euern Bischof billig angesehen; wir haben die bischöflichen Amtsverrichtungen unter euch bis auf diesen Tag
ausgeübet. Allein eine widerrechtliche Wahl
waget es nun uns zu entsetzen, und einen Miethling einzudringen, der nur euch benachtheiligen
könnte, weil er nur ein reissender Wolf seyn
würde, nachdem der wahre Hirt vertrieben worden ist. Was uns belangt, die wir bey dieser
traurigen Lage der Klasse derjenigen eingereihet
sind, die für die Sache Jesu Christi verbannet
worden, werden wir uns erfreuen, für dessen
Vertheidigung verfolget zu werden; und nachdem wir den Staub von unseren Füssen geschüt-
telt haben, *) werden wir in einem fremden
Lande die Ruhe suchen, die wir uns unter euch
nicht mehr versprechen könnten.

Ja, meine liebe Brüder! wir erfreuen uns,
für den Namen Jesu Christi verfolget zu werden, und wir würden uns gerne von einer undankbaren Erde, die ihren Hirten verstoßt, entfernen, wenn unsere Freude durch die zahllosen
Uebel, denen euch unsere Abwesenheit Preis geben würde, nicht gestöret würde; wenn das heilige Bündniß, das uns so lange Zeit schon mit
euch vereiniget hat, und die Liebe gegen euch,
mit

*) Matth. X, 14.

mit der mein Herz stets durchdrungen war, es
uns je erlaubeten, unsre Wohlfart von der
eurigen abzusöndern, und die väterlichen Sorgen,
die wir euch schuldig sind, in Vergessenheit zu
graben.

Ach welch eine Ruhe, welch ein Vergnügen
könnte ein von seinen Kindern getrennter Vater
geniessen, dem das zarte Andenken und seine
Sorgfalt euch ohne Unterlaß wieder zu Gemüthe
führet. Wir und unsere ehrwürdigen Mitarbeiter werden troz der Ungnade, der wir großmüthig entgegen sehen, fortfahren, euch die
geistlichen Hilfsmittel, die ihr nur von ihnen
und uns empfangen könnet, auszuspenden; euch
in eueren Drangsalen zu trösten, und euch in
eueren Uebeln durch die Erwartung jenes Reiches Muth einzuflößen, das zur Belohnung eurer
Standhaftigkeit und eurer Ergebung in den
Willen Gottes euch zufallen wird. Und wenn
uns, nachdem wir die Ueberbleibsel unsers Glückes mit jenen getreuen Dienern getheilet haben,
nichts mehr übriget, als der Schaz der Armuth, werden wir ohne Scham uns alsdann der
Schaar der Bettler beygesellen, und mit ihnen
denjenigen, der die Lilien auf dem Felde bekleidet, und die Vögel ernähret, um das tägliche
Brod anflehen. *)

Wir haben, meine liebe Brüder! bis auf
diesen Tag niemals ermangelt, euch das Brod
des göttlichen Wortes zu brechen, als oft es
die Umstände von uns zu erheischen schienen;
und wir haben dieser unsrer Pflicht noch mehr
in diesen unseligen Tagen zu entsprechen uns
bestrebet, ungeachtet der Unruhen, welche die
Gefahr, der wir unsern Eifer aussetzten, eurer
Liebe gegen uns erweckte. Wir sagten in dem

In-

*) Matth. VI, 26, 28. & Luc. XII, 22 &c.

Innersten unsers Herzens zu uns selbst: Ach!
welche Gefahr kann einen Hirten schüchtern
machen, dessen Leben seiner Heerde zugehöret,
wenn ihn die Glaubensgefahr zum Streite auf=
fordert; wenn die heilige Arche bedrohet wird,
und Gefahr läuft, dem Philister zur Beute zu
werden? Wir haben euch auch nichts von dem
verhehlet, was ihr wissen sollet, um euch vor
der Verführung vorzubewahren, und euch mit
der Lehre zu stärken, die ihr von uns, und wir
von Jesu Christo empfangen haben.

Aber heut zu Tage, wo die Bosheit zunimmt,
und siegreich pranget; wo die heiligsten Rechte
der Religion ohne Scheu verletzet werden; wo
man uns ohne unsre Schuld von unserm Sitze,
von unseren Amtsverrichtungen, von unserm
Volke verstoßt; wo der Weg des Heils für euch
unter dem Stabe eines Miethlings erschweret
wird, haben wir geglaubet, daß wir euch weit=
läuftigere und den traurigen Umständen, in denen
ihr schmachtet, angemessenere Lehren mittheilen
müssen. Um euch die Wahrheit fühlbarer zu
machen, und zugleich unsre Widersetzlichkeit gegen
die Dekrete, die wir ohne Verbrechen nicht an=
nehmen konnten, und wegen welcher man uns
dennoch als Strafwürdige behandelt, vor euren
Augen zu rechtfertigen, haben wir sie mit dem
Ansehen des Evangeliums, das uns Leute, denen
der Herr dessen Verstand nicht anvertrauet hat,
entgegen=zu setzen erdreusten, und mit dem ehr=
würdigen Zeugnisse der Uebergabe unterstützet,
welche, da sie die Ueberbleibsel der Zeit und die
Lehre der Jahrhunderte aufsammelt, einen über=
zeugenden Beweis, dem die Hartnäckigkeit des
Irrthumes allein den Beyfall verweigern kann,
an die Hand giebt.

Trauet

Trauet nicht, meine liebe Brüder! der
Lehre, die man euch bringen wird. Die Stimme,
die ihr in Zukunft hören werdet, wird die
Stimme eines Hirten nicht mehr seyn; euere
Kanzeln werden mit falschen Propheten, die euch
die Lüge predigen, und euere Pfarren mit falschen Kirchendienern überschwemmet werden,
die, um ihre Eingriffe und ihren Abfall zu beschönen, unsre Lehre, unsere Absichten und unsern Eifer verleumden werden. Glaubet ihnen
nicht. Glaubet vielmehr denjenigen, die ihre
Seele für ihre Schafe dargeben würden, als
denen, die, um ihre Wolle zu erhalten, ihr Gewissen verrathen haben. Glaubet vielmehr denjenigen, die, um euch nicht zu täuschen, der
Mißgunst sich Preis geben, als denen, die, um
ihr zu entfliehen, ihr Heil und ihr Volk der
Gefahr aussetzen.

Ach! meine liebe Brüder, was haben wir
nicht schon erduldet, weil wir unserm Amte getreu gewesen sind, und euch die Wahrheit gesagt
haben! Man hat uns als Betrüger gescholten;
man hat unsere Unterrichte verhunzet, um uns
unsre Lehre zur Schulde zu legen; man hat die
Verleumdung wider uns in Umlauf gebracht,
man hat uns, um eure Rache anzufachen, als
Feinde eures Glückes vorgestellet, und unsere
Häupter, die wir gerne unter das Schwert
neigen würden, sind öfters in der Gefahr gewesen, das Schlachtopfer euers Irrthumes zu
werden.

Drücket, wir beschwören euch, euerm Gedächtnisse, und noch mehr euerm Herzen die
Lehren ein, die unsre Liebe euch in diesem Augenblicke giebt. Es werden etwa die letzten seyn,
die ihr von uns empfanget; und dieses Schreiben,
das wir an euch richten, ist etwa die letzte
Stimme

Stimme unsrer Sorge. Der Sturm rollet schon
dumpf über unsere Häupter, und kündiget uns,
samt dem Gräuel der Spaltung für euch, neue
Unheile für uns an. Vielleicht werden wir bald
gezwungen werden, eine Erde, die wir mit so
vielem Troste gebauet haben, einem eingedrungenen Miethlinge einzuräumen, und vielleicht
auch bald, ohne es verhindern zu können, den
Schmerzen zu fühlen, Hecken und Dornen wachsen zu sehen.

Ach! meine liebe Kinder! die Gewalt kann
mich von euch nicht trennen; aber der Tod allein
kann das Bündniß, das ich mit euch geschlossen
habe, auflösen. Nein, niemals anders, als durch
die Gewalt gezwungen werde ich euch verlassen;
und wenn man mich zwinget, das Lobgesang
des Herrn in einem fremden Lande zu singen,
werde ich Jerusalem nie vergessen. Jerusalem
wird stets in meinem Gedächtnisse leben; sein
Andenken wird mein einziger Trost in meinem
Elende und in meinem Unglücke seyn. So groß
auch die Uebel seyn mögen, die die Vorsicht und
die Bosheit der Menschen mir vorbehalten, werden sie dennoch niemals so fühlbar auf mein
Herz wirken, als das grausame Geboth, mich
von euch zu entfernen. Ach! sollte ich wohl
lange Zeit den Schmerzen, von einer Heerde getrennet zu seyn, die mir so nahe am Herzen
liegt, und die Pein dulden können, sie der Gnade
eines in den Schafstall eingedrungenen Wolfes
Preis zu lassen?

Bittet für mich, der ich in dieser Zeitlage
des Beystandes von obenherab so bedürftig bin;
bittet, meine liebe Kinder! ihr, für die ich ohne
Unterlaß bitte, und für die ich zu bitten niemals
unterlassen werde. Bittet für mich, ehrwürdige
Hirten! ihr, die ihr Jesu Christo getreu, und
von

von seinem Glauben mit Muth beseelet gewesen
seyd, und die ihr mehr den Abfall als die Dürftigkeit geförchtet, und der Drohung durch eine unerschütterliche Standhaftigkeit getrozet habt.
Und ihr, liebe Brüder, die ihr troz der Dekrete, die euch diesen Titel rauben, mir es allzeit seyn werdet; ihr, die eine ungerechte Acht-
erklärung zerstreuet hat, die aber die Liebe alle
in meinem Herzen vereiniget; ihr, die ihr die
Verwahrer meiner Thränen über die Uebel seyd,
welche schon so lange die Kirche kränken, und
die sie noch bedrohen; ihr, die ersten Fechter in
dem Streite des Herrn, und die ersten, welche
sich um die heilige Arche gereihet haben, um sie
zu schützen; bittet, sage ich, für mich, ehrwürdige Brüder! Bittet auch für das Volk, das
sich bald ohne Hirten sehen wird; allein bittet
für dasselbe, vorzüglich denen ich mein Zutrauen
geschenket, und mit denen ich meine Sorge getheilet habe. Traget ferner Sorge dafür; euere
Einsichten machen sie ihm desto kostbarer; je
nöthiger sie die Bedürfnisse und die mißlichen
Umstände machen. Dieß ist das angenehmste
Unterpfand eurer Liebe, das ihr mir geben könnet. Ich bitte euch darum im Namen meiner
Gewogenheit gegen euch; im Namen der Liebe
des höchsten Hirten der Seelen; im Namen jener Religion, die man verkennet, die man beschimpfet, und deren Altäre, wie es scheint, man
umstürzen will.

Lasset uns alle insgesammt den Herrn bitten,
daß er die Strafen, unter denen Frankreich
schon schmachtet, und jene noch unseligere, die
sie bedrohen, abwende. Ach! jener Gott, der
aus seiner Natur voll der Barmherzigkeit ist,
ist schon lange für uns nur ein erschrecklicher
Gott, ein Gott der Rache. Täglich machen
neue

neue Streiche uns seine Macht und seinen Zorn
empfinden, und wir sind zu seinen Streichen
stets unempfindlich; wir bleiben stets Sünder.
Schlage, großer Got! aber bekehre uns zu dir;
schlage, aber da du die Uebel vermehrest, laß
uns doch den Glauben, jenen salbungsvollen
Strahl deiner Gottheit, dessen Wohlthat uns
die Gottlosigkeit zu rauben suchet. Stille die
Unruhen des Heiligthumes, oder dem du deine
Strafruthe schon gezücket hast. Unsere Sünden
sind groß, wir bekennen es vor deinem Angesichte; allein sollte deine Güte erschöpft seyn,
und sollte jenes Königreich, wovon du binnen
fünfzehn Jahrhunderten der einzige Gott bist;
dessen Erde so viele Martyrer mit ihrem Blute
befeuchtet haben; wo so viele Heiligen ihre Opfer
vollendet haben; wo so viele Seelen in diesem
Augenblicke ihre unschuldigen Hände zu dir
empor fallten, und das unsere Könige dem
Schutze der Mutter deines Sohnes unterworfen
haben, sollte dieses Königreich durch seine Un-
dankbarkeit die erschreckliche Strafe verdienet
haben, für immer verlassen zu werden? Großer
Gott! zitternd bethe ich die Rathschlüsse deiner
Weisheit und deines Zornes an; allein so große
Sünder wir auch sind, so bleibet uns dennoch
die Buße zur Hilfe, und deine Barmherzigkeit
zur Hoffnung übrig.

Da wir nun unsre Erklärung wieder erneuern, daß wir bereit sind, uns nach allem
zu richten, was das Oberhaupt der Kirche in
Rücksicht auf die Artikel der sogenannten bürgerlichen Verfassung des Klerus verordnen wird,
die durch sein Ansehen allein gerechtfertiget werden können, und daß wir gerne unser Amt niederlegen, wenn er es zum Besten der Kirche zu-
träglich erachtet; so rufen wir den heiligsten

Na-

Namen Gottes an, und erklären im Namen
Jesu Christi vor dem Richterstuhle, vor dem
wir einstens erscheinen müssen, um für euere
Seelen und für euch, meine liebe Brüder, Re=
chenschaft zu geben, daß, weil wir unsern Sitz
von dem Pabste empfangen haben, wir so lange
euer Bischof seyn werden, bis wir unsre Würde
in seine Hände niedergeleget, und er sie ange=
nommen hat; oder bis wir nach den kanonischen
Formen derselben entsetzet werden.

Wir erklären, daß, weil unser Sitz nur von
einer pur bürgerlichen Versammlung, und folg=
sam von einem unfähigen Ansehen, für erledigt
erkläret worden ist, wir allein, wie ehevor,
die ganze bischöfliche Gewalt begleiten werden;
daß jeder andere Bischof, der unsern Sitz sich
zueignet, ein eingedrungener Miethling seyn würde,
ohne Gewalt der Gerichtsbarkeit; daß die Pfar=
rer, die er einsetzte, und die Priester, die er in
unserm Kirchensprengel begnehmigte, ebenfalls
keine Gewalt haben würden; daß diese Pfarrer
und Priester sich des Lasters der Spaltung schul=
dig machen, und daß diese Gewalt, die sie von
ihm erhielten, wie die seinige, ungültig und
nichtig seyn würde. Wir behalten uns das
Recht vor, wider diese Pfarrer und Priester nach
den Kanonen zu verfahren, und vor dem hei=
ligen Stuhle den eingedrungenen Bischof gericht=
lich zu verfolgen.

Wir erklären, daß wir jeden Priester als
einen Schismatiker betrachten werden, der sich,
unter dem Titel eines bischöflichen Vikars oder
einem andern, erlauben würde, die bischöfliche
Gerichtsbarkeit, ohne unsern Auftrag oder Ge=
walt, in dem Umfange unserer Diözes auszu=
üben, und daß die Handlungen, die er als
Bischof wagen würde, null und kraftlos wären.

Wir

Wir erklären, daß die von uns eingesetzten
Pfarrer und begnehmigten Priester weder durch
die Dekrete der Nationalversammlung, noch durch
das Ansehen des eingedrungenen Bischofes ihres
Amtes entsetzet werden können, und daß sie
allzeit die einzigen und wahren Kirchendiener
seyn werden; die einzigen, von denen ihr die
Gnade der Sakramente empfangen könnet, ausgenommen den Todesfall, wo in Ermangelung
der begnehmigten Priester der Kirchenrath von
Trient es jedem Priester erlaubet, die Lossprechung
zu ertheilen.

Wir erklären jeder Zertheilung, Vereinigung,
die man mit den Pfarren in unsrer Diozes ohne
unser Ansehen machen sollte, für ungültig. Und
wir wiederrufen jede Approbation und Erlaubniß, die wir den begnehmigten Priestern gegeben
hätten, die sich in die geistliche Regierung der
neuen Pfarrspiele eindringen würden, entweder
da sie den eingedrungenen Bischof anerkennten,
oder mit ihm an der Ausübung seiner priesterlichen Amtsverrichtungen Theil nähmen.

Aber, da wir euch ermahnen, meine liebe
Brüder! euch von der Gemeinschaft des eingedrungenen Bischofes und seiner Priester zu sön-
dern, wollen wir, daß ihr ihnen mit aller Liebe
begegnet, die euch Jesus Christus empfehlen
hat, und beschwören euch, alle Empfindung des
Hasses aus eueren Herzen, und auch die Bitterkeit des Klagens von eueren Lippen zu verscheuen. Wir beschwören euch in seinem Namen,
euch zu erinnern, daß das heilige Wort und
die Geduld die einzigen Waffen eines Christen
seyn sollen, um seinen Glauben zu rechtfertigen;
daß der Handel Jesu Christi nur mit den Tugenden muß vertheidiget werden, die er besiehlt,
und daß der Kirche nicht so schwer fällt, zu

sehen,

then, daß das Blut ihrer Kinder verspritzet
werde, als wenn sie sehen soll, daß sie ihrer
göttlichen Gebothe vergessen, um ihre eignen
Feinde zu verunglimpfen.

Gegeben zu Paris den
11. Merz 1791.

Jos. Bischof von Bayeux.

**Hirtenbrief des Herrn Bischofes von Cha-
lons an der Saone.**

Johann Baptist von Chilleau re.

Die Vorsicht, liebe Brüder, die zweifelsohne
unsern Muth und unsre Unterwürfigkeit gegen
ihre Verordnungen den derbsten Prüfungen aussetzen will, hält heut zu Tage ihre schwere Hand
über uns, und schlägt uns an dem empfindlich-
sten Theile. Wir sehen eine Begebenheit in
Erfüllung gehen, mit der man uns schon lange
gedrohet hatte, vor der uns aber die Regeln
der Kirche, der Vortheil der Völker und alle
Gründe der Anständigkeit vorbewahren sollen.
Die Unterdrückung unster Kathedralkirche ist
beschlossen. Jener bischöfliche Sitz, einer der
ältesten in der gallikanischen Kirche, jene Frucht
des Blutes der heil. Marzells und Valerians,
unserer ersten Apostel, soll vernichtet werden,
und diese Stadt soll für immer des kostbaren
Vor-

Vortheiles beraubet werden, in ihren Mauern
die Quelle der Gaben des heiligen Geistes zu
erhalten!

Trotz der Verleumdung, die einige unruhigen
Köpfe wider uns zu verbreiten sich bestreben,
indem sie die Reinigkeit der Absichten, von denen wir beseelet sind, in Verdacht ziehen, werden wir euch dennoch mit Wahrheit sagen, daß
wir in dieser Zeitlage nichts anders, als den
Vortheil euerer Seelen und euer Heil beabsichtigen. In der That sollten wir uns mit einem
zeitlichen und vergänglichen Beweggrunde beschäftigen können, da wir die heilige Religion
in Gefahr sehen, deren Diener wir sind, und
die wir auf Kosten unsers Lebens selbst zu vertheidigen geschworen haben?

Man befiehlt uns heut zu Tage, uns von
euch zu trennen. Man will jene geistliche Kette
zerreissen, die, durch eine ununterbrochene Erbfolge der Bischöfe, selbst die Wiege der Religion mit dem Ende der Jahrhunderte in diesem
Kirchensprengel verflechten sollte. Nachdem wir
bis auf diesen Tag unsere Sorgen, unser Wachen, und unsere Arbeiten dieser Kirche geschenket
hatten, waren wir auch bereit, unser übriges
Leben zu ihrem Nutzen und zu ihrer Ehre aufzuopfern. Sollte uns auch dieser süße Trost geraubet werden, und uns nur die traurige Aussicht übrigen, die Stadt Sion bis zu unserm
Tode zu beweinen, und von einem Volke entfernt
zu leben, dessen Charakter die Güte ist, und
dem wir alle unsere Neigungen gewidmet hatten?
Wir sind gezwungen, einzugestehen, meine liebe
Brüder, daß uns jene Standhaftigkeit der
Seele, die uns bisher alle Mühe mit Großmuth
übertragen gemacht, zu verlassen scheine, da wir
von euch auf immer Abschied nehmen sollen.
Doch

Doch wir fühlen, daß, wenn die Gewalt diese Trennung uns abnöthigen sollte, unser Herz nicht minder in der Mitte der lieben Heerde wohnen würde, mit der wir zu leben und zu sterben gehoffet hatten.

Wenn wir zu allen Zeiten dem unsrer Sorge anvertrauten Volke den Unterricht schuldig sind, so ist er gewiß nie nothwendiger gewesen, als in einem Zeitpunkte, wo wir sehen, daß man vermittelst einer neuen Philosophie das Volk zu täuschen, und irre zu führen suche; daß man sein Zutrauen und seine gar zu grosse Leichtgläubigkeit mißbrauche, um es zu bereden, daß jede Religion gleichgültig sey; daß wenig daran gelegen, ob man Gott auf diese oder jene Weise verehre, und daß jeder der Religion seiner Väter folgen könne und solle. Da sey Gott davor, meine liebe Brüder, daß wir glauben, daß ihr diesen Irrthum schon eingesogen habt! Wenn aber zum Unglücke einige von diesen falschen Weisen unter euch wären, so sollen sie wissen, daß dieser Unterricht nicht für sie sey. Wir ertheilen ihn nur jenen Christen, die überzeuget sind, daß die katholische Religion göttlich ist; daß man die Wahrheiten, die sie lehret, glauben muß; daß man sich nach den Regeln und nach der allgemeinen Disziplin, die uns von den Aposteln, von den Konzilien und der Ueberlieferung hinterlassen worden sind, richten soll; daß man endlich ausser der katholischen Kirche kein Heil hoffen kann.

Ihr habt das Glück, in dem Schooße dieser Kirche gebohren zu seyn, und ihr wollet auch in derselben leben und sterben. Könnten wir diese beseligende Anlage bezweifeln, da sie deutlich in der, eueren Repräsentanten anvertrauten Gewalt verzeichnet ist, und da die drey Voll-

macht-

machtsbriefe in dieser Hinsicht übereinstimmen?
Ihr begehret in denselben, daß die katholische,
apostolische und römische Kirche die Religion des
Staates stets seyn solle, und ihr bittet den
König, zu verordnen, daß sie allein die Feyer-
lichkeit des öffentlichen Gottesdienstes genieße.
Dieß ist euer Glaubensbekenntniß; dieß ist euer
Wunsch; dieß sind die Befehle, die ihr eueren
Deputirten gegeben habt, von denen sie ohne
Laster nicht abweichen könnten, ohne den Cha-
rakter zu verlieren, der sie allein zu eueren Re-
präsentanten machen kann.

Allein es wäre ein großer Irrthum, wenn
man glauben wollte, daß man eine Religion beybehalten, und indessen den Körper der Lehre,
der Moral und Disiplin stimmeln, und auch
vernichten könne, auf den sie gegründet ist, den
sie seit 17. Jahrhunderten eingeweihet hat, und
der allenthalben gelehret, und geübet worden ist,
wo sie immer von Jesu Christo an bis auf uns
Heilige gebildet hat.

Die Kirche ist einig in ihrem Glauben, in
ihrer allgemeinen Disziplin und in ihrer Verbindlichkeit mit dem sichtbaren Oberhaupte, das
ihr göttlicher Stifter aufgestellet hat. Das
geistliche Ansehen, das sie über die Gewissen
auszuüben pflegt, kömmt von Jesu Christo selbst
her. Er hat es den Aposteln und den Bischöfen,
ihren Nachfolgern, anvertraut: durch sie ist es
auf die andern Hirten, die euch unterrichten,
und die Sakramente mittheilen, übertragen worden. Man würde demnach die Ordnung der
kirchlichen Hierarchie untergraben, und die Zusammenfassung und Einrichtung der Religion
vernichten, wenn man behaupten wollte, daß
die geistliche Gerichtsbarkeit von einer pur bürgerlichen Macht ertheilet, erweitert, oder be-
schrän-

schränket werden könne. Wenn die Kirche sie
manchmal zu Hilfe gerufen hat, geschah es nur,
um ihr zu helfen, die Gesetze, die sie vorzuschreiben berechtiget ist, in Vollziehung zu bringen; sie hat den Fürsten um seine Verordnung
angesuchet, um sie feyerlicher zu machen, und
ihnen allmählich die Vollziehung zuzusichern.

Weit sey von uns, meine liebe Brüder! die
Absicht, die Ehrerbietung, die Unterwürfigkeit
und das Zutrauen, das euch die Majestät des
Thrones, und des weltlichen Ansehens einflößen
soll, zu verwerfen oder auch zu schwächen.
Der so gerechte als gottesfürchtige Monarch,
der euch regieret, dem wir den Eid der Unterwürfigkeit geschworen haben, und der allzeit auf
unsern Gehorsam und auf unsre Treue in allem,
was die bürgerliche Ordnung belangt, Rechnung machen kann, weis die Religion und die
Gränzen in Ehren zu halten, die sie seinem
Ansehen abgestecket hat. Er hat sich mit einem
Eide dazu verbunden; er wird ihm getreu bleiben. Er hat allzeit erkannt, daß die Kirche
allein berechtiget sey, euch in der geistlichen
Ordnung zu regieren; und als die Umstände der
Zeiten, oder das Wohl seiner Völker einige
nützliche Abänderungen erforderten, hat er niemals
geglaubet, daß er diese ohne das geistliche Ansehen unternehmen könne, weil er sich allzeit an
die Regeln und Grundsätze gehalten hat, und
weil er weis, daß die Kirche allein euch Hirten
aufstellen, und euch durch ihren Dienst die geistliche Nahrung, deren euere Seelen benöthiget,
sind, vorbereiten könne.

In der That jede andere Form würde ungültig seyn, und selbst die Sorgen der Hirten,
die es wagen wollten, ohne rechtmäßige Sendung die heiligen Amtsverrichtungen auszuüben,

IX. Theil.   3   für

für euer Heil fruchtlos machen. Die allgemeine
Kirche hat diejenigen, die anders denken, mit
dem Fluche beleget. Daher hat das Konzilium
von Trient den Spruch gethan, daß jene Bischöfe, Priester und Altarsdiener, die nur von
dem Volke und dem Magistrate geweihet und
gesandt worden, Diebe und Eingedrungene
sind. Es erkläret, sess. 14, c. 7. daß die Lossprechung, welche derjenige ertheilet, der keine
ordentliche oder delegirte Gerichtsbarkeit
hat, ungültig sey. Es erkläret, daß sich dieß
selbst auf die Natur der Dinge gründe, indem
ein Richter das Urtheil über jene nicht fällen
kann, die seiner Gerichtsbarkeit nicht unterworfen sind. Diese Entscheidung des Kirchenrathes von Trient ist der Grundsatz und die
Uebung der allgemeinen Kirche.

Die Quelle dieser Gerichtsbarkeit kann nur
in dem rechtmäßigen Bischofe aufgespüret werden: dieser Bischof höret nur durch seinen
Tod, oder durch eine rechtmäßige Entsetzung,
oder freywillige und von den Kanonen angenommene Amtsniederlegung auf, das Haupt seiner Heerde zu seyn. Außer diesen dreyen Fällen
geht die ganze geistliche Gewalt in dem Umfange
des Bezirkes, den ihm die Kirche mit Einstimmung des weltlichen Ansehens angewiesen hat,
von ihm allein aus. Allein eben diese, im Namen eines andern in seiner Diozes ausgeübte
Gewalt wird widerrechtlich und nichtig seyn,
und man wird euch nicht zwingen können, sie
anzuerkennen, ohne größte Gefahr euers Heiles.

Die weltliche Macht kann alle Abänderungen
in der Ausübung des Gottesdienstes und der
Gerichtsbarkeit der Kirche vorschlagen; aber diese
allein ist berechtiget, dieselben anzunehmen und
einzuweihen, wenn sie dieselben nützlich und mit
der

der Lehre der Apostel und den allgemeinen, von
den Konzilien vorgeschriebenen Regeln verträglich befindet. Eben diese Bewandtniß hat es
mit dem Bezirke der Kirchensprengel, der Erz-
bißthümer und Pfarren. Die Fürsten können
ihre Unterdrückung oder neuen Errichtungen begehren; aber die Kirche muß ihren Nutzen ab-
urtheilen, und sie nach den von den heil. Kanonen vorgeschriebenen Formen unternehmen.
Indessen, meine liebe Brüder! da man die
ganze Ordnung der Hierarchie umstößt, die
Kathedralkirchen unterdrücket, und die Gerichtsbarkeit der Oberhirten den Unterordneten unterwirft, hat man gesagt, daß man die alte Ordnung der ersten Kirche wieder herstelle. Man
muß wenig in der alten Kirchenzucht bewandert
seyn, wenn man sie mit dem neuen Gesetzbuche
vermenget, das man dem Klerus aufdringen
will.

Lasset uns zu dieser ursprünglichen Disziplin
vorrücken, welche das Werk der Apostel gewesen
ist, und welche die Konzilien entwickelt, und
aufrecht erhalten haben. Der erste Grundsatz
dieser alten Disziplin ist das unveräusserliche
Ansehen der Kirche, welcher zusteht, die Regeln
festzusetzen, denen die Bischöfe, die Hirten und
Gläubigen im Religionsfache folgen sollen. Sie
hat ihre Gewalt von Jesu Christo selbst, und er
hat sie nicht den Königen, den Magistraten oder
Mächten der Welt anvertrauet. Der Kirche
gehöret die Entscheidung, dem Fürsten aber der
Schutz, die Vertheidigung und Vollziehung der
Kanonen und Kirchenregeln zu. Die Bischöfe
und Hirten sind für einen bestimmten Bezirk
aufgestellet, in welchem sie allein berechtiget sind
eine geistliche Gerichtsbarkeit auszuüben, die
den vor ihr bestimmten Körpern ganz, oder

Z 2   zum

zum Theile mitgetheilet ist, die sie nicht von der
bürgerlichen Macht empfangen haben, und die
sie ohne das Ansehen der Kirche, die sie ihnen
gegeben hat, nicht verlieren können. Zweifelsohne haben sich Mißbräuche eingeschlichen, derer
Abstellung die bürgerliche Macht zu begehren,
und zu verfolgen berechtiget ist; aber man muß
die Mißbräuche mit den Regeln und den kirchlichen Satzungen nicht vermengen. Die Mißbräuche sind eine Verletzung der Regeln, und
dieser Name kann den Veränderungen nicht bey-
gelegt werden, die durch ein rechtmäßiges Ansehen begnehmiget, und die Wirkung eines weisen Betragens sind, das allzeit der Abänderung
der Zeiten und der Umstände untergeordnet ist.

Läßt sich in den ersten Jahrhunderten der
Kirche ein Merkmal von einem Senate auffinden, dessen Glieder Delegierte und Vikaren
ihres Bischofes wider seinen Willen waren?
Kann man auch nur ein einziges Beyspiel eines
pur bürgerlichen Ansehens aufweisen, das es gewagt hat, die geistliche Gerichtsbarkeit, welche
die Kirche den Kapiteln der Kathedralkirchen
bey erledigtem Stuhle anvertrauet hat, zu vernichten, und sie ohne Mitwirkung der geistlichen
Gewalt auf simple Vikaren zu verlegen? Hat
man in den Regeln der ersten Kirche das Recht
aufgespüret, die Erzbisthümer, Bisthümer, Pfarren oder jede andere Pfründe ohne einige For-
malität zu unterdrücken, und zu errichten; indem es unmöglich ist, ein Beyspiel von einem,
durch ein anders Ansehen als jenes der Kirche
unterdrückten, erweiterten, oder beschränkten
Kirchensprengel oder andern Benefizium aufzu-
zeigen?

Wenn die Gerichtsbarkeit der Bischöfe der
Einwilligung der Priester oder Vikaren, die

zum Dienste der Kathedralkirchen angestellet sind,
unterworfen wäre, würde sie alsdann nicht auch
von allen denjenigen abhängig seyn, über welche
sie ihnen ist ertheilet worden? Mit einem Worte würde nicht die ganze von den Aposteln,
von den Konzilien und von den einhelligen Ge-
wohnheiten aller Kirchen eingeführte Ordnung
unter einander geworfen werden? Die Bischöfe
würden ihres Ansehens über den Klerus in ihrer
Diözes beraubet werden; die Metropoliten keine
wahre Gewalt über ihre Suffraganen mehr haben, und die Gläubigen in keinem Falle sich
an das Oberhaupt der allgemeinen Kirche wenden können, dessen Primat man dennoch Kraft
des göttlichen Rechtes anerkennen muß.

Wir haben geglaubet, meine liebe Brüder,
daß es unsre Pflicht erfordere, diese Wahrheiten
weitläuftiger aus einander zu legen, die man
nicht genug erkennet, oder die man nicht zu
wissen sich anstellet. Wer sollte sich befremden,
daß die Stimme eines Bischofes ertöne, wenn
es darum zu thun ist, daß er die wesentlichen
Artikel der Religion, die man sich zu bestreiten
erlaubet, vertheidige; wenn man einen allgemeinen Umsturz der Kirchenzucht bewirken, und sie
unkennbar machen will?

Bringt nicht die Einstellung des göttlichen
Offiziums den Gläubigen die traurigsten Begriffe
bey? In der That, die innerlichen und geistlichen Güter sind nicht die einzige Frucht, die
sich die Kirche von dieser heiligen Uebung, die
so alt, wie sie selbst ist, verspricht. Sie hat
auch die Wohlfahrt der Königreiche und Ab-
wendung der Geiseln, von denen wir ohne Unterlaß bedroht werden, zum Gegenstande. Dieser wichtigste Beweggrund hat die Kirche dahin
gestimmet, das öffentliche Gebeth in Uebung zu
bekin-

bringen. Eine von den apostolischen Verordnungen drücket sich also aus: „Die Gebethe
sollen frühe Morgens, um drey, sechs, neun
Uhr und Abends verrichtet werden; und wenn
es nicht erlaubet ist, der Heiden wegen, sich
in der Kirche zu versammeln, soll der Bischof
die Gläubigen in seinem Hause zusammen berufen." *) Diese Uebung ist eben so allgemein
als alt. Indessen, meine liebe Brüder, ist
unsre Kirche geschlossen; das öffentliche Offizium
durch die Gewalt unterbrochen. Es ist unsern
ehrwürdigen Brüdern nicht mehr erlaubet, die
täglichen Gebethe zu verrichten, die ihnen die
strengste Gerechtigkeit aufgeleget hat; welche
die frommen Stifter vergebens für ihre Güter
fordern, und die sie etwa zur gänzlichen Tilgung
ihrer Verbrechen erwarten. In allen Orten
auf Erden, wo die katholische Kirche die herr-
schende ist, sind auch die täglichen und öffentlichen Tagzeiten im Schwange. Sollte dann
die französische Kirche allein in Mitte der allgemeinen Kirche der mit einer so gottseligen Einrichtung verknüpften Vortheile beraubet seyn?

Man hebt die Klostergelübde auf. Man
zerstöret jene religiösen Häuser, die einzige Freystätte der Buße und christlichen Abtödtung, wo
die frommen Seelen ein Verwahrungsmittel
wider die mannichfaltigen Gefahren der Welt
fanden, und in denen, weil sich einige Mißbräuche, die leicht abzustellen waren, eingeschlichen hatten, man das Institut selbst, ob es
schon die Kirche gutgeheissen, verleumdet. Man
jaget die gottesfürchtigen Mönche aus ihrer
Ein-

---

*) Precationes facite mane, tertia, sexta, nona, Ve-
spere atque ad galli cantum. Si ad ecclesiam prodire
non licuerit, propter infideles, congregabis episcope,
in domo aliqua. Constit. apost. l. 8. c. 34.

Einöde, der sie sich für immer und unter der
Gewährschaft der Geseße gewidmet hatten. Was
anders würden sich wider die Religion ihre ver-
schwornsten Feinde erlaubet haben? Und dennoch drohet man, uns zu dem Stillschweigen
zu verdammen!

Wenn Altarsdiener, wenn Bischöfe, denen
die Hinterlage des Glaubens anvertrauet ist,
Muth genug haben, das Volk auf die heiligen
Grundsäße der Religion zurückzuweisen, behandelt man sie als Aufwiegler; man bedrohet sie,
man verfolget sie als Störer der öffentlichen
Ruhe. Welch ein Jahrhundert erleben wir
dann, meine liebe Brüder, wenn es den Häuptern der Religion nicht mehr erlaubet ist, von
der Religion zu reden, und es noch zu wagen,
ihr Ehrerbietung zu verschaffen? Sollten wir
etwa auf jene Zeiten der Verfolgung wieder
zurückgekehret seyn, wo man so vieles Blut der
Religion wegen verspritzen sah? Diese Religion,
zu der wir uns bekennen, ist noch, was sie in
den ersten Jahrhunderten der Kirche war; wenn
Jesus Christus, um den Glauben der Gläubigen
wieder aufleben zu machen, um den Glanz und
die Ehre des Christenthumes, die ihm seine Feinde
rauben wollen, zu erhalten, um ein neues Zeugniß der Göttlichkeit der Religion, in diesen ungläubigen Zeiten zu geben, zuläßt, daß einige
aus seinen Dienern Schlachtopfer ihres Eifers
werden, so lasset uns nicht zweifeln, meine liebe
Brüder, daß diejenigen, die diese Verfolgung
überleben, gedemüthiget werden, daß sie nicht
würdig befunden worden sind, für die
Ehre seines heiligen Namens zu leiden.
Wenn jeder Tag neue Verdemüthigungen zu leiden bringet, werden wir uns als Schlachtopfer
ansehen, die zum Dulden bestimmet sind: aber
wir

wir sind versichert, daß weder Leben noch
Tod uns von der Liebe Jesu Christi werden
trennen können.

Der große Apostel lehret uns, daß eine der
ersten Pflichten eines Bischofes diese sey, daß er
ohne Unterlaß über seine Heerde wache, das
ist, wie ein heil. Chrysostomus sagt, „daß er
voll Augen sey, um besser zu sehen, was sich in
allen Winkeln des Schafstalles zuträgt. — Er
muß Tag und Nacht wachen, um die Bedürfnisse seines Volkes besser einzusehen, und alles
zu beseitigen, was die Ordnung und den Frieden stören könnte. *) Soll er dann mit Gleichgültigkeit ansehen, wie die Ordnung und Gerichtsbarkeit der Kirche umgestürzet, die, sowohl
durch die Urkunden, die sie bestätiget, als durch
jene, die sie gestiftet haben, geheiligten Handlungen vernichtet, das Erbe der Armen verschleu-
dert, die unschuldigen Jungfrauen aus ihren
Klöstern gerissen werden, um sie in das stürmische
Meer der Welt, die sie abgeschworen hatten,
gefühllos wieder hinaus zu werfen, und daß
simple Layen die vor dem Altare angelobten Verbindlichkeiten für nichtig erklären, die von der
Kirche begnehmigten Regeln und Institute abstellen, und eine heilige Kleidung verworfen,
welche das Alterthum durch tausend Jahre eingeweihet hatte? Sollte ein Bischof seinem Amte
getreu bleiben, und schweigen können, indem er
sieht, daß eine pur bürgerliche Macht eine Gerichtsbarkeit ausdehne, oder beschränke, die er
weiß, daß nur die Kirche ihm nehmen könne?

Würde

*) Oportet Fpiscopum vigilantem esse, hoc est in-
numeros habentem oculos omni ex parte, quibus
acutissime cuncta prospiciat, diu noctuque exerci-
tum, & castra perlustret. S. Chrysost. in Epist. ad
Tit.

Würde er sich nicht des Ranges, zu dem ihn
die Vorsicht erhoben hatte, unwürdig erklären?

Allein, meine liebe Brüder, wir hoffen, daß
ihr uns derley Vorwürfe nicht zu machen haben
werdet: so lange uns ein Lebensgeist beseelet,
werden wir euch die Sprache der Wahrheit und
der Religion reden. Wenn die Gewalt eine
unüberwindliche Hinderniß der Ausübung unsers
Amtes entgegen setzet, werden wir dennoch
Muth genug haben, euch zu sagen, daß wir
allein berechtiget sind, euch in Religionssachen zu
regieren, und daß alle Gewalt, die man über
euch in dem Bezirke unsrer Diozes ausübet,
wenn es nicht in meinem Namen und mit meiner
Bewilligung geschieht, aus vollem Rechte ungültig sey, und nichts anders beabsichtige, als
in der Kirche eine Spaltung aufkeimen zu machen, deren unselige Folgen zahllos seyn würden.

O ihr, liebe Mitarbeiter, ihr, die ihr mit
uns die Last und Sorge des heil. Amtes theilet;
ihr, derer Zutrauen unser süßeste Trost und
vornehmste Belohnung ist, wir rechnen noch, in
diesen mißlichen Zeiten, auf euern Muth und
Eifer, und auf eure Treue, daß ihr der Verbindlichkeit entsprechen werdet, wodurch ihr uns
bey eurer Weihe einen vollkommnen Gehorsam
in den wesentlichen Amtsverrichtungen versprochen habt. Diese Anlage und die Einsichten,
die wir euch zuerkennen, verbürgen uns genüglich, daß ihr dem Glauben getreu seyn, und die
Ehre des Priesterthumes unterstützen werdet,
welch scharfen Prüfungen man euch immer Preis
geben mag. Aber wir hoffen, daß man es nicht
wagen werde, euch durch einen Eid anheischig
zu machen, den Grundsätzen, die wir von der
ächten Verfassung des Klerüs entwickelt haben,

zu

zu entsagen; die nothwendigen Bande der Abhängigkeit und des Gehorsames gegen den Pabst
zu zerreissen, und in seiner Person ein von der
allgemeinen Kirche eingeweihtes Ansehen nicht
mehr anzuerkennen; denn dieß würde augenfällig die Spaltung nach sich ziehen, da wir
uns von einer Gerichtsbarkeit loszähleten, deren
Primat aus göttlichem Rechte herfließt, und mit
dem katholischen Glauben verflochten ist.

Was uns belangt, meine liebe Brüder, wie
es bekannt ist, daß der heilige Stuhl über die
neue Verfassung des Klerus zu Rathe gezogen
worden ist, so erwarten wir mit Ehrfurcht die
Entscheidung des Pabstes; und, indem wir mit
aller Aufrichtigkeit unsern Gehorsam gegen die
bürgerliche Regierung in allem erneuern, was
unter ihrem Wirkungskreise steht, kündigen wir
zum voraus die vollständigste Unterwürfigkeit gegen das Ansehen der Kirche an. Sollte uns
dieses auch zu noch grösseren Opfern auffordern,
werden wir sie mit Freuden darbringen, wenn
sie zu der Ruhe und Wohlfart dieses Königreiches
beytragen können. Wir werden daher dem
Kaiser geben, was des Kaisers ist, und
Gott, was Gottes ist.

Ihr werdet zweifelsohne, meine liebe Brüder, mit uns über die Uebel seufzen, welche die
Kirche drücken. Wir können es uns nicht verhehlen: der Glaube scheint gänzlich aus diesem
Reiche verbannet zu seyn, wo vor etwelchen
Jahren die Religion Jesu Christi schöner, als
irgendwo, blühete. Ach! es ist nun die Freystätte des Unglaubens und der Wuth. Der Em-
pörungsgeist machet täglich neuen Fortgang.
Das Volk höret nicht mehr die Stimme seiner
Hirten: Was noch mehr ist; es will sie anführen, ihr Betragen, ihre Lehre und sogar ihre

Amts-

Amtsverrichtungen bestimmen. Berufen sie sich
auf die Regeln der Kirche, so machet man sich
über sie lustig; und wenn sie es sich darauf zu
beharren erlauben, so drohet man ihnen mit
allen Verfolgungen.

Wir werden indessen, meine liebe Brüder,
auf der Bahne, die wir durchlaufen, den Muth
nicht sinken lassen. Wir werden dieser Verwirrung den Unterricht, das Gebeth und die Geduld entgegen setzen. Der Herr wird unsere
Arbeiten segnen; er wird die verstocktesten Sünder zu den Füssen seiner Diener zurück führen;
sie werden endlich erkennen, daß sie auf dem
Wege des Heils einen religiösen Gehorsam
den Hirten schuldig sind, welche für ihre
Seelen verantwortlich sind, und denen
Gott selbst das Ansehen eingeräumet hat,
sie zu regieren. *)

Zu Chalons an der Saone
    den 15. Dez. 1790.

                J. B. Bischof von Chalons.

*) Hebr. XIII, 17.

Hirtenbrief des Herrn Bischofes von Amiens.

Ludwig, Karl 2c.

Seit vierzehn Jahrhunderten, wo Frankreich den katholischen Glauben angenommen, und
beybehalten hat, kam keine Verfolgung jener
gleich, die sie jetzt zerstöret. Die Diener des
Herrn sind verdammet, entweder die Religion
durch einen Eid, der sie verletzet, zu verrathen,
oder von ihren Sitzen verstossen, und der Armuth Preis gegeben zu werden. Viele aus
ihnen werden beschimpfet, mit dem Tode bedrohet, gezwungen, sich zu entfernen; einige
auch von dem Volke gepeiniget, welches durch
das meineidige und grausame Geschrey wider
die Religion und ihre Diener, das die Philosophen täglich durch ganz Frankreich verbreiten,
in Barbaren umgeschaffen ist. Die Tempel des
Herrn, diese Häuser des Gebethes und der
Geistessammlung, wo das Evangelium verbietht,
weltliche Geschäfte zu behandeln, *) sind politischen Versammlungen überlassen, die sich alle
Gattungen der Unehrerbietigkeit erlauben, indem sie alles verordnen, was ihnen beliebet,
und was bisher noch nicht erhöret worden ist,
die sich erkühnen, das Schauspiel des Abfalles
dort aufzuführen, da man von der Kanzel der
Wahrheit alle Irrthümer, Lügen und Ausschweifungen ohne Scham prediget, denen man, wie
auf den Schaubühnen Beyfall zuklaschet. Während daß die Unterrichte der Bischöfe in den
Kir-

*) Io. II, 16.

Kirchen nicht mehr kund gemacht werden können, ohne entehret und verfolget zu werden,
läßt man dort eitle, ketzerische, gottlose Schriften lesen. Das Ansehen der Hirten wird verkennet, und derer billigste Erklärungen geschimp-
fet. Das göttliche Lobgesang und die öffentlichen Gebethe, die zu allen Zeiten in den Kathedralkirchen ertönten, sind eingestellet und aufgehoben. Die Ausplünderung und Zerstörung
vieler Kirchen ist beschlossen, und zum Theile
schon in Vollziehung gebracht, und zwar unter
den anstößigsten Umständen. Die gottseligen
Stiftungen unserer Väter werden vernichtet.
Die Gott geweihten Jungfrauen sind vertrieben,
und die jungen Geistlichen von ihrem Berufe
verhindert. Das Erbe der Altäre, des Priesters,
der Wittwe und des Waises wird geraubet.
Die gränzenloseste Gottlosigkeit und Ruchlosigkeit
erröthen über nichts mehr, und verbreiten allenthalben Aergerniß.

Sehet, meine liebe Brüder! das scheußliche
Gemälde, das unser unseliges Vaterland vorstellet. Es ist nicht zu häßlich entworfen; es
mangeln ihm noch viele Züge. Dieß ist indessen
jene Beschaffenheit, die letzte Periode des Verderbnisses, die man als den Stand einer beseligenden Freyheit zu preisen kein Bedenken
trägt, und wodurch, wie man entweder aus
einer unbegreiflichen Blindheit, oder aus einem
gottlosen Gespötte weissaget, die Tugenden der
ersten Kirche wieder aufblühen sollen.

Eben so betrug sich der abtrünnige Kaiser
Julian, als er die Religion lästerte, und die
Christen beschimpfte. Denn er nahm ihnen alle
ihre Güter unter dem höhnischen Vorwande,
ihnen die Beobachtung der evangelischen Armuth
und Demuth zu erleichtern. Man hat ein
Werk

Werk an das Licht gestellet, wo man in der
Geschichte dieses Kaisers bemerket, daß die Gesetze, welche er gemacht hat, um das Christenthum zu vertilgen, eben diejenigen sind, die
man euch heut zu Tage anzunehmen zwingen
will, um, wie man sagt, die Religion einzurichten; aber in der That, um sie zu zerstören.
Dieß läßt sich aus der Wuth schliessen, welche
die schlechtesten Unterthanen für diese Gesetze
zeigen, von denen man weis, daß sie keine Religion haben, und von denen einige sich erkühnen öffentlich zu sagen, daß man sie zerstören
müsse und wolle.

Mein Gott! welchen Zeiten hast du uns
vorbehalten! glückselig diejenigen, die in dem
Herrn entschlafen sind, ehe sie diese Tage der
Verwüstung gesehen haben! Wir sind an dem
Zeitpunkte, wo wir über das Frankreich die
fürchterliche Drohung in Erfüllung gehen sehen,
welche unser Herr in dem Evangelium den Völkern gemacht hat, welche das Maaß der Bosheit erfüllet hatten: das Reich Gottes wird
von euch genommen, und andern Völkern
gegeben werden, die es besser verdienen.
Ach! meine liebe Brüder! sie wird euch entfliehen, jene heilige Religion: noch eine kurze
Zeit, und die Fackel des Glaubens wird für
euch nicht mehr scheinen.

Allein, wird man einwenden, man nennet
sich dennoch katholisch; man erkläret, daß man
die katholische Religion beybehalten wolle. Ach!
meine liebe Brüder! lasset euch nicht täuschen;
lasset euch dadurch nicht verführen. Wie viele
Philosophen, die weder Glauben, noch Gesetze
haben, nennen sich Katholiken, wie es ihr Pa-
triarch, Voltaire, zu sagen keinen Anstand
hatte, wenn es die Gelegenheit erheischte. Man

untergräbt den Grund der katholischen Religion, und man will, sagt man, sie beybehalten.

Nicht anders, als wenn man versicherte, da
man die Säulen, welche ein Gebäude unterstützen, untergräbt, daß man es nicht zerstören
wolle. Julian, der Abtrünnige, als er Gesetze
wider das Christenthum ergehen ließ, sagte
scherzweise, daß er die Christen zur evangelischen
Vollkommenheit führen wolle. Luther und Kalvin behaupteten ebenfalls, daß sie nichts wesent-
liches in der Religion abändern, sondern sie
von den Abergläubigen reinigen, sie verbessern,
und ihre ursprüngliche Reinigkeit wieder herstellen wollten.

Die christliche und katholische Religion gründet sich auf die von Jesu Christo errichtete Regierung, welcher seinen Aposteln und ihren Nachfolgern seine Sendung und Gewalt, die Völker
im Religionsfache zu lehren, und zu regieren
gegeben hat. Nicht die Könige, nicht die Nationen; sondern die Apostel waren die ersten
Bischöfe, zu denen Jesus Christus gesagt hat:
Ich sende euch, wie mich mein Vater gesandt hat. Alles, was ihr auf Erden binden
werdet, soll auch in dem Himmel gebunden
seyn; und alles, was ihr auf Erden löset,
soll auch in dem Himmel gelöset seyn.
Mir ist alle Gewalt im Himmel und auf
Erden gegeben worden: gehet dann hin;
lehret alle Völker und taufet sie: lehret sie
alles beobachten, was ich euch befohlen
habe; und sehet, ich bin allzeit bey euch,
bis an das Ende der Welt, *) folgsam
bin ich bey euch in denjenigen, die euch in
dem Amte, das ich euch bis an das Ende
der Welt anvertrauet habe, rechtmäßig folgen
wer-

*) Joan. XX. Matth. XVIII, XXVIII.

372

werden. Gemäß diesen Maximen des Evangeliums haben wir alle in den ersten Gründen des christlichen Unterrichtes gelernet, daß die Kirche Jesu Christi eine Gesellschaft der Gläubigen unter der Anleitung der rechtmäßigen Hirten, das ist, der wahren Bischöfe und Nachfolger der Apostel sey; derer sichtbares Haupt unser heiliger Vater, der Pabst, der Bischof von Rom, der Nachfolger des heil. Petrus und Statthalter Jesu Christi auf Erden ist. Nun, wir haben es euch schon gesagt, und wir wiederholen es; die neue Verfassung, die man uns mit Gewalt aufdringen will, streitet geradezu wider diese Lehre. Denn nach ihrer Verordnung wäre die Kirche ein Körper der Hirten unter der Anleitung der Nationen, von denen jede alle Regeln des Glaubens und der Sitten nach Willkühr abändern könnte. Diese so genannte Verfassung des Klerus, die von einer Versammlung der Layen ausgeht, maßet sich die heiligsten Handlungen und die Gewalt des Apostolats an; sie will die Gewissen binden und lösen. Ihre Gesetze verändern die Lehren, die Befehle und die von Jesu Christo errichtete Regierung der Kirche. Sie verleget die geistliche Gewalt des Pabstes auf die Bischöfe; sie nimmt den Bischöfen die Gewalt über einen Theil der Diözesanen; sie eignet ihnen die Gewalt, die ihnen das apostolische Ansehen nie gegeben hat, über andere Kirchensprengel zu; sie erkennet in dem Pabst keinen Primat der Gerichtsbarkeit, das wider die Lehre des katholischen Glaubens streitet; sie räumet den Bischöfen nur eine Gewalt ein, die den Priestern unterworfen ist, da es eine Glaubenswahrheit ist, daß sie ihre Obern sind; sie unterdrücket durch ein unerhörtes Wagestück 53 Bisthümer, und errichtet neue; sie
be-

berechtiget die Priester zu predigen, und Beicht-
zuhören ohne die Gewalt und Sendung der
Bischöfe, und will die Bischöfe berechtigen, ihre
Gewalt ohne die Sendung des apostolischen
Stuhles auszuüben, da die ganze katholische
Kirche lehret und glaubet, daß die ohne diese
Sendung mitgetheilten Lossprechungen nichtig,
die Handlungen der Jurisdiktion ungültig, und
die Bischöfe schismatisch und unrechtmäßig sind.
Könnte eine fürchterlichere und traurigere Veränderung für diejenigen seyn, die noch ein Gewissen und Furcht Gottes haben? Denn nichts
kann für sie wichtiger seyn, als daß sie die
ihrem Seelenheile nöthigen Lossprechungen und
Dispensen von denjenigen erhalten, denen das
rechtmäßige und apostolische Ansehen die Gewalt
dazu eingeräumet hat. Ohne die Gewalt, die
von dieser Quelle ausgeht, ist alles vor Gott
nichtig und null; er bestätiget nur die Urtheile
derjenigen, denen er die Ausspendung seiner Geheimnisse anvertrauet hat.

Setzen wir diesem Umsturze der Glaubenswahrheiten und christlichen Lehre noch bey die
dem Evangelium zugefügte Beschimpfung durch
die Aufhebung des Klosterstandes, wodurch die
evangelische Vollkommenheit in Ausübung gebracht wird; den der Religion und Frömmigkeit
verursachten Schaden durch die Beraubung der
guten Werke und nützlichen Dienste, die wir
diesem Stande zu danken hatten; die dem Abfalle eröffnete Pforte durch die neuen Gesetze in
Rücksicht auf die sittenlosen Geistlichen, die allenthalben das Aergerniß ungestraft verbreiten, und
die man kein Bedenken trägt, in den Schulen
in die Stelle der tugendsamen Lehrer einzudringen, die man mit der ungerechtesten Gottlosigkeit zurück schicket, und von ihrem Stande ver-

IX. Theil.　　A a　　　　stoßt;

stoßt; endlich die vorbereitete und zum Theile
schon in Vollziehung gebrachte Zerstörung des
Klerus, den man unbillig ausplündert; den man
auf einen ganz ungewissen Gnadengehalt herab-
setzet; wider den man alle Quellen des Meineides
und der Verleumdung erschöpfet hat, um ihn
herabzuwürdigen, und verhaßt zu machen; dem
man endlich die grausamste Verfolgung erkläret
hat, da man die Geistlichen unter der Strafe,
die äusserste Armuth zu dulden, und oft mit
der Gefahr ihres Lebens gezwungen hat, den
Eid zu schwören, diese Verfassung handzuhaben,
der augenfällig wider den Glauben und die christliche Lehre läuft, der ungerecht, gottlos ist,
und den Umsturz aller Religion beabsichtiget;
folgsam einen gotteslästerlichen Eid, den das Gewissen verdammet, den die Religion verscheuet,
den 126 Bischöfe in Frankreich, und die fromm-
sten Priester zu schwören weigern, troz des Ver-
lurstes der Güter dieser Welt, der ihnen auf
den Fuß folget; einen Eid, den der Pabst (denn
seine Gesinnung ist bekannt) und alle Bischöfe
der christlichen Welt verwerfen; einen Eid, den
alle diejenigen zurück nehmen, und beweinen
sollen, die ihn geleistet haben; den kein Christ
schwören kann, ohne Gott, seiner heiligen Religion untreu zu werden, und seine Seele zu
verlieren.

Weil ich diesen Eid zu schwören, dadurch
die Abänderung der Religion zu bewilligen, und
euch, meine liebe Brüder! das scheußlichste Aergerniß zu geben verweigere, hat man euch angekündiget, daß ich meines Bisthumes entsetzet
sey, und daß man einen andern Bischof aufstellen werde. Eben dieses Schicksal wartet auf
die ehrwürdigen Pfarrer und Priester, die großmüthig den Glauben bekennet, und den Eid
ver-

verweigert haben. Bemerket, ich bitte euch,
meine liebe Brüder! daß ich, obschon ich un»
würdig bin, die Ehre habe, euer rechtmäßiger
Bischof zu seyn, weil die Kirche durch ihr sicht»
bares Haupt mir die Sendung ertheilet hat.
Gemäß den Gesetzen der katholischen Kirche kann
ich nur durch meine freywillige Abdankung, oder
durch eine kanonische Entsetzung aufhören, euer
Bischof zu seyn. Ich werde in gegenwärtiger
Zeitlage meine Abdankung von mir nicht geben,
und ich kann sie nicht geben, weil die neuen
Gesetze Bischöfe ohne Sendung des heil. Stuhles
aufstellen, und meine Heerde einen Bischof er»
halten würde, der ohne diese Sendung ein
Schismatiker ohne Gerichtsbarkeit und Gewalt
seyn würde; und wenn meine Diozesanen sich
seiner Anleitung überliessen, würden sie selbst
Schismatiker werden, und sich von den recht»
mäßigen Hirten trennen. Es ist wahr, dieß
Unglück wird sich auch ereignen, wenn die
Wahlmänner einen andern Bischof ernennen:
diejenigen, die ihn wählen und anerkennen,
werden Schismatiker und ausser dem Schafstalle
Jesu Christi seyn; allein die Katholiken wenig»
stens werden, solange ich lebe, die zu ihrem
Heile nothwendigen Hilfsmittel von mir oder
den Priestern, welche die Gewalt von mir haben,
empfangen Daher beschwöre ich die Wahl»
männer des Departements und Distrikts, als
ihr Hirt und Vater in Jesu Christo, daß sie
zu keiner Wahl der Nachfolger, entweder an
meine Stelle, oder an die Stelle der Pfarrer
meiner Diozes schreiten, unter dem Vorwande,
daß sie den Bürgereid verweigert haben, und
erkläre ihnen, daß sie sich dadurch einer sehr
schweren Ungerechtigkeit und der Spaltung vor
Gott schuldig machen würden. Wir erklären

A a 2 ihnen

ihnen auch, daß diese Wahlen, sowohl zu den
Bisthümern, als zu den Pfarren wider die
Kanonen sind; daß die Wahlen zu den Pfarren
in der Kirche zu keiner Zeit im Schwange gegangen; daß zwischen denjenigen, die in den
ersten Jahrhunderten zu den Bisthümern nach
der Vorschrift der Kanonen unternommen worden sind, und zwischen denen, die man heut zu
Tage in Frankreich einführen will, ein unendlicher Abstand obwalte; daß diese Wahlen von
der Kirche aus wichtigsten Ursachen abgestellet
worden sind; daß sie nur durch die Kirche wieder hergestellet, und nach den Kanonen eingerichtet werden; daß sie ohne dieses widerrechtlich sind, und daß kein ächtes Kind der Kirche
sie sich erlauben solle. Die Grundsätze, die dem
Volke das Recht einräumen, seine Hirten nach
Willkühr zu wählen, und abzusetzen, stimmen
mit jenen der Kalvinisten überein, die schon von
dem Bossuet, in seiner Geschichte von den Veränderungen, gründlich widerlegt, und von der
Kirche verdammet worden sind.

Wenn unseren Vorstellungen, so gegründet
sie auch sind, ihre Wirkung nicht entspricht,
so übriget uns nichts anders mehr, als daß
wir uns der geistlichen Strafen bedienen, um
von unserm Kirchensprengel das Unglück der
Spaltung abzuwenden, das ist, der Trennung
von der katholischen Kirche, zu der man nicht
mehr gehöret, sobald man sich dem rechtmäßigen
Hirten, der ihre Sendung hat, nicht mehr unterwirft. Daher verbiethen wir Kraft der Gewalt, die wir durch das apostolische Ansehen
haben, die Seelen in unserm Kirchensprengel zu
binden und zu lösen, wie auch sie mit den Kir-
chenstrafen zu belegen, jedem Priester, der uns
in unserm Bisthume oder den Pfarrern, die den

Eid

Eid verweigert haben, in unſrer Diozes nach-
zufolgen, erwählet werden würde, Kraft dieſer
Wahl den Beſitz zu nehmen. Und wenn dieſe
Prieſter ſo gewiſſen = und ehrlos ſeyn ſollten, daß
ſie ſich erkühnten, unſer Bisthum oder die Pfarren derjenigen, die der Religion getreu geblieben, und den Eid verweigert haben, an ſich zu
reiſſen, ſo geben wir ihnen den Fluch, und erklären ſie, in den Kirchenbann, durch die That
des genommenen Beſitzes allein verfallen zu ſeyn,
als förmlich eingedrungene Miethlinge und
Schismatiker; dieſer Kirchenbann wird uns vorbehalten ſeyn, und ſie können nur davon losgeſprochen werden, nachdem ſie ihren Eingriffen
entſagt haben. Wir halten uns das Recht bevor, wenn ſie in der Spaltung beharren, ſie als
namentlich mit dem Fluche belegte, nach den
kanoniſchen Formen anzugeben. Endlich verbiethen wir jedem andern Geiſtlichen, von dem ob-
ernannten Biſchofe und eingedrungenen Pfarrern
einigen Befehl, Gewalt, Gerichtsbarkeit, Titel,
Amt anzunehmen, oder in ihrem Namen auszuüben unter der Strafe des Kirchenbannes,
in den ſie durch die That ſelbſt verfallen, als
Anhänger der Spaltung. Dieſer Kirchenbann
ſoll auch uns vorbehalten ſeyn, und ſie von demſelben nur losgeſprochen werden können, nachdem ſie auf die gerügten Titel Verzicht gethan
haben. Endlich empfehlen und gebiethen wir
den Gläubigen unſrer Diozes, die ernannten
Biſchof und eingedrungenen Pfarrer, wie auch
ihre Anhänger, für ihre rechtmäßigen Hirten
nicht anzuerkennen, und von ihnen keine geiſtliche Hilfsmittel oder Sakramente, den Nothfall
ausgenommen, zu empfangen; und damit es je-
dermann wiſſe, ſoll gegenwärtiger Hirtenbrief,
ſo viel es die Umſtände der Unterdrückung und
Ver-

Verfolgung des Klerus erlauben, gelesen und kund gemacht werden.

Zum Uebermaaße meiner Schmerzen, muß ich euch, meine liebe Brüder, diesen Brief aus einem fremden Lande zusenden, und mich von eurer Beywohnung entfernt sehen; ich habe diesen Weg wählen müssen, um der Gewalt= thätigkeit zu entgehen, welche mir die Häupter der Tyranney, welche die Religion verfolgen, angedrohet haben, weil ich den Eid ver= scheue, den sie fordern, und weil ich mich bestrebet habe, euch an dem Rande des steilen Abgrundes der Gottlosigkeit und der Verdam= mung, worein man euch ziehen will, zurück zu= halten.

Gegeben zu Dornik den

4. Merz 1791.

Ludwig, Karl, Bischof von Amiens.

Hirtenbrief des Herrn Bischofes von Genf.

Joseph Maria ꝛc.

Wir können euch, liebe Brüder! die Drang-
sal nicht verhehlen, mit der wir über die maßen
in Mitte der Trübsalen und Prüfungen, mit
welchen uns der billig erzörnte Himmel unserm
Amte vorbehalten hat, beschweret hat. Gott
ist unser Zeuge, daß wir euch die Wahrheit
sagen, und daß wir nicht lügen. Mein Gewissen
giebt mir Zeugniß davon im heiligen Geiste.
Die Uebel, die den Acker des Hausvaters verwüsten, die man unter eueren Füßen auf dem
Wege des Heiles ausgräbt, durchdringen unser
Herz mit einem so bittern Schmerzen, und so
tiefer Traurigkeit, daß wir den Gott der Barm-
herzigkeiten beschwören, die Streiche seiner Rache
ober unserm Haupte einzuhalten; daß wir wünsch-
ten, um euch zu retten, von Christo verflucht
zu seyn.

Allein uns unglückselige, wenn dieser Eifer
sich nur auf dieses innerliche Gefühl beschränkte,
er würde uns keine Ehre machen, sondern unsre
Verdammung beschleunigen. Es ist eine andere
Pflicht, die uns am Herzen liegt; nämlich die
Pflicht, euch in dem Glauben zu stärken, und
euch wider die Gefahren der Verführung, und
wider die Schlingen des Irrthumes zu bewahren. Die Nothwendigkeit zwinget mich dazu;
die Wahrheit kann und soll nicht in meinem
Munde gefangen bleiben. Wir können mit einem
heil. Paulus uns rühmen, daß wir euch sie in

Ein-

Einfalt unsers Herzens und in der Aufrichtigkeit
Gottes, nicht in fleischlicher Weisheit, sondern
in der Gnade Gottes verkündiget haben. Es
ist die nämliche Wahrheit; es ist das nämliche
Evangelium, das wir euch noch zu predigen
haben; und wir werden es nach dem nämlichen Geiste und in den nämlichen Gesinnungen
thun.

Als die Unordnungen der Anarchie sich bekannt zu machen begannen, und ihr etwa schon
an dem waret, ihre Schlachtopfer zu seyn, haben wir euch durch unsere getreuen Mitarbeiter
benachrichtiget, daß jeder, der sich den von Gott
aufgestellten Mächten widersetzet, sich selbst die
Verdammniß zuziehe; wir haben euch eingeladen,
ermahnet, beschworen, im Namen Gottes, um
euers Heils willen, von eyrer Liebe und Unterwürsigkeit gegen die Gesetze und gegen die gute
Ordnung, Gerechtigkeit und den Frieden nicht
nachzulassen; wir haben euch des Gebothes, das
der Herr gegeben, erinnert, demjenigen den
Zoll zu geben, dem Zoll gebührt, und euch vorzustellen, daß ein zeitlicher und treuloser Vortheil auf einen Augenblick, der die Quellen
austrocknet, die Grundfesten der öffentlichen
Wohlfart erschüttern würde.

Als die vermehrten Ausschweifungen und
der fürchterliche Fortgang der Verwirrung in
einigen Provinzen den Monarchen und die Repräsentanten der Nation auf das Schicksal des
Staates aufmerksam machten, haben wir eure
Großmuth angesehet, eure Uneigennützigkeit gebethen, alles zu opfern, um den dringenden
Bedürfnissen des Vaterlandes zu Hilfe zu kommen, und den Uebeln, die es zu bedrohen schienen, vorzubeugen.

In

In allen diesen traurigen Umständen haben wir euch die Gränzen der menschlichen Weisheit, in dem Himmel den höchsten Schiedsrichter des Schicksals der Nationen, und in der Religion die Quellen der Wohlfart für die gegenwärtige Zeit, gleichwie die Hoffnung des künftigen Lebens angezeiget. Dank sey dem Gott der Güte, der über euch besonders wachet! Er ist zu euerm Verlangen geneigt; die Zähren und Seufzer der unschuldigen Seelen haben sein Herz durchdrungen; seine wohlthätige Hand hat von euch jene Unruhen und Stürme weit abgewendet, die in den andern Provinzen des Königreiches Bestürzung verbreitet hatten; seine schützende Hand hat auf eine sonderbare Art mitten unter euch die süßen Wirkungen des Friedens und der Ruhe erhalten. Wir haben sie gepriesen; wir preisen sie noch mit Troste; wir beten sie noch mit Erkenntlichkeit an. Zweifelt nicht, meine liebe Brüder! in dieser eurer Ehrerbietung und Liebe für den Glauben euerer Väter, in dieser eurer Treue in Rücksicht auf die Pflichten der heiligen Religion, in der ihr gebohren zu werden das Glück gehabt habt, sollet ihr die Ursache jenes sonderheitlichen Schutzes aufsuchen.

Ach! warum sollen wir den Aengsten über die Gefahren der Finsternisse, die man über euern Verstand verbreiten will, und der Täuschung, die euern Glauben verführen kann, in unserm Herzen Platz geben! Warum müssen auf die traurigen Begebenheiten, die uns aufgefordert haben, euch zu erinnern, daß ihr dem Kaiser geben sollet, was des Kaisers ist, noch weit verdrüßlichere folgen, die uns blutige Thränen abzwingen, und die uns nöthigen euch zu sagen, daß

daß ihr nicht unterlaſſen ſollet, Gott zu geben,
was Gottes iſt!

Nein, meine liebe Brüder! es iſt kein über-
ſchnellter Eifer, der uns irre führet. Gott iſt
Zeuge von der Reinigkeit unſerer Abſichten. An
dem Fuße des Altars, nachdem wir ſowohl unſere Pflichten, als euere ewigen Vortheile vor
Gott überdacht; nachdem wir uns im Geiſte
vor dem fürchterlichen Richterſtuhle, wo der höchſte
Richter, der die Gerechtigkeiten ſelbſt durchforſchet, Rechenſchaft über euere Seelen fordern
wird, geſtellet haben, erheben wir unſre Stimme,
und reden euch mit den Worten an, die der
heil. Apoſtel Johannes zu den ſeiner Sorge
anvertrauten Kirchen geſagt hat: Liebſte Brüder! glaubet nicht jedem Geiſte; ſondern
prüfet die Geiſter, ob ſie aus Gott ſind,
und ſeine Lehre kund machen. I. Joan. IV, 1.

Der heilige Geiſt hat uns, ungeachtet unſerer
Unwürdigkeit und Schwachheit, über dieſe Kirche
geſetzet, wovon ihr ein koſtbarer Theil ſeyd; er
hat euch keine andere Richter euers Glaubens
angewieſen. Die Worte, die wir euch bisher
angekündiget haben, und die wir euch heut verkündigen müſſen, gehen von eben dieſem Geiſte
aus, der das wahre Leben giebt. Wir erinnern
uns mit Mitleiden, daß ihr ſie allzeit als ächte
Kinder Gottes von jenem Gott, in deſſen Namen
wir zu euch geredet, aufgenommen habt. Ihr
ſeyd weit entfernt, dieſes herrliche Kennzeichen
abzuſchwören; ihr ſeyd nicht wie jene ausartende Kinder, die den Dolch in den Schooß
ihres Vaters ſtoſſen. Wohlan! Kraft aller dieſer Titel, mit aller Liebe eines Hirten, deſſen
Stimme ihr kennet, mit aller Zärtlichkeit eines
Vaters, der euch in ſeinem Herzen trägt, im
Namen Gottes, der uns euers Heiles wegen

gefandt hat, beschwören wir euch, auf einen
Augenblick die Unruhen der Welt zu vergeffen,
die Fackel des Glaubens um euch zu schwingen,
und mit uns zu unterfuchen, welche Folgen in
der Ordnung jener Religion, die euch so nahe
am Herzen liegt, und auffer der kein Heil zu
hoffen ist, so viele Unterdrückungen, so viele Auf-
hebungen, so viele neue Einrichtungen haben
können.

Wir werden es euch nicht verhüllen, meine
liebe Brüder! daß wir mit so groffer Verwunderung als Schmerzen in dem neuen Gefetzbuche
die Verfügungen gelesen haben, die die Erbfolge der Altarsdiener einrichten, ihre geistlichen
Amtsverrichtungen bestimmen, eine andere Hierarchie aufdringen, die gegenwärtige Kirchendisziplin abändern, und vorzüglich jene Verordnung, die nichts anders beabsichtiget, als uns
das Herz zu zerreiffen, indem sie euch von uns
trennet. Ach! haben wir zu uns selbst gesagt,
unsere Sünden sind sehr groß, weil es Gott
beliebet hat, uns auf eine so empfindliche Art
zu kränken, und zu verdemüthigen! Indessen
(und warum sollen wir es verschweigen?) war
dieser marternde Schmerz aus einer andern Empfindung, die uns nie verlaffen hat, entsprun-
gen, nämlich aus unserm wärmsten Eifer für
das Heil euerer Seelen. Wir hatten uns ent-
schloffen, ihm die schwersten Opfer und alle diejenigen darzubringen, die unsere Pflichten uns
erlaubten. Allein ihr wiffet, daß alle Vermitt-
lungen, alle Arten der Nachgiebigkeit, und
selbst die Uneigennützlichkeit fruchtlos gewesen
find.

In einer so verzweifelten Lage, die unsre
Hirtensorge aufforderte, suchten wir noch Trost
und Hilfsmittel; wir fanden einige in euerer
An-

Anhängigkeit an jene alte Kirche, die seit dem
heil. Nazarius bis auf uns für euere Gegenden die fruchtbare Quelle der reichlichsten Gnaden gewesen ist; wir fanden andere in der Unterwürfigkeit und den Rekours des ältesten Sohnes der Kirche an den unmittelbaren Statthalter
Jesu Christi auf Erden.

Ja, meine liebe Brüder, eure Anhängigkeit
an den Sitz von Genf ist uns bekannt; wir haben an mehrern aus euch in diesen unseligen
Zeiten auffallende Beweise; es ist billig, daß
wir sie den Ueberlieferungen eintragen, die wir
in diesem Kirchensprengel aufbehalten. Doch,
was rede ich von den Ueberlieferungen! sind
dann jene Tage so weit entfernt, wo ein heil.
Franz von Sales die Gegenden, die ihr be-
wohnet, mit seinem Schweiße befeuchtet, wo
dieser unsterbliche Bischof den Geist der Irrlehre
dahin gestrecket, wo sein Glaube und seine Liebe
euern Vätern zum Schilde wider den Irrthum
gedienet haben? Sind dann jene Tage so weit
entfernt, wo ein heil. Johann von Arenthon
und so viele andere Prälaten, die der heilige
Geist über diese Kirche gesetzet hat, zur Ehre
des wahren Gottes auf den Ruinen der beschäm-
ten Lüge jene Denkmale der Frömmigkeit und
Religion, die ihr noch unter euch sehet, aufgerichtet, eingeweihet und befestiget haben? Wahrhaftig würdige Nachfolger der Apostel! nicht
nur ihr Namen wird mitten unter euch allzeit
gesegnet seyn, und bey der Nachwelt leben;
sondern ihr Eifer lebt auch täglich durch die
Beobachtung jener ehrwürdigen Disziplin wieder
auf, die seit langer Zeit unsrer Kirche eine auszeichnende Ehrerbietung verschaffet, die Leviten
mit den apostolischen Tugenden bekannt machet,
und sie in den Grundsätzen einer erbaulichen
Zucht

Zucht erziehet, um euch Hirten nach dem Herzen Gottes aufzustellen. Ihre Liebe zeiget sich
täglich in jenen heilsamen Stiftungen, welche
die in der Armuth vergrabenen Talente sich entwickeln machen, und ihnen Muth einflößen, und
die von dem untersten Grade des geistlichen
Standes bis auf jenes Alter, wo euere Hirten
unter der Last ihrer Arbeiten ihre Kräfte erschöpft fühlen, so kostbare als salbungsvolle Hilfsmittel beybringen.

Ihr schätzet mit Erkenntlichkeit alle diese
sonderheitlichen Gnaden und Wohlthaten, wie
wir wohl wissen. Wir haben tausendmal gehöret, wie ihr die Vorsicht, und noch neulich
die Familien gepriesen habt, aus welchen diese
Vorsicht die Religionsdiener gewählet hatte.
Einige von eueren Hirten, welche in den übrigen Tagen ihres schmachtenden und in den lästigen Amtsverrichtungen erschöpften Lebens durch
die nie ersterbende Liebe eurer Vorfahren nur
unterstützet werden, und mehrere andere, welche
mit der nämlichen Hoffnung beseelet den Krank-
heiten und dem grauen Alter ruhig entgegen gesehen, haben ihre Unruhen, ihren Schmerz und
ihre Betrübniß in unsern Schooß ausgegossen.

Da uns alle diese Zeugnisse überzeugen, daß
ihr nicht aufgelegt seyd, in unsrer Absonderung
einigen Beweggrund der Nothwendigkeit oder
eines besondern Nutzens einzusehen, waren wir
versichert, wie wir es noch sind, daß, wenn
diese schmerzende Trennung rechtmäßig in Vollziehung gehen soll, euere Stimmen keinen Einfluß darauf haben werden; und wir erwarteten
mit der Ehrfurcht und Unterwürfigkeit, die wir
dem Nachfolger des heiligen Petrus schuldig
sind, und dem wir es uns zur Ehre und Pflicht
machen stets getreu zu bleiben, die Antwort,
die

die seine Heiligkeit gemäß ihrer Weisheit dem
christlichsten Könige ertheilen sollte.

Seit den Jahrhunderten eines Irenäus,
Martialis, Hilarius bis auf unsere Tage, seit
Clodoväus bis auf Ludwig XVI, hat Frankreich, das sich an die Reinigkeit der katholischen
Lehre immer gehalten hatte, die Quelle der
Heilsmittel nur in der Regierung jener Kirche
aufgesuchet, die Jesus Christus gestiftet, und
die er auf den Stuhl des Apostelfürsten gegründet hat. Frankreich, sagten wir bey uns selbst,
wird von jener religiösen Treue nicht ausarten,
deren alte und ehrwürdige Spuren seiner Krone
die seltenste Ehre machten. Die beseligende Eintracht des Priesterthumes mit dem Reiche wird
jene nachdrücklichen Regeln an die Hand geben,
welche die Umstände nöthig oder nützlich machen,
um jene Mißbräuche abzustellen, mit welchen
der Zeitlauf und die Leidenschaften der Menschen
auch die weisesten Einrichtungen vergiften. Dieses christlichste Reich kann seinen Glauben nicht
verläugnen, seine Religion verrathen, und Jesum Christum abschwören.

Ach! sollten dann unsere Hoffnungen vereitelt seyn? Ist dann das Maaß der Laster und
Ungerechtigkeiten der Erde über unseren Häuptern so sehr angehäufet, daß die Barmherzig-
keiten Gottes nicht mehr bis zu uns durchdringen können? Man hat in unseren Pfarrspielen
jenes Gesetzbuch kund gemacht, das Neuerungen
über die geistlichen Gegenstände enthält, und
das nur mit dem Ansehen der bürgerlichen
Macht versiegelt ist. Ohne die Entscheidung
des Pabstes, des höchsten Hauptes und Organs
der allgemeinen Kirche, des rechtmäßigen Ver-
besserers der Mißbräuche, die in die kirchliche
Regierung einschleichen, betreibet man etwa die
Voll-

Vollziehung jener Dekrete, welche diese geheiligten Titel selbst, mit denen Jesus Christus den ersten seiner Apostel bekleidet hat, vernichten. Ein unseliges Gesetz, ein Irrthum, der zweifelsohne von einem gränzlosen Eifer ausgeht, säet unter die Gläubigen Schrecken, und verbreitet Bestürzung über sie. Es schreibet eueren Hirten den feyerlichen Eid vor, eine Verfassung aus allen ihren Kräften handzuhaben, die sie der Sendung Jesu Christi in Zukunft berauben würde, ohne welche ihr keinen rechtmäßigen Kirchendiener habt, um euch die Gnade der Sakramente mitzutheilen: eine Verfassung, die, wenn sie durch die Gewalt des Ansehens allein, von dem sie ausgeht, ihre Wirkung hätte, euch aus dem Schooße der wahren Kirche reißen würde. Dieses Gesetz sondert euere Hirten, die ihrem ersten Eide getreu ihre Pflichten der Armuth und eure Hochachtung der Verbannung vorziehen, von euch, und verdammet sie zu einem bürgerlichen Tode. Es verspricht euch, an ihre Stelle Hirten aufzustellen, welche die Kirche verwirft, und die Gott nur in seinem Zorne zu einem Volke sendet. Sie stellet euch auf einen traurigen Scheideweg: ihr würdet nur entweder eingedrungene Miethlinge ohne Gewalt, ohne geistliche Gerichtsbarkeit, oder Kirchendiener haben, die des feigesten, niederträchtigsten und gottlosesten Verbrechens schuldig sind. Es läßt euch in Zukunft eine fürchterliche Aussicht übrig: das Amt, das sich unter euch verewigte, würde nur ein Amt ohne Leben und die Frucht einer menschlichen und willkührlichen Einsetzung seyn.

Diese verheerenden Umstände, meine liebe Brüder! erneuern in unserm Herzen die ganze Betrübniß, die seit mehr als zwey Jahrhunderten

ten unſre Kirche martert; ſie gleſſen über jene
tiefe und ſchmerzvolle Wunde alles Gift der
Bitterkeit aus; ſie verdemütbigen und vernichten
uns vor Gott. Sollen ſie uns nicht beben machen, daß dieſe Mauer der Trennung, die uns
von einem Theile unſerer in der traurigen Spaltung, welche uns die Thränen auspreſſet verirrenden Schafe ſondert, unter unſeren Augen
wachſe, und der Irrthum euch in einen Abgrund
der Finſterniſſe, und uns in eine ewige Trauer
verſenke? O daß der Himmel vielmehr die ganze
Schwere ſeiner Gerechtigkeit über uns ausgieſſet
Ach! iſt es dann nicht beſſer für uns zu ſterben,
als ein Zeuge der Verdemütbigung unſerer
Mitarbeiter, der Entheiligung unſerer Kirchen,
der Verwüſtung des Heiligthumes und des Jam-
mers unſers Volkes zu ſeyn?

Und ihr, meine liebe Brüder! fürchtet mit
mir; aber laſſet uns, um ihm vorzukommen,
jenes erſchreckliche Urtheil fürchten, mit dem
Gott ſchon oft die undankbaren und ſündlichen
Völker geſchlagen bat; jenes Urtheil, welches
von ihnen das Reich Jeſu Chriſti nimmt, und
einem Volke giebt, welches deſſen Früchte tragen wird.

Prieſter des Allerhöchſten, ehrwürdige Hirten,
liebe Mithelfer in dem Werke Gottes! euere
Lippen ſind die Verwahrer der Wiſſenſchaft des
Heils; die heilige Oelung hat euch jenen apoſtoliſchen Eifer, jene prieſterliche Großmuth
eingeflößt, die die Seele über alle Prüfungen
erhebet; euere Arbeiten, euere Beyſpiele, der
gute Geruch, den ihr bisher in unſerm Kirchenſprengel verbreitet habt, ſind uns ſichere Bürgen
von der Reinigkeit euerer Abſichten. Aber uns
ſtebt es zu, euch in der heiligen Lehre zu ſtär-
ken; und weil ihr an unſrer Sorge Theil nehmet,

met, ift es für uns eine Pflicht, (wir werden
ihr mehr durch die Liebe als durch das Ansehen
entsprechen) euern Muth in dem Streite des
Herrn zu unterstützen. Fromme Mönche, die
ihr euch Gott durch Verbindlichkeiten geweihet
habt, die ihr bis zu den Trübsalen in Ehren
zu halten wisset; Bräute eines gekreuzigten Gottes, getreue und eifrige Jungfrauen, die ihr
in eueren gottseligen Freystätten vor den Augen
der Engel und Menschen, auf eine so wahre
als rührende Art das entzückende Beyspiel der
heiligen Frauen bey dem Fuße des Kreuzes
Jesu Christi auf dem Berge oder Schedelstatt
abbildet; gerechtes und gutes Volk! höret alle,
meine liebe Brüder! höret die Stimme euers
Hirten; es ist die Stimme der Kirche. Lasset
uns insgesammt zu den reinen Quellen unsers
Glaubens vorrücken; lasset uns jene majestätischen
und untrüglichen Urtheile, die die Liebe gegen
die Wahrheiten, die sie bestätigen, einflößen, zu
Rathe ziehen; lasset uns in die ehrwürdigen
Denkmale der Kirchengeschichte eindringen, und
uns um jene Wahrheit herum reihen, die einig
und unveränderlich, wie ihr göttlicher Urheber ist.

Nachdem der heilige Paulus vernommen
hatte, da er zu Ephesus das Evangelium ver-
kündigte, daß unter andern Mißbräuchen, die
sich unter die Gläubigen zu Korinth, welche er
in dem Glauben gebohren hatte, eingeschlichen,
auch eine Spaltung derjenigen wegen wäre, die
er über diese Kirche gesetzet hat, schrieb er mit
diesen Worten an sie, von den geistlichen Gaben will ich euch dieses lehren. — Es sind
zwar mancherley Gaben; allein es theilet
sie nur ein Geist mit: es sind mancherley

IX. Theil.　　　　B b　　　　Aem-

Aemter, aber es ist nur ein Herr; der sie
austheilet. *)

Wir führen, meine liebe Brüder! die nämliche Sprache im Namen Gottes, deſſen Geſandte
wir bey euch ſind: die mancherley geiſtlichen
Gaben, die zu eurer Heiligung beſtimmet ſind,
haben den nämlichen Urheber, der Gott iſt; ſie
haben den nämlichen Urſprung, der Jeſus Chriſtus iſt. Es iſt kein anderer Name unter dem
Himmel, dadurch wir ſelig werden könnten.
Als der höchſte Hirt unſerer Seelen theilet er
die geheiligte Gewalt ſeines evangeliſchen Amtes
aus, und er theilet ſie durch ſeine Kirche aus.

Es iſt eine Grundwahrheit, daß dasjenige,
was die Kirche Jeſu Chriſti weſentlich auszeichnet, die Gewalt ſey, die ihr allein in Rückſicht
auf das Heil gegeben worden iſt. Ich ſende
euch, wie mich mein Vater geſandt hat, ſagte
Jeſus Chriſtus zu ſeinen Apoſteln und ihren
Nachfolgern. Gehet hin, taufet, lehret. Alles,
was ihr auf Erden binden werdet, ſoll auch in
dem Himmel gebunden ſeyn, und alles, was
ihr auf Erden löſen werdet, ſoll auch in dem
Himmel gelöſet ſeyn. Man muß demnach den
Grund des Lebens, das für unſere Seelen ſo
koſtbar iſt, und die Austheilung der verſchiedenen Aemter nicht in den Geſetzen der Menſchen
aufſuchen.

Es iſt eine Glaubenswahrheit, daß die geiſtliche Gewalt, die Jeſus Chriſtus ſeiner Kirche
anvertrauet hat, von der zeitlichen Macht, von
jedem weltlichen Anſehen, ſo groß und gränzen-
los man es immer ſetzen mag, unterſchieden und
unabhängig ſey. Das Reich Jeſu Chriſti iſt
nicht von dieſer Welt. Man muß dem Kaiſer
geben,

(* I. Cor. XII, 1 & ſeqq.

geben, was des Kaisers ist; aber auch Gott, was Gottes ist.

Die Kirche, als die Verwahrerinn der geistlichen Gewalt, besteht aus den Bischöfen, den Nachfolgern der Apostel. Diese sind in der nämlichen Schule erzogen, zu dem nämlichen Werke berufen, und durch ihre Verbindlichkeit mit dem nämlichen Mittelpunkte vereiniget: der erste aus ihnen, den Jesus Christus selbst bestimmet hat, ist das Band von allen; und jedes Glied von diesem Leibe muß in dem Bezirke, der ihm durch die Kirche selbst ausschließend angewiesen ist, zu dem gemeinen Zwecke mitwirken.

Die Apostel und ihre Nachfolger haben das Evangelium verkündiget, die Kirchen errichtet, und die Diener aufgestellet, und zwar Kraft des Ansehens desjenigen, der sie gesandt hatte, und ohne einige Anhängigkeit von dem Senate der Fürsten und Nationen. Die Kirche von Jerusalem befragte nicht diejenigen, die das weltliche Ansehen begleiteten, um den Barnabas nach Antiochien zu schicken. Der Völkerlehrer wandte sich an kein anders Ansehen, als an jenes, das er von dem empfangen, der ihn nach Damaskus zu dem Ananias sandte, nachdem er seinen Verstand geläutert hatte, um seinen Lehrjünger, den Titus, über die Kirche zu setzen, um ihm die Pflicht aufzuhalsen, dort die Disziplin handzuhaben, die Mißbräuche abzustellen, und die von dieser Kirche abhängenden Städte mit Hirten zu besetzen.

Die Finsternisse umhüllten noch den Thron; das Kreuz Jesu war den Kaisern noch eine Thorheit; und dennoch gegen das Ende des zweyten Jahrhundertes war alles von Christen voll, man zählte schon zahlreiche Kirchen, die

von

von Hirten regieret, und aufs engste mit einander vereiniget waren.

Da die Kaiser das Christenthum annahmen,
sind sie die ersten Schafe, nicht aber die Hirten, die Kinder, und nicht die Fürsten der
Kirche geworden. Sie waren ihren Gesetzen
unterworfen, nahmen an ihren Sakramenten
Theil; genossen ihre Gaben; aber sie erlaubten
sich niemals, jene in die Feder zu geben, und
von diesen die Quelle zu seyn, und die Gewalt
mitzutheilen, sie auszuspenden. „Ein frommer
Fürst, sagte der heil. Ambrosius, ist in der
Kirche, und nicht über die Kirche." *) „Zwey
Mächte sind es, schrieb der Pabst Gelasius an
den Kaiser Anastasius, wodurch die Welt regieret wird; die Macht der Bischöfe, und jene
der Könige. Obschon du aus Würde über das
menschliche Geschlecht erhaben bist, so unter-
wirfst du dich dennoch denjenigen, der Religions
halber, die den göttlichen Dingen vorstehen," **)
Auf diesen Grundfesten ruhete die unerschütterliche Standhaftigkeit, mit welcher sich Osius,
Hilarius, Ambrosius, Athanasius ꝛc. dem Unternehmen der arianischen Kaiser widersetzten, die
nicht die Regierung der Kirche sich anmassen,
sondern nur sich ihr einmischen, ihre Hirten absetzen, andere für sie in den Winkelversamm-
lungen der ketzerischen Bischöfe aufstellen, und
also durch Umwege Regeln vorschreiben und dem
evangelischen Amte Gränzen setzen wollten.

Achtzehn Jahrhunderte legen zu Gunsten der
Kirche das feyerliche Zeugniß ab: niemals ist
ein christliches Volk, niemals ein katholischer
Fürst auf den Einfall gekommen, sich die kirchliche Obergewalt anzumassen; und dieser gottes-
räu-

*) Orat. contra Auxent.
**) Epist. 8. ad Anastas.

räuberische Eingriff der bürgerlichen Macht ist
eines von den größten Aergernissen der Ketzereyen
der letztern Zeiten.

Erinnert euch nun, meine liebe Brüder!
jener Regeln, die bis an das Ende der Zeiten
von aller Wandelbarkeit und Veränderung ge-
sichert sind, und nehmet die neuen Verordnungen,
die unter dem Namen der bürgerlichen Verfassung des Klerus bekannt sind. Was sehet
ihr? Einen Titel, der euch täuschen will, im
Grunde aber ein Gesetzbuch von geistlichen Gegenständen, das die Wesenheit und Regierungsform Jesu Christi verunstaltet. Eine pur bürgerliche Macht eignet sich die geistliche Gewalt
zu, um sie nach Willkühr auszutheilen und anzuordnen, sie raubet, giebt, erweitert und beschränket dieselbe: mit einem Worte, sie setzet
die Religionsdiener ein und ab; sie schreibt ihnen
die Ausübung der heiligen Handlungen vor,
und untersagt ihnen dieselbe; sie machet sie endlich zu einem Eide anheischig, wodurch sie Gott
versprechen sollten, diese vorgebliche kirchliche
Regierung handzuhaben. Könnte man wohl
an diesen Kennzeichen die wahre Kirche, die
Kirche Jesu Christi erkennen?

Jesus Christus, als er die Hirten aufstellte,
hat ihre Amtsverrichtungen angeordnet, und ihr
Ansehen bestimmet. Die Apostel haben eine
Sendung erhalten, die weit von derjenigen unterschieden ist, welche die andern Hirten, die
auch in die Erndte gesandt sind, haben. Es ist
eine Glaubenslehre, daß die Gewalt, welche
die Quelle der geistlichen Gaben ist, nicht im
gleichen Maaße den Dienern mitgetheilet wird;
daß in der Kirche mancherley Stuffen der Weihe
und der Gerichtsbarkeit sind, und daß diese
Hierarchie Gott selbst zum Urheber habe. Der
Kir-

Kirchenrath von Trient hat es entschieden. „Wenn wer sagt, daß es in der Kirche keine von Gott eingesetzte Hierarchie gebe, die aus Bischöfen, Priestern und Dienern besteht, der sey verflucht." Conc. Trid. sess. 23. can. 6.

Es ist eine Glaubenslehre, daß der Pabst, der Nachfolger des heil. Petrus und Statthalter Jesu Christi auf Erden, den Primat der Ehre und der Gerichtsbarkeit über die Hirten und Gläubigen habe, und daß er berechtiget sey, die Schafe und die Lämmer von der ganzen Heerde Jesu Christi zu weiden. Dieß ist eine in dem Konzilium von Trient oft wiederholte, von dem Kirchenrath zu Florenz ausdrücklich entschiedene, in der Erklärung des französischen Klerus vom Jahre 1681. enthaltene Lehre, und ein Artikel von unserm Glaubensbekenntnisse und Eide.

Es ist eine Glaubenslehre, daß die Bischöfe mehr als die Priester sind, und daß sie eine besondere Gerichtsbarkeit und das Recht haben, ihre Kirchen zu regieren, ohne der Stimmen einer Versammlung von Priestern und vorzüglich ohne der Einwilligung eines Senats benöthiget zu seyn, den sie selbst nicht gewählet hätten. Das Konzilium von Trient bestätiget diese Wahrheit mit diesen Worten: „Fluch demjenigen, der sagt, daß die Bischöfe nicht mehr als die Priester sind, und daß die Gewalt, die sie haben, den Priestern gemein sey." Conc. Trid. sess. 22. can. 7.

Sehet, meine liebe Brüder! unwandelbare Wahrheiten, Glaubenslehren, die eben so viele Ringe von jener wunderbaren Kette, welche die Regierung der Kirche Jesu Christi an einander schließt, und von jener Kirche ausmachen, die

er

er selbst gestiftet hat, nachdem er sie mit seinem Blute erworben hatte.

Wo sind, wir fragen euch, in der bürgerlichen Verfassung des Klerus diese wesentliche Grundwahrheiten unsers Glaubens? Da das ganze Ansehen des Pabstes auf einen simpeln Brief der Gemeinschaft herabgesetzet wird, weigert man sich nicht, in dem Statthalter Jesu Christi die Gerichtsbarkeit anzuerkennen, die er Kraft des göttlichen Rechtes über alle Glieder der Kirche inne hat? Da man den Bischöfen jede Jurisdiktionshandlung ohne die Beystimmung eines beständigen Senats von Priestern verbiethet; da man alle ihre Verfügungen auf den Visitationen nur vorsehungsweise ansieht, und sie nachmals dem Gutachten der Priesterschaft unterwirft; da man den Bischöfen vermöge eines neuen Rechtes die Vikaren anweiset; da sie keinen entlassen können, ohne Bewilligung ihres Senats, der die Gründe untersuchen, und durch die Mehrheit der Stimmen entscheiden muß, machet man nicht die bischöfliche Gerichtsbarkeit gemein zwischen den Bischöfen und Priestern? Räumet man sie nicht einigermaßen diesen ein? Machet man nicht die Bischöfe von den Priestern abhängig? Wirft man nicht die ganze Hierarchie, die Jesus Christus festgesetzet hat, unter einander? Es ist eine den Bischöfen, die von dem heiligen Geiste gesetzet sind, vorgeschriebene Pflicht, über die Heerde Jesu Christi in seinem Namen und für das Heil der Seelen zu wachen; wie könnten sie aber dieser in Mitte eines Senats entsprechen, der sie beherrschen würde, und den der heilige Geist nicht aufgestellet hätte?

Es ist eine Glaubenslehre, daß die Kirchendiener eine doppelte sehr unterschiedene Macht be-

besitzen; die Macht der Weihe, die ihnen durch
die Händauflegung mitgetheilet wird, und die
Macht der Gerichtsbarkeit, die von der Sendung der Kirche hergeleitet wird. Diese zärt-
liche Mutter giebt das Heil ihrer Kinder nicht
den Dienern Preis, die sich selbst eindrängen:
sie trägt Sorge, ihnen die Richter ihres Glaubens und die Hirten ihrer Seelen anzuzeigen.
Ihre Regierung muß an Weisheit den Regierungen der Erde nichts nachgeben, welche, um
der Verwirrung und den daraus entspringenden
Mißbräuchen vorzubeugen, die Gränzen absteckt,
ausser denen die Magistrate keine Gerichtsbarkeit
mehr begleiten: auf gleiche Weise sind in der
Kirche die Lossprechungen und Handlungen der
geistlichen Gerichtsbarkeit, die ein Diener ohne
Sendung, oder ausser den ihm angewiesenen
Gränzen ausübet, gottlos und ungültig.

Nein, damit ein Bischof oder ein Priester
sich einen rechtmäßigen Hirten nennen könne,
ist es nicht genüglich, daß er rechtmäßig geweihet sey; sondern er muß auch die Sendung
der Kirche haben. „Wenn wer sagt, daß diejenigen, die weder gesetzmäßig geweihet, noch
durch ein kanonisches Ansehen gesandt worden,
rechtmäßige Verkündiger des göttlichen Wortes
und Ausspender der Sakramente sind, der
soll verflucht seyn." Dieß ist der Ausspruch
des Kirchenrathes von Trient. Sess. 23. can. 7.

Die geistliche Gerichtsbarkeit, welche die
Sendung der Kirche zum Grunde hat, machet
wesentlich einen Hirten, einen Bischof, einen
Pfarrer aus. Es ist aber nur die Kirche berechtiget, die Hirten aufzustellen, um das Evangelium zu verkündigen, und die Sakramente
mitzutheilen; die Sendung, welche die Apostel
von Jesu Christo, und er von seinem Vater
em-

empfangen hat, zu übertragen, und zu verewigen. Mithin iſt die Kirche allein berechtiget die Gewalt der Gerichtsbarkeit auszutheilen, zu geben, zu erweitern und einzuſchränken.
Sie übte dieſes Recht unter den ungläubigen
Kaiſern und zu den Verfolgungszeiten aus.
Daher ſieht man in den Konzilien der erſten
Jahrhunderte die Beſtimmung der Städte für
die Biſchöfe, für die Metropoliten und Patriarchen. Und von dieſer Zeit an iſt den Biſchöfen die Ausübung der Gerichtsbarkeit über
diejenigen verbothen, die zu ihrem Kirchensprengel nicht gehören.

Die Theilung der Königreiche, der Staaten
und Provinzen für die bürgerliche Regierung,
welche die Eroberungen, die Verträge der Fürſten, und die Zeitfolge ſo veränderlich machen,
hat niemals aus ihrer Natur in den katholiſchen
Ländern die Theilung der Bisthümer und Erzbisthümer nach ſich gezogen. Tauſend Beyſpiele,
die ſich in dem höchſten Alterthume verlieren,
verbürgen uns noch heut zu Tage dieſe auf
Thatſachen gegründete Wahrheit. Selbſt die
gallikaniſche Kirche giebt uns davon ſehr merkwürdige Zeugniſſe; und unſre Kirche, meine
liebe Brüder! ſoll für euch ein entſcheidendes
Beyſpiel ſeyn. Die Urſache deſſen iſt, weil die
katholiſchen Fürſten und Völker niemals geglaubt
haben, die Gerichtsbarkeit über die Seelen mittheilen, beſchränken oder ausdehnen zu können.
Wenn die chriſtlichen Fürſten an der Beſtimmung
der Gränzen Theil gehabt haben, ſo war allzeit
die Mitwirkung ihrer Gewalt auf die Wohlthat
des Schutzes beſchränket. Wenn die Kirche ſich
mit einem Fürſten bey Einſetzung der Biſchöfe
in ſeinen Staaten berathet, und ſein frommes
Verlangen begünſtiget, ſo thut ſie dadurch auf
die

die geistliche Gerichtsbarkeit nicht Verzicht. Denn die Kirche ist es, die sie auf die neuen Hirten verlegt, und der Fürst schützet die Ausübung derselben, und handhabt in dem Umfange der abgesteckten Bezirke die Vollziehung der Gesetze und Kanonen der Kirche.

Diese auf Thatsachen gegründete Wahrheit, die sich auf unsere Umstände wohl anwenden läßt, kann auch unter einem andern Gesichtspunkte, der auf die von der widrigen Gesinnung eingenommenen Geister selbst einen starken Eindruck machet, betrachtet werden. Die Kirche allein hat seit achtzehn Jahrhunderten in der ganzen Welt die Bisthümer, Pfarrspiele und alle Titel, die mit der Seelsorge und Ausübung der geistlichen Gerichtsbarkeit verflochten sind, errichtet, zergliedert und unterdrücket: dessen Ursache aber ist, weil es keine rechtmäßige Sendung, und keine andere geistliche Gewalt giebt, als diejenige, die ihre Quelle von dem Mittelpunkte der katholischen Einigkeit herleitet.

Man hat zu allen Zeiten den Neuerern, den Sektierern, den Häuptern der Irrlehren den Mangel der Sendung durch die Kirche entgegen gesetzt. Die Gewalt der Weihe und die Sendung, welche einige in der Kirche empfangen hatten, haben sie von dem Laster der eingedrungenen Afterhirten nicht losgezählet, wenn sie entweder die Gränzen ihrer Sendung überschritten, oder die Kirche dieselbe zurück genommen hat. Man schwöret demnach die Grundlehren der katholischen Religion ab; man trennet die Bande der Einigkeit; man beschleuniget die Spaltung, wenn man behauptet, daß diejenigen wahre Hirten sind, die nur die Gewalt der Weihe, nicht aber die Sendung Jesu Christi vermittelst seiner Kirche haben. Der heil. Kirchen-

chenrath von Trient lehret: „daß die Bischöfe,
Priester und andere Diener, die nur durch das
Volk, durch den Magistrat oder durch die weltliche Macht berufen, und eingesetzet sind, und
es wagen, die Ausübung der heiligen Amtsverrichtungen an sich zu reissen, für keine Kirchendiener, sondern für Diebe und Mörder, die
nicht durch die Pforte in den Schafstall Jesu
Christi eingegangen sind, angesehen werden sollen " Sess. 23. cap. 24. Derley berufene und
eingesetzte Hirten, kommen nur, wie Christus
sagt, damit sie die Heerde aufwürgen, und zu
Grunde richten. Sie üben über die Seelen
nur ein Amt des Todes aus, und der Himmel
wird die Lossprechungen, die sie ertheilen, nicht
begnehmigen.

Ihr sehet zweifesohne ein, meine liebe Brüder! und glaubet, daß die nach der bürgerlichen
Verfassung des Klerus ertheilte Sendung der
Hirten keine rechtmäßige Sendung sey, weil sie
von dem Ansehen der Kirche nicht mehr ausgeht. Der Pabst wird des Rechtes beraubet,
sie mitzutheilen; und dieses Recht wird durch
die Metropoliten, denen es die Kirche nicht anvertrauet hat, ausgeübet. Den Metropoliten,
Bischöfen, Pfarrern und Kathedralkapiteln wird
die Sendung, die sie gesetzmäßig haben, genommen. Das nämliche bürgerliche Ansehen, das
diese absetzet, wird einen neuen Metropoliten,
neue Verwalter der Diözesen bey erledigtem
Stuhle aufstellen, die augenfällig keine Sendung
von der Kirche haben; es wird die Sendung
der Hirten, die es beybehält, nach Willkühr
erweitern und einschränken. Endlich die Vikaren
der Pfarren werden die heiligen Handlungen
ohne Sendung, ohne Bewilligung ihrer Bischöfe ausüben, und die Sakramente ausspenden,

mit

mit Verachtung der ausdrücklichen Entscheidung des Konziliums von Trient: „Wenn jemand saget, daß die Bischöfe das Recht nicht haben, sich einige Gewissensfälle vorzubehalten, als in so weit dieselben die äusserliche Polizey angeben; und daß also der Priester, ungeachtet dieser Vorbehaltung, wahrhaftig von den vorbehaltenen Gewissensfällen lossprechen kann, der sey verflucht." Seſſ. 14. can. 11.

Ach! kann man es uns verdenken, daß wir die Stimme der Kirche und die Grundsätze des Glaubens einem neuartigen Betragen entgegen setzen, das nichts anders beabsichtiget, als euch der Gaben Gottes zu berauben, und allen Keim des Heils unter euch zu ersticken? Kann man uns schelten in Mitte so vieler Gefahren, daß wir die Sprache der Religion zu euch reden?

Welcher Hirt würde euch die Wahrheiten dieser heiligen Religion im Namen Jeſu Chriſti verkündigen? Keiner von unseren ehrwürdigen Brüdern; denn die Bischöfe Frankreichs werden es ohne die Sendung der Kirche nicht thun. Sie, von jenem Eifer beseelet, der alles opfert, wenn es um die Vortheile Gottes zu thun ist, als getreue Nachahmer so vieler weisen und frommen Bischöfe, die in allen Jahrhunderten die französische Kirche verherrlichet haben, als Apoſtel des Evangeliums Jeſu Chriſti, und Vertheidiger seiner Lehre unterstützen in dem chriſtlichsten Königreiche die Grundfesten der Religion, und errichten zu ihrer Ehre unsterbliche Denkmale, die der blühendſten Tage der Kirche würdig wären. Wir zählten noch vor einigen Tagen unter der Zahl dieser unerschütterlichen Glaubensbekenner den Herrn Bischof von Belly, den der Tod seinen Schafen entrissen hat. An dem Rande des Todes, in jenem Augenblicke, **wo** wo alles Blendwerk verschwindet, wo das Gewissen in alle seine Rechte eintritt, flößte er uns Muth und Trost ein, da er uns schrieb, daß die Sendung der Kirche allzeit seine apostolischen Arbeiten bestimmen würden. Seltenes Zeugniß von seinem Glauben und von seiner Frömmigkeit! welchem die Liebe und Hochachtung, die er sich durch seine Tugenden in seinem Leben errungen, und denen der Schmerz und die Betrübniß, mit denen sein Klerus und seine Diözesanen sein Andenken geehret haben, noch mehr Gewicht geben.

Ihr könnet, meine liebe Brüder, ohne Hirten euer Heil nicht wirken; es ist daher eine Pflicht für uns, und zwar eine der liebsten und heiligsten, bey euch unsre Sendung auszuüben. Wir werden zweifelsohne nie gezwungen werden, unsern Eifer den Eingriffen eines eingedrungenen Miethlinges und Afterhirten entgegen zu setzen. Wenn aber jemals, davor Gott seyn wolle, ein so grosses Aergerniß unter meiner Heerde aufkeimen sollte, würden wir nicht mehr unsre schwache Stimme bey euch ertönen lassen, sondern die Stimme unsers heiligen Vorfahrers, jenes Bischofes, den sein Jahrhundert angestaunet hat, und dessen sanftmüthige Tugenden noch jetzt, wo wir leben, zur Verwunderung seyn würden, jenes Apostels, der in Mitte der Gefahren seine zerstreuten und flüchtigen Schafe in dem Schafstalle Jesu Christi versammelte, des heil. Franz von Sales. Er würde durch meinen Mund euch sagen, was er euern Vätern geprediget hat. „Nirgends wird man in der heiligen Schrift finden, daß die Völker und die weltlichen Fürsten die Gewalt haben, die Hirten und Bischöfe in der Kirche aufzustellen. Man wird zwar finden, daß das Volk das Zeugniß abgegeben, und den Weihen beygewohnet

net hat; man wird auch finden, daß die Wahl,
wie jene der Diakonen, dem Volke erlaubet
worden ist: man wird aber niemals zeigen können, daß die Völker und die Fürsten die Sendung ertheilet haben. Wie können die Kirchendiener sich auf die Sendung des Volkes und
des Fürsten berufen, die keinen Grund in der
Schrift hat?"

Nachdem die Hirten aufgestellet, welche gesandt waren, um die Menschen aufzuklären,
nachdem die Sakramente eingesetzet, äusserliche
Zeichen des Bundes zwischen dem Himmel und
der Erde errichtet, und Gebräuche, welche die
Religion fühlbar machen, bestimmet waren,
mußte die Kirche das Ansehen eines unsichtbaren
Gottes sichtbar ausüben, um das Amt zu verewigen, ihren Glauben und ihre Disziplin aufrecht zu erhalten, und die Uebertreter zu richten. Daher ist es eine Glaubenswahrheit, daß
die Kirche berechtiget sey, im Religionsfache
Gesetze vorzuschreiben; dieß ist ein Recht, das
jeder wohl eingerichteten Gesellschaft anklebet.
Sie hat es stets genossen, auch unter den heidnischen Kaisern, und Niemand kann es ihr entreissen. Sie hat die Gewalt, Disziplinregeln
in Rücksicht auf die Amtsfolge, auf die Handlungen und auf das Betragen ihrer Diener zu
machen; die Ordnung des äusserlichen Gottesdienstes, die heiligen Gebräuche und Gewohn-
heiten bey der Ausspendung der Sakramente zu
bestimmen, und überhaupt alles anzuordnen,
was mit der geistlichen Regierung der Seelen
in Verbindung steht. Wir sollen allen ihren
Gesetzen gehorchen. „Wenn wer sagt, daß der
gerechtfertigte Mensch — zur Beobachtung der
Gebothe der Kirchen nicht gehalten sey, der
sey verfluchet." Conc. Trid. sess. 6. can. 20.

Es

Es war nur dem Geiste der Spaltung und
Ketzerey vorbehalten, sich wider die Gesetze der
Kirche zu empören; und der Irrthum, der ihr
Ansehen in Zweifel zieht, ist schon lange und
feyerlich durch die Verdammung der Lehre der
Waldenser, des Marsilius von Padua, der
Hussiten, des Luthers, des Kalvins ꝛc. verwor-
fen worden.

Ihr alle glaubet an eine heilige Kirche, ihr
leget täglich das Bekenntniß davon ab. Ihr
rechnet es euch zur Ehre, ihre Kinder zu seyn.
Ihr verkostet mit Freuden die süßen Tröstungen,
die ihre Moral in euere Herzen ausgießt; ihr
nehmet mit Ergötzlichkeit an den heiligen Sakramenten Theil, mit denen sie euere Seelen ernähret; ihr genießet mit Zutrauen die erhabenen
Hoffnungen, die sie euern Gemüthern einflößt.
Ihre weise Regierung, die sich auf das Wort
Jesu Christi stützet, ist der Grund euer Unterwürfigkeit und Sicherheit. Ihr wisset, daß
Himmel und Erde vergehen werden; aber sein
göttliches Wort wird ewig bleiben. Ihr wisset,
daß die Verheißungen unsers göttlichen Gesetzgebers, die bisher in Erfüllung gegangen sind,
auch bis an das Ende der Welt in der Kirche,
trotz gewisser Mißbräuche, über welche sie seufzet, den Geist ihrer ersten Einsetzung und ihrer
ersten Gesetze verewigen werden.

Würde man euch diese weise Regierung nicht
nehmen; würde man euch ihrer Früchte, die
das Leben ertheilen, nicht berauben; würden
euere Tröstungen und Hoffnungen nicht vereitelt
werden, wenn man um euch herum das Gebäude
der Gesetze zerstörte, welche die Kirche für die
Einsetzung und Abdankung euerer Hirten,
für die Natur und den Umfang ihrer Gewalt,
für die Verbindlichkeiten ihres Vorranges und
ihrer

ihrer Abhängigkeit, welche die Hierarchie ausmachen, abgefaßt hat; wenn man die allgemeine
Kirchenzucht bey euch vernichten würde? Wären
dieß nicht die Wirkungen einer Verfassung, die,
weit entfernt, die Kirche, deren Gesetze sie in
Vollziehung zu bringen sich bestreben sollte, zu
schützen, zu vertheidigen, und ihr zu dienen,
denselben vielmehr Neuerungen entgegen setzte,
die nichts anders beabsichtigten, als alle Grundfesten zu erschüttern; welche dem Kirchenamte,
das von Jesu Christo zu eurer Heiligung bestimmet ist, eine pur menschliche und willkührliche Regierung unterschob? Welches Zutrauen
könnten die Gläubigen einer gesetzgebenden Gewalt, die man geistlich nennet, schenken, deren
Wahrheit und Dauer von dem Worte der Menschen, die dem Irrthume und der Unbeständigkeit unterworfen sind, abhieng? Die Rathschlüsse
des Ewigen allein sind wesentlich wahrhaft und
unveränderlich. Die Reinigkeit der evangelischen
Lehre machet sie nicht unveränderlich; denn die
Menschen mißbrauchen sie täglich, und sie würden dieselbe schon lange verunstaltet haben,
wenn sie nicht die Wohlthat des göttlichen Beystandes erhielt, der alle Kräfte der Hölle entnervet. Allein dieser Beystand, der bis an
das Ende der Welt dauern wird, ist von Jesu
Christo nur seiner Kirche versprochen worden.

Unter den Gesetzen der Kirche sind einige,
die auf den Weg der christlichen Vollkommenheit
einen Bezug haben. Es ist auch eine Glaubenslehre, daß die evangelischen Räthe sowohl
unsre Hochachtung als unsre Liebe verdienen;
daß man sie beobachten könne, und daß sie von
den reinen Seelen befolget werden sollen, die
von einer zarten Frömmigkeit und heiligen Großmuth beseelt, wußten, das Joch der Sinne ab-
zu-

zuschütteln, sich bis zu Gott zu erschwingen, und mit ihm sich durch die engsten Liebesbande zu vereinigen.

Jesus Christus ist der Urheber der evangelischen Räthe. Er lobet die Jungfrauschaft als eine Gabe Gottes. Matth. XIX, 11. Er ermahnet seine Jünger zur vollkommnen Entäusserung von den Gütern der Erde und gänzlicher Selbstverläugnung. Matth. XVI, 24. Er ladet uns durch sein Beyspiel ein, sie in Ausübung zu bringen. Seine Apostel haben sie in der ganzen Welt verkündiget, als den Weg, der dem Kreuze ihres göttlichen Lehrmeisters am gleichförmigsten ist. Der heil. Johannes erhebet die Jungfrauschaft als eine Tugend, der eine besondere Belohnung in dem Himmel vorbehalten ist. Apoc. XIV, 4. Der heil. Paulus räth sie den ersten Christen ein. I. Cor. V.I, 25. Seit dem ersten Alter des Christenthumes haben sich gerechte und bußfertige Seelen der Einsamkeit gewidmet, und der Weltgeschäfte begeben, und in allen folgenden Zeiten hat das Klosterleben die Muster einer vollständigen Frömmigkeit und ausserordentlichen Heiligkeit verewiget, und uns Engel in Menschengestalt gezeiget. Die Kirche hat in mehreren Umständen die Erhabenheit dieser Verbindungen zwischen Gott und dem Geschöpfe, und die Pflichten, die daraus entspringen, eingeweihet. Der Kirchenrath von Trient thut den deutlichen Ausspruch: „Wenn jemand sagt, daß der Ehestand dem Stande der Jungfrauschaft, oder dem ledigen Stande vorzuziehen, und daß es kein bessers und glückseligers Ding ist, in der Jungfrauschaft oder Enthaltsamkeit zu verbleiben, als sich zu verheurathen, der sey verflucht.“ Sess. XXIV. can. 10. Und in einer andern

IX. Theil.　　　　C c　　　　Stelle:

Stelle: „Wenn wer sagt, daß die Kleriker in höheren Weihen, oder die Ordensleute, welche das feyerliche Gelübd der Keuschheit abgelegt haben, heurathen können, und wenn sie geheurathet haben, daß eine solche Heurath, ungeachtet des Kirchengebrchs und ihres eignen Gelübdes, gültig ist, der sey verstucht." Ibid. can. 9. Das Konzilium von Chalzedon im 5. Jahrhunderte belegt auch diejenigen mit dem Fluche, die mit Verachtung ihrer Gelübde heurathen. Cap 14.

Wir wagen es nicht, die Beweggründe eines Gesetzes zu durchforschen, das den Baum bey der Wurzel absticht, indem es erkläret, daß die evangelischen Räthe in einem christlichen Staate nicht mehr blühen sollen. Aber erklären, daß ihre Beobachtung und Erfüllung widersetzlich, folgsam der guten Ordnung der Gesellschaft gefährlich sind; aus dem weltlichen Verzeichnisse jene geistlichen Verträge auslöschen, welche das göttliche und menschliche Gesetz begnehmiget, und die den ewigen Büchern eingetragen verbleiben, heißt das nicht, sie der Verachtung Preis geben, und zu ihrer Uebertretung auffordern?

Die Wahrheiten, die wir euch vorgetragen haben, meine liebe Brüder! sind die Grundsätze und Grundlehren von jener Religion, in der ihr seyd erzogen worden. Wir haben die schmeichelnde Zuversicht auf die Barmherzigkeit Gottes, daß wir niemals euch den Vorwurf werden machen können, den der heil. Paulus den Galatern gemacht hat, daß sie sich von dem Hirten haben abführen lassen, der sie in der Gnade Jesu Christi bestätiget hatte, um einem andern Evangelium zu folgen, als jenes ist, das wir euch in seinem Namen geprediget haben. Gal. I, 6.

I, 6. Wenn aber auch ein Engel vom Himmel euch ein anders verkündigen würde, der sey verflucht.

Wir sagen demnach Gott unendlichen Dank; ihr sollet ihn euer ganzes Leben durch preisen, daß eure Hirten standhaft in dem Glauben geblieben, und einen Eid verweigert haben, der dem Evangelium Jesu Christi zuwider ist, und euch seines Reiches berauben würde. Die Verwahrer und Organen des heiligen Gesetzes, die Ausleger des göttlichen Willens, die Hirten, die euch Gott selbst aus Barmherzigkeit gegeben hat, werden in eueren Tempeln, in den Versammlungen der Gläubigen durch die Hechel gezogen, nahe bey jenen Richterstühlen, wo sie als Gesandte von der Kirche die Gnade der Aussöhnung unter den Augen des geschlachteten Lammes, dessen Blut für euere Sünden geflossen ist, euch angedeihen lassen: und da von der nämlichen Kanzel der Wahrheit, wovon sie euch die Lehre, die wir euch heut zu Gemüthe führen, vorgetragen haben, werden sie aufgefordert, Gott zum Zeugen aufzurufen, daß Jesus Christus seiner Kirche in dem Religionsfache nur eine von den Völkern abhängige, und ihnen untergeordnete Gewalt gegeben habe; daß die Nationen berechtiget sind, andere Verbindlichkeiten zwischen den verschiedenen Dienern festzusetzen; den Primat der Gerichtsbarkeit, den der Nachfolger des heil. Petrus Kraft göttlichen Rechtes in der ganzen Kirche inne hat, zu vernichten; die bischöfliche Gerichtsbarkeit zu zertheilen, und sie mit einer willkührlich eingesetzten Priesterschaft zu vermengen; euere von der Kirche gesandten Hirten abzudanken; einen Bischof an-

zuweiſen, der ohne Sendung der Kirche
der neuen Hirten die Gewalt ertheilen ſollte;
euch loszuſprechen, euere Ehen zu ſegnen;ꝛc.
die Ausübung der evangeliſchen Räthe als
den Rechten der Natur und der Geſellſchaft
zuwider erklären; alle apoſtoliſche Verordnungen und alle Geſetze der Kirche abzu-
ſtellen: ſie werden aufgefordert, den Eid zu
ſchwören, dieſe ärgerliche Maximen, die eure
Religion untergraben, aus allen Kräften handzuhaben. Nein, ſie werden dieſen Eid nie aus-
ſprechen, den ihr ohne Schauder nicht anhören
würdet.

Der Eid iſt eine religiöſe Handlung, wodurch man den heiligen Namen Gottes zum
Zeugen aufruft, und das zweyte Geboth des
Dekalogums lehret es uns, daß er ſich niemals
auf einen Gegenſtand beziehen ſoll, der wider
die Gerechtigkeit und Wahrheit, und noch weniger auf eine, die wider die Religion, die Gott
zum unmittelbaren Gegenſtande hat, läuft. Ein
jeder Eid, der wider das Anſehen, das Jeſus
Chriſtus ſeiner Kirche anvertrauet hat, und
wider die in dem Evangelium enthaltene Lehre
geſchworen wird, iſt eine von dem göttlichen
Geſetze verbothene Handlung.

Euere Hirten, meine liebe Brüder! haben
ſchon mehrere Eide geleiſtet: ſie haben Gott
verſprochen, und feyerlich verſprochen, über die
Heerde, die ihnen Gott anvertrauet hat, zu
wachen; ſie niemals der Wuth der reiſſenden
Wölfe zu überlaſſen; die Gränzen ihrer kanoniſchen Sendung nie zu überſchreiten; euch in
der wahren Weisheit Gottes und in den Grundſätzen der katholiſchen Religion zu unterrichten;
euch in dem Glauben, den die Kirche euch lehret, und in der Unterwürfigkeit, die ihr dieſer

in

in den Sachen des Heils allen Gläubigen gemeinen Mutter schuldig seyd, zu bekräftigen;
mit einem Worte, die Wahrheit, die Lehren,
die ihr von uns gehöret habt, zu verkündigen,
und handzuhaben. Diese Versprechen, sie wiederholen es mit Freude und ganzer Aufrichtigkeit ihres Herzens, können und müssen sie halten.
Allein einen andern Eid ihnen abfordern, der
ihren ersten Pflichten entgegen steht, wäre eben
so viel, als einen Meineid fordern. Die Pflicht
und das Gewissen würden sie zurück halten, und
sie werden auch euch zurück halten. Muß nicht
auf den Wegen des Evangeliums die Heerde
ihrem Führer folgen, und der Hirt seine Schafe
weiden?

Da euere Hirten in der Schule Jesu Christi
unterrichtet worden sind, werden sie die Vortheile des Himmels mit jenen der Erde nicht
vermengen: sie selbst haben euch gelehrt, daß
die bürgerliche Macht in allem, was unter ihrem
Wirkungskreise steht, die höchste, unbegränzte
und unabhängig sey; daß sie in Rücksicht auf
die zeitlichen Gegenstände nur Gott, den sie
allein ober sich hat, Rechenschaft zu erstatten
habe. Sie werden euch mit dem Beyspiele der
Unterwürfigkeit gegen die von Gott gesetzten
Mächte und gegen diejenigen, die ihre Diener
sind, um die Ordnung der Gesellschaft aufrecht
zu erhalten, vorleuchten; sie werden schwören,
der Nation, dem Gesetze und dem Könige
getreu zu seyn; sie können und sollen es thun.
Ein solcher Eid schließt keinen zeitlichen Gegenstand aus; es ist das unbeschränkteste Geständniß des Gehorsames gegen das bürgerliche
Ansehen.

Dieser Ursachen wegen rufen wir den heiligen Namen Gottes an, nachdem wir ihn um
den

den Beystand seines göttlichen Geistes angesehet haben, und in den Gesinnungen einer
ehrfurchtsvollen und vollkommnen Unterwerfung
gegen den Ausspruch unserer Obern in der
Hierarchie, und vorzüglich des Pabstes, des
sichtbaren Oberhauptes und Statthalters Jesu
Christi auf Erden, erklären wir,

1. Daß die weltliche Macht weder das Recht,
noch die Gewalt hat, uns der geistlichen Gerichtsbarkeit zu berauben, die wir von Gott
vermittelst seiner Kirche über unsern ganzen
Kirchensprengel empfangen haben.

2. Daß die weltliche Macht weder das Recht,
noch die Gewalt hat, die nach der Vorschrift
der Kanonen in unsrer Diozes gesandten und
angestellten Pfarrer ihres Amtes zu entsetzen.

3. Daß wir diesem zu Folge fortfahren
werden, den Theil unsrer Diozes, der unter
der Herrschaft des Königs liegt, als Bischof zu
regieren, bis er durch das Ansehen der Kirche
von unserm Stuhle wird getrennet werden.

4. Daß wir, so schmerzlich es auch unserm
Herzen fällt, bereit seyn, in diese Trennung
einzuwilligen, wenn es der Pabst, von dem wir
unsre Sendung haben, zur Ehre Gottes, zum
Vortheile der Religion, und zum Heile der
Seelen nöthig oder nützlich erachten wird, und
wenn sie nach den kanonischen Formen unternommen wird.

5. Daß, wenn wider unser Erwarten ein
Bischof in die Regierung dieses Theiles unsrer
Diozes sich vor dem Ausspruch der Kirche und
unter dem einzigen Vorwande der von dem weltlichen Ansehen ergangenen Verfügungen eindrängen sollte, er in diesem Theile ein eingedrungener Afterbischof, und durch die That allein
den kanonischen Strafen unterworfen seyn würde;

daß

daß die Dispensen und alle andere Handlungen
der Gerichtsbarkeit, die er ausübte, ursprünglich
null und nichtig wären; daß die Priester, die
von ihm die Einsetzung erhielten, ebenfalls eingedrungene und Afterhirten wären; daß die
Kraft dieser Einsetzung ertheilten Lossprechungen
ungültig seyn würden, den Todesfall ausgenommen, wo die auf das Heil ihrer Kinder
allzeit aufmerksame Kirche die Gerichtsbarkeit
giebt.

6. Daß jeder Pfarrer, den die pur weltliche Macht, aus welcher Ursache es immer
seyn mag, entsetzet, der einzige und wahre Hirt
bleibe, und verbunden sey, seine Pfarre nicht
zu verlassen; daß seine Abdankung ohne unser
Ansehen auch ohne Wirkung seyn würde, und
daß derjenige, der sich in dieser Pfarre den Titel
und das Recht des Hirten anmaßet, ein eingedrungener Miethling wäre.

7. Daß die Unterdrückungen und Vereinigungen der Pfarren, die man ohne unser Ansehen und ohne Beobachtung der kanonischen
Formen wagen wollte, ungültig und nichtig seyn
würden; daß ihre Pfarrer die wahren und einzigen Hirten verbleiben, und verbunden seyn
würden, sie nicht zu verlassen, bis ihre Amtsniederlegung von uns begnehmiget ist; daß diejenigen, die sich in diese Pfarren eindrängten,
nur eingedrungene Miethlinge wären.

8. Daß die feyerlichen Gelübde Gewissens
verfänglich sind, bis die Kirche von denselben
durch das Organ des Pabstes zu befreyen gemäß
ihrer Weisheit für gut befindet; und daß die
Verordnungen, die von der bürgerlichen Macht
ausgehen, diejenigen, die sich Gott durch die
religiöse Profession angelobet haben, von dem
Ge-

Gehorsame, den sie den rechtmäßigen Obern schuldig sind, nicht loszählen können.

9. Endlich erklären wir Kraft des Ansehens, das uns gegeben worden ist, in dem Gesetz Gottes zu unterrichten, daß es Niemand erlaubet sey, einen Eid zu schwören, der wider die Glaubensregeln und das Ansehen der Kirche streitet; daß die Pfarrer und andere Geistlichen allem Genüge thun, was man von ihnen fordern kann, wenn sie in Rücksicht auf die Gegenstände im Religionsfache schwören, über die Heerde, welche die Kirche ihnen anvertrauet hat, zu wachen: und in Rücksicht auf die weltlichen Gegenstände, dem Könige, der Nation und dem Gesetze getreu zu seyn.

Liebe Mitgehülfen, würdige Diener Jesu Christi und getreue Ausspender der Geheimnisse Gottes! wachet über eure Heerde. Ein Hirt muß sie, wann der Donner schon dumpf rollet, und vorzüglich mitten unter dem Ungewitter nicht verlassen. Verharret in dem Glauben; handelt männlich, und seyd beherzt; alles was ihr thut, das geschehe in der Liebe. I. Cor. XVI, 13, 14. Lasset uns mit Geduld zu dem Kampfe, der uns vorgesetzt ist, laufen: lasset uns auf Jesum den Anfänger und Vollender des Glaubens sehen, auf daß ihr nicht matt werdet: vernachläßiget die Zucht des Herrn nicht. Hebr. XI, 1. seqq. Er prüfet sowohl eure Treue, als euern Eifer im Leiden, und er wird euere Tugenden wie euere Arbeiten mit Ehre krönen. *Coronam pro cinere, olcum gaudii pro luctu, p..ium laudis pro spiritu mœroris.* Isa. LXI, 3.

Ich bitte euch aber, meine liebe Brüder! durch den Namen unsers Herrn Jesu Christi, daß

daß ihr allzumal einerley Rede führet, und
daß unter euch keine Trennungen seyn;
sondern daß ihr in einem Sinne und in
einer Meinung völlig vereiniget seyd. I. Cor.
I, 10. Wir haben hienieden keine bleibende
Stätte; sondern wir suchen die zukünftige.
Hebr. XIII, 14. Wer will uns von der Liebe
Jesu Christi trennen? Trübsal oder Angst?
Hunger oder Blösse? Gefahr, Verfolgung
oder das Schwert? Nein, nein: mit dem
Beystande dessen, der uns geliebet hat,
werden wir zu allen diesen Uebeln unerschütterlich seyn. Weder der Tod, noch
das Leben, weder die Engel, noch die Für-
stenthümer, noch die Kräfte, weder das
Gegenwärtige, noch das Künftige; weder
die Gewalt, noch alles, was erhabenes in
dem Himmel, oder tiefes in der Hölle ist,
wird uns von der Liebe Gottes, die in
Jesu Christo ist, trennen können. Rom.
VIII, 35, & seqq.

Die Gnade unsers Herrn Jesu Christi,
die Liebe Gottes und die Gemeinschaft des
heiligen Geistes sey mit euch allen. Amen.
II. Cor. XIII, 13.

Gegeben zu Annecy den
20. Jen. 1791.

J. M. Bischof von Genf.

Hirtenunterricht des Herrn Bischofes von
Verdun, wo allen Priestern seines Kirchensprengels, die den Eid geschworen
haben, ihre Amtsverrichtungen eingestellet werden.

Heinrich, Ludwig Desnos ꝛc.

Meine liebe Brüder! wir haben jenen Tag
ankommen gesehen, den wir schon lange befürch-
teten, und dessen Erinnerung allein unsre Seele
mit Schrecken folterte: jener erschreckliche Zeitpunkt, wo wir uns gezwungen gesehen haben,
uns von unsrer Heerde zu entfernen, und in
einem fremden Lande eine Freystätte zu suchen,
die uns unser Vaterland verweigert hat. Wir
hofften allzeit, daß die Nationalversamlung,
nach besserm Unterricht von den Lehren und
Grundsätzen unsrer heiligen Religion und von
den Regeln der Kirchenzucht, die bis auf unsre
Tage heilig und unverletzet befolget worden sind,
die von dem Geiste der Finsternisse ausgeheckten
Verordnungen vernichten würde; jene traurigen
Dekrete, die uns einen Eid vorschreiben, den
kein Bischof, kein Priester, kein simpler Katholik schwören kann, ohne seinem Glauben und
der Religion seiner Väter zu entsagen. Der Un-
glaube und der Irrthum haben in einer Versammlung, die aus Christen bestand, die Ober-
hand gewonnen: die Stimme der Katholiken und
Weisen ist durch das Geschrey eines irre geführten, und aus allen Winkeln der Hauptstadt
her-

herberufenen Pöbels, das allzeit zu den größten
Ausschweifungen aufgelegt ist, nach dem Grade
der Wuth, die man ihm einflößt, und nach der
Grösse der Summe, die man ihm bezahlet, ersticket worden. Die Rotte hat gesieget, und dem
französischen Klerus übriget nur die Wahl zwischen dem Abfalle und der Verfolgung. Wir
waren ganz entschlossen, meine liebe Brüder!
uns allen Gefahren, die uns bedroheten, Preis
zu geben; aber die gar zu sehr gegründete Furcht,
daß unsre Verweigerung des Eides einige Unruhen in unsrer bischöflichen Stadt anzetteln
möchte, und die Gesinnungen des Friedens, von
denen wir stets beseelet waren, erlaubten uns
nicht, lange zu zaudern, welche Parthey wir
ergreifen sollten; und nachdem wir mit gänzlicher Ergebung die so gewaltthätige als ungerechte Beraubung des Erbes unsrer Kirche geduldet hatten, haben wir, obschon mit abge-
härmten Herzen, und unter der Last der Jahre
gekrümmt, doch von einem allmächtigen Gotte,
der unsern Muth stärkte, unterstützet, die Reize
und Ergötzlichkeiten unsrer Einsamkeit verlassen;
wir haben von den Freunden, die wir mit zar-
ter Liebe umarmen, Abschied genommen, und
sind aus unserm unseligen Vaterlande geflohen.
Dieses letzte Opfer, das uns so viel gekostet hat,
haben wir der öffentlichen Ruhe, die uns mehr,
als unsre eigne Ruhe zu schaffen gab, dargebracht.

Wenn die Schmerzen eines Volkes, das wir
lieben, und das uns liebet, nach meiner Abreise
laut ausgebrochen sind, so haben wir doch den
Trost gehabt, zu vernehmen, daß sie ruhig gewesen, und daß sie nur durch Thränen an den
Tag gelegt worden sind; und dieß ist, was ich
allein verlangte. Bürger von allen Orden und
Stän-

Ständen, arme und reiche, nehmet da hin die
Gesinnungen unsrer billigen Erkenntlichkeit, und
die Versicherungen unsrer väterlichen und unver=
änderlichen Liebe gegen euch, die wir bis in unser
Grab beybehalten werden.

All..., da wir uns von euch trennten, meine
liebe Bruder! sind wir nur der Nothwendigkeit,
die es uns zum Gesetze machte, gewichen; und
unsre Absicht ist niemals gewesen, euch zu ver=
lassen; ungeachtet unsrer Abwesenheit werdet ihr
allzeit unserm Geiste gegenwärtig seyn; allzeit
werdet ihr der Gegenstand unsrer Wachsamkeit
und Sorge bleiben: wehe uns! wenn wir bey
diesen Zeiten ermangelten, euch zu unterstützen,
und euch Muth und Trost einzuflössen.

Ihr habet schon in dem Briefe gesehen, den
wir bey unsrer Abreise den Munizipalbeamten
von Verdun zugeschicket, und von dem wir auch
Sorge getragen haben, daß er in unsrer Diözes
verbreitet würde, mit welch' einem Abscheue wir
den Eid ansahen, den man von uns forderte.
Vielleicht aber befindet sich jemand unter euch,
oder auch in dem Heiligthume, der unsre Ver=
weigerung verleumdet, und unsre Widersetzlichkeit
als einen Starrsinn, als eine Schwärmerey,
Verschwörung und Empörung wider das Gesetz
behandelt. Nun an diese wenden wir uns jetzt,
und bitten sie, mit ungetheilter Aufmerksamkeit
die Grundsätze zu untersuchen, die unser Betra=
gen geleitet haben, und es noch rechtfertigen.
Wir wollen sie so kurz und so faßlich, als es
möglich seyn wird, entwickeln. Es däucht uns,
daß wir uns desto weniger entbehren können,
ihnen diesen Unterricht mitzutheilen, je zuver=
läßiger wir wissen, daß in der Stadt Verdun
und auf dem Lande Schmähschriften häufig ver=
breitet werden, die von Irrthümern, Verleum=
dun=

dungen und Lügen strotzen, und die nichts anders
beabsichtigen, als das Volk irre zu führen, es
zu vergiften, und ihm eine Religion zweifelhaft
zu machen, zu der es sich von Kindesbeinen an
bekennet, die ihm Trost in dem gegenwärtigen
Leben beybringt, und die Glückseligkeit in dem
künftigen zusichern soll.

Das Evangelium lehret uns, und wir glauben und lehren es auch, daß man dem Kaiser
geben müsse, was des Kaisers ist, nicht nur
aus Furcht der Strafe, sondern auch des
Gewissens wegen. Aber eben dieses Evangelium, das uns befiehlt, die Mächte der Erde
zu ehren, lehret uns auch, daß es eine ganz
geistliche Macht gebe, welche die höchste und in
allen geistlichen Gegenständen unabhängig ist,
und die Jesus Christus seiner Kirche anvertrauet
hat. Er hat zu seinen Aposteln, und in ihnen
zu den Bischöfen, ihren Nachfolgern gesagt:
Ich sende euch, wie mich mein Vater gesandt hat: mir ist alle Gewalt gegeben —
gehet hin, lehret alle Völker 2c. Alles,
was ihr binden werdet auf Erden 2c. Sehet
da eine ganz geistliche Macht, weil ihr höchster
und einziger Gegenstand die Heiligung der Seelen
ist; eine ganz göttliche Macht, weil sie jener
ähnlich ist, die Jesus Christus von seinem Vater
empfangen hat; eine von der weltlichen ganz unterschiedene und unabhängige Macht, weil sie
sich nur auf die Vortheile des Himmels bezieht,
und über das ohne Mitwirkung einer andern
Macht und trotz der Gewaltthätigkeit der Verfolgungen fest gesetzet hat. In der That, als
die Kaiser, diese Herren der Erde, das Glück
gehabt hatten, in den Schooß der Kirche einzu-
gehen, haben sie schon eine Gesellschaft gefunden,
die vollständig eingerichtet war; sie huldigten
ihren

ihren weisen Gesetzen; als gelehrige Kinder machten sie es sich zur Pflicht, sie in Ehren zu halten,
und ihr zu gehorchen; sie erkannten, daß die
schönste aus ihren Pflichten ihre Vertheidigung
wäre, und daß man sich eines gottesräuberischen
Eingriffes schuldig machen würde, wenn man
sich an ihr geistliches Ansehen wagen wollte: also
haben überhaupt alle katholische Fürsten gedacht,
ohne diejenigen auszunehmen, die die unbe-
schränktesten und eifersüchtigsten für ihre Herrschaft waren.

Indessen was thut die Nationalversammlung?
Sie will aus eignem Ansehen die Kirchenzucht
abändern; die geistliche Gerichtsbarkeit ertheilen,
erweitern oder einschränken; die Bezirke der Erzbisthümer, Bisthümer und Pfarren abstecken;
Regeln über den Unterricht der Hirten vorschreiben; die Wahlen der Altarsdiener pur weltlichen
Versammlungen einräumen, die aus puren Layen
bestehen, unter denen sich auch Lutheraner, Kalvinisten, Juden, Deisten befinden. Maßet sich
ein so widerrechtliches Benehmen nicht augenfällig die geistliche Gewalt der Kirche an?

„Es ist eine Glaubenswahrheit, daß der
Pabst, der Nachfolger des heil. Petrus, einen
Primat der Ehre und der Gerichtsbarkeit, der
seinem Sitze anklebet, über alle Bischöfe hat:
er ist der Grundstein, auf den das ganze Gebäude ruhet; er ist der Mittelpunkt der Einigkeit
und der Gemeinschaft, der alle Glieder vereiniget; er ist mit einem Worte, der Repräsentant
Jesu Christi und der Verwahrer seiner Macht.
Diesen kostbaren Vorrang, dieses höchste Ansehen räumen ihm das Evangelium, die allgemeinen Konzilien, die heiligen Väter und die
ganze Uebergabe ein. Und heut zu Tage wirft
eine pur bürgerliche Versammlung alle Begriffe
unter

unter einander, sie will durch eine unbegreifliche
Vermessenheit uns der Gerichtsbarkeit des Pabstes
entziehen, und dem Oberhaupte der Kirche nichts
mehr, als den leeren Titel der Ehre, einen Anschein und ein Blendwerk der Würde lassen; sie
entscheidet mit gebietherischem Tone, daß das
Ansehen des Statthalters Jesu Christi sich auf
die einzige Diözes von Rom beschränke, und
auf das übrige Christenthum lediglich nichts
wirke.

Es ist auch eine Glaubenswahrheit, wie
das Konzilium von Trient entschieden hat, daß
die Bischöfe vermöge göttlichen Rechtes mehr
sind, als die simpeln Priester. Sie haben die
Fülle des Priesterthumes inne, und üben in dem
ganzen Umfange ihres Kirchensprengels ein Ansehen aus, dem die Diener und Hirten vom
zweyten Range nothwendig unterworfen sind.
Dieß ist zu allen Zeiten die Lehre und beständige
Uebung der Kirche gewesen. Was verordnet
aber die Nationalversammlung? Sie will das
Ansehen der Bischöfe einem Senate, der aus
simpeln Priestern besteht, unterwerfen, ohne dessen
Bewilligung sie keine Handlung der Gerichtsbarkeit ausüben können; sie geht noch weiter, und ernennet ihnen die Vikaren und De-
legirten.

Endlich mit Verachtung aller Grundsätze
und wider die ausdrücklichen Verordnungen des
Kirchenrathes von Trient geben unsere in ihren
Systemen sich verirrenden Gesetzgeber vor, daß
die Sendung der Kirche weder einem Bischofe,
noch einem Pfarrer, um wahre Hirten zu seyn,
nöthig ist; folgsam eignen sie sich das widersinnige Recht, die rechtmäßigen Hirten ihrer Gerichtsbarkeit zu berauben, um sie auf eingedrungene, welche die Kirche mißkennet und ver-
dam-

dammet, zu legen. Was wird, meine liebe
Brüder! aus allen diesen gottesräuberischen Eingriffen folgen? Weil diese Afterhirten, wie Jesus sagt, nicht zur Thüre in den Schafstall
eingegangen sind, sind sie nur Diebe und
Mörder, die Unglücke und Tod unter die
Heerde verbreiten werden, deren Anleitung
sie sich anmaßen. Die von ihnen angestellten
Priester werden keine Gewalt haben: ihre Lossprechungen werden ohne Wirkung, und die
Ehen, die sie segnen, ursprünglich nichtig und
ungültig seyn. Wehe dann dem Volke, das
von diesen unwürdigen Hirten würde regieret
werden!

Ach, meine liebe Brüder! welch traurigen
und bittern Prüfungen sind wir vorbehalten!
Anfangs machten uns die schnellen Fortgänge
der Gottlosigkeit schüchtern, und wir machten
hierüber reife Erwegungen, ohne die Hoffnung
zu verlieren, daß auf ein so wüthendes Ungewitter die Ruhe folgen würde: aber stracks
brachte uns die Furcht aus aller Fassung, da
wir das erschreckliche Urtheil sahen, das Gott
an unserm unglückseligen Vaterlande auszuüben
begann. Zeit von einigen Tagen, von etwelchen
Wochen versenket Gott, durch ein auffallendes
Wunder seines Zornes, ganz Frankreich in eine
dumme Blindheit; die vormals ihrer Religion
so ergebenen und so getreuen Völker wetteifern
gleichsam, die gottlosen Neuerungen, die man
ihnen vorträgt, in ihre Herzen aufzunehmen;
mit einer Begeisterung, die an die Unsinnigkeit
angränzet, klatschen sie den verheerenden Gesetzen
Beyfall zu, welche ihre Kirchen und ihre Hirten
ihres alten Erbes berauben, alle Stiftungen vernichten, die ehrwürdigsten Denkmale der Frömmigkeit unserer Vorfahren zerstören, die Unruhe
und

und Verwüstung in den heiligen Freystätten der
Unschuld verbreiten, die erhabene Ausübung der
evangelischen Räthe verbannen, in den Tempeln
unserer Städte das öffentliche Gebeth, das Lob
des Ewigen, die Pracht der Gebräuche, die
Majestät des Gottesdienstes unterdrücken. —
Und dieß sind die wider die Religion gewagten,
ohne Prüfung verordneten, und von einem Könige, der nicht frey ist, bestätigten Eingriffe,
die man uns vorlegt, um im Namen des lebendigen Gottes zu schwören, sie aus allen
unseren Kräften handzuhaben.

Dieß ist demnach jene Freyheit der Meinung,
die man so hoch gepriesen und so feyerlich allen
Bürgern versprochen hat: dieß sind die vergifteten Früchte jener neuen Verfassung, welche
den Franken die Wohlfart und das ganze Weltall,
das sie aufzugreifen wetteifern würde, beseeligen
sollte. Oeffnet nur endlich die Augen; führet
die Grundsätze des Christenthumes zu Gemüthe,
die eine heilige Auferziehung in euere Herzen
eingegraben hat, und urtheilet selbst, ob ihr
nicht mit Unwillen den Frevler von euch stoßen
solltet, der sich erkühnte, euch den Vortrag zu
machen, sie abzuschwören.

Ihr, ehrwürdige Brüder! derer Eifer und
unermüdete Sorge in Erfüllung der heiligen
Handlungen des öffentlichen Gebethes und des
Gottesdienstes wir stets angestaunet haben, un-
terlasset nicht mit uns den Vater der Barm-
herzigkeiten anzuflehen, daß er der französischen
Kirche in den so unseligen und für sie so traurigen Zeiten zu Hilfe komme. Wer weis, ob
er nicht durch euere Gebethe und Thränen gerühret sich würdige, ihr den alten Glanz wieder
zu geben? Diese schmeichelnde Hoffnung belebet
noch unser Herz, und wir verlangen, das näm-

IX. Theil.   D d   liche

liche Zutrauen euch einzuflößen. Ob ihr schon
durch die unmenschlichen Gesetze zerstreuet, und
durch Gewalt von eueren Amtsverrichtungen ausgeschlossen seyd, sehen wir euch dennoch als
unsern einzigen und wahren Senat stets an;
unser Geist und unser Herz wohnen ohne Unterlaß mitten unter euch, und nur der Tod allein
wird uns von euch trennen können.

Und ihr, würdige und getreue Mithelfer in
der Anleitung der Seelen, welch ein Trost für
uns, da wir in unster Freystätte eure unerschütterliche Standhaftigkeit hören, mit der ihr
in unseren Pfarrspielen die kostbare Hinterlage
des Glaubens, die euch anvertrauet ist, aufrecht
erhaltet; jenen großmüthigen Eifer, mit dem
ihr allen Anfällen trotzet, euere Güter aufopfert,
und lieber euer Leben selbst Preis gebet, als
den gottlosen Eid schwöret, den man von euch
fordert! Wir ermahnen euch, in den Gesinnungen
zu beharren, die euerm Charakter, den ihr begleitet, so grosse Ehre machen; und wir haben
die sichere Zuversicht, daß der Allmächtige, der
sie euch einflößt, euch die Gnade wird angedeihen lassen, denselben getreu zu verbleiben.

Euch, unserm Herzen so liebe und werthe
Heerde! wir wiederholen euch, daß unsre Absicht niemals gewesen ist, uns von euch zu trennen; abwesend wie gegenwärtig werden wir euch
in unserm Herzen tragen; wir sind, und werden
allzeit euer Bischof seyn; keine bürgerliche Macht
kann uns des heiligen Charakters, den wir von
Jesu Christo empfangen haben, berauben. Wenn
man euch das Bildniß eines Bischofes, den
das Volk gewählet, und der von dem Pabste
die Einsetzung nicht hat, vorstellet; wenn man
euch Hirten und Diener, die die kanonische
Sendung von uns nicht haben, ernennet, so
sehet

sehet sie an als Schismatiker und Eingedrungene,
als treulose Führer, die mehr aufgelegt sind,
euch irre zu führen, und zu Grunde zu richten,
als euch auf den Wegen des Heils zu leiten.
Erhaltet demnach mit unverletzlicher Treue, meine
liebe Brüder! gegen euere rechtmäßigen Hirten
und gegen uns, ob wir schon von euch abgeson=
dert sind, welche Absönderung, wie wir hoffen,
nur augenblicklich seyn wird; erhaltet gegen uns
alle die Liebe, die Ehrerbietung und die Unter=
würfigkeit, die ihr uns schuldig seyd, und höret
niemals eine andere Stimme, als die unsrige.
Wir werden uns allzeit bestreben, euch alle geist=
liche Hilfsmittel, so viel in uns ist, zu ver=
schaffen. In allen eueren Bedürfnissen, in den
Gnaden, und rechtmäßigen Dispensen, die ihr
verlanget, dürfet ihr euch allzeit mit Zuversicht
an uns wenden; wir werden alle nöthige Maaß=
regeln ergreifen, damit ihr unsre Antwort ohne
Verschub erhaltet.

Lasset uns, meine liebe Brüder! in dieser
Gnadenzeit, in diesen Tagen des Heils
zwischen dem Vorhofe und dem Altare über
unsere Sünden und über die Sünden der Völ=
ker weinen. Niemals ist es nöthiger gewesen,
die Rache des erzörnten Gottes zu besänftigen.
Lasset uns aus dem tiefen Abgrunde, in den
wir mit ganz Frankreich versenket sind, unsre
Stimme zu dem Himmel erheben; lasset uns
ihm durch ein ununterbrochenes und eifriges
Gebeth eine heilige Gewalt anthun; lasset uns
alle gute Werke, alle Handlungen der Tugend
ausüben, die den Gott der Barmherzigkeit dahin
stimmen können, uns zu helfen; demüthigen wir
uns unter der gewaltigen Hand Gottes, die uns
schlägt, und lasset uns zuversichtlich hoffen, daß
er, so groß auch unsere Verbrechen sind, seine
Rache

Rache einhalten, und uns zu strafen aufhören
werde.

Das Unglück der Zeiten, und das Elend,
in dem verschiedene Klassen der Bürger, die keine
Arbeit und kein Almosen haben, schmachten,
machet uns anheischig, euch die Milderungen
zu gestatten, welche die Kirche gemeiniglich in
dieser heiligen Fastenzeit angedeihen läßt; folgsam erlauben wir euch von Butter und Milch
alle Tage, und von Eyern nur bis Mittwoch
vor dem Palmsonntag zu essen: diese Erlaubniß
erstrecket sich aber nur auf die Pfarren von
unsrer Diözes, so, wie sie war, da wir sie in
Besitz nahmen. Wir erlauben auch den Soldaten,
den Reitern und Dragonern, derer Regimenter
in unsrer Diözes sind, an den Sonntagen zu
Mittag und Nachts, am Montag, Ertag und
Donnerstag, bis auf den Palmsonntag ausgeschlossen, Fleisch einmal zu geniessen.

Ach! meine liebe Brüder, ist es wohl nöthig,
euch aufzufordern, euere Thränen mit den unseren zu vermengen? Wir vernehmen, und unser
Herz ist mit Schmerzen durchdrungen, daß mehrere von unseren Brüdern in dem Glauben Schiffbruch gelitten, und den Eid geschworen haben.
Ach! wenn unser Mund gezwungen ist, diesen
meineidigen Priestern den Fluch zu geben, so
sind doch unsere Arme stets offen, sie aufzunehmen,
sobald sie ein so greuliches Verbrechen öffentlich
zurück nehmen, und in den Schooß der Kirche,
die sie durch ihren Abfall verlassen haben, zurück
kehren werden. Indessen, da wir diesem glückseligen Zeitpunkte, um den wir Gott ohne Unterlaß ansehen werden, entgegen sehen, erklären
wir, daß alle Priester, sowohl von Weltgeist-
lichen als Ordensmännern, die den Eid geschworen haben, der Gewalt, Beichtzuhören,
                                                    zu

zu predigen, zu katechisiren, welche sie von uns
oder von unseren Generalvikaren empfangen
haben, beraubet sind, und verbiethen ihnen, sie
in dem Bezirke unsrer Diozes auszuüben. Unsere gegenwärtige Erklärung soll die nämliche
Wirkung haben, als wenn sie jedem insonderheit
wäre angedeutet worden. Wir fällen eben diese
Strafe wider alle Priester, die diesen gottlosen
Eid in Zukunft schwören werden.

Endlich, meine liebe Brüder! beharret standhaft und unerschütterlich in dem Glauben unserer
Väter; schließet euch stets an die Kirche an,
welche die Säule und Grundfeste der Wahrheit ist; bleibet getreu den Grundsätzen des
Evangeliums; seyd ein Herz und ein Geist, und
der Gott des Friedens wird mitten unter euch
wohnen.

Gegeben zu Trier den
5. Horn. 1791.

H. L. R. Bischof von Verdun.

Verzeichniß
des
neunten Bandes.

Ver-

Verbesserungen
des
neunten Bandes.

Seite.	Zeile.	Statt.	Lies.
12	17	hegt	legt.
69	4	sie	sie ist.
72	23	lustigen	listigen.
81	18	Ausstreuung	Aussterung.
89	28	wie	wir.
104	27	die	der.
106	32	als	nichts als.
132	31	sie	sich.
151	24	Kanonen	Kantonen.
153	6	sich	bleibt aus.
155	12	Furcht	Frucht.
170	17	Anfang	Umfang.
176	28	gerechnet	gerechtet.
178	6	Urtheile	Vortheile.
185	3	Martodes	Martertodes.
210	23	mir	eine.
284	15	richtet	rechtet.
304	15	den	derer.
332	32	Gerechtigkeit	Gültigkeit.
371	12	denAbergläubigen	dem Aberglauben.
379	12	die	die Felsen, die.
406	17	widersetzlich	widerrechtlich.
415	1	das	der.